TRAUNER VERLAG

BILDUNG

Servierkunde

WILHELM GUTMAYER

HANS STICKLER

HEINZ LENGER

RENÉ LENGER

HLT

HF

TFS

GAFA

HLW

FW

Dieses Buch wurde auf umweltfreundlichem Papier gedruckt: 100 % chlorfrei gebleicht

PEFC

Mit PEFC wird garantiert, dass die eingesetzten Rohstoffe für die Papierproduktion aus nachweislich nachhaltiger Waldwirtschaft stammen.
www.pefc.at

Lektorat: Mag. Flora Stickler
Layout: Kiska GmbH
Titelgestaltung: Mag. Wolfgang Kraml
Umbruch und Grafik: Mag. Wolfgang Kraml
Schulbuchvergütung/Bildrechte:
© VBK/Wien
Gesamtherstellung:
TRAUNER Druck GmbH & Co KG, Linz

ISBN 978-3-85499-723-8

Schulbuch-Nr. 2.429
www.trauner.at

Impressum

Gutmayer ua, Servierkunde
10. Auflage 2010
Schulbuch-Nr. 2.429
TRAUNER Verlag, Linz

Die Autoren

Wilhelm Gutmayer
Höhere Lehranstalt für Tourismus Krems

Hans Stickler
Höhere Lehranstalt für wirtschaftliche Berufe Wiener Neustadt

Heinz Lenger
Wien

René Lenger
Las Vegas

Approbiert für den Unterrichtsgebrauch
- an Tourismusfachschulen für die 2. Klasse im Unterrichtsgegenstand Restaurantwesen; Bundesministerium für Unterricht und kulturelle Angelegenheiten, Zl. 42.581/1–V/9/04;
- an Hotelfachschulen für die 2. Klasse und an höheren Lehranstalten für Tourismus für den II. Jahrgang im Unterrichtsgegenstand Serviceorganisation und Servieren; Bundesministerium für Bildung, Wissenschaft und Kultur, Zl. 42.581/0001–V/9/2004;
- an dreijährigen Fachschulen für wirtschaftliche Berufe für die 1. bis 3. Klasse und an höheren Lehranstalten für wirtschaftliche Berufe für den I. bis IV. Jahrgang im Unterrichtsgegenstand Küche und Service und Betriebsorganisation; Bundesministerium für Unterricht und kulturelle Angelegenheiten, GZ 42.581/1–V/1/02.

Dieses Schulbuch wurde auf der Grundlage eines Rahmenlehrplans erstellt; die Auswahl und die Gewichtung der Inhalte erfolgen durch die Lehrerinnen und Lehrer.

Liebe Schülerin, lieber Schüler,
Sie bekommen dieses Schulbuch von der Republik Österreich für Ihre Ausbildung.
Bücher helfen nicht nur beim Lernen, sondern sind auch Freunde fürs Leben.

Einleitung

Das vorliegende Lehrbuch ist für die Gegenstände „Restaurantwesen" bzw. Serviceorganisation und Servieren" an mittleren und höheren Lehranstalten für Tourismus entstanden.

Unser Ziel war es, die Schwerpunkte so zu setzen, dass für die Schülerin/den Schüler eine optimale Anwendbarkeit auf ihre/seine Aufgaben in der beruflichen Praxis gegeben ist. Es wird zum Lernen jener Arbeitsverfahren Gelegenheit gegeben, die die betriebliche Ausbildung vertiefen und ergänzen.

Bei der Erarbeitung dieses Buches setzten wir folgende Schwerpunkte:

- Der Umgang mit dem Gast (Die Bedeutung der Dienstleistung, Ess- und Trinkgewohnheiten ausländischer Gäste)
- Service (Tischkultur und Tischoptik, Checkliste vor Servicebeginn, Servierablauf im Restaurant)
- Zeitgemäßes Bonieren und Abrechnen
- Die Mahlzeiten, vor allem das Frühstück (Checkliste zum Anrichten und Servieren von Frühstücksgerichten und -getränken)
- Oganisation von Veranstaltungen (Management im Veranstaltungsbereich, Vorbereitungsarbeiten, Personaleinsatzplanung, chronologischer Servierablauf)

Folgende Piktogramme wurden für die verschiedenen Bereiche gewählt:

- unsere Ziele
- interessante Informationen
- Diskussionsaufgaben
- zum selbstständigen Denken
- Fragen und Arbeitsaufgaben
- Schreibaufgaben
- Verweise auf andere Schulbücher
- Download aus dem Internet

Für die vielen Ideen und Anregungen bedanken wir uns besonders bei Herrn **BOL Rudi Wolfschluckner** von der Berufsschule für Lehrlinge aus dem Tourismus in Altmünster sowie bei Frau **FOL Sieglinde Aigner** von den Tourismusschulen Salzburg.

Vielen Dank möchten wir all jenen Firmen sagen, die uns Fotos und Unterlagen zur Verfügung gestellt haben:

Ana Grand Hotel, Manfred Gugerel
Asbach, Wien
Berndorf Bestecke, Berndorf
Design Center, Linz
Hagleitner Hygiene GmbH, Zell am See
Holzmann Gastro, Wien
Hotel Marriot, Wien
Hotel Sacher, Wien
Micros Fidelio, Neuss
Orderman GmbH, Salzburg
ÖSPAG, Wien
Riedel, Kufstein
Rist, Wien
Romantik Resort Bergergut, Haslach a. d. Mühl
Hotel SAS Palais, Wien
Schiefer, Linz
Hotel Schillerpark, Linz
Sommelierecke, Innsbruck
Spring, Schweiz
WMF, Innsbruck

Wir wünschen Ihnen ein intensives Arbeiten, spannende Übungen und Diskussionen und viel Erfolg beim praktischen Umsetzen.

Ihr Autorenteam

Inhaltsverzeichnis

Einführung in den Beruf

Gutes Service ist von entscheidender Bedeutung für jeden gastronomischen Betrieb. Eine exzellente Küche kann einen Gast nicht zum Stammgast machen, wenn die Mitarbeiter im Service nicht ihren Teil dazu beitragen. Ein gutes Service schafft eine Atmosphäre, in der sich die Gäste wohl fühlen.

In vielen Ländern, in denen gutes Essen und Trinken einen hohen Stellenwert hat (zB Frankreich, Italien) genießt der Servierberuf ein hohes Ansehen. Mit den immer höheren Erwartungen der Gäste sind auch die Anforderungen an den Servicemitarbeiter stark gestiegen. Gutes Service bedarf nicht nur hervorragender Fachkenntnisse sondern auch eines menschlichen Bewusstseins für andere. Dazu gehören Eigenschaften wie Freundlichkeit, Ehrlichkeit, Sprachkenntnisse und vor allem die Fähigkeit, einen guten Kontakt zu Menschen herzustellen.

Die Leistung ist also an die Person gebunden und das ist sowohl für den Gast als auch für den Vorgesetzten sichtbar. Das heißt: Wer sich persönlich einsetzt, dem wird auch der Erfolg zugeschrieben. In diesem Sinne herzlich willkommen in Ihrem Beruf.

Unsere Ziele

Nach Bearbeitung dieses Kapitels werden Sie

- die Arbeitsbereiche des Restaurantfachmannes/der Restaurantfachfrau beschreiben können,
- die Berufskleidung und die Berufsausrüstung erklären können,
- die grundlegenden gesellschaftlichen Verhaltensregeln und Tischsitten darlegen können,
- eine Reihe von Fachausdrücken kennen.

1 Die drei Arbeitsbereiche des Servierberufes

Um erfolgreich zu sein, darf man keinen der drei Bereiche vernachlässigen:
- Vorbereitende Arbeiten (Mise en place): So gut, wie die Vorbereitungsarbeiten sind, so gut ist auch das Service.
- Gästebetreuung: Der Gast fühlt sich wohl, wenn er merkt, dass der Servicemitarbeiter sich mit dem Betrieb identifiziert und er sich ganz für seine Gäste einsetzt.
- Verkauf: Gästeberatung bzw. aktives Verkaufen der angebotenen Speisen und Getränke heben den Umsatz. Gute Fachkenntnisse werden dabei vorausgesetzt.

2 Berufskleidung

Hauseigene Uniformen: In vielen Großbetrieben ist für die Mitarbeiter eine Einheitskleidung vorgesehen. Sie wird vom Betrieb entweder gegen Entgelt oder gratis zur Verfügung gestellt. Sehr oft ist der Name oder ein Zeichen des Betriebes aufgestickt. Gerne werden auch Namensschilder verwendet.

Sie kann regional verschieden sein. Die klassische Berufskleidung für das **männliche Servierpersonal** besteht aus:
- Weißer Jacke
- Weißem Hemd
- Schwarzer Masche oder Krawatte
- Schwarzer Hose
- Schwarzen Socken
- Schwarzen Schuhen

Abhängig vom Betriebstyp und von der Veranstaltung ist auch ein Trachtenanzug, ein Smoking, ein Stresemann, ein Frack oder ein Dinnerjackett üblich.

Das **weibliche Servierpersonal** sollte in einem Betrieb einheitlich gekleidet sein.
- Schwarzer Rock
- Weiße Bluse, evtl. eine Masche
- Schwarze Schuhe
- Weiße Schürze
- Strümpfe (zur Kleidung passend)
- Schwarze Schuhe (mit niedrigen Absätzen)

Besorgen Sie Prospekte von Berufskleidungsausstattern! Was gefällt Ihnen am besten?

Auch die Trachtenkleidung ist üblich.

www.workline.at
www.schiefer-linz.at
www.clinic-job-dress.at
www.derwalter.at

3 Anforderungen an die Servicemitarbeiter

Um erfolgreich zu sein, bedarf es folgender Eigenschaften:

- Gepflegtes, sauberes Erscheinungsbild
- Fundiertes Fachwissen; es erhöht das Selbstvertrauen
- Menschliche Qualitäten (auch beim Umgang mit den Kollegen), dazu zählen ua. Höflichkeit, Kontaktfähigkeit, Menschenkenntnis, Belastbarkeit, Toleranz, Ehrlichkeit, Pünktlichkeit
- Geistige Voraussetzungen; dazu zählen gutes Gedächtnis, Organisationstalent, Sprachbegabung, Improvisationsgabe

Außerhalb der regulären Küchenbetriebszeiten soll der Servicemitarbeiter in der Lage sein, Kleingerichte herzustellen sowie vorgefertigte Speisen fertig zu stellen und anrichten zu können. Diese Erweiterung um küchenmäßige Aufgaben ist heute in zunehmendem Maße notwendig geworden.
Bei den Kleingerichten handelt es sich zum Beispiel um Sandwiches, belegte Brote, Toasts, Würste oder Pizza. Vorgefertigte Speisen, also **convenience food** müssen regeneriert, das heißt in der Mikrowelle oder am Herd gewärmt und gefällig angerichtet werden.

4 Verhaltensregeln im Service

In kaum einem anderen Dienstleistungsberuf spielt das Verhalten gegenüber Gästen und Kollegen eine so wesentliche Rolle wie im Servierberuf. Beachten Sie:

- Bei Tisch keine Konversationen unterbrechen.
- Weder über Gäste noch über Mitarbeiter oder Vorgesetzte mit anderen Gästen sprechen.
- Meinungsverschiedenheiten mit Kollegen niemals vor Gästen diskutieren.
- Essen und trinken an jenem Ort, der von der Hausordnung vorgesehen ist.
- Im Team arbeiten, nicht gegeneinander.
- Nicht arrogant sein, dies stößt auf Ablehnung. Selbstsicherheit jedoch bewirkt positive Reaktionen.

Welchen ersten Eindruck haben Sie von Ihren Vorgesetzten und Kollegen?

5 Berufsausrüstung

Vor Dienstbeginn muss kontrolliert werden, ob folgende Dinge griffbereit sowie in gutem Zustand sind:

- **Handserviette (Serviertuch):** Das stets saubere Serviertuch wird beim Tragen von heißen Tellern und Platten verwendet. Sonst steckt es in der Jacketttasche. Das Serviertuch niemals unter der Achsel oder über der Schulter tragen. Es dient auch nicht zum Abwischen von Gesicht oder Händen, und schon gar nicht von Schuhen.
- **Korkenzieher** mit Messer oder **Screwpull** und Foil cutter
- **Streichhölzer** oder ein **Feuerzeug**
- **Schreibzeug:** Einen Schreibblock und zwei oder drei Kugelschreiber hat man in der Tasche. Weitere Blöcke und Kugelschreiber müssen auf dem Serviertisch (Sideboard) bereitliegen.
- **Brieftasche (Zahltasche)** mit genügend Wechselgeld
- **Taschentuch**

In unmittelbarer Nähe, zum Beispiel in einer Lade des Sideboards, sollten bereitliegen:

- Kamm oder Bürste
- Bonblock zum Bonieren, wenn keine Registrierkassa vorhanden ist oder diese ausfällt
- Fachwörterbücher in den wichtigsten Sprachen
- Fahrpläne und Stadtpläne
- Korkblätter als Tischfußunterlagen

Jene Dinge, die man nur manchmal benötigt, können in der Garderobe untergebracht werden:

- Kamm oder Bürste
- Nähzeug, Sicherheitsnadeln
- Schuhpflegemittel
- Rasierapparat, Spiegel, Nagelfeile, Körperspray
- Zweite Garnitur Arbeitskleidung einschließlich Wäsche und Schuhe
- Fachliteratur

6 Die Einführung neuer Mitarbeiter

Der erste Eindruck zählt. Für viele Menschen steht bereits am ersten Tag in einem neuen Betrieb fest, ob sie bleiben oder nicht.

Wie kann eine Einführung aussehen?

- Organigramm zeigen, Organisation des Betriebes erklären
- Geschichte und Tradition des Betriebes näherbringen
- über Geschäftspolitik – Ziele und Grundsätze informieren
- Besonderheiten des Betriebes erklären
- über Essenszeiten informieren
- Zimmer (evtl. Aufenthaltsräume) zeigen (Zimmerentschädigung)
- Arbeitseinteilung, Pausen, Ferienregelung, Feiertage erklären
- Verhalten bei Krankheit, Unfall, Militärdienst näherbringen
- Entlohnungsfragen klären
- Versicherungswesen erklären
- Hausordnung übergeben und besprechen
- Arbeitskleidung übergeben
- Unterschriftenregelung bei abgegebenen Unterlagen, Schlüsseln, Kleidern usw. treffen
- Fortbildungsmöglichkeiten anbieten
- über Sportmöglichkeiten und Freizeitbeschäftigungen informieren

7 Gesellschaftliche Verhaltensregeln und Tischsitten

Das Benehmen bei Tisch ist im Restaurant nicht anders als zu Hause. Beachten Sie vor allem:

- Wenn alle Gäste Platz genommen haben, Stoffserviette vom Gedeck nehmen, halb auseinander falten und auf den Schoß nehmen.
- Mit dem Essen beginnt man erst, wenn alle Gäste am Tisch einen Teller vor sich haben und der Gastgeber selbst zu essen begonnen hat.
- Das am äußersten Rand des Gedecks liegende Besteck wird zuerst verwendet.
- Aufrecht sitzen. Der Oberkörper ist etwa eine Handbreit von der Tischkante entfernt.
- Die Hände bis zum Handgelenk, nicht die Ellbogen, liegen ruhig auf dem Tisch.
- Kuvertgedeck: Brot bzw. Gebäck auf den Brotteller legen, kleine Stücke abbrechen und mit dem Buttermesser mit Butter bestreichen.
- Löffel und Gabel zum Mund führen. Nicht den Kopf über den Teller beugen.
- Legt man Gabel und Messer überkreuzt auf den Teller, bedeutet das, dass man noch nicht fertig ist.
- Nicht mit vollem Mund sprechen.
- Das Zeichen zum Trinken gibt der Gastgeber, zum Beispiel durch ein „Prost".
- Vor dem Trinken, Mund mit der Serviette abtupfen.
- Qualitätswein nicht mit Wasser mischen. Wasser wird aus dem Wasserglas getrunken.
- Beim Anstoßen sieht man die andere Person an.
- Beachten Sie das Rauchverbot.
- Ist das Rauchen erlaubt: Bevor Sie zwischen den Gängen eines Essens eine Zigarette anzünden, fragen Sie, ob sich die Tischnachbarn gestört fühlen.

Niemals die Ellbogen auf den Tisch legen!

Niemals von ganzen Semmelhälften oder Brotscheiben, die mit Butter bestrichen werden, abbeißen.

Niemals den Mund zur Gabel oder zum Löffel führen.

- Beim Verlassen des Tisches werden die Stoffservietten einfach zusammen gefaltet und auf den Tisch gelegt.
- Zum Schminken verlassen Sie den Tisch in Richtung Toilette.
- Während der Mahlzeit nicht telefonieren.

Stoffservietten nie auf die benützten Teller legen!

Niemals bei Tisch die Lippen anstreichen!

In manchen Restaurants herrscht Handyverbot!

8 Fachausdrücke für den Servierberuf

Die Fachsprache in der Gastronomie ist in vielen Ländern Französisch, aber auch englische, italienische und deutsche Ausdrücke sollte man kennen. Viele dieser Fachausdrücke erklären verkürzt den Arbeitsvorgang und helfen Missverständnisse zu vermeiden und somit Zeit zu sparen.

À la carte	Französische Bezeichnung für die Bestellung eines Gastes nach der Karte, dh, er stellt seine Speisenfolge anhand der Speisekarte selbst zusammen. Will er das nicht, bestellt er das → Menü.
À la minute	Französische Bezeichnung für frisch zubereitete Speisen.
À part	Französische Bezeichnung für extra, auf der Seite. Umgelegt auf die Gastronomie, bedeutet es das Anrichten von Saucen, Bratensaft, Beilagen etc. in einem extra Gefäß (Sauciere bzw. Teller).
Affinieren	Veredeln von Käse. Der Servicemitarbeiter, der sich auf Käse spezialisiert hat, übernimmt die Veredelung im eigenen Keller oder Kühlraum. Er/sie lagert ihn bis zur Entfaltung seiner vollkommenen Reife, um ihn den Gästen zum optimalen Zeitpunkt zu servieren.
Al dente	Italienische Bezeichnung für Nudeln, aber auch für Gemüse, das innen noch kernig ist. Man sagt, es hat Biss.
Ambiente	Bezeichnung für den Gesamteindruck eines Betriebes, das sind sowohl die Ausstattung als auch das Service und das Angebot, die zusammen ein harmonisches Bild ergeben sollen.
Amuse-Bouche	Französische Bezeichnung für Appetithäppchen bzw. kleinste Speisen, die den Gaumen auf weitere kulinarische Genüsse einstimmen und die Wartezeit auf den ersten Gang überbrücken sollen. Amuse-Bouches werden in der Regel mit den Worten „Eine kleine Aufmerksamkeit der Küche" serviert. Auch als **Amuse-Gueules** bezeichnet. Der Servicemitarbeiter soll dem Gast mitteilen, was er serviert.
Annoncieren	In der Gastronomie Bezeichnung für das Ausrufen der Bestellung in der Küche.
Aperitif	Bezeichnung für appetitanregende Getränke, die vor dem Essen getrunken werden. Sie können trocken, fruchtig oder bitter sein. Aperitifs sind zB die versetzten Weine, wie Sherry (Fino), Portwein (weißer, trockener) und Wermut, sowie die schäumenden Weine, wie Sekt und Champagner, ebenso wie ein trockener Weißwein.Weiters Anisées (Pastis, Pernod, Ricard), Bitters (Cynar, Campari) und Before- oder Pre-dinner-Cocktails; immer häufiger alkoholfreie Getränke (zB Frucht- und Gemüsesäfte).
Avinieren	Ausschwenken des Weinglases mit Wein, um das Glas von Fremdgerüchen zu befreien.
Bain-marie	Französische Bezeichnung für Wasserbadwanne, also für ein Gerät, in dem Suppen, Saucen, Reis, Gemüse, Fleischgerichte etc. in der Küche warm gehalten werden. Das Warmhaltegerät auf Buffets nennt man Chafing-dish.
Bankett	Bezeichnung für eine Veranstaltung, bei der es zu einer festgesetzten Zeit ein bestelltes → Menü gibt. Franz.: banquet.
Barbecue Grillparty	Bezeichnung für eine Veranstaltung, bei der alle Fleischgerichte auf dem Grill zubereitet werden.
Barista	Kaffeespezialist. Er/sie beherrscht die Espressomaschine, kennt die Kaffeemischungen und bereitet ein optimales Kaffeegetränk zu. Der Barista ist für den Kaffee das, was der Barkeeper für die Mixgetränke ist.
Bon	Bezeichnung für einen Verrechnungsbeleg, der aber nur intern verwendet wird.
Brunch	Die Bezeichnung stammt aus dem Amerikanischen und setzt sich aus **Br**eakfast und **Lunch** zusammen. Ein Brunch besteht aus Speisen des Frühstücks und des Mittagessens und wird in der Gastronomie hauptsächlich an Sonn- und Feiertagen zwischen 11.00 und 14.00 Uhr angeboten.
Buffet	Bezeichnung für das Anbieten von Speisen (mitunter auch Getränken) auf einem langen Tisch, von dem sich die Gäste selbst bedienen. Buffets gibt es bei verschiedenen Gelegenheiten bzw. Anlässen, zB Frühstücks-, Brunch-, Lunch- oder Salatbuffets.
Canapé	In der Gastronomie übliche Bezeichnung für ein belegtes Brötchen.
Cash-tray	Bezeichnung für das Tablett mit Stoffserviette, auf dem die Rechnung vom Servicemitarbeiter gebracht wird.

Catering	Englischer Begriff, der sich von „caterer" ableitet, also dem englischen Wort für (Lebensmittel-)Lieferant. Im gastronomischen Sinn bedeutet Catering das Service von Speisen und Getränken für eine Veranstaltung im eigenen Haus **(Inside catering)**, aber auch außerhalb des Hauses **(Outside catering)**.
Chafing-dish	Englische Bezeichnung für das Warmhaltegerät auf Buffets. Ein ähnliches Gerät in der Küche nennt man → Bain-marie.
Chambrieren	In der Gastronomie übliche Bezeichnung für das Auf-Zimmertemperatur-Bringen von Weinen, hauptsächlich von alten Rotweinen.
Cloche	In der Gastronomie übliche Bezeichnung für eine Glocke bzw. einen tiefen Deckel als Abdeckung von Tellern (Tellercloche) und Platten (Plattencloche), um die Speisen möglichst warm servieren zu können.
Cocktail	Bezeichnung für ein Getränk, das im Shaker, im Rührglas, im elektrischen Mixer (Blender) oder direkt im Gästeglas gemischt bzw. gerührt wird. Die Barfachsprache unterscheidet zwischen **Before- oder Pre-Dinner-Cocktails** (trocken gehaltenen Cocktails, die wie der Aperitif auf das Essen einstimmen sollen), **After-dinner-Cocktails** (Cocktails, die nach dem Essen gereicht werden und meist süßer sind) und **Champagner- oder Sektcocktails.** Der Trend geht heute zu **alkoholfreien Cocktails.**
Couvert	In der Gastronomie übliche französische Bezeichnung für Brot, Butter und Stoffserviette, für die pro Gast ein Kuvertpreis verrechnet wird. Der Preis muss auf der Speisenkarte angegeben sein. Das Kuvertgedeck ist das Grundgedeck und besteht aus einem Fleischmesser und einer Fleischgabel, evtl. einem Standteller, einem Brotteller mit Buttermesser sowie einem Rotwein- und einem Weißweinglas bzw. einem Wein- und einem Wasserglas. Deutsch: **Kuvert.**
Croûton	Französische Bezeichnung für eine geröstete Weißbrotschnitte oder einen gerösteten Weißbrotwürfel.
Degustation	Bezeichnung für die Verkostung und Beurteilung von Getränken, zB Weinverkostung.
Déjeuner	Französische Bezeichnung für Mittagessen. Kommt auch im zusammengesetzten Wort für Frühstück, „petit déjeuner", vor.
Dekantieren	In der Gastronomie übliche Bezeichnung für das Trennen des Weines vom Depot, dh das Umfüllen eines alten Rotweines oder Vintage-Ports in eine Dekantierkaraffe, sodass die so genannte Depotablagerung in der Flasche bleibt.
Depot	Bezeichnung für die Ablagerungen, die in Weinen beim Gären, Reifen und Altern entstehen. Das Depot bleibt beim → Dekantieren (Umfüllen) in der Flasche.
Digestif	Bezeichnung für verdauungsfördernde Getränke, die nach dem Essen getrunken werden. Bevorzugt werden alle Destillate sowie Edelliköre bzw. Kaffee mit verschiedenen Alkoholika.
Dîner, Dinner	Französische bzw. englische Bezeichnung für Abendessen.
Displaytable	Englische Bezeichnung für einen Präsentationstisch.
Dressing	Englische Bezeichnung für Marinade.
En deux	Französische Bezeichnung für das Teilen einer Portion, die auf zwei Tellern angerichtet wird.
En place	Französische Bezeichnung für „statt" (bei der Bestellung z. B. Reis statt Kartoffeln).
En tasse	Französische Bezeichnung für das Suppen- bzw. Kaffeeservice in der Tasse.
En terrine	Französische Bezeichnung für Gerichte, die in der Terrine (Schüssel mit Deckel) serviert werden.
Event	Englisches Wort für Großveranstaltung.
Filetieren	Fachausdruck für das Zerteilen und Entgräten von Fischen und das Schälen und Schneiden von Obst.
Fingerbowle	In der Gastronomie übliche Bezeichnung für eine Glas- oder Metallschüssel mit warmem Wasser (und Zitronenscheibe), die dem Gast mit einer Stoffserviette eingestellt wird, wenn er zum Essen die Finger verwendet (zB Muscheln, Austern).
Flambieren	Fachausdruck für das Abbrennen von Spirituosen bei Fleisch- und Fischgerichten und bei Meeresfrüchten sowie bei Obst und Süßspeisen.
Fondue	Französische Bezeichnung für ein Gericht, das in der speziellen Fonduepfanne am Tisch von den Gästen fertig gestellt wird. Je nach Grundmaterial unterscheidet man zwischen Käsefondue (Fondue fromage), Fleischfondue (Fondue bourguignonne), Fondue aus Fischen und Krustentieren, Fondue chinoise (Bouilli; anstelle von Öl wird Suppe verwendet) und Schokoladenfondue (Fondue Suchard).
Frappieren	In der Gastronomie übliche Bezeichnung für das rasche Kühlen von Weißweinen und Schaumweinen.
Friandises	Französische Bezeichnung für trockene Kekse ohne Creme; Teegebäck.
Functionsheet	Englische Bezeichnung für Dienstanweisung oder Laufzettel. Er enthält alle Informationen und Gästewünsche, die für das Gelingen einer Veranstaltung notwendig sind. Er wird in Hotel- und Gastronomiebetrieben von der Wirtschaftsabteilung **(F&B = Food and beverage department bzw. Bankettabteilung = Banqueting department)** ausgefüllt und an alle mit der Veranstaltung betrauten Stellen ausgeteilt.

Gourmand	Französische Bezeichnung für einen Menschen, der sehr viel isst.
Gourmandise	Französische Bezeichnung für kleines, zartes Gebäck mit pikanter Fülle, das vorwiegend als Beigabe zu Spezialsuppen gereicht wird.
Gourmet	Französische Bezeichnung für einen Feinschmecker.
Gratinieren	Küchenfachausdruck für das Überbacken bzw. Überkrusten von Gerichten.
Guéridon	Französische Bezeichnung für einen meist fahrbaren Beistelltisch, von dem aus der Servicemitarbeiter Speisen und Getränke serviert bzw. auf dem er anrichtet.
Hors-d'œuvre	Französische Bezeichnung für Vorspeise.
Jourgebäck	Bezeichnung für ein kleines Gebäck, das zum → Couvert gehört.
Jus	Französische Bezeichnung für Saft, zB jus de fruits (Fruchtsaft), jus de viande (Fleischsaft). Engl.: **juice.**
Karaffe	Bezeichnung für eine meist bauchige Glasflasche, manchmal mit einem Glasstöpsel. Sie wird vor allem für Wasser und Wein verwendet.
Karkasse	Bezeichnung für das Gerippe bzw. Knochengerüst von Geflügel und Wild. Franz.: **carcasse.**
Marinieren	In der Gastronomie übliche Bezeichnung für das geschmackliche Verändern von Salaten, Gemüsen, aber auch von Fleisch und Fischen. Dazu verwendet werden Marinaden bzw. Dressings.
Menage	In der Gastronomie übliche Bezeichnung für alle Würzungen, die auf den Tisch des Gastes eingestellt werden, wie Salz, Pfeffer, Essig, Öl, Ketschup, Senf, Tabascosauce, Worcestersauce.
Menü	In der Gastronomie übliche Bezeichnung für Speisenfolge. Die international gängige Schreibweise ist „Menu". Im englischen, französischen und italienischen Sprachgebrauch („Bring me the menu, please") auch für Speisekarte.
Mise en place	In der Gastronomie übliche Bezeichnung für alle für das Service notwendigen Gegenstände und Materialien, die vorbereitet sein müssen, bevor der Gast das Restaurant betritt.
Molton	Bezeichnung für die Tischauflage aus Filz oder Kunststoff, die unter dem Tischtuch liegt. Es wird aufgelegt, um ein Rutschen des Tischtuches zu verhindern, Lärm zu dämmen sowie verschüttete Flüssigkeiten aufzusaugen und damit die Tischoberfläche zu schützen. Auch ist die Schonung der Tischwäsche an den Ecken gewährleistet. Franz.: molleton.
Mousseux	Bezeichnung für das Perlen bzw. Schäumen eines Schaumweines. In Frankreich ist „Vin mousseux de ..." die Bezeichnung für jeden schäumenden Wein, der nicht aus der Champagne kommt.
Napperon	Französische Bezeichnung für die Deckserviette, die zum Schutz des Tischtuches aufgelegt wird.
Office	Bezeichnung für jenen Raum, der sich vor dem Gastraum (Speisesaal) befindet und in dem die Serviergegenstände bereitliegen bzw. die Vorbereitungsarbeiten für das Service getroffen werden.
Önologie	Ist die Wissenschaft vom Wein.
Paragon	Bezeichnung für einen Bon mit einem Durchschlag oder zwei Durchschlägen.
Plateau	In der Gastronomie übliche Bezeichnung für ein großes Tablett, mit dem die Speisen von der Küche in das Office sowie auf die Station (Sideboard) getragen werden.
Platemaster	In der Gastronomie übliche Bezeichnung für einen elektrischen Platten- und Tellerwärmer, der auf den Tisch des Gastes oder auf den Guéridon gestellt wird.
Raviers	Französische Bezeichnung für die Schaleneinsätze (meist aus Glas) auf einer Platte bzw. auf dem Hors-d'œuvre-Wagen, die hauptsächlich für Vorspeisen verwendet werden.
Rechaud	In der Gastronomie übliche Bezeichnung für ein Warmhaltegerät. Es gibt Tischrechauds (mit Kerzen oder elektrisch beheizt) und Warmhalteschränke (im Office und in der Küche).
Roomservice	Englische Bezeichnung für das Zimmerservice.
Rôti	Französische Bezeichnung für Braten, also große Fleischstücke, die im Ganzen gebraten oder gegrillt werden. Auch Bezeichnung für das Hauptgericht (es muss nicht unbedingt ein Fleischgericht sein).
Sauciere	Französische Bezeichnung für das Saucengefäß.
Servietten brechen	In der Gastronomie übliche Bezeichnung für das kunstvolle Falten von Servietten.
Set-up	Englische Bezeichnung für das Aufstellen und Decken der Tische.
Sideboard	Englische Bezeichnung für einen Serviertisch mit oder ohne Aufsatz. Kann auch fahrbar sein.
Snack	Englische Bezeichnung für einen kleinen Imbiss.
Sommelier/ Sommelière	Französische Bezeichnung für Weinfachmann/Weinfachfrau. In der Gastronomie hat sich der Sommelier/die Sommelière als eigener Berufsstand etabliert. Engl.: **wine butler.**
Souper	Französische Bezeichnung für ein spätes Abendessen (zB nach einem Theaterbesuch).

Stornieren	Bezeichnung für das Rückgängigmachen einer Bestellung.
Sundries	In der Gastronomie übliche Bezeichnung für Knabbergebäck (wird häufig in der Bar angeboten).
Supplement	In der Gastronomie übliche Bezeichnung für das Nachservieren, meist von Beilagen und Saucen.
Table-d'hôte-Service	In der Gastronomie übliche Bezeichnung für das gleichzeitige Servieren an eine größere Anzahl von Gästen, denen die gleiche Speisefolge eingestellt bzw. vorgelegt wird. Es ist eine einfachere Art von → Bankettservice, das vor allem bei Reisegesellschaften zum Einsatz kommt.
Tablett	Bezeichnung für eine Serviertasse.
Timbale	Beilagenschüssel bzw. Schüssel mit Deckel zum Servieren von Ragoutgerichten, Gerichten mit viel Sauce, Gemüse und Nudeln.
Tip	Englische Bezeichnung für Trinkgeld.
Tischinventar	In der Gastronomie übliche Bezeichnung für einige Gegenstände, die für die Gästetische bestimmt sind, und zwar für Blumen, Kerzen mit Kerzenständer, Salz- und Pfefferstreuer, Aschenbecher sowie evtl. Tischnummern.
Tranchieren	In der Gastronomie übliche Bezeichnung für das fachgerechte Zerteilen von Geflügel und Schlachtfleisch.
Tronc	Bezeichnung für die Aufteilung des Trinkgeldes auf die Servier- und Kochbrigade.
Tumbler	Englische Bezeichnung für ein Barglas, dessen Charakteristik ein doppelt starker Boden ist. In verschiedenen Größen im Handel.
Vignette	In der Gastronomie übliche Bezeichnung für das Markenzeichen bzw. den Schriftzug auf dem Hotel- und Restaurantporzellan, auf Gläsern, Besteck sowie auf der Wäsche.
Vinothek	Bezeichnung für eine gut sortierte Weinsammlung, oft auch für ein Weingeschäft (franz. vinothèque, ital. enoteca).
Voiture	Französische Bezeichnung für alle in der Gastronomie verwendeten Speisenwagen (zB für Mehlspeisen, Hors-d'œuvre und Käse), aber hauptsächlich für den Fleischwagen, der zum Warmhalten und Tranchieren von Fleischstücken verwendet wird.
Vorleger	In der Gastronomie übliche Bezeichnung für das Besteck (Fleischgabel, Suppenlöffel), mit dem der Servicemitarbeiter alle seine Arbeiten, wie Vorlegen, Anrichten, Marinieren, beim Tisch des Gastes ausführt.
Voucher	Englische Bezeichnung für einen Gutschein (zB für eine Mahlzeit).

Notizen zu den Arbeitsaufgaben:

Arbeitsaufgaben

1. Welche Anforderungen werden an einen Servicemitarbeiter heute gestellt?
2. Woraus setzt sich die Berufskleidung (Grundausstattung) für männliches und weibliches Servierpersonal zusammen?
3. Welche Ausrüstungsgegenstände muss der Restaurantfachmann/die Restaurantfachfrau immer bei sich haben?
4. Wie sieht die Einführung neuer Mitarbeiter in einen Betrieb aus?
5. Das Benehmen bei Tisch ist im Restaurant nicht anders als zu Hause. Welche Verhaltensregeln und Tischsitten sind zu beachten?
6. Erklären Sie folgende Fachausdrücke: À la carte, Amuse-Bouche, Barista, Catering, Degustation, Event, Fingerbowle, Menage, Rôti, Tip, Vorleger.
7. Was ist der Unterschied zwischen Gourmand und Gourmet?

ZUSAMMENFASSUNG

Die drei Arbeitsbereiche des Servierberufes
Vorbereitende Arbeiten (Mise en place) – Gästebetreuung – Verkauf

Die Einführung neuer Mitarbeiter
Der erste Eindruck zählt.

Berufskleidung

Weiße Jacke	Schwarzer Rock
Weißes Hemd	Weiße Bluse
Schwarze Masche oder Krawatte	Evtl. eine Masche
Schwarze Hose	Weiße Schürze
Schwarze Socken	Strümpfe (zur Kleidung passend)
Schwarze Schuhe	Schwarze Schuhe (mit niedrigen Absätzen)

Hauseigene Uniformen oder Trachtenkleidung ist häufig anzutreffen. Abhängig vom Betriebstyp und von der Veranstaltung tragen Männer einen Smoking, einen Stresemann, einen Frack oder ein Dinnerjackett.

Anforderungen an die Servicemitarbeiter und Verhaltensregeln
Gepflegtes, sauberes Erscheinungsbild.
Fundiertes Fachwissen.
Liebenswürdiger Umgang mit den Kollegen.
Persönlichkeit.
Gutes Gedächtnis, Organisationstalent, Sprachbegabung, Improvisationsgabe.
Bei Tisch keine Konversationen unterbrechen.
Weder über Gäste noch über Mitarbeiter oder Vorgesetzte mit anderen Gästen sprechen.
Meinungsverschiedenheiten mit Kollegen niemals vor Gästen diskutieren.
Essen und trinken im Mitarbeiterbereich.
Im Team arbeiten, nicht gegeneinander.
Nicht arrogant sein; dies stößt auf Ablehnung. Selbstsicherheit hingegen bewirkt positive Reaktionen.

Berufsausrüstung
Handserviette (Serviertuch)
Korkenzieher mit Messer oder Screw pull und Foil cutter
Streichhölzer oder Feuerzeug
Schreibzeug
Brieftasche (Zahltasche)
Taschentuch

Gesellschaftliche Verhaltensregeln und Tischsitten
Das Benehmen bei Tisch ist im Restaurant nicht anders als zu Hause. Beachten Sie die allgemeinen gesellschaftlichen Regeln und besonderen Gebräuchen, die man bei Tisch einzuhalten hat.

Notizen zur Zusammenfassung:

Unfallverhütung und Sicherheitsbestimmungen

Obwohl sich der größte Teil der Arbeitsunfälle der gastgewerblichen Betriebe in den Küchen ereignet, müssen auch die Servicemitarbeiter alle Sicherheitsvorschriften strengstens beachten. Und zwar nicht nur im Küchen-, sondern auch im Servicebereich.

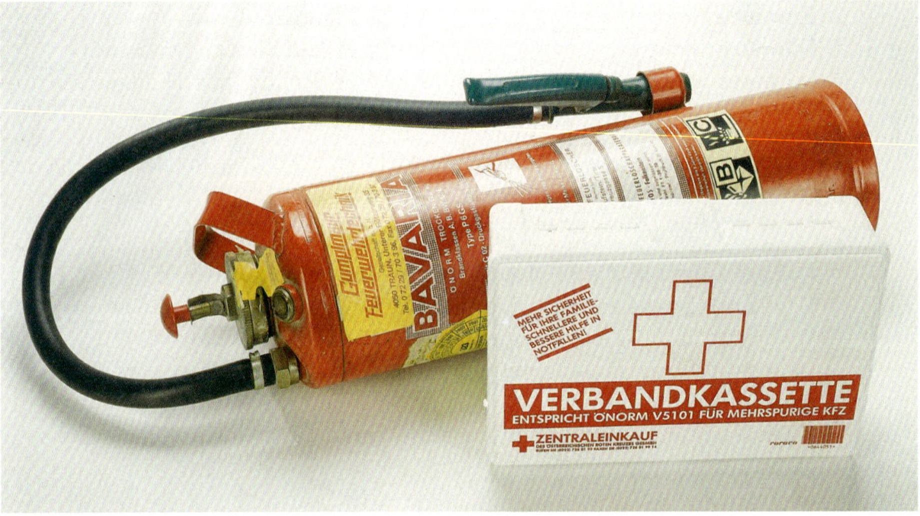

Der Servicemitarbeiter hat schließlich eine noch größere Verantwortung. Er ist nicht nur sich selbst und seinen Kollegen, sondern vor allem auch den Gästen verpflichtet. Für einen reibungslosen Serviceablauf müssen alle möglichen Unfallursachen ausgeschaltet und alle Unfallgefahren vermieden werden.

Unsere Ziele

Nach Bearbeitung dieses Kapitels werden Sie

- die am häufigsten zu Unfällen führenden Fehler beschreiben können,
- erklären können, wie diese Fehler zu vermeiden sind,
- die wichtige Rolle, die die Hygiene spielt, darstellen können,
- die Grundlagen für den Begriff HACCP nennen können.

1 Ursachen von Arbeitsunfällen

- Unkenntnis der Gefahr
- Gedankenlosigkeit
- Unkonzentriertheit
- Bequemlichkeit
- Leichtsinn
- Übertriebene Eile
- Nichtbeachten der Bedienungsanleitungen
- Nichtbeachten der Sicherheitsvorschriften

2 Grundregeln zur Unfallverhütung

- Verschüttete Flüssigkeiten sofort aufwischen – Rutschgefahr.
- Verschüttete fettige Flüssigkeiten nicht nur sofort aufwischen, sondern den Boden anschließend mit Salz bestreuen.
- Im Servierbereich nicht laufen.
- Immer **rechts** gehen.
- Ordnung und Sauberkeit halten.
- Bedienungsanleitungen der Geräte sowie Sicherheitsvorschriften beachten.
- Alkoholgenuss, Übermüdung und jede Ablenkung vermeiden.

Gegenstände, die nicht mehr gebraucht werden (zB schmutziges Geschirr, Plateaus) müssen sofort weggeräumt werden.

Maschinen und Geräte

- Arbeitsgeräte und Maschinen müssen den gesetzlichen Sicherheitsvorschriften entsprechen und die Unfallverhütungsvorschriften sind ganz genau einzuhalten. Schon beim Kauf ist auf das Prüfzeichen (zB ÖVE-Prüfzeichen) zu achten.
- Der Unternehmer hat in regelmäßigen Abständen zu prüfen, ob die verwendeten Geräte den Sicherheitsvorschriften entsprechen.
- Bedienungsanleitungen in unmittelbarer Nähe der Geräte anbringen.
- Schutzvorrichtungen dürfen nicht entfernt werden.
- Vor dem Zerlegen oder Reinigen eines Gerätes muss man die Stromzufuhr unterbrechen, um ein unbeabsichtigtes Ingangsetzen zu verhindern.

Gasgeräte

- Bei Gasgeräten (zB beim Flambierwagen) muss die Stellung der Hähne (offen, geschlossen) leicht erkennbar sein.
- Eine einwandfrei funktionierende Zündflammensicherung ist unbedingt notwendig.

- Bei Gasgeruch sofort lüften! Keine offene Flamme!
- Keinen Elektroschalter betätigen! Einen Fachmann rufen!
- Eine gute Ableitung der nicht verbrauchten Gase ist wichtig.
- Erst nach gutem Durchlüften wieder anzünden!

Gasgeräte sollen nicht stärker und länger beheizt werden als notwendig. Man verhindert so Sauerstoffentzug und unnötige Wärmestrahlung.

Elektrische Geräte

Es sind dies zum Beispiel ein Platemaster, ein Toaster oder eine Kaffeemaschine.

- Auf die vorschriftsmäßige elektrische Installation ist besonders zu achten.
- Kabel und Schalter sind in Feuchtraumausführung zu installieren. Dadurch wird verhindert, dass Feuchtigkeit zu den Strom führenden Teilen gelangt.
- Schlecht isolierte Kabel, gebrochene Schalterdeckel und Steckdosen dürfen nicht berührt werden und müssen so bald wie möglich ausgetauscht werden.

Leicht entzündbare Brennstoffe

- Propangasflaschen, Brennspiritus und andere leicht entzündbare Brennstoffe dürfen nicht im Gästeraum oder in der Küche gelagert werden. Sie sind an einem sicher versperrten Ort aufzubewahren.
- Alte Flambieröfen, die mit Spiritus betrieben werden, müssen vor dem Entzünden gelüftet werden. So entweichen rückständige Dämpfe.
- **Auf keinen Fall dürfen Brenner in heißem Zustand nachgefüllt werden.** Sie explodieren leicht.

Aschenbecher niemals in normale Abfallkübel oder Papierkörbe entleeren!

- Falls beim Nachfüllen Brennspiritus verschüttet wird, sofort wegwischen.
- Beachten Sie auch ein absolutes Rauchverbot.

Aschenbecherentleerung

Nur in spezielle, nicht brennbare Behälter mit ebensolchen Deckeln.

3 Hygiene

Hygiene und Sauberkeit lassen die Gäste Rückschlüsse auf die Führung des Betriebes ziehen.

Persönliche Hygiene

Krankheiten werden durch Bakterien und Keime auf Speisen und Getränke übertragen.

- Hände regelmäßig waschen, insbesondere nach jeder WC-Benützung.
- Fingernägel kurz und sauber halten.
- Erkrankungen sofort melden.
- Offene Wunden durch wasserdichten Verband abdecken.
- Arbeitskleidung regelmäßig wechseln. Schuhe sauber halten.
- Kein Parfum, dezentes Make-up.

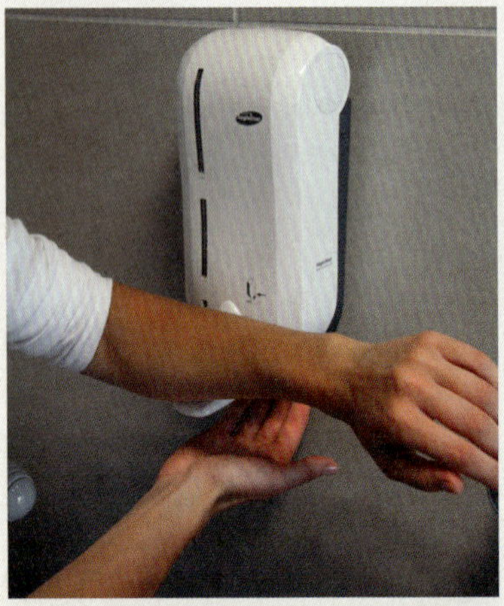

www.hagleitner.at

Arbeitshygiene

- Im Restaurantbereich keine Mahlzeiten einnehmen.
- Unverpackte Lebensmittel hygienisch sicher handhaben.
- Nicht auf Lebensmittel husten oder niesen.
- Serviergegenstände, Menagen, Sideboards regelmäßig reinigen.
- Besteckteile nicht an der Schneide bzw. an den Zinken anfassen.
- Nicht in die Gläser mit den Fingern hineinfassen, sondern am Stiel halten.

HACCP ist die Abkürzung für

Hazard	Gefahr für die Gesundheit
Analysis	Risikoanalyse
Critical	kritisch
Control	Kontrolle
Points	Punkte

HACCP

Das HACCP-System wurde in den 1960er-Jahren in Amerika entwickelt, um sichere Lebensmittel für die Raumfahrt herzustellen. Im weiteren Verlauf wurde das Konzept von der WHO (Weltgesundheitsorganisation) für alle jene empfohlen, die Lebensmittel verarbeiten und verabreichen.

Grundprinzipien des HACCP-Systems

- Durchführen von Gefahrenanalysen
- Festlegen von kritischen Kontrollpunkten
- Bestimmen von Grenzwerten
- Festlegen eines Systems zur Überwachung der Kontrollpunkte
- Festlegen von Maßnahmen, wenn bei einem Kontrollpunkt Abweichungen auftreten
- Dokumentation aller Vorgänge und Aufzeichnungen

Gefahren, die beim Arbeiten mit Lebensmitteln auftreten können

- Biologische Gefahren: krankheitserregende Bakterien, Schimmelpilze, Ungeziefer
- Physikalische Gefahren: Fremdkörper jeglicher Art, z. B. Glassplitter
- Chemische Gefahren: Rückstände von Reinigungs- oder Desinfektionsmitteln

Worauf ist speziell im Restaurant, an der Schank und im Barbereich zu achten?

- Auf leicht verderbliche Lebensmittel, wie frisch gepresste Fruchtsäfte, Früchte für Cocktailgarnituren (z. B. Kirschen und Oliven), Milch und Milchprodukte sowie Eier,
- Eiswürfel und Eiswürfelautomaten,
- Zapfhähne bei Schankanlagen und Milchschäumer bei Espressomaschinen,
- alle Serviergeräte wie Teller, Besteck und Gläser sowie
- Cocktaildekor, Spießchen und Trinkhalme.

Arbeitsaufgaben

1. Was sind die häufigsten Ursachen für Arbeitsunfälle in der Gastronomie?
2. Wie kann man sie vermeiden?
3. Warum ist Hygiene so wichtig?

Notizen zu den Arbeitsaufgaben und zur Zusammenfassung:

ZUSAMMENFASSUNG

Ursachen von Arbeitsunfällen

- Unkenntnis der Gefahr
- Gedankenlosigkeit
- Bequemlichkeit
- Leichtsinn
- Übertriebene Eile
- Nichtbeachten der Bedienungsanleitungen
- Nichtbeachten der Sicherheitsvorschriften

Grundregeln zur Unfallverhütung

- Verschüttete Flüssigkeiten sofort aufwischen – Rutschgefahr.
- Im Servierbereich nicht laufen.
- Immer rechts gehen.
- Ordnung und Sauberkeit halten.
- Bedienungsanleitungen der Geräte und Maschinen sowie Sicherheitsvorschriften beachten.
- Alkoholgenuss, Übermüdung und jede Ablenkungvermeiden; sie erhöhen die Unfallgefahr.

Hygiene

Hygiene und Sauberkeit lassen die Gäste Rückschlüsse auf die Führung des Betriebes ziehen.

- Persönliche Hygiene: Krankheiten werden durch Bakterien und Keime auf Speisen und Getränke übertragen.
- Arbeitshygiene: Sauberkeit im Umgang mit Speisen und Getränken sowie Serviergegenständen.
- HACCP: Ein HACCP-System muss Maßnahmen festlegen, wenn bei bestimmten, vorher festgelegten Kontrollpunkten Abweichungen festgestellt werden. Besonders zu achten ist auf leicht verderbliche Lebensmittel, Eiswürfel, Zapfhähne bei Schankanlagen sowie auf Milchschäumer bei Espressomaschinen.

Servierbrigaden und Serviersysteme

Neben den qualifizierten weiblichen und männlichen Servicemitarbeitern ist vor allem eine gute Organisation notwendig. Es genügt nicht, dass alle fleißig arbeiten. Die einzelnen Personen müssen zusammenarbeiten und die Arbeitsabläufe sind genau zu organisieren.

Die Organisation hängt von der Art und Größe des Betriebes ab. Die Aufgaben sind an die Mitarbeiter zu verteilen. Die Aufgabengebiete müssen eindeutig abgegrenzt sein. Sie können in der Stellenbeschreibung (Job description) nachgelesen werden.

Unsere Ziele

Nach Bearbeitung dieses Kapitels werden Sie

- die Serviersysteme benennen können und sagen können, wie die einzelnen Positionen heißen,
- erklären können, welche Aufgaben an die Positionen geknüpft sind.

1 Einkellner- oder Stationskellnersystem

- Aufteilung des Lokals in mehrere Stationen
- Jede Station besteht aus mehreren Tischen
- Jeder Servicemitarbeiter ist für eine Station verantwortlich (Bestellung, Bonieren, Servieren, Verabschieden); er hat auch das Inkasso
- In Kleinbetrieben, in Kaffeehäusern, auf Kreuzfahrtschiffen
- Teller oder Platten werden eingestellt

Inkasso = Befugnis zum Kassieren der Rechnung

2 Zweikellnersystem

- Zwei Servicemitarbeiter teilen sich eine Station
- Ein Servicemitarbeiter macht das Getränkeservice und das Inkasso
- Der Zweite ist für Speisenservice und Abservieren zuständig
- In Klein- und Mittelbetrieben
- Teller oder Platten werden eingestellt

Welches dieser drei Serviersysteme haben Sie schon kennen gelernt?
Welche Erfahrungen haben Sie damit gemacht?

3 Oberkellner- oder Zahlkellnersystem

- Das Zweikellnersystem wird um einen Zahlkellner erweitert
- Die Stationen sind größer
- Der Zahlkellner ist für das Inkasso, die Platzierung der Gäste und die Bestellungsaufnahme zuständig
- Ein Servicemitarbeiter serviert die Getränke
- Ein Servicemitarbeiter bringt die Speisen und serviert ab
- In Saisonbetrieben
- Teller oder Platten werden eingestellt
- Auch Vorlegen und Anrichten

4 Französisches Serviersystem – Chef-de-rang-System

Die Servierbrigade ist groß und kann bestehen aus:

<table>
<tr><th colspan="3">Restaurantdirektor</th></tr>
<tr><td>Maître d'hotel
(Chef de service)</td><td>Weitere Oberkellner</td><td>Sommelier (Chef de vin)
und Commis de vin</td></tr>
</table>

früher 1 Rang = 30 Personen	heute 1 Rang = 20–25 Personen
Chef de rang	Chef de rang oder
Demi-chef	Demi-chef de rang
Commis de rang	Commis de rang
Commis de suite	Apprenti garçon
Commis débarrasseur	Praktikant/in
Apprenti garçon	

Administrative Tätigkeiten: Arbeitseinteilung, Dienstplanerstellung, Urlaubsplanung, Personalschulung, Erstellung von Speisen- und Getränkekarten, Planung und Organisation von Festessen

Restaurantdirektor

- Repräsentant des Unternehmens im Restaurant
- Administrative Tätigkeiten
- **Angestellter** mit Gehalt, daher **kein Anteil am Tronc**

Alle nachfolgenden Positionen sind als Arbeiter eingestellt. Sie beziehen einen Lohn und sind am Tronc beteiligt.

Maître d' hôtel – erster Oberkellner

- Leitung des Service (Chef de service)
- Er arbeitet nach den Anweisungen des Restaurantdirektors oder ersetzt seine Position
- Hauptaufgaben sind: Reservierung, Empfang, Platzierung, Verabschiedung der Gäste

Weitere Oberkellner

- Je nach Größe des Betriebes sind es unterschiedlich viele
- Jeder ist für einen bestimmten Bereich, zB Kaffeehaus, Restaurant, Terrasse, Halle, verantwortlich
- Hauptaufgaben sind: Gästeempfang, Platzierung, Verabschiedung der Gäste, Entgegennahme und Behandlung von Beschwerden

Sommelier = Weinfachmann
Sommelière = Weinfachfrau

Sommelier/Sommelière – Chef de vin

- Er/sie steht im Rang eines Oberkellners.
- Er/sie ist für den Verkauf und das Servieren von Wein verantwortlich, in manchen Betrieben auch für das gesamte Getränkeservice.
- Muss zusätzlich zur Kellnerlehre spezielle Kurse über Wein besuchen.

Chef de rang

- Für die gesamten Vor- und Nachbereitungsarbeiten sowie für das komplette Service auf einer Station („rang") verantwortlich.
- Er empfiehlt Speisen und Getränke (auch den Wein, wenn es keinen Sommelier gibt).
- Er nimmt Bestellungen entgegen und boniert, serviert.
- Er flambiert, tranchiert, filetiert und mariniert vor dem Gast.
- Er kassiert die Rechnung.

Demi-chef de rang

- Stellvertreter des Chef de rang mit demselben Aufgabenbereich
- Betreut er allein eine Station, ist sie kleiner

Gibt es zwei Commis pro Station ist der **Commis de suite** das Bindeglied zwischen Küche und Service. Der **Commis débarrasseur** ist oft ein Lehrling im zweiten oder dritten Lehrjahr. Er ist für das Abservieren und die Mise en place zuständig.

Commis de vin

- Er unterstützt den Chef de vin.
- In der Hierarchie ist er dem ersten Commis de rang gleichgestellt.

Commis de rang

- Gehilfe des Chef de rang und des Demi-chef
- Ist nur ein Commis pro Station, hat er in erster Linie für die Mise en place zu sorgen
- Er bringt Speisen und Getränke aus der Küche und von der Schank.

Apprenti garçon

Restaurantfachmann/Restaurantfachfrau (Lehrberuf)

Praktikant/in

- Außerhalb der Schulausbildung muss er/sie ein Praktikum absolvieren.

5 Amerikanisches Serviersystem

Das amerikanische Serviersystem zeichnet sich durch eine sehr genaue Arbeitsteilung aus. In amerikanisch geführten Betrieben sind folgende Punkte zu beachten:

- Eine Tischreservierung wird erwartet
- Die Gäste werden im Vorraum zum Restaurant oder in der Restaurantbar empfangen und die Reservierung wird nachgeprüft
- In der Restaurantbar begrüßt der Restaurantmanager oder Maitre d' die Gäste
- Hier werden Aperitifs (oft vom Aperitifwagen) angeboten
- Der Head waiter (Captain) überreicht die Speisekarte, er empfiehlt besondere Tagesgerichte sowie Hausspezialitäten. Er erklärt die Gerichte und berät die Gäste bei der Zusammenstellung der Speisenfolge
- Der Wine butler ist bei der Auswahl der passenden Getränke behilflich und bietet Kostproben an
- Nachdem die Speisen und Getränke bestellt wurden, werden im Restaurant bzw. Speisesaal die Tische entsprechend gedeckt
- Der Head waiter führt die Gäste zu ihren Tischen und ist bei der Platzierung behilflich.
- Nun erfolgen die einzelnen Serviceschritte bis zur Bezahlung und Verabschiedung der Gäste. Die Bezahlung kann auch beim Ausgang erfolgen. 15 % Trinkgeld sind in Amerika üblich. Wenn das Trinkgeld inkludiert ist, kann der Gast eine aufmerksame Bedienung zusätzlich belohnen.

In Europa ist das amerikanische Serviersystem in amerikanisch geführten Betrieben anzutreffen. Man findet es jedoch immer häufiger (auch in einfacherer Form), da es die vornehmste Art ist, Gäste zu bedienen und zu verwöhnen.

Restaurantmanager

- Wie der Restaurantdirektor im Chef-de-Rang-System

Der **Cashmanager** kümmert sich um alle Zahlungsmodalitäten.

Maître d'

- Vergleichbar mit dem Maître d' hôtel
- Er ist zuständig für den Empfang und die Platzierung der Gäste.
- An umsatzstarken Tagen, und da speziell am Abend, wird der Maître d' von einer **Hostess** unterstützt. Sie begrüßt und platziert die Gäste.

Head waiter – Captain

- Er ist für das Seating (Platzierung) der Gäste auf seiner Station verantwortlich.
- Er fragt nach dem Aperitif.
- Er bringt die Speisenkarten, erklärt die Tagesgerichte und Spezialitäten und nimmt die Bestellung auf.
- Wenn kein Restaurantkassier vorhanden ist, ist der Captain auch für die Rechnungslegung verantwortlich.

Die Bestellungen werden auf einen Durchschreibeblock geschrieben. Das Original bekommt die Bar, die Küche und/oder die Getränkeausgabe/Schank. Ein Duplikat geht an die Kassa. Das zweite Duplikat erhält der Stationskellner (Station waiter).

Wine butler

Wie der Sommelier für Verkauf und Service von Wein zuständig.

Station Waiter

- Zwei Servicemitarbeiter pro Station (floor).
- Sie erhalten vom head waiter den Paragondurchschlag von der Bestellung.
- Sie sind zuständig für das Speisenservice.
- Sie sind auch zuständig für das Getränkeservice, einschließlich Kaffee
- Sie servieren auch den Wein, wenn es keinen wine butler gibt.

Bus boy

- Set-up (Vorbereitungsarbeiten, Mise en place)
- Table cleaning – Abservieren, Tischreinigen
- Iced-water-Service

6 Etagenservice

Von den Mitarbeitern der Room-service-Abteilung werden nicht nur Speisen und Getränke auf das Zimmer serviert (zB Etagenfrühstück, siehe Seite 100f.), sondern auch eine Reihe anderer Dienstleistungen erledigt:

- Bereitstellen von Obstkörben und Gastgeschenken für VIP-Gäste
- Auffüllen und Kontrolle der Minibar. Die Minibar ist eine im Hotelzimmer meist in einem Kasten integrierte kleine Bar, die mit einem bestimmten Sortiment an Getränken (in Miniflaschen) sowie einigen Knabbereien und Schokolade bestückt ist. Diese Dienstleistung für den Gast – die Minibar steht rund um die Uhr zu seiner Verfügung – wird in der gehobenen Hotellerie erwartet.
- Betreuung der Freizeiteinrichtungen, wie Swimmingpool, Fitnessbereich

Über das richtige Verhalten bei der Bestellungsaufnahme sowie die praktischen Grundsätze für das Etagenservice lesen Sie auf Seite 61f.

Room-Service-Trolley

Room-service-Abteilung im Klein- und Mittelbetrieb

Chef d'Étage	Commis d'Étage
▪ Vertrauensposition, die vor allem Gewissenhaftigkeit, Fachwissen und Fremdsprachenkenntnisse voraussetzt ▪ Durchführung des VIP-Service ▪ Entgegennahme der telefonischen Bestellungen ▪ Abwicklung des Service ▪ Kontrolle der Mise-en-place-Arbeiten ▪ Ausstellung der Rechnungen ▪ Evtl. Kontrolle der Minibars	▪ Unterstützung des Chef d'Étage ▪ Durchführung der Mise en place (Vorbereiten von Plateaus und Roomservice-trolleys) für alle Bestellungen ▪ Service der Bestellungen ▪ Abservieren der Plateaus und Roomservice-trolleys

Room-service-Abteilung im Großbetrieb

Room service manager
Assistant room service manager

Room service captain (a. m.)	Room service captain (p. m.)
Room service waiters	Room service waiters
Buspersons	Buspersons

Ante meridiem = lateinisch für before noon, also morgens und vormittags.

Post meridiem = lateinisch für after noon, also nachmittags und abends.

Arbeitsaufgaben

1. Welche Serviersysteme gibt es und wie heißen die einzelnen Positionen?
2. Welche Aufgaben hat ein Restaurantdirektor? Welche ein Maître d' hôtel?
3. In welchem Rang steht ein Sommelier? Was ist sein Verantwortungsbereich?
4. Welche Aufgaben hat der Chef de rang?
5. Welche Tätigkeiten fallen in den Aufgabenbereich der Room-service-Abteilung?

Notizen zu den Arbeitsaufgaben und zur Zusammenfassung:

ZUSAMMENFASSUNG

Einkellner- oder Stationskellnersystem
- Aufteilung des Lokals in mehrere Stationen
- Jeder Servicemitarbeiter ist für eine Station verantwortlich
- Er hat auch das Inkasso

Zweikellnersystem
Zwei Servicemitarbeiter teilen sich eine Station, einer macht Getränkeservice und Inkasso, der zweite ist für Speisenservice und Abservieren zuständig.

Oberkellner- oder Zahlkellnersystem
- Das Zweikellnersystem wird um einen Zahlkellner erweitert und die Stationen sind größer
- Der Zahlkellner ist für das Inkasso, die Platzierung der Gäste und die Bestellungsaufnahme zuständig

Französisches Serviersystem – Chef-de-rang-System
- Umfangreiche Servierbrigade

Die Brigade besteht aus:
Restaurantdirektor: Repräsentant des Unternehmens im Restaurant
Maître d' hôtel: Leitung des Service
Weitere Oberkellner: für einen bestimmten Bereich, zB Kaffeehaus, Restaurant, Terrasse, Halle, verantwortlich
Sommelier/ Sommelière: Verkauf und Servieren von Wein
Chef de rang: für das Service auf einer Station verantwortlich
Demi-chef de rang: Stellvertreter des Chef de rang
Commis de vin: unterstützt den Chef de vin
Commis de rang: Gehilfe des Chef de rang und des Demi-chef
Apprenti garçon: Restaurantfachmann/Restaurantfachfrau (Lehrberuf).

Amerikanisches Serviersystem
- In Europa nur in amerikanisch geführten Betrieben
- Sehr genaue Arbeitsteilung in: Restaurantmanager, Maître d', head waiter (captain), wine butler, Station waiter und bus boy

Etagenservice
Von den Mitarbeitern der Room-service-Abteilung werden nicht nur Speisen und Getränke auf das Zimmer serviert, sondern auch eine Reihe anderer Dienstleistungen erledigt:
- Bereitstellen von Obstkörben und Gastgeschenken für VIP-Gäste
- Auffüllen und Kontrolle der Minibar
- Betreuung der Freizeiteinrichtungen, wie Swimmingpool, Fitnessbereich

Inventar und Serviergegenstände

Neben der Qualifikation der Servicemitarbeiter und der perfekten Organisation ist vor allem die Einrichtung bzw. das Vorhandensein aller nötigen Arbeitsgeräte und Serviergegenstände wichtig. Erst sie ermöglichen einen ruhigen und reibungslosen Arbeitsablauf.
Es ist notwendig, dass alle Gegenstände in ausreichender Anzahl vorhanden sind. Beim Kauf ist darauf zu achten, dass alles jederzeit ergänzt werden kann. Dafür sind in großen Betrieben eigene Abteilungen (Purchasingdepartment) verantwortlich.

Die Beschaffenheit der Tische und Sessel ist immer von der Einrichtung des Raumes abhängig. Auch die Tisch- und Tafelwäsche muss mit der Ausstattung des Restaurants harmonieren. Geschirr, Besteck, Gläser und Serviergegenstände sollen ebenfalls zum Ambiente passen.
Das gesamte Inventar eines Betriebes repräsentiert einen sehr hohen Wert. Gehen Sie daher sorgfältig damit um.

Unsere Ziele

Nach Bearbeitung dieses Kapitels werden Sie

- erklären können, wie Tische und Sessel im Restaurant angeordnet sein müssen und wie viel Platz pro Gast bei Tisch sowie pro Tisch in einem Raum nötig ist,
- die vielen Formen der Tisch- und Tafelwäsche sowie deren Verwendungszweck beschreiben können,
- die Geschirr- und Besteckteile benennen und ihre Funktion beschreiben können,
- darstellen können, welche Gläser für welche Getränke verwendet werden,
- die Bezeichnungen der Serviergegenstände und ihre Funktion benennen können,
- Geschirr, Besteck und sonstige Serviergegenstände reinigen, polieren und ordnungsgemäß aufbewahren können.

1 Tische und Sessel

Die gesamte Einrichtung mit Tischen und Sesseln muss ein harmonisches Bild ergeben – gleiche Abstände, gerade Linien. Die Tischreihen und die Sessel sind exakt auszurichten.
Beim Aufstellen der Tische und Sessel ist darauf zu achten, dass genügend Platz zwischen den Tischreihen bleibt, sodass die Gäste in keiner Weise belästigt werden und optimal betreut werden können. Auch die Servicemitarbeiter sollen ausreichend Platz für die Serviertätigkeit vorfinden. Darüber hinaus muss den Verordnungen der Bau- und Feuerpolizei entsprochen werden. Für den Ernstfall muss ein Fluchtweg frei sein.

Der Gast sollte nach Möglichkeit mit Blick auf eine Fensterfront oder auf einen attraktiven Punkt im Raum sitzen.

Platzbedarf pro Gast bei Tisch: 70 bis 80 Zentimeter in der Breite und 35 bis 40 Zentimeter in Richtung Tischmitte pro Gast. Im Idealfall ist daher ein Tisch von 80 mal 80 Zentimetern zum Essen für zwei Personen geeignet. Die Tischhöhe soll 72 Zentimeter, die Sitzhöhe des Sessels 46 Zentimeter betragen.

Platzbedarf der Tische in einem Raum: Gerade gestellte Vierertische (meist etwa 1 m mal 1 m) benötigen 2,50 m mal 2,50 m = 6,25 m^2. Pro Gast wird also ein Platz von 1,56 m^2 gerechnet.
Stellt man die Tische diagonal, kann viel Platz eingespart werden. Man benötigt dann lediglich 4 m^2, das heißt pro Gast 1 m^2.
Runde Tische für vier Personen haben einen Durchmesser von ungefähr 90 Zentimetern, für sechs Personen von 110 Zentimetern.
Rechteckige Tische für vier Personen sollten ein Ausmaß von 70 bis 80 mal 140 bis 160 Zentimeter haben.

2 Tisch- und Tafelwäsche

Auch die Wäschestücke müssen mit der übrigen Ausstattung des Restaurants harmonieren, ergeben sie doch eine Vervollkommnung des Gesamtbildes.
Natürlich ist es eine Frage der finanziellen Möglichkeiten, welche Materialien verwendet werden.

Fragen Sie nach den Preisen. Ein Meter Leinen kostet derzeit:

Halbleinen: ____________

Baumwolle: ____________

Kunstseide: ____________

Seide: ____________

Damast: ____________

Seide

Damast

Leinen

Die folgende Tabelle gibt einen Überblick über die wichtigsten Wäschestücke in einem gastgewerblichen Betrieb.

Bezeichnung	Durchschnittsgrößen	Formen	Verwendungszweck
Tischauflage oder Molton aus Filz oder Kunststoff („molleton“)	Der Tischgröße angepasst.	Quadratisch, rechteckig, rund.	Um ein Rutschen des Tischtuches zu verhindern. Um Lärm zu dämmen. Um verschüttete Flüssigkeiten aufzusaugen.
Tischtuch („nappe“)	1,20 bis 3 m lang 1,20 bis 2,60 m ø	Quadratisch, rechteckig, rund.	Für alle Mahlzeiten des Tages.
Deckserviette („napperon“)	90 x 90 cm 120 x 120 cm	Quadratisch.	Zum Schutz des Tischtuchs. Zum Bedecken eines nicht mehr einwandfreien Tischtuchs.
Tafeltuch	3 bis 10 m lang (sollte nicht mehr als 10 m sein, da das Waschen und Bügeln sonst sehr umständlich ist) 1,50 bis 2,40 m ø	Quadratisch, rechteckig, rund.	Für Festtafeln, für Bankettveranstaltungen.
Konferenztuch (grünes Filztuch)	2 bis 10 m lang	Quadratisch, rechteckig, rund.	Für Konferenzen und Tagungen, Seminare und Workshops.
Tischläufer	3 bis 10 m lang 40 bis 100 cm breit	Rechteckig (sehr schmal und lang).	Als Dekorationselement in der Mitte der Tafel.
Set	60 x 35 cm 60 x 40 cm	Rechteckig.	Für rustikale Tische, für Intarsientische, für Frühstückstische, auf Kaffeehaustischen (für kleine Tellergerichte).
Mundserviette („serviette“)	50 x 50 cm 60 x 60 cm	Quadratisch.	Für den Gebrauch der Gäste, gefaltet als Tisch- und Tafeldekor, als Dekor für Platten, zum Anrichten von Spargel, Artischocken usw.
Frühstücks-, Jausen- oder Teeserviette	30 x 30 cm 40 x 40 cm	Quadratisch.	Für Frühstück und Jause.
Buffettuch	2,50 bis 8 m lang	Rechteckig.	Für Buffets, für Displaytische (Schautische).
Buffetschürze (Skirting) 	2,50 bis 8 m lang	Glatt, gerafft, in Falten.	Für Buffets, für Displaytische (Schautische), zum Verblenden von der Tischoberkante bis zum Boden. Die Befestigung erfolgt mit Stecknadeln, eingenähten Zugbändern oder Klettverschlüssen mit speziellen Klipps. Lt. Brandschutzverordnung müssen Buffetschürzen aus schwer entflammbaren Materialien sein.
Serviertuch	60 x 50 cm	Rechteckig.	Für die Servicemitarbeiter.
Weinserviette	50 x 30 cm	Rechteckig.	Für das Flaschenweinservice.
Guéridontuch	120 x 100 cm 150 x 120 cm	Rechteckig.	Für Serviertische, für Beistelltische.
Plateautuch	Der Größe des Plateaus angepasst	Rechteckig, rund.	Als Auflage für Plateaus, um das Rutschen zu verhindern.
Gläserpoliertuch	60 x 40 cm	Rechteckig.	Zum Polieren von Gläsern.
Geschirrtuch	50 x 50 cm 60 x 50 cm	Quadratisch, rechteckig.	Zum Trocknen von Geschirr.

Die **Farbe** der Tischwäsche und vor allem auch der Tafelwäsche ist meist Weiß. Es gibt sie aber auch in Pastellfarben, wie Gelb, Blau, Grün, Rosa und Beige. Da eine Tafel für einen festlichen Anlass (Taufe, Hochzeit) gedeckt wird, ist Weiß am vornehmsten.
Bei der Tischwäsche verwenden manche Betriebe für die verschiedenen Mahlzeiten unterschiedlich gefärbte Wäsche. Für das Frühstück, das Mittagessen und die Jause wird in Pastelltönen, für das Abendessen in Weiß gedeckt.

Da das Sonnenlicht von bunter Wäsche nicht so stark reflektiert wird, sollen Terrassen- oder Gartentische ebenfalls in Pastelltönen gedeckt werden.

Wäschetausch

Da die Wäsche einen wesentlichen Kostenfaktor darstellt, ist auf fachmännische Behandlung größter Wert zu legen.
Die wenigsten Betriebe leisten sich heute noch eine eigene Wäscherei. Die Arbeit erledigen Firmen.

Die Anzahl der abgegebenen schmutzigen Wäschestücke wird in das Wäschetauschbuch eingetragen. Erst dann wird die frische Wäsche ausgegeben.

Folgende Punkte sind besonders zu beachten:

- Keine feuchte oder nasse Wäsche in die Schmutzwäschelade geben, sondern vorher trocknen lassen! Sie beginnt sonst zu schimmeln. Es entstehen so genannte Stockflecken.
- Schmutzwäsche nur kurz aufbewahren.
- Die Wäschekiste muss Luftlöcher haben.
- Tisch- und Tafeltücher dreieckig zusammenlegen. Nach Größe geordnet stapeln.
- Mundservietten, Serviertücher und Weinservietten zu zehn Stück bündeln. Das erleichtert die Ab- und Ausgabe.
  Gestärkte, gebügelte Wäsche immer Bug auf Bug stapeln.
- Gebügelte Wäsche luftdurchlässig und roulierend lagern.
- Beschädigte Wäsche aussortieren.

Die frische Wäsche wird nicht auf den alten Stapel im Kasten, sondern darunter gelegt (gleichmäßige Verwendung).

3 Porzellan- und Steingutgeschirr

www.rist.at
www.rechberger.at

Qualität, Ausführung und Dekor des Geschirrs weisen auf die Betriebsart hin. Motive bzw. betriebseigene Embleme können unter oder auf der Glasur angebracht sein. Der Unterglasurdekor ist geschützter und daher haltbarer (spülmaschinenfest).

In Kleinbetrieben sind die wichtigsten Kriterien Robustheit, Haltbarkeit und Zweckmäßigkeit. Ist das Geschirr stapelbar, braucht es weniger Platz. Man beschränkt sich im Allgemeinen auf die wichtigsten Grundformen wie Suppen-, Fleisch- und Dessertteller.
In Mittelbetrieben muss die Qualität des Porzellans höheren Ansprüchen genügen. Bei der Auswahl stehen aber wieder Haltbarkeit und Zweckmäßigkeit im Vordergrund.
In Luxusbetrieben ist das Geschirr auf die Ausstattung und auf die angebotenen Speisen abgestimmt.

Nachfolgend wird das heute in der Gastronomie übliche Porzellangeschirr dargestellt und erklärt. Die Hersteller kreieren immer wieder neue Formen. Die Größen sind von Hersteller zu Hersteller, oft von Serie zu Serie verschieden, sodass Durchschnittswerte angegeben wurden. Weiters ist darauf hinzuweisen, dass aufgrund verschiedener Kücheneinflüsse (zB durch die Asiaküche) Anrichteteller und Platten auch aus anderen Materialien (zB aus Glas oder Stein) sowie mit anderen Formen und Dekors verwendet werden.

Kaffeekanne

Teekanne, sollte im Ausguss ein Sieb integriert haben

Aufgusskanne, für Aufgusswasser zu Tee

Milchkanne, für heiße oder kalte Milch, Kakao, Schokolade, Ovomaltine, evtl. für Schlag- oder Kaffeeobers beim Frühstückstisch

Oberskännchen, für Schlag- oder Kaffeeobers

Eierbecher

Kaffeeschale mit Untertasse, für Wiener Melange und Frühstücksgetränke wie Kaffee, Tee oder Kakao

Mokkaschale mit Mokkauntertasse, für kleinen Mokka, für Spezialsuppen, wenn keine Spezialsuppentassen vorhanden sind

Doppelmokkaschale mit Untertasse, für Doppelmokka, Verlängerten

Teeschale mit Untertasse, größte Schale, ausschließlich für Tee

Suppenteller, für Creme- und Püreesuppen, Suppentöpfe, Pot-au-feu, für Muscheln (zB Moules marinées) und Spagetti

Bouillonschale mit Untertasse, für Bouillon mit Ei, Rindsuppen mit kräftigen Einlagen, Püree- und Cremesuppen, gratinierte Suppen (Garbure) und gekühlt für kalte Suppen (Gazpacho, Vichyssoise)

Consommétasse mit Untertasse, für Consommé double, Consommé en gelée, Kraftsuppen mit feinen, nicht fettenden Einlagen, legierte oder gebundene Spezialsuppen und gekühlt für kalte Suppen; kleiner als Bouillontassen, manchmal mit Deckel

Spezialsuppentasse mit Untertasse, für Essenzen (zB Trüffelessenz, Fasanenessenz), klare Spezialsuppen und für Beeftea, falls nicht vorhanden, werden Kaffee- oder Mokkatassen mit Untertasse verwendet

Gratiniersuppenschale aus Ton, für gratinierte Suppen, französische Zwiebelsuppe

Brotteller, für Brot bei Kuvert- und Festgedeck; Größe: ca. 17–20 cm im Durchmesser

Dessertteller, für das Frühstücksgedeck, kleine kalte Vorspeisen, als Unterteller beim Suppenservice „en tasse", für Obst; Größe: ca. 20–22 cm im Durchmesser

Fleischteller, für kalte oder warme Vorspeisen und besonders kreativ angerichtete Desserts, Hauptgerichte, warme Süßspeisen mit Saucen und für kalte Aufschnitte, die auf dem Teller angerichtet werden; Größe: ca. 26–28 cm im Durchmesser

Großer Fleischteller, als Stand-, Platz- oder Grundteller, für Hors-d'œuvres, als Unterteller für Suppenteller und Suppentöpfe, für besonders kreativ angerichtete Hauptgerichte und für Grillgerichte; Größe: ca. 28–31 cm im Durchmesser

Fischteller, für Fische, im Ganzen zubereitet, sowie portionierte Fische; Länge: ca. 33–37 cm, Breite: ca. 23–26 cm

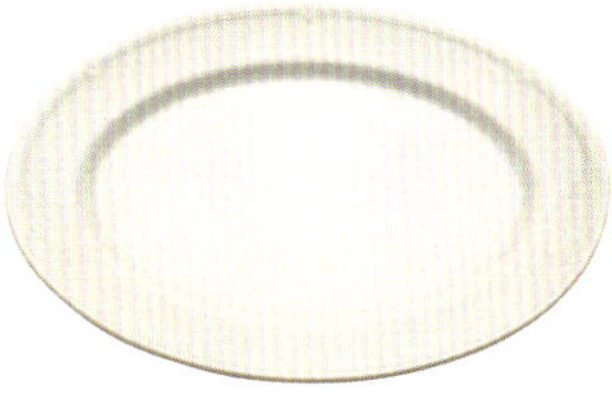

Fondueteller, für Fondues (zB Fondue bourguignonne) und für Garnituren und Salate

Sauciere, für kalte und warme Saucen

Tonschneckenpfanne, nur für Schnecken, wenn sie ohne Gehäuse serviert werden

Näpfchen („cocotte"), für Eier, kleine Ragouts, Gemüseflans, Soufflés

Gratinierplatte („plat russe"), zum Gratinieren von Teigwarengerichten, für Fischgerichte mit viel Sauce, gratinierte Fische, aber auch für Süßspeisen, wie Salzburger Nockerln, Aufläufe, Topfenpalatschinken, Topfenknödel

Eierpfanne, für Eiergerichte mit oder ohne Fleisch

Muschelschale („coquille"), für kalte und warme Vorspeisengerichte, wie Cocktails, Salate, kleine Ragouts

Pastateller, vor allem für Nudelgerichte

Das Besteck muss poliert werden

4 Besteck

Es wird in allen möglichen Formen und Materialien angeboten:

- Chromstahl mit der Kennzeichnung „rostfrei“
- Chromnickelstahl (Edelstahl); ist härter als Chromstahl
- Edelstahl mit Silberauflage
- Silberbesteck
- Silberbesteck mit Goldauflage
- Goldbesteck

Wie bei der Tischwäsche und beim Porzellan gilt auch beim Besteck, dass die Ausführung der Ausstattung des Betriebes entsprechen muss.
Einfache Betriebe begnügen sich mit den Grundformen, wie Fleischmesser, Fleischgabel und Suppenlöffel sowie Dessertbesteck und Kaffeelöffel, meist aus Chromnickelstahl oder Chromstahl.
Mittelbetriebe, die ein größeres Speisenangebot haben, erweitern ihr Inventar um Spezialbestecke, wie zum Beispiel Fischbestecke.
Luxusbetriebe sind mit verschiedensten Spezialbestecken ausgestattet. Edle Materialien und herausragendes Design sollen die Einzigartigkeit dieser Betriebe hervorheben.

4.1 Grundformen von Essbesteck

Da die Besteckgrößen unterschiedlich sind, sind nachfolgend Durchschnittswerte angegeben.

Fleischmesser, großes Messer, mit der Fleischgabel für alle Speisen, die auf großen, warmen Fleischtellern als warme Vorspeisen oder als Hauptspeisen (Ausnahme: Fischgerichte) serviert werden; mit der Fleischgabel für Suppentöpfe; Größe: 20–24 cm

Fleischgabel, große Gabel, mit dem Fleischmesser für alle Speisen, die auf großen, warmen Fleischtellern als warme Vor- oder Hauptspeisen serviert werden; mit dem Suppenlöffel als Vorleger und für Spagetti, die im Suppenteller serviert werden; mit dem Fleischmesser für Suppentöpfe; Größe: 19–21 cm

Suppenlöffel, großer Löffel, für Creme- und Püreesuppen, die im Suppenteller serviert werden; mit der Fleischgabel für Spagetti, die im Suppenteller serviert werden; Größe: 19–21 cm

Dessertmesser, kleines Messer, als Buttermesser beim Frühstücks- und Kuvertgedeck; in Verbindung mit der Dessertgabel für die meisten kalten Vorspeisen; in Verbindung mit der Dessertgabel für Käse und Obst; für Kaviar, wenn kein Kaviarmesser vorhanden ist; Größe: 19–21 cm

Dessertgabel, kleine Gabel, als Buttergabel beim Frühstücks- und Kuvertgedeck; mit dem Dessertmesser für die meisten kalten Vorspeisen; mit dem Kaffeelöffel für Vorspeisencocktails; mit dem Dessertmesser für Käse und Obst; mit dem Dessertlöffel für Süßspeisen, Teigwarengerichte und feine Ragouts; Größe: 18–19 cm

Dessertlöffel, kleiner Löffel, für Suppen, die in der Bouillonschale oder Consommétasse serviert werden, wenn kein Bouillon- oder Consommélöffel vorhanden ist; mit der Dessertgabel für Süßspeisen, Teigwarengerichte und feine Ragouts; Größe: 18–19 cm

Kaffeelöffel, für das Frühstücksgedeck; für Kaffee, Tee und Kakao-(Schokolade-) Getränke, die in der Kaffee-, Doppelmokka- oder Schokoladeschale sowie in der Teeschale oder im Teeglas serviert werden; für Marmelade oder Honig, wenn sie offen angeboten werden; für Spezialsuppen und Essenzen in Kaffeetassen mit feiner Einlage; für fein gehackte Gewürze und Beilagen; für Desserts wie Cremen im Glas, für Eis und Eisdesserts, wenn kein Eislöffel vorhanden ist, mit der Dessert- oder Kuchengabel für Vorspeisencocktails; mit der Austern- oder evtl. Schneckengabel für Vorspeisencocktails aus Meeresfrüchten im Glas; Größe: 13–15 cm

Mokkalöffel, für Mokka in der Mokkatasse; Größe: 10–11 cm

4.2 Spezialbestecke

Austerngabel, für frische Austern Natur; mit einem Kaffeelöffel für Vorspeisen-cocktails aus Meeresfrüchten im Glas; Größe: ca. 15 cm

Bouillonlöffel, für Suppen, die in Bouillonschalen serviert werden; Größe: 16–17 cm

Buttermesser, für das Frühstücksgedeck; für das Kuvert- oder Festgedeck; evtl. für Kaviar, wenn kein Kaviarmesser vorhanden ist; Größe: ca. 17 cm

Austernbrecher, mit und ohne Handschutz, zum Öffnen frischer Austern

Consommélöffel, für Suppen, die in Consommétassen serviert werden; Größe: 14–15 cm

Eierlöffel, für Frühstückseier in der Schale oder im Glas, sollte aus Horn, Perlmutt oder Hartplastik sein, auf keinen Fall versilbert oder aus Silber; Größe: ca. 11,5 cm

Eislöffel, für Eis und Eisgerichte; Größe: ca. 18 cm

Fischgabel, mit dem Fischmesser für leicht zerteilbare Fischgerichte sowie Gerichte aus Schal- und Krustentieren; Größe: ca. 18 cm

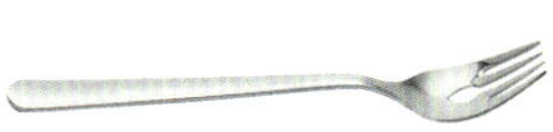

Fischmesser, mit der Fischgabel für leicht zerteilbare Fischgerichte (Ausnahme: geräucherter Lachs, Gravad lax, marinierte Heringe, Matjesheringe, geräucherter oder marinierter Aal) sowie Gerichte aus Schal- und Krustentieren; Größe: 19–21 cm

Fonduegabel, für alle Arten von Fondues (Fleisch-, Käse- und Schokoladenfondue sowie für Fondue chinoise/ Bouilli)

Gourmetlöffel, für alle Gerichte in Saucen; kann auch anstelle des Fischmessers (bei Fischgerichten mit viel Sauce) benützt werden; Größe: 18–19 cm

Grapefruitfiletiermesser, zum Filetieren von Grapefruits

Grapefruitlöffel, zum Ausstechen und Essen von Grapefruits

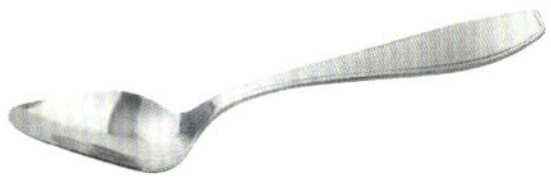

Hummerpike, -spatel oder -gabel, für Hummer, Langusten und Krabben; Größe: ca. 23 cm

Hummerzange, zum Aufbrechen der Scheren und Gelenke von Hummern, Langusten, Krebsen und Krabben; Größe: ca. 20 cm

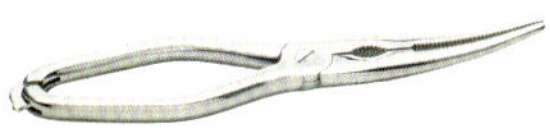

Kaviarlöffel, zum Herausnehmen des Kaviars aus dem kleinen Glasbehälter; soll aus Horn oder Perlmutt sein; Metall verändert den Geschmack; Größe: ca. 20 cm

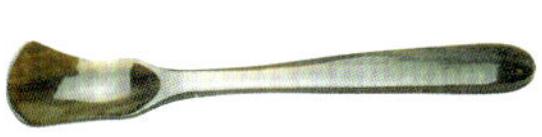

Kaviarmesser, zum Auflegen des Kaviars auf Toast oder Blinis; aus Horn oder Perlmutt; Größe: ca. 20 cm

Krebsgabel, mit dem Krebsmesser zum Zerteilen von frischen Krebsen; Größe: ca. 18 cm

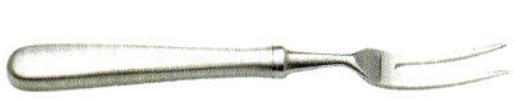

Krebsmesser, mit der Krebsgabel ausschließlich zum Zerteilen von frischen Krebsen; Größe: ca. 18 cm

Kuchengabel, für Jausengebäck, Kuchen und Torten in Kaffeehäusern und Konditoreien; auch als Buttergabel; Größe: 15–16 cm

Obstmesser, Obstgabel, für alle Obstarten

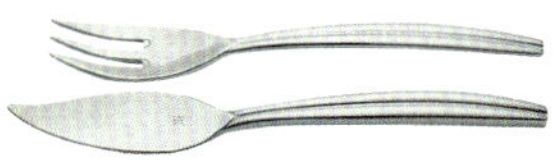

Schneckengabel, für Schnecken, mit oder ohne Gehäuse serviert; Größe: ca. 13,5 cm

Schneckenzange, für Schnecken, die im Gehäuse serviert werden, zum Halten des Schneckenhauses; Größe: ca. 15 cm

Spargelgriff, für frischen, warmen Stangenspargel

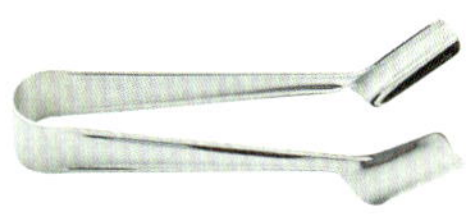

Steakmesser, für alle Steakarten wie T-Bone-, Porterhouse-, Filetsteak, Entrecôte usw.; Größe: 20–22 cm

Chopsticks, Ess-Stäbchen für asiatische Gerichte; meist aus Holz, aber auch aus Metall

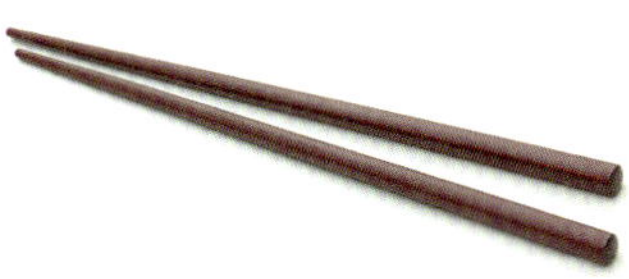

4.3 Tranchier- und Vorlegebestecke

Tranchiermesser, Tranchiergabel, zum Tranchieren von Braten und Grosses-pièces-Stücken

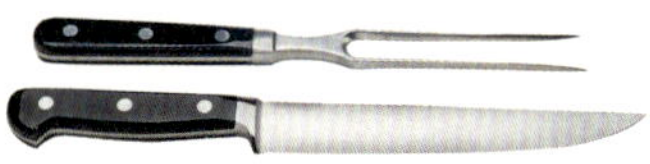

Tranchelard, zum Schneiden von Schinken (Bein-, Rohschinken)

Tranchelard, zum Schneiden von geräuchertem Lachs und Stör

Brotmesser, zum Schneiden von Brot

Fischvorlegemesser, Fischvorlegegabel, zum Filetieren und Anrichten von großen, ganzen Fischen

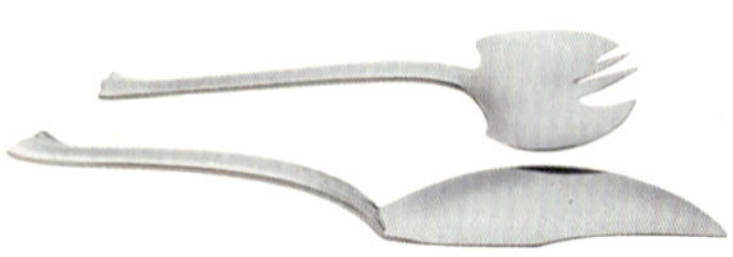

Salatvorleger, zum Mischen von Salaten in der großen Salatschüssel; zum Anrichten von Salaten

Salatzange, zum Anrichten von Salaten

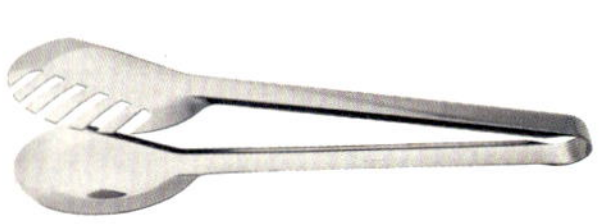

Spargelvorlegezange, zum Vorlegen und Anrichten von frischem Stangenspargel

Suppenschöpflöffel, Suppenkelle, zum Ausschenken von Suppen aus der Suppenterrine in den Suppenteller, die Suppenschale oder -tasse

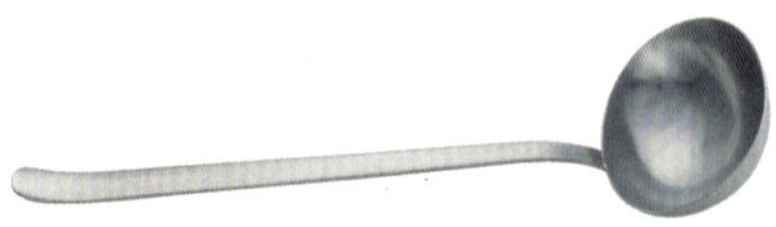

Saucenlöffel, zum Übergießen von Speisen auf dem Teller mit Sauce aus der Sauciere

Gebäckzange, zum Anrichten von Plunderteiggebäck und Kuchen; Größe: ca. 17 cm

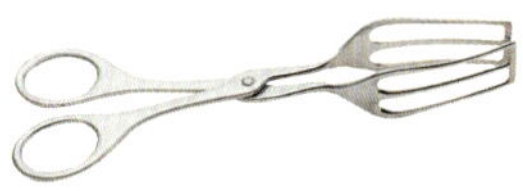

Tortenheber, Tortenschaufel, zum Anrichten von Tortenstücken; Größe: ca. 23 cm

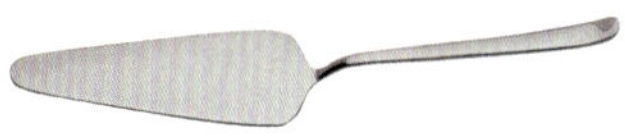

Zuckerzange, für offenen Würfelzucker aus der Zuckerdose; Größe: ca. 17 cm

Käsemesser, zum Schneiden und Portionieren von Käse auf dem Brett

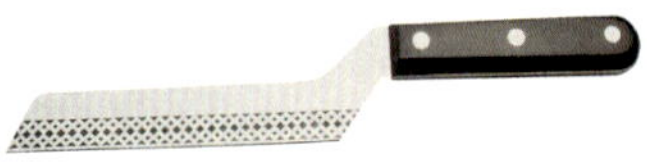

Weichkäsemesser, zum Schneiden und Portionieren von Weichkäse auf dem Brett

Käsehobel, für Cheddar und Hartkäse

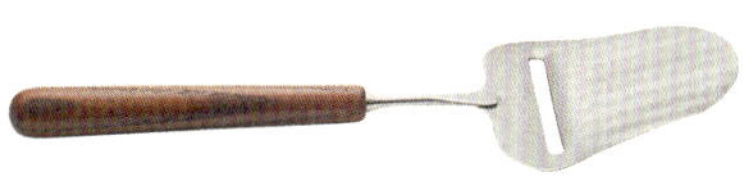

Drahtschneidegerät, zum Schneiden und Portionieren von Käse, zB von Blau- und Grünschimmelkäse

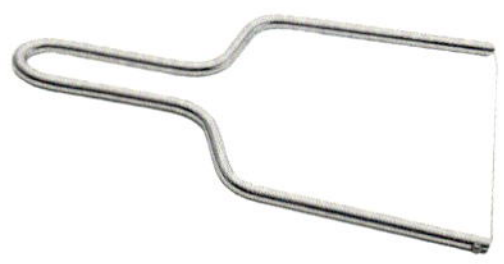

Trüffelhobel, zum Hobeln von Trüffeln in feinste Blättchen. Trüffeln werden über Pasta, Risotto und Eiergerichte gehobelt

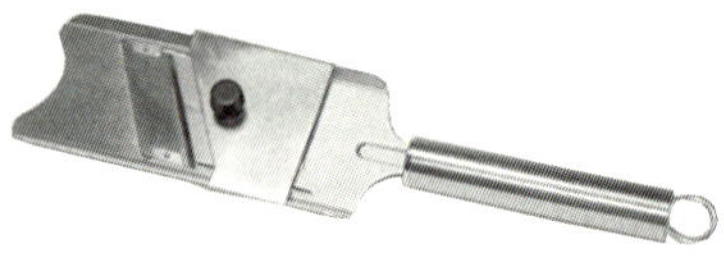

Durch kalkhaltiges Wasser matt gewordenes Besteck legt man in unverdünnten Essig, spült es mit kaltem Wasser und poliert es nach.

Aus hygienischen Gründen sollte auf das Nachpolieren verzichtet werden.

4.4 Besteckreinigung

- Chromstahl- und Chromnickelstahlbesteck werden im Geschirrspüler gereinigt; es sollte sogleich nachpoliert werden.
- Für Silberbestecke gibt es Silberreinigungs- und Poliermaschinen, Silbertauchbäder, Polierpasten etc. Silberbesteck muss nach der Reinigung mit Wasser nachgespült und poliert werden, da der Geruch des Reinigungsmittels stark haften bleibt.
- Vergoldete und Goldbestecke werden mit Seifenlauge gewaschen, mit heißem Wasser nachgespült und poliert.

5 Gläser

Es war schon in früherer Zeit ein Zeichen von Kultur, Getränke in formschönen Gläsern zu kredenzen. Heute gibt es eine riesige Auswahl an Gläsern im Handel, für jeden Geschmack und in jeder Preisklasse.

- Nach der Qualität unterscheidet man Pressgläser (einfache Gläser), Kristallgläser und Bleikristallgläser.
- Kelchgläser bestehen aus einem Fuß, einem Stiel und einem hohen Kelch.
- Schalen bestehen aus einem Fuß, einem Stiel und einem flachen Kelch.
- Becher haben keinen Fuß oder Stiel, dafür aber einen dicken Boden.
- Schankgläser sind aus Pressglas, meist dickwandig, daher haltbarer und spülmaschinenfest.
- Zum Ausschank von offenen Getränken bestimmte Schankgläser sind geeicht, dh., sie weisen einen Eichstrich auf (vgl. Schankgefäßverordnung, Seite 114).
- Tisch- und Tafelgläser sind aus qualitativ besserem Material. Sie sind nicht geeicht.

Wassergläser

Wasserbecher, geeicht; Stielwasserglas

Wasserbecher Stielwasserglas

Limonadenglas

geeicht; für den Ausschank von offenen Limonaden

Biergläser

- geeicht, als Schankglas, Henkelbierglas (Seidel und Krügel); für offenes Bier
- nicht geeicht; in verschiedenen Formen, zB Pokal, Tulpe, Stange, Maß

Bierstange Bierpokal Biertulpe

Henkelbierglas

Weingläser

- geeicht, Weinpokal; für offenen Ausschank
- nicht geeicht, in verschiedenen Formen, zB Bordeauxweinglas, Burgunderweinglas

Weißweingläser

Roséweinglas Rotweingläser

Universalglas
(sowohl für Weiß- als auch für Rotwein)

Sekt- und Champagnergläser

Flöte, Kelch, Tulpe und Schale

Die Schalen werden von Kennern abgelehnt, da der Champagner oder Sekt in diesem Glas zu viele Bukettstoffe und die Kohlensäure verliert.

Bei Bankett-Veranstaltungen, bei denen Sektgläser bereits aufgedeckt sind, werden Sektschalen bevorzugt, da das Einschenken nicht so viel Zeit beansprucht. Die Sektschalen müssen nicht vom Tisch ausgehoben und gefüllt werden.

Flöte Kelch Tulpe Schale

Dessertwein- und Süßweingläser

für Sherry, Portwein, Beerenauslesen, Eisweine

Schnapsgläser

- geeicht; Stamperl
- nicht geeicht; verschiedene Formen, zB für Branntweine aus Beerenobst, Kernobst und Steinobst

Stamperl

Beerenobst Kernobst Steinobst

Bargläser

siehe Seite 225f.

Karaffen und Krüge

- Dekantierkaraffe, zum Dekantieren von alten Weinen mit Depot
- Krüge, in verschiedenen Größen; für Wasser und Wein

Dekantierkaraffen

Wein- und Wasserkrüge

Dekantiertrichter
ermöglicht das Abfließen des Weines an der Innenwand der Dekantierkaraffe; die Sauerstoffzufuhr wird erhöht.
Das integrierte **Dekantiersieb** ermöglicht das Zurückhalten des Depots und der Korkenreste.

5.1 Gläserreinigung

Die Gläser werden in der Geschirrspülmaschine, in seltenen Fällen händisch gereinigt. Sie müssen nachpoliert werden. Verwenden Sie dazu ein eigenes, nicht faserndes Tuch. Halten Sie das Glas so, dass der Fuß nicht abgedreht werden kann.
Es gibt spezielle Gläserspülmaschinen, die ein Nachpolieren nicht erforderlich machen.

Vorsicht beim Nachpolieren.
Die Gefahr des Zerbrechens ist groß.

www.riedel.com

6 Sonstige Serviergegenstände

Das sind die verschiedenartigsten Gegenstände, die für ein gutes Service benötigt werden. Sie bestehen aus Metall (Silber, Kupfer, Aluminium), aus Holz oder aus Glas.

Austernplatte, zum Anrichten von Austern und anderen Meeresfrüchten; steht auf dem **Austerngestell**

Butterkühler, wie Suprême-Schale (siehe Seite 39), nur mit einem Metalleinsatz mit Löchern

Coupeschale oder Coupeglas, für kalte Vorspeisencocktails, Früchtecocktails

Dekantierkorb, zum Befördern von Weinflaschen vom Weinklimaschrank zum Gueridon; er darf nicht zu flach sein, da sonst der Wein beim Öffnen der Flasche überläuft (siehe Dekantieren, Seite 117f.)

Dekantierkorb

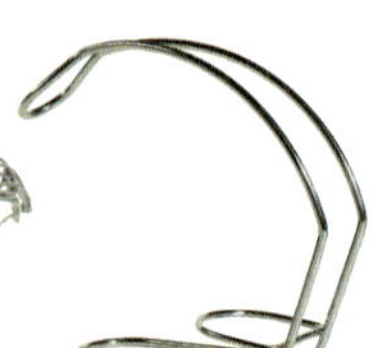

Dekantierwiege

Eiereinschlagglas, für Eier im Glas, Fruchtsalate, Cremedesserts, Eisdesserts

Essig-Öl-Ständer, für Essig und Öl, auf Verlangen des Gastes eingestellt; häufig werden auch Originalflaschen verwendet, manchmal Sprühflaschen

Fingerbowle, zum Reinigen der Finger, wenn mit ihnen gegessen wird (zB Meerestiere in der Schale, Obst)

Fischplatte, nur für Fische, Schal- und Krustentiere

Fischwanne, zum Garziehenlassen und Präsentieren von gekochten Fischen

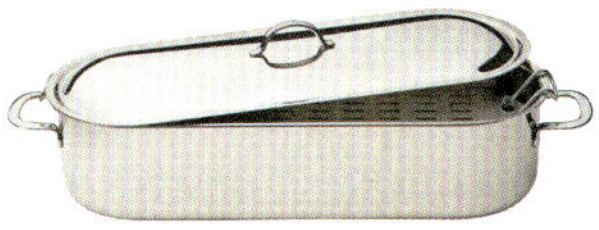

Flambierpfanne, für Fleisch-, Fisch-, Schal- und Krustentierflambees, für Obst- und Süßspeisenflambees; in ovaler und runder Form

Flambierrechaud, zum Flambieren und Fertigstellen von Speisen beim Tisch des Gastes

Flambier- und Servierwagen, zum Flambieren und Fertigstellen von Speisen beim Tisch des Gastes

Fleischplatte, zum Anrichten von Entrée-Gerichten, Grosses-pièces-Stücken und Braten („rôts")

Fleischwagen („voiture"), mit versenkbarem Kippdeckel, zum Warmhalten und Tranchieren von Grosses-pièces-Stücken, Braten und Bollito misto

Foil cutter, anstelle eines Messers zum Abschneiden der Kapsel bei Weinflaschen; er hat den Vorteil, dass man die Flasche nicht drehen muss

Fonduegarnitur, für Fondue aus Fleisch, Fischen und Krustentieren sowie für Käsefondue (Käsefondue in feuerfester Tonpfanne); besonders gut geeignet für Bouilli

Fonduekarussell, für Fondue aus Fleisch, Fischen und Krustentieren sowie für Käsefondue (Käsefondue in feuerfester Tonpfanne)

Fonduepfanne aus feuerfestem Ton, für Käsefondues, Schokoladenfondues

Getränkekühler, wie Suprême-Schale (siehe Seite 39), mit einem Einsatz für Gläser (Frucht- und Gemüsesäfte, Wodka)

Hebekorkenzieher, ausnahmslos zum Öffnen von Weinen

Käse-(Parmesan-)Behälter, für Reibkäse

Kasserolle mit Deckel, für Ragoutgerichte, pochierte Fische in Saucen, gekochtes Rindfleisch und für Gerichte, die im Salamander überglänzt werden

Kaviarkühler, wie Suprême-Schale (siehe Seite 39), mit einem Einsatz für Kaviar im Glastiegel

Marmeladen- oder Honigtiegel, für Marmeladen, Gelees und Honig

Plateau, zum Transportieren der Speisen aus der Küche in das Office

Platten- und Tellerwärmer („réchaud“), zum Warmhalten von Tellern sowie Speisen auf Platten

Platten- und Tellerwärmer, elektrisch („platemaster“), zum Warmhalten von Tellern sowie Speisen auf Platten

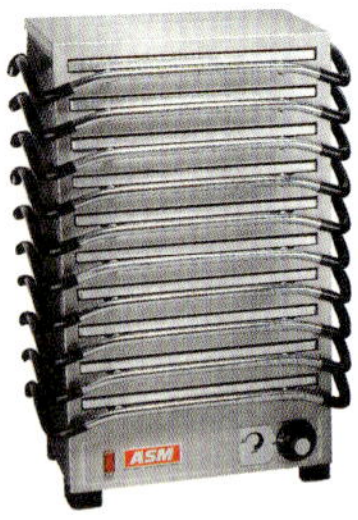

Raviers, für Hors-d'œuvres

Salzmühle, Pfeffermühle, in guten Betrieben statt des Salz- und Pfefferstreuers

Salzstreuer, **Pfefferstreuer**

Saucenschale („saucière“), für kalte und warme Saucen

Saucen- und Butterwärmer, zum Warmhalten von Saucen und Butter auf dem Gästetisch

Schneckenpfanne, für Schnecken im Gehäuse

Schokoladenfondue-Garnitur, für Schokoladenfondue

Screwpull, spezieller Korkenzieher zum rucklosen Herausziehen des Korkens; vor allem beim Dekantieren von Vorteil

Senfbehälter, für Senf

Serviertisch, Beistelltisch („guéridon“), zum Arbeiten (Tranchieren, Flambieren etc.) und Anrichten von Speisen vor dem Gast

Servierwagen, wie Aperitifwagen, Digestifwagen, Hors-d'œuvre-Wagen (zum Kühlen von Vorspeisen, die in Metall- oder Glaseinsätzen angerichtet sind), Käsewagen (zum Präsentieren und Servieren von Käse), Kuchen- und Dessertwagen (zum Anbieten von Kuchen bzw. Desserts im Kaffeehaus bzw. Restaurant)

Sideboard, fest montiertes oder fahrbares Möbelstück mit Besteckladen und Fächern für Tischwäsche, Speisenkarten usw. sowie mit einem Aufsatz für diverse Serviergegenstände; sozusagen ein Office im Kleinformat

Standteller, Platzteller, Größe: ca. 30–33 cm im Durchmesser, aus Porzellan, Zinn, Messing, Silber, Gold oder Glas; als Grundteller, auf den die anderen Teller gestellt werden; als Tischdekoration verwendete Standteller heißen Dekorteller (werden vom Tisch entfernt, sobald die Gäste Platz genommen haben)

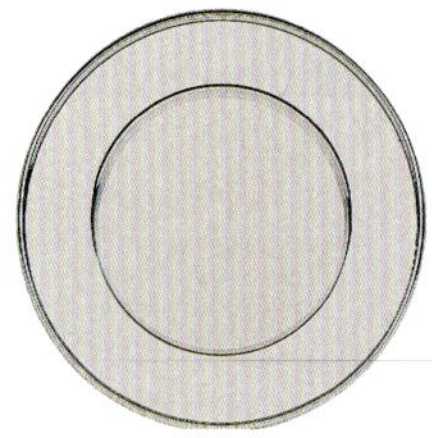

Suppenausgießschale, für Suppen, die in einen Suppenteller gegossen werden

Suppenterrine, für Suppenservice „en terrine", für Suppentöpfe

Suprême-Schale, zum Servieren von eisgekühlten Speisen (zB Vorspeisencocktails), kalten Suppen (zB Consommé en gelée, Consommé Madrilène, Gazpacho, Vichyssoise), Gänseleberterrine (in der Portionsterrine); mit verschiedenen Aufsätzen erhältlich (zB zum Kühlen von Butter, Getränken, Kaviar)

Tellercloche, zum Warmhalten von Speisen auf Tellern

Timbale, für Ragoutgerichte, Gerichte mit viel Sauce, Gemüse, Teigwaren

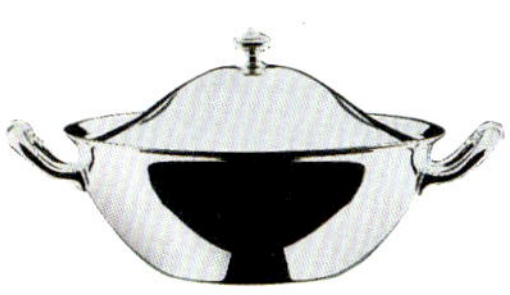

Tischroller zum Entfernen von Bröseln

Tischschaufel, Tischbesen zum Entfernen von Bröseln

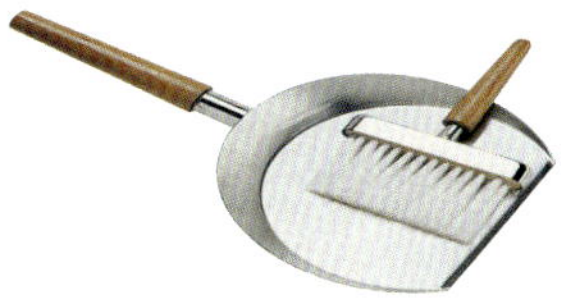

Tischbröselabziehklinge (crumber), zum Entfernen von Bröseln

Toastständer

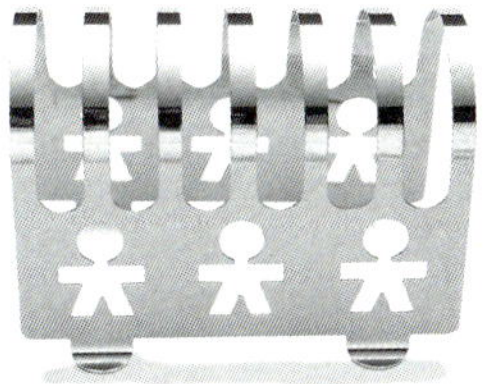

Tranchierbrett

Wasserbadwanne („chafing-dish, bain-marie"), für längeres Warmhalten von Speisen auf einem Buffet; es gibt ein eigenes Vorlegebesteck (mit längerem Stiel)

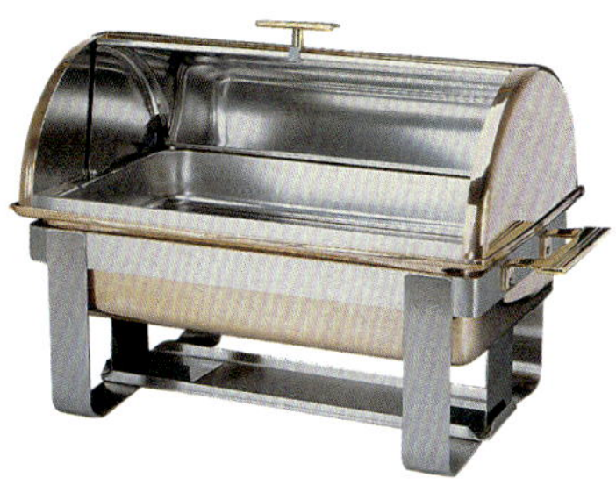

Thermokühler

Wein- bzw. Sektkühler

Wein- bzw. Sektkühlerständer

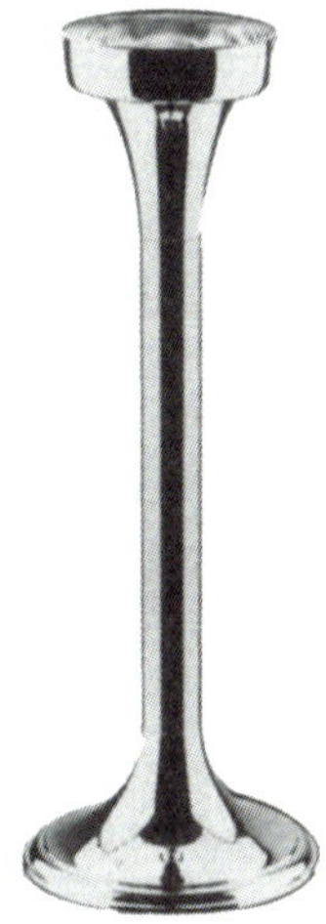

Zahnstocherbehälter

Zucker-Set, zum Anbieten von mehreren Zuckerarten (weißer und brauner Zucker, Kandiszucker, Süßstoff)

Zuckerstreuer

Notizen zu den Arbeitsaufgaben und zur Zusammenfassung:

Arbeitsaufgaben

1. Wie viel Platz benötigt ein Gast an einem Tisch?
2. Wie kann durch die Anordnung der Tische Platz gewonnen werden?
3. Was sind Moltons? Was sind Napperons?
4. Wofür werden Buffetschürzen verwendet?
5. Wie groß sind Mundservietten? Wofür werden sie verwendet?
6. Welche Punkte sind beim Wäschetausch besonders zu beachten?
7. Welche Anforderungen werden in Klein- bzw. in Mittelbetrieben an das Geschirr gestellt?
8. Wofür verwendet man eine Buillonschale?
9. Was ist ein Brotteller? Wofür wird er verwendet?
10. Was ist eine Plat russe? Was ist eine Cocotte?
11. Aus welchen Materialien sind Bestecke hergestellt und wie werden sie gereinigt?
12. Welche Grundformen von Essbesteck muss ein einfacher Betrieb mindestens haben?
13. Wozu benötigt man folgende Bestecke: Dessertmesser, Kaffeelöffel, Eierlöffel, Krebsmesser und -gabel, Tranchelard?
14. Nennen Sie einige Tranchier- und Vorlegebestecke.
15. In welchen Gläsern werden alkoholfreie Getränke ausgeschenkt?
16. Welche Arten von Biergläsern kennen Sie?
17. Erklären Sie die unterschiedlichen Weinglasformen.
18. Warum werden Sektschalen von Kennern abgelehnt?
19. Womit können Speisen bei Tisch warm gehalten werden?
20. Erklären Sie die Funktion des Sideboards.
21. Was ist eine Voiture? Was ist ein Chafing-dish?
22. Wann benötigen Sie im Restaurant einen Gueridon?

ZUSAMMENFASSUNG

Tische und Sessel
Es ist darauf zu achten, dass genügend Platz zwischen den Tischreihen bleibt. Der Gast sollte nach Möglichkeit mit Blick auf eine Fensterfront oder auf einen attraktiven Punkt im Raum sitzen. Ideal ist ein Tisch von 80 mal 80 Zentimetern zum Essen für zwei Personen. Die Tischhöhe soll etwa 72 Zentimeter, die Sitzhöhe des Sessels 46 Zentimeter betragen. Stellt man die Tische diagonal, kann viel Platz eingespart werden.

Tisch- und Tafelwäsche
Abhängig von den finanziellen Möglichkeiten und dem Anlass bzw. der Tageszeit werden verschiedene Materialien und Farben verwendet.
Die wichtigsten Wäschestücke sind:

- Tischauflieger oder Molton
- Deckserviette oder Napperon
- Konferenztuch (grünes Filztuch)
- Set
- Frühstücks-, Jausen- oder Teeserviette
- Buffetschürze
- Weinserviette
- Plateautuch
- Geschirrtuch
- Tischtuch
- Tafeltuch
- Tischläufer
- Mundserviette

- Buffettuch
- Serviertuch
- Guéridontuch
- Gläserpoliertuch

Beim Wäschetausch ist darauf zu achten, dass keine feuchte Wäsche in die Schmutzwäschelade kommt. Firmen waschen die Schmutzwäsche (nur ganz selten die hauseigene Wäscherei) und liefern die gebügelten, gestärkten Wäschestücke ins Haus. Sie müssen luftdurchlässig und roulierend gelagert werden. Das Wäschetauschbuch ermöglicht eine Kontrolle.

Porzellan- und Steingutgeschirr
Qualität, Ausführung und Dekor des Geschirrs hängen von der Betriebsart ab. Kleinbetriebe werden vor allem auf Robustheit, Haltbarkeit und Zweckmäßigkeit (Stapelbarkeit) achten. Luxusbetriebe beziehen auch Kriterien wie Design und Übereinstimmung mit der Ausstattung in die Entscheidung mit ein.

Besteck
Wiederum abhängig von den finanziellen Möglichkeiten und dem sonstigen Ambiente werden die Betriebe zwischen Besteck aus folgenden Materialien wählen:

- Chromstahl mit der Kennzeichnung „rostfrei“
- Chromnickelstahl (Edelstahl); ist härter als Chromstahl
- Edelstahl mit Silberauflage
- Silber
- Silber mit Goldauflage
- Gold

Gläser

- Nach der Qualität unterscheidet man Pressgläser (einfache Gläser), Kristallgläser und Bleikristallgläser.
- Nach der Form wird in Kelchgläser, Schalen und Becher unterschieden.
- Schankgläser sind aus Pressglas, meist dickwandig, daher haltbarer und spülmaschinenfest.
- Zum Ausschank von offenen Getränken bestimmte Schankgläser sind geeicht, dh., sie weisen einen Eichstrich auf.
- Tisch- und Tafelgläser sind aus qualitativ besserem Material. Sie sind nicht geeicht.

Karaffen und **Krüge** gibt es für Wasser, Wein und zum Dekantieren.

Sonstige Serviergegenstände
Das sind die verschiedenartigsten Gegenstände, die für ein gutes Service benötigt werden. Sie bestehen aus Metall (Silber, Kupfer, Aluminium), aus Holz oder aus Glas.

Notizen zur Zusammenfassung:

Mise en place

Unter Mise en place versteht man das Vorbereiten und Zurechtlegen aller für das Service notwendigen Gegenstände. Man kontrolliert, ob sie in bestem Zustand sind, und stellt sie in einer günstigen Position bereit.

Von Zeit zu Zeit ist es notwendig, eine Inventur aller benötigten Serviergegenstände und Utensilien durchzuführen. Einerseits muss man stets eine Übersicht haben, andererseits kann Fehlendes ergänzt werden. Außerdem sieht man, wie hoch der Schwund ist. Man kann den Ursachen auf den Grund gehen, wenn der Schwund das übliche Maß überschreitet.
Die Vorbereitungsarbeiten hängen natürlich von der Mahlzeit, der Betriebsart, dem Speisen- und Getränkeangebot sowie von der Art der Veranstaltung ab. So besteht naturgemäß ein Unterschied, ob für ein Frühstück oder ein Festessen vorbereitet wird.

Unsere Ziele

Nach Bearbeitung dieses Kapitels werden Sie

- darstellen können, welche Arbeiten erledigt sein müssen bzw. welche Vorbereitungsarbeiten abgeschlossen sein müssen, bevor der Gast das Lokal betritt.

1 Mise-en-place-Arbeiten im Office

Es sind dies:
- Wäschetausch, siehe Seite 29
- Reinigen aller Serviergegenstände, wie zB Platemaster, Rechaud
- Reinigen und Auffüllen der Menagen, wie zB Salz, Pfeffer, Essig, Öl
- Vorbereiten und Bereitstellen der Gegenstände, die für die Mahlzeit (zB Frühstück) oder die Veranstaltung (zB Cocktailparty) benötigt werden.

2 Mise-en-place-Arbeiten im Speisesaal

Zunächst wird die **Grund-Mise-en-place** hergerichtet, und zwar einfach auf einem Tisch oder auf einem Sideboard. Der Grund dafür ist, dass man keine langen Wege zurücklegen muss, um die Gegenstände aus dem Office zu holen.

Gut ausgestattete Betriebe haben auf jeder Station einen Mise-en-place-Tisch oder ein Sideboard.

Folgende Gegenstände werden hergerichtet:
- Tischwäsche: Tischtücher, Mundservietten, Deckservietten
- Teller: Brotteller, Suppenuntertassen, Fleischteller, Dessertteller
- Besteck: Fleisch-, Dessert- und Fischbesteck, Kaffee- und Mokkalöffel, Vorleger
- Menagen für Salz, Pfeffer, Zucker, Essig, Öl, Senf, Ketschup, Würzsaucen, Parmesan
- Speisen- und Getränkeplateaus
- Rechauds und Platemaster
- Aschenbecher
- Tischbesen und -schaufel
- Papierservietten, Trinkhalme, Zahnstocher (sollten einzeln verpackt sein)
- Serviertücher
- Speisen- und Getränkekarten
- Bonblocks, Schreibblocks

Reinigen und Ausrichten der Tische

Bevor mit dem Tischdecken begonnen wird, müssen alle Tische und Sessel (eventuell mit einer Bürste) gereinigt werden. Dann werden die Tische ausgerichtet, das heißt, alle Tische stehen in einer Linie, die Abstände zwischen den Tischreihen sind gleich groß. Dadurch ergibt sich ein harmonisches Gesamtbild. Außerdem prüft man die Standfestigkeit der Tische. Wenn sie wackeln, müssen Korkscheiben untergelegt werden.
Erst wenn alle diese Vorbereitungsarbeiten abgeschlossen sind, können die Gäste das Restaurant betreten.

Arbeitsaufgaben

1. Welche Vorbereitungsarbeiten werden im Office erledigt?
2. Wo wird die Grund-Mise-en-place hergerichtet? Woraus besteht sie?

ZUSAMMENFASSUNG

Mise-en-place-Arbeiten im Office
- Wäschetausch
- Reinigen aller Serviergegenstände
- Reinigen und Auffüllen der Menagen
- Bereitstellen der Gegenstände für die Mahlzeit oder die Veranstaltung.

Mise-en-place-Arbeiten im Speisesaal
Herrichten der Grund-Mise-en-place (Tischwäsche, Teller, Besteck, Menagen) auf einem Tisch oder auf einem Sideboard.
Reinigen und Ausrichten der Tische.

Der Umgang mit dem Gast

Die Umgangsformen, mit denen Sie den Gästen entgegenkommen, sind die Visitenkarte eines Hauses. Denken Sie daran, wenn Sie mit einem Gast sprechen, und seien Sie besonders höflich und zuvorkommend.

Unter guten Umgangsformen versteht man ein korrektes Benehmen, keine Zudringlichkeit und keine Aufdringlichkeit. Weiters sind Taktgefühl, Diskretion und Ruhe gefragte Eigenschaften.
Das Verhalten sollte nicht unterwürfig sein. Dennoch muss man Gewohnheiten und Wünsche der Gäste respektieren, auch dann, wenn sie einem eigentümlich oder willkürlich erscheinen.

Unsere Ziele

Nach Bearbeitung dieses Kapitels werden Sie

- die Bedeutung der Dienstleistung darlegen können,
- die Gewohnheiten der Gästetypen sowie der ausländischen Gäste beschreiben können,
- den Arbeitsalltag des Restaurantfachmannes/der Restaurantfachfrau (von der Reservierung über den Empfang bis zur Verabschiedung) beschreiben können,
- in einer praktischen Übung diese Punkte nachvollziehen können.

1 Die Bedeutung der Dienstleistung

Sie als Servicemitarbeiter stehen an vorderster Front und repräsentieren die gesamte Gastronomie, auch jene Kollegen, die hinter den Kulissen des Betriebes tätig sind. Ein unkorrektes Verhalten von Ihnen hat demzufolge weitreichende Auswirkungen. Nicht allein das Fachwissen entscheidet darüber, welches Urteil der Gast über uns abgibt. Genauso wichtig ist es, eine hervorragende Dienstleistung zu erbringen und sich tagtäglich von neuem auf die verschiedenen Gäste einzustellen.

Der Gast sollte sich dank unserer Bemühungen und der erbrachten Dienstleistungen verpflichtet fühlen, uns wieder zu besuchen.

Voraussetzungen, um erfolgreich zu sein

- Sie haben Menschen gern.
- Sie können mit Menschen gut umgehen.
- Sie haben Freude daran, eine Dienstleistung zu erbringen.
- Sie können auch unangenehme Situationen – Reklamationen – ertragen.
- Sie sind fähig, im Team zu arbeiten. Das heißt, miteinander, nicht gegeneinander zu arbeiten.

2 Unsere Gäste

Es ist nicht angebracht, einen Gast nach seinem Aussehen und seiner Kleidung zu klassifizieren.

Stammgäste

Sie werden immer mit dem Namen (und dem Titel) angesprochen. Man kennt ihre Gewohnheiten und Wünsche. Sie müssen spürbar eine persönliche Betreuung, auch Bevorzugung erfahren. Die Daten sind in einer Datei erfasst.

Geschäftsleute

Diskretes Verhalten ist besonders wichtig. Geschäftsleute haben meist nicht sehr viel Zeit, insbesondere beim Mittagessen (vgl. Business-Lunch, Seite 107). Sind die Geschäftsleute Stammgäste, sind Monatsrechnungen üblich.

Ausländische Gäste

Die Betreuung ausländischer Gäste erfordert mehr Zeit. Ihre Ess- und Trinkgewohnheiten müssen respektiert werden. Dennoch schätzen sie typische österreichische Spezialitäten mit den dazupassenden Getränken.

Passanten

Sie sollten nie den Eindruck haben, dass man sich um sie weniger bemüht als um andere Gäste. Nur so kann man aus Passanten Stammgäste machen. Spezialitäten des Hauses sollten besonders empfohlen werden.

Kinder als zukünftige Stammgäste

Für viele Kinder ist es ein Erlebnis, in ein Restaurant mitgehen zu dürfen. Fühlen sie sich wohl, kommen die Eltern mit ihnen sicher wieder. Daher folgende Punkte beachten:

- Das Essen der Kinder vor dem der Eltern servieren (Eltern können helfen).
- Kindersitze bzw. Pölster bereithalten.
- Kinderbeschäftigungen (Malutensilien, Spielzeug) bereithalten.
- Auf Kindergerichte bzw. Kindermenüs hinweisen.

Behinderte Gäste

Achten Sie darauf, diese Gäste genauso zu behandeln wie andere. Lassen Sie ihnen jedoch eine einfühlsame Hilfe angedeihen. Der Platzierung kommt besondere Bedeutung zu (zB bei einem Rollstuhlfahrer).

Ältere Gäste

Nehmen Sie Rücksicht und haben Sie Geduld. Ältere Menschen benötigen mehr Zeit. Beim Platznehmen und Aufstehen sowie beim Anlegen der Garderobe behilflich sein. Manchmal wünschen sich ältere Gäste eine spezielle Diät. Oft auch nur eine kleinere Portion eines Gerichtes.

Einzelgäste

Einzelgäste, insbesondere Damen, dürfen bei der Platzierung nicht benachteiligt werden. Wenn es irgendwie möglich ist, dann setzen Sie einen Einzelgast nicht zu mehreren anderen Gästen, außer er wünscht es. Halten Sie Zeitungen und Zeitschriften bereit.

Gourmets

Sie verstehen es, mit Speisen- und Weinkarten umzugehen. Sie halten viel von Tischkultur und Tischsitten. Beraten Sie sie daher entsprechend.
Gourmands sind dagegen Schlemmer, die nicht unbedingt eine gastronomische Vorbildung haben. Sehen Sie darüber hinweg und behandeln Sie sie nicht herablassend.

Weibliche Gäste

Das alte Rollenverhalten, bei dem die Weinkarte, die Rechnung etc. automatisch dem Herrn gereicht werden, ist passé. Insbesondere Geschäftsfrauen legen Wert darauf, den Wein selbst auszuwählen, zu verkosten und die Rechnung zu begleichen.

Raucher

Die europäische Union strebt ein EU-weites Rauchverbot für die Gastronomie an. In einigen europäischen Ländern, wie z. B. in Italien, gibt es bereits ein generelles Rauchverbot. In Österreich gelten noch Übergangsbestimmungen. Seit 2009 gibt es folgende Rechtslage: Grundsätzlich herrscht Rauchverbot. Besteht ein Lokal aus mehreren Räumen, muss der Hauptraum, der auch mehr als 50 Prozent der Plätze beinhalten muss, rauchfrei sein. Lokale unter 50 Quadratmeter haben Wahlrecht, ob Rauchverbot herrscht. Diese sind hierbei verpflichtet, deutlich zu kennzeichnen, ob es sich um ein Raucherlokal handelt. Bei Einraumlokalen bis zu 80 Quadratmeter Größe darf der Wirt das Rauchen erlauben, wenn er nachweisen kann, dass eine Abtrennung aus rechtlichen Gründen „im Rahmen der Änderung der Betriebsanlage" nicht möglich ist.

Gäste mit Hunden

Hunde im Restaurant geben immer wieder Anlass zu Meinungsverschiedenheiten. In Österreich steht es im Ermessen des Lokalbesitzers, ob er Hunde im Restaurant duldet. Die Verpflegung von Hunden sollte niemals im Lokal, sondern kann zB in einem Vorraum erfolgen. Ein spezielles Hundegeschirr für Wasser und Futter muss bereitgehalten werden. Bei der Platzierung der Gäste ist darauf zu achten, dass die Servicemitarbeiter einen freien Zugang zu den Tischen haben. Idealerweise bieten sich Tische mit einer Sitzbank (unter der der Hund liegen kann) an.

3 Ess- und Trinkgewohnheiten ausländischer Gäste

In einem Tourismusland wie Österreich treffen im Restaurant die unterschiedlichsten Menschen und Nationalitäten mit den unterschiedlichsten Wünschen und Bedürfnissen zusammen. Um sie ihren Ess- und Trinkgewohnheiten gemäß zufrieden zu stellen, braucht man viel Erfahrung und Fingerspitzengefühl.

Der Gast aus Deutschland

- Frühstück: Kaffee mit Sahne (Obers), Brötchen (Semmeln) und Konfitüre (Marmelade) sowie Wurst, Käse und evtl. ein weiches Ei.
- Mittagessen: Hauptmahlzeit, häufig mit drei Gängen.
- Nachmittag: Kaffee (im Kännchen) und Kuchen.
- Abendessen: meist kalte Speisen, ein oder zwei Gänge.
- Getränke: vorzugsweise Bier, oft mit einem Klaren (Kornschnaps), auch Wein.

Speisenbezeichnungen und gebräuchliche Ausdrücke	
Westfäler Schinken	Geräucherter Rohschinken, dünn geschnitten.
Flädlesuppe	Schwäbische Bezeichnung für Frittatensuppe.
Eisbein	Gepökelte, gekochte Schweinsstelze mit Sauerkraut oder Erbsenpüree und Salzkartoffeln.
Kasseler Rippenspeer	Gepökeltes, geräuchertes Schweinskarree mit Kartoffelpüree.
Sauerbraten	Gebeizter, gedünsteter (geschmorter) Rinderbraten.
Leipziger Allerlei	Gemüse in einer Einmachsauce, zB Fisolen = grüne Bohnen, Erbsen, Karotten, Spargel, Karfiol = Blumenkohl.
Berliner	Krapfen.
Rote Grütze	Fruchtspeise aus roten Beerenfrüchten, zB Ribiseln = Johannisbeeren mit Schlagobers (Schlagsahne).
Dampfnudeln	Buchteln.
Pfannkuchen	Palatschinken.
Quark	Topfen.
Apfelsine	Orange.
Aprikose	Marille.
Sauerkirschen	Weichseln.
Pflaumen	Zwetschken.
Apfelschorle	Apfelsaft, gespritzt.
Käse-Sahne-Torte	Topfentorte.
Rote Beete	Rote Rübe.
Meerrettich	Kren.
Rosenkohl	Kohlsprossen.
Geräuchertes	Geselchtes.
Sprudel	Kohlensäurehältiges Mineralwasser.

Der Gast aus Italien

- Frühstück (prima colazione): Kaffee und Brioche.
- Mittagessen (colazione, pranzo): meist mehrere Gänge, gerne mit einem Pastagericht und einem Salat.
- Abendessen (cena): Hauptmahlzeit; antipasti (Vorspeisen), primi piatti (Suppe, Teigwaren = pasta oder Reisgericht = riso), secondi piatti (Hauptgerichte) und Dessert (Süßspeise, Käse oder Obst).
- Getränke: Italiener schätzen Aperitifs, zum Essen Wein und Mineralwasser, auch Bier; nach dem Essen Espresso mit Digestif.

Der italienische Gast freut sich besonders über:

- genügend Weißbrot auf dem Tisch
- Parmesan (unaufgefordert)
- Wasser (in der Karaffe eingestellt)
- Essig und Olivenöl auf dem Tisch (der Italiener mariniert den Salat gerne selbst)
- Zitrone zu Fisch- und Fleischgerichten
- Espresso

Speisenbezeichnungen und gebräuchliche Ausdrücke	
Insalata	Salat.
Prosciutto crudo	Rohschinken.
Carpaccio	Hauchdünn aufgeschnittenes, rohes Rindsfilet, meist mit Olivenöl, Zitronensaft, Salz und Pfeffer mariniert, mit Parmesan serviert.
Zuppa	Suppe (brodo = klare Suppe).
Makkaroni	Röhrenförmige Nudeln.
Pesce	Fisch.
Frutti di mare	Meeresfrüchte.
Carne	Fleisch; agnello = Lamm, manzo = Rind, vitello = Kalb, maiale = Schwein, pollo = Huhn).
Verdure	Gemüse.
Dessert	Nachspeise; dolci = Mehlspeisen, torta = Torte, gelato = Eis, frutta = Obst, macedonia = Fruchtsalat, formaggi = Käse.
Aceto	Essig.
Olio	Öl; con olio = mit Öl (Olivenöl) zubereitet.
Acqua minerale	Mineralwasser; gasata oder con gas = mit Kohlensäure, naturale oder senza gas = ohne Kohlensäure.
Birra	Bier; birra alla spina = Bier vom Fass.
Vino	Wein; vino bianco = Weißwein, vino rosso = Rotwein.
Caldo	Heiß.
Freddo	Kalt.
Piatto del giorno	Tagesgericht.
Coperto	Gedeck.
Conto	Rechnung; il conto per favore = die Rechnung, bitte.
Pane	Brot.
Panna	Obers.

Der Gast aus Frankreich

- Frühstück (petit déjeuner): Kaffee mit Milch (café au lait), ein Butterkipferl (croissant), Butter und Marmelade. Er nennt dies „café complet".
- Mittagessen (déjeuner): kann wie das Abendessen eine Hauptmahlzeit sein.
- Abendessen (dîner): Der Franzose nimmt sich Zeit und speist eher spät.
- Getränke: Aperitifliebhaber, gerne Wermut, Pernod (Pastis), Kir; Wein ist zum Essen obligatorisch; Kaffee und Digestifs.

Der französische Gast freut sich besonders über:

- genügend Weißbrot (baguette) auf dem Tisch
- eine Karaffe Wasser bzw. Mineralwasser (meist ohne Kohlensäure)
- eine gut sortierte Weinkarte
- die Empfehlung von Spezialitäten, von regionalen Speisen und Weinen

Speisenbezeichnungen und gebräuchliche Ausdrücke	
Hors-d'œuvre	Vorspeise.
Crudités	Verschiedene rohe Gemüse, oft mit Sauce vinaigrette serviert, meist zum Kuvertgedeck angeboten.
Salade	Salat.
Terrine	Terrine; im Wasserbad in einer feuerfesten Schüssel pochiert.
Potage, Soupe	Suppe, zB bouillabaisse = Fischsuppe.
Poisson	Fisch.

Crustacés	Meeresfrüchte.
Viande	Fleisch; poulet = Huhn, canard = Ente, agneau = Lamm, bœuf = Rind, veau = Kalb, porc = Schwein.
Légume	Gemüse; ratatouille = Gemüsetopf.
Entremets, Dessert	Nachspeise; crêpe = sehr dünne Palatschinke, tarte = Torte, fromage = Käse.
Eau minérale	Mineralwasser; gazeuse = mit Kohlensäure, sans gaze = ohne Kohlensäure.
Bière	Bier.
Vin	Wein; vin blanc = Weißwein, vin rouge = Rotwein; sec = trocken, doux = süß.
Pain	Brot.
Brioche	Gebäck aus Germteig.
Coq au vin	Huhn in Rotweinsauce.
Navarin	Lammragout.
Addition	Rechnung; l'addition, s'il vous plaît = die Rechnung, bitte.

Der Gast aus England

- Early tea: vor dem Frühstück im Zimmer.
- Frühstück (breakfast): neben dem Abendessen die wichtigste Mahlzeit; reichhaltige Auswahl, siehe Seite 99.
- Mittagessen (lunch): kleine kalte und warme Gerichte.
- Afternoon tea: traditionelle englische Gepflogenheit; zwischen 15.00 und 17.00 Uhr, vgl. Seite 108.
- Abendessen (dinner): mit mehreren Gängen.
- Getränke: Bier (Ale und Stout), Whisky, Sherry, Portwein, Liköre sowie zum Abschluss eines Essens ein Irish coffee bzw. Tee oder Kaffee; in guten Restaurants wählt der Engländer gerne von einer Weinkarte.

Der englische Gast freut sich besonders über:
- ein reichhaltiges Frühstücksangebot
- stark gebrühten Tee mit kalter Milch
- fertige Würzsaucen auf dem Tisch
- eine große Auswahl an Sandwiches zum Mittagessen
- eine gut sortierte Käseauswahl mit Crackers und „biscuits"
- gekochte Gemüse und Kartoffeln als Beilage

Speisenbezeichnungen und gebräuchliche Ausdrücke	
Starters	Vorspeisen und Suppen.
Fish	Fisch.
Sea food	Meeresfrüchte.
Meat	Fleisch; veal = Kalb, beef = Rind, pork = Schwein, lamb = Lamm, chicken = Huhn, turkey = Truthahn.
Roastbeef	Beiried, im Ganzen gebraten.
Vegetables	Gemüse.
Dessert	Nachspeise.
Cheese	Käse.
Mineral water	Mineralwasser; with gas = mit Kohlensäure, without gas = ohne Kohlensäure.
Beer	Bier.
Wine	Wein; white wine = Weißwein, red wine = Rotwein.
Dip	Sauce, meist kalt.
Pickles	Essiggemüse.

Speisenbezeichnungen und gebräuchliche Ausdrücke	
Condiments (relishes)	Würzungen, Würzsaucen, zB HP-Sauce, Worcestersauce, Tabascosauce, Chutneys.
Bill	Rechnung; the bill please = die Rechnung, bitte.

Der Gast aus den USA

- Frühstück: noch reichhaltiger als das englische Frühstück (frisches Obst, Eiergerichte, kleine Fleischgerichte); Filterkaffee in großen Mengen; siehe Seite 99. Der amerikanische Gast erwartet beim Frühstücksservice die Einhaltung der ihm vertrauten Servierfolge (fragen Sie daher immer, wann die Heißgetränke serviert werden sollen).
- Mittagessen: kleinere vitaminreiche und leichte Gerichte, wie Sandwiches, Burger, Salate.
- Abendessen: Hauptmahlzeit des Tages.
- Getränke: Amerikaner sind eine große Auswahl an Getränken gewöhnt, sie schätzen kalifornische Weine und untergärige Biere sowie Cocktails, vor allem auf Basis von Wodka, Gin und Bourbon-Whiskey.

Der amerikanische Gast freut sich besonders über:

- Eiswasser auf dem Tisch zu jeder Mahlzeit
- eine zweite oder dritte Tasse Kaffee (unaufgefordert angeboten)
- gut gekühlte oder mit Eis servierte Getränke
- eine ganz persönliche Beratung und Betreuung (erwartet, dass sich der Servicemitarbeiter vorstellt; will platziert werden)

Speisenbezeichnungen und gebräuchliche Ausdrücke Vgl. mit dem englischen Gast.	
Appetizer	Vorspeise.
Steaks	Fragen Sie nach der Zubereitungsart; rare = stark blutig, medium rare = blutig (voll rosa), medium = am Punkt (halb durch), well done = durch bzw. gut durch.
Broil	Am Rost braten, grillen.
Cookies	Kekse, Bäckereien.
Sanka	Koffeinfreier Kaffee.
Jelly	Marmelade.
Corn	Mais.
Pumpkin	Kürbis; Pumpkin cake = Kürbiskuchen.
Peanuts	Erdnüsse.
Check	Rechnung; the check please = die Rechnung, bitte.

Der Gast aus Russland

Die russische Küche ist sehr mannigfaltig, vereint sie doch alle Volksgruppen der ehemaligen Sowjetunion und damit alle Eigenheiten der Speisen und Getränke der verschiedenen Gebiete und Staaten. Sie ist eine sehr bodenständige, traditionelle Küche, obwohl sie heute vermehrt europäische und westliche Einflüsse zulässt.

- Frühstück: starker Schwarztee oder Früchtetee (oft mit Marmelade gesüßt), vermehrt auch Kaffee; Brot (ungesäuertes Brot mit Sesam – Tschurek, ungesüßtes Weißbrot – Korsch oder Roggenbrot – Tschozny chleb), Butter und Marmelade.
- Mittag- und Abendessen: Die Hauptmahlzeit ist das Abendessen, es beginnt immer mit kalten Vorspeisen (Zakuski). Bevorzugte Grundmaterialien sind die verschiedenen Kaviarsorten, geräucherte Fische (Sprotte, Lachs, Stör, Hering), Geflügel (Gänse), Fleisch und Eier. Als Beilagen dienen würzige Soßen, zu Kaviar werden Blinis (Buchweizenpfannkuchen) gereicht. Die russische Küche ist reich an Gerichten aus Roten Rüben, Kraut, Sauerkraut, Kohl und Kartoffeln.

- Getränke: Bevorzugt werden exklusive Weine aus Frankreich, aber auch aus Italien und Spanien sowie Champagner, Cognac und Whiskey; traditionell sind Bier (Kwass heißt ein vergorenes Brotbier), Wodka und Kumyss (vergorene Stutenmilch).

Der russische Gast freut sich besonders über:
- eine große Auswahl an Tees und erstklassigen Kaffee
- eine große Auswahl an Gebäck und Brot (va Roggenbrot)
- Eier und Eiergerichte
- frisches Obst, Südfrüchte und Gemüse
- frisch gepresste Obstsäfte (Preiselbeer-, Kirschen- und Weichselsaft)
- sauer eingelegtes Gemüse
- internationale Würzsoßen
- große Portionen

Speisenbezeichnungen und gebräuchliche Ausdrücke	
Piroggen	Gefüllte Teigtaschen aus Hefeteig; warme Vorspeise.
Borschtsch	Suppe aus Roten Rüben und Weißkraut mit oder ohne Rindfleisch; wird im Sommer auch gekühlt angeboten.
Schtschi	Kohlsuppe.
Kulebjaka	Lachspastete mit Kohl.
Bœuf Stroganoff	Flambiertes Rinderfilet mit Champignons, Gewürzgurkerln und Sauerrahm.
Kotlety po Kiewskomu	Gefüllte Hühnerbrust.
Pilawreis	Reis als Beilage; in Verbindung mit verschiedenen Zutaten eine warme Vorspeise.
Kascha	Buchweizengrütze bzw. Heidensterz; Beilage.
Erdbeeren Romanow	Erdbeeren (mit rotem Portwein mariniert) mit gesüßtem Schlagobers und kandierten Veilchen.
Kissel	Gelierte flüssige (Frucht-)Speise.

Der Gast aus Japan

- Die Begrüßung ist für Japaner sehr wichtig: Begrüßen Sie den japanischen Gast unbedingt zuerst.
- Der Kunde ist König – nach dieser Maxime wollen die Japaner immer bevorzugt behandelt werden. Ihr Besichtigungsprogramm ist dicht gedrängt und sie wollen wenig Zeit verlieren.
- Japaner lassen sich beim Essen und Trinken gerne beraten, sie bevorzugen nationale Spezialitäten und Getränke.
- Achten Sie auf die sprachliche Barriere.
- Rehfleisch wird strikt abgelehnt.
- Die Mahlzeiten werden sehr regelmäßig eingenommen (Mittagessen um 12.00 Uhr, Abendessen um 18.30 Uhr).
- Keine weißen Blumen (weiß ist die Farbe der Trauer).

Der japanische Gast freut sich besonders über:
- Ein typisches japanisches Frühstück, bestehend aus einer Meeralgensuppe mit Tofueinlage, gebratenen (Weiß-)Fischen, gekochtem ungesalzenem Reis und grünem Tee; wird ein Frühstücksei bestellt, sollte es roh sein, da es über den Reis gegossen und verrührt wird
- Sojasauce auf dem Tisch (unaufgefordert)
- Reis als Beilage, Hauptgericht oder sogar zum Schluss einer Mahlzeit zusammen mit Tee
- Bissfestes, schonend zubereitetes Gemüse
- Rechtzeitiges Nachschenken der Getränke
- Getränke: grüner Tee, Sake (Reiswein), Bier (eiskalt serviert), Takara (Pflaumenwein), Eiswasser (kein Mineralwasser, auch nicht ohne Kohlensäure).

4 Von der Reservierung bis zur Verabschiedung

Eine richtig entgegengenommene und korrekt durchgeführte Reservierung bildet eine wesentliche Voraussetzung für einen erfolgreichen Restaurantbesuch. Ebenso wichtig sind Empfang, Begrüßung und Platzierung, sind es doch die ersten Momente, in denen Sie mit dem Gast einen positiven Kontakt herstellen können.

4.1 Reservierung (Tischbestellung)

Hat ein Gast einen Tisch reservieren lassen, ist der Platz bis mindestens eine halbe Stunde nach Ablauf der reservierten Zeit freizuhalten.
Wenn telefonische oder auch mündliche Reservierungen entgegengenommen werden, sind folgende Angaben wichtig:

- **Name des Bestellers:** Namen sind wichtig. Wenn Sie den Gast mit seinem Namen ansprechen, gewinnen Sie Aufmerksamkeit und Sympathie.
  Ohne Kenntnis des Namens wird ein echter Kontakt erschwert. Darum ist es wichtig, den Namen des Gesprächspartners zu verstehen.
  Notieren oder merken Sie sich den Namen sofort.
- **Datum und Zeit der Reservierung**
- **Anzahl der Personen**
- Raucher- oder Nichtraucherzone
- Bei Hausgästen oder Gästen anderer Hotels sind der Name des Hotels und/oder die **Zimmernummer** zu notieren
- Telefonnummer des Gastes notieren (für Rückfragen)
- Besondere Wünsche, (zB Tisch- bzw. Tafelform)
- Einzel- oder Gesamtrechnung

Die Reservierung wird sofort im Tischplan oder mit Reservierungsschildern vorgenommen. Reservierungsschilder nach dem Eintreffen der Gäste entfernen.

Leider spricht man oft seinen eigenen Namen zu schnell und nachlässig aus. Wenn Sie den Namen also nicht richtig verstanden haben, fragen Sie ruhig noch einmal nach, wie zB: Entschuldigen Sie bitte, wie war Ihr Name? Würden Sie bitte Ihren Namen noch einmal wiederholen? Könnten Sie bitte Ihren Namen buchstabieren?

Reserviert ein Gast für mehrere Personen, ist die Frage zu klären, ob Kinder dabei sind. Es können somit Vorbereitungen (Kindersitz, Spielsachen etc.) getroffen werden.

Es kostet Zeit und Ärger, wenn bereits ausgestellte und gebuchte Rechnungen storniert und neu geschrieben bzw. umgebucht werden müssen.

4.2 Begrüßung des Gastes

Die Begrüßung ist der erste persönliche Kontakt mit den Gästen. Schon dieses erste Zusammentreffen, die ersten Gesten können ein guter oder schlechter Anfang für das Verkaufsgespräch sein. Die Begrüßung ist daher besonders wichtig und einige Punkte sind dabei zu beachten:

- Gehen Sie dem eintretenden Gast entgegen.
- Grüßen Sie als Erster.
- Grüßen Sie höflich und der Tageszeit entsprechend (Guten Morgen, Guten Abend usw.).
- Nehmen Sie mit dem Gast Augenkontakt auf, wenn er das Lokal betritt.
- Machen Sie keine Unterschiede!
- Geben Sie dem Gast zu erkennen, dass er willkommen ist.
- Seien Sie beim Ablegen der Garderobe behilflich.
- Reden Sie den Gast mit seinem Titel und seinem Namen an, wenn Sie ihn kennen.
- Achten Sie auf die richtige Aussprache des Namens.

Der Augenkontakt sagt dem Gast, dass er willkommen ist.

Alle Gäste haben dasselbe Anrecht auf eine höfliche Begrüßung.

Der Titel steht immer vor dem Namen, zum Beispiel: Guten Morgen, Frau Dr. Mayer! Guten Abend, Herr Professor Steinweger!

Wenn der Gast Sie ansieht, bemerkt er auch Ihre Körperhaltung, die viel von Ihrer Persönlichkeit preisgibt. Treten Sie dem Gast daher offen und respektvoll, jedoch ohne Unterwürfigkeit gegenüber.

Titel und Anreden

Apostolischer Nuntius: Exzellenz oder Eure Exzellenz (wenn zugleich Kardinal – Eminenz oder Eure Eminenz)
Kardinal: Eminenz oder Eure Eminenz, heute auch Herr Kardinal
Bundespräsident: Herr Bundespräsident, Frau Bundespräsidentin (bei offiziellen Anreden auch Exzellenz oder Eure Exzellenz)
Bundeskanzler: Herr Bundeskanzler, Frau Bundeskanzlerin (bei offiziellen Anreden auch Exzellenz oder Eure Exzellenz)
(Bundes-)Minister: Herr (Bundes-)Minister, Frau (Bundes-)Ministerin
Staatssekretär: Herr Staatssekretär, Frau Staatssekretärin

Botschafter: Herr Botschafter, Frau Botschafterin (bei ausländischen Botschaftern: Exzellenz)
Landeshauptmann: Herr Landeshauptmann, Frau Landeshauptfrau
Landesrat: Herr Landesrat, Frau Landesrätin
Hofrat: Herr Hofrat, Frau Hofrätin
Regierungsrat: Herr Regierungsrat, Frau Regierungsrätin
Kommerzialrat: Herr Kommerzialrat, Frau Kommerzialrätin
Kammersänger: Herr Kammersänger, Frau Kammersängerin
Rektor einer Universität: Eure Magnifizenz, heute: Herr Rektor, Frau Rektorin
Doktor: Herr Doktor, Frau Doktorin
Magister: Herr Magister, Frau Magistra
Diplomingenieur: Herr Diplomingenieur, Frau Diplomingenieurin

4.3 Platzierung des Gastes

Nach der Begrüßung fragt man den Gast, ob ein Tisch reserviert worden ist. Ist das nicht der Fall, bietet man ihm, wenn möglich, mehrere Tische zur Auswahl an. Das Platzieren erfordert viel Umsicht und Fingerspitzengefühl.

Nachdem die Gäste zum Tisch geleitet worden sind, ist man ihnen beim Platznehmen behilflich.

Das Platzieren sollte nur von erfahrenen Mitarbeitern (Mâitre d'hôtel, Oberkellner) durchgeführt werden. Er trifft die richtige Wahl des Tisches unter Berücksichtigung von Stammgastwünschen bzw. Sonderwünschen der Gäste. Natürlich kennt er auch die Belastbarkeit der einzelnen Stationen bzw. Servicemitarbeiter.

4.4 Präsentation der Speisenkarten

Die Speisenkarten werden zuerst den Damen, dann den Herren und zuletzt dem Gastgeber geöffnet dargeboten. Mit dem Präsentieren der Speisenkarten beginnt bereits das **Verkaufsgespräch.** Es können verschiedene Aperitifs des Hauses angeboten oder auf dem Aperitifwagen präsentiert werden.

Ein Aperitif regt den Appetit des Gastes an, hilft die Wartezeit zu überbrücken und stellt außerdem einen Zusatzverkauf dar.

Genaueste Produktkenntnisse sind Voraussetzung für den erfolgreichen Verkauf. Beachten Sie vor allem:
- Konkrete Empfehlungen machen. Aktuelle Alternativen anbieten.
- Interesse wecken.
- Speisen appetitanregend erklären.
- Auf den Gast und seine Wünsche eingehen.

4.5 Aktiver Verkauf

Die Voraussetzungen für aktives Verkaufen im Restaurant

Wissen
- menschliche Bedürfnisse
- Menschenkenntnis
- Fachwissen
- Produkt- und Dienstleistungskenntnis

Können
- fachliches Können
- Verkaufstechnik
- Verkaufspsychologie

Wollen
- Beeinflussungswille
- gute Einstellung zum Verkauf

Ein chinesisches Sprichwort sagt: „Wer nicht lächeln kann, soll kein Geschäft eröffnen." Denken Sie immer daran, wenn Sie dem Gast gegenübertreten.

Einige Tipps für den aktiven Verkauf:
- Informieren Sie sich genau über die Angebote, vor allem auch die aktuellen Tagesangebote. Sie sollten die Speisen und Getränke genau kennen und erklären können (vgl. Service-Besprechung, Seite 92).
- Geben Sie Empfehlungen ab. Drücken Sie sich dabei einfach und deutlich aus.
- Lassen Sie den Gästen genügend Zeit zum Auswählen.
- Lassen Sie die Gäste ausreden und belehren Sie sie nicht.

Bieten Sie mehrere Möglichkeiten zur Auswahl an.

„Hätten Sie als Aperitif gerne ein Glas trockenen Sherry oder lieber ein Glas Schilcher aus der Steiermark?" oder „Als Beilage würde Reis oder auch Petersilerdäpfel sehr gut passen".

- Stellen Sie Fragen, die mit „wie", „was" oder „welche" beginnen. So kann der Gast nicht einfach mit „Nein" antworten.
- Stellen Sie Alternativfragen
- Bekunden Sie Ihr Interesse durch kurze Kommentare wie „Ja" oder „Gerne".
- Nützen Sie die positive Stimmung zu Zusatzverkäufen, wie Salat zur Hauptspeise, Mineralwasser zu Wein.
- Wiederholen Sie die Bestellung, damit keine Missverständnisse aufkommen.
- Bemühen Sie sich im Rahmen des Möglichen, Sonderwünsche zu erfüllen. Sie gewinnen dankbare und treue Gäste.

Persönliche Sicherheit ist die beste Voraussetzung für den Erfolg!

Die Praxis bringt die notwenige Erfahrung und Sicherheit, um sich auf die unterschiedlichen Gäste und ihre Wünsche einstellen zu können.

4.6 Aufnahme der Bestellung

Nehmen Sie sich Zeit.

Führen Sie mit dem Gast einen Dialog.

Die Bestellungsaufnahme ist eine der wichtigsten Phasen Ihrer Arbeit.

Haben die Gäste gewählt, wird die Bestellung entgegengenommen und anschließend boniert. Der Servicemitarbeiter muss sich merken, wer was bestellt hat. Machen Sie eine Skizze oder verwenden Sie folgendes System.

Bei größeren Tischen macht man sich am besten eine Skizze.

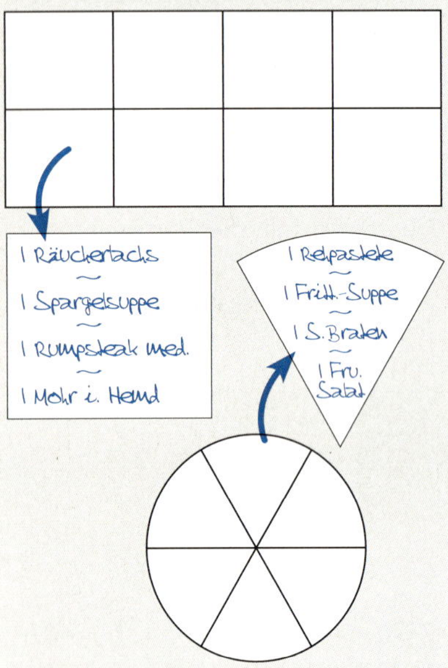

Hotel Stern

Residenzplatz 17 • 5020 Salzburg

Tisch Nr.:	Personenanzahl:	Datum:		Unterschrift
1	4	12. 11. 20___		Preis
2	Gemischte italienische Vorspeisen	(1)	3	
1	Steinpilzrisotto	2		
1	Meeresfrüchtesalat	(4)		
1	Gegrillte Lammkoteletts	3		
1	Gebratene Seezunge	2		
1	Kalbsleber	(1)		
1	Filetsteak medium	(4)		

- Neben jeder Bestellung auf dem Paragon eine Nummer (laut Sitzplatznummerierung) schreiben.
- Sitzplatz 1 ist zum Beispiel immer derjenige, der mit der Rückenlehne zum Eingang zeigt. Die übrigen Sitzplätze werden im Uhrzeigersinn weiternummeriert.
- Nummern einkreisen, wenn es weibliche Gäste sind.
- Tischnummer und Personenanzahl eintragen.

4.7 Service

Laufende Betreuung, ohne dabei aufdringlich zu sein, verstärkt den positiven Eindruck des Gastes.

Zeigen Sie sich am Tisch.

Schenken Sie Wein und Mineralwasser nach.

Wechseln Sie benützte Aschenbecher aus.

- Man beginnt mit dem Getränkeservice. Danach Jourgebäck und Butter einstellen (oder vorlegen).
- Dann die Speisen servieren, und zwar die einzelnen Gänge allen Gästen, die diesen Gang bestellt haben. Zuerst wird den Damen serviert, dann den Herrn, zum Schluss dem Gastgeber.
- Nach dem Essen abservieren.
- Die Tische reinigen.
- Karten für die Dessertauswahl reichen. Dessertbestellungen aufnehmen.
- Getränke zum Dessert empfehlen.
- Menagen entfernen, außer es wurde Käse zum Nachtisch bestellt.
- Für das Dessert decken.
- Getränke und Desserts servieren.
- Nach dem Abservieren Kaffee und Digestif empfehlen.

4.8 Verkaufsfördernde Maßnahmen

Ziel dieser Maßnahmen ist es, die Bedürfnisse des Gastes zu wecken bzw. zu verstärken, um so eine Grundlage für ein positives Verkaufsklima zu schaffen.
Verkaufsfördernde Maßnahmen beziehen sich demnach nicht alleine auf Aktivitäten im Restaurant, sondern beginnen bereits bei Zeitungsinseraten, Radiospots, Aktivitäten vor dem Lokal (zB Eisbar) sowie Einladungen zu speziellen Veranstaltungen. Man spricht von Werbung außer Haus. Attraktiv gestaltete Homepages (mit laufender Aktualisierung) unterstützen die Verkaufsaktivitäten.
Beim Betreten des Restaurants müssen die verkaufsfördernden Maßnahmen Ihre Fortsetzung finden und können durch gezielte Präsentationen (zB auf Display-Tischen) ergänzt werden.

Display-Tisch

Schaukästen

Vor allem vor dem Restaurant bzw. am Eingang von der Straße müssen Schaukästen so gestaltet sein, dass der Betrachter (ein potenzieller Gast) angeregt wird, das Lokal zu betreten. Sie müssen immer aktuell gehalten werden.

Notieren Sie Dinge, die Sie auf einen Weihnachtstisch und auf einen Ostertisch geben würden.

Display-Tische

Durch kreativ arrangierte Schautische wird das Kaufverhalten beeinflusst. **Alles, was der Gast sieht, kauft er leichter!**

Was eignet sich besonders gut für eine Präsentation auf einem Display-Tisch?

- Getränke in Flaschen, vor allem Wein, Spirituosen
- Rohwaren, vor allem Gemüse, Obst, Rohschinken
- Schaustücke (Skulpturen), hauseigene Torten
- spezielle Themen, zB italienische Wochen, Wildwochen, besondere Anlässe wie Weihnachten, Ostern

Weinklimaschränke

Sie haben gegenüber dem Display-Tisch den Vorteil, dass die Weine jederzeit servierfertig, dh. richtig temperiert sind. Auch für Rotweine gibt es eigene Klimazonen, sodass alles in allem die Präsentation der Weine im Klimaschrank auf eine hoch stehende Weinkultur des Restaurants schließen lässt.

Weinklimaschrank

Buffets

Sie kommen dem Bedürfnis des Gastes, sich selbst seine Speisen zusammenzustellen, sehr entgegen. Es gibt eine ganze Reihe von Buffets, zB Frühstücks-, Lunch-, Vorspeisen-, Salat- oder Dessertbuffets (vgl. auch Seite 211f.).

Verkauf vom Wagen

Großen Anklang finden:

- Aperitif- und Digestifwagen
- Voiture (für das Warmhalten und Tranchieren von Fleischstücken)
- Flambierwagen
- Käsewagen
- Dessert- bzw. Mehlspeisenwagen
- Kaffee-, Teewagen

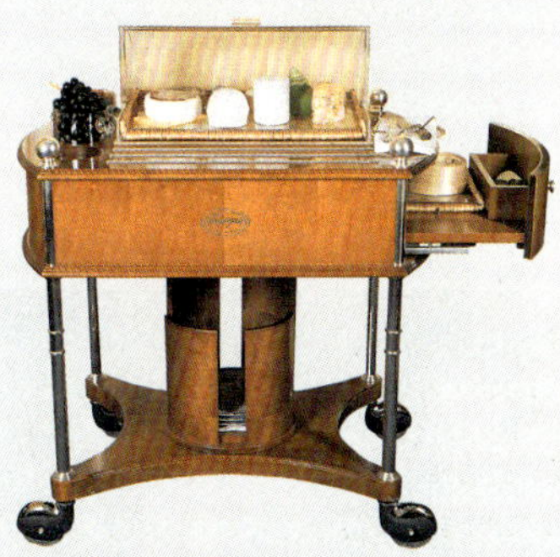

Käsewagen

Speisen- und Getränkekarten

Das Speisen- bzw. Getränkeangebot sowie die Gestaltung der Karten reflektieren den Standard eines Betriebes. Das Erscheinungsbild soll sauber, originell, überschaubar und zugleich verführerisch sein. Das Auflegen von Tages- und Spezialitätenkarten (Wildwochen, Spargelzeit, etc.) bringt zusätzliche Anreize.

Teatro Banal, Showkellner

Tischaufsteller (Tischreiter)

Sie werden als Sonder- bzw. Aktionskarten gezielt als Verkaufsinstrumente eingesetzt. Sie aktivieren Bedürfnisse und ermöglichen damit Zusatzverkäufe.

Animation

Damit meint man organisierte Aktivitäten des Hotels bzw. Restaurants, wie zum Beispiel das Mixen von Cocktails oder das Backen von Weihnachtskeksen mit den Gästen.
Eine sehr lustige Form der Animation sind Shows im Restaurant. Schauspieler werden als Servierkräfte eingesetzt und sorgen mit Witz, Pantomime und Schauspielkunst sowie professionellem Service für Unterhaltung.

4.9 Reklamationen und das richtige Verhalten

Reklamationen kommen manchmal vor und sollten stets zur Zufriedenheit des Gastes bereinigt werden. Sie haben außerdem den positiven Effekt, dass wiederholte Fehler vermieden werden können.

Nur ein Gast, der zufrieden nach Hause geht, wird gerne wieder auf Besuch kommen.

Eine zur vollen Zufriedenheit des Gastes behandelte Reklamation fördert das Vertrauen des Gastes in den Betrieb.

Grundsätzlich unterscheidet man zwischen:

Ein zufriedener Gast bringt dem Betrieb einen neuen Gast. Ein unzufriedener Gast kostet den Betrieb zehn Gäste.

Konkreten Beanstandungen/Reklamationen

- Geschirr bzw. Gläser sind schmutzig.
- Suppe ist kalt.
- Getränke sind zu kalt oder zu warm.
- Speisen sind versalzen.
- Portionen sind zu klein.
- Fleisch ist zäh.
- Im Raum zieht es (Fenster oder Belüftung).

Verhaltensfehlern

- Wartezeiten sind zu lang.
- Sprachprobleme.
- Unfreundliche Bedienung.
- Ungenügende Gästebetreuung.

Die Unzufriedenheit des reklamierenden Gastes kann sich bei entsprechender Behandlung der Beschwerde in Zufriedenheit wandeln. Er wird Ihren Betrieb weiterempfehlen.

Um Reklamationen ordnungsgemäß begegnen zu können, benötigt man viel Einfühlungsvermögen und eine hohe Belastbarkeit:

- Zuhören und höflich sein.
- Den Gast ausreden lassen.
- Sich entschuldigen und Verständnis zeigen.
- Den Vorgesetzten informieren.
  Bereitschaft zur schnellen Problemlösung zeigen und somit das Wohlbehagen des Gastes wiederherstellen.

4.10 Inkasso und Verabschiedung

Die Rechnung wird dem Gast auf einem so genannten **Cash-tray** (kleinen Silbertablett) im **Check-cover,** das ist eine kleine Mappe, in die die Rechnung eingelegt wird, übergeben. Ersatzweise kann sie auch in eine Stoffserviette eingeschlagen auf einem Teller präsentiert werden. Der Rechnungsbetrag ist nur für den Gastgeber am Tisch, nicht jedoch für seine Gäste sichtbar.
Es besteht eine allgemeine Belegerteilungspflicht (Rechnungslegungspflicht), vgl. auch Seite 69.
Hat der Gast bezahlt und sein Retourgeld erhalten, entfernt sich der Servicemitarbeiter diskret. Er behält jedoch den Tisch im Auge, um beim Aufstehen der Gäste behilflich zu sein und die Gäste zu verabschieden.

Bei der Verabschiedung:
- Fragen Sie den Gast, ob alles in Ordnung gewesen ist.
- Helfen Sie beim Ankleiden.
- Verabschieden Sie sich mit dem Wunsch, ihn und seine Gäste bald wieder willkommen heißen zu dürfen.
- Bedanken Sie sich für seinen Besuch.

Arbeitsaufgaben

1. Welche Voraussetzungen muss ein Servicemitarbeiter erfüllen, um erfolgreich im Dienstleistungsberuf zu sein?
2. Welche Gästetypen kennen Sie? Beschreiben Sie ihre Gewohnheiten.
3. Beschreiben Sie in Stichworten die Ess- und Trinkgewohnheiten der deutschen Gäste.
4. Worüber freut sich der italienische Gast besonders?
5. Nennen Sie die bevorzugten Getränke der französischen Gäste.
6. Wie unterscheiden sich die Ess- und Trinkgewohnheiten von englischen und amerikanischen Gästen?
7. Ein Gast reserviert telefonisch einen Tisch. Welche Angaben notieren Sie?
8. Welche Punkte müssen Sie bei der Begrüßung eines Gastes beachten?
9. Die Gäste haben am Tisch Platz genommen. Was ist der nächste Schritt Ihrer Arbeit? Beschreiben Sie ihn.
10. Welches System hilft Ihnen bei der Bestellungsaufnahme?
11. Welche verkaufsfördernden Maßnahmen kennen Sie? Erklären Sie zwei davon näher.
12. Was müssen Sie bei Reklamationen beachten?

Notizen zu den Arbeitsaufgaben:

ZUSAMMENFASSUNG

Die Bedeutung der Dienstleistung
Um erfolgreich zu sein, müssen Sie als Servicemitarbeiter Menschen gern haben und mit ihnen gut umgehen können. Eine Dienstleistung zu erbringen, muss Ihnen Freude machen. Auch unangenehme Situationen (Reklamationen) dürfen Sie nicht stören. Sie arbeiten miteinander und nicht gegeneinander (Teamfähigkeit).

Unsere Gäste
- Stammgäste: mit Namen und Titel begrüßen. Persönliche Betreuung seiner Wünsche.
- Geschäftsleute: haben meist wenig Zeit. Monatsrechnungen sind üblich.
- Ausländische Gäste: Berücksichtigung ihrer regionalen Ess- und Trinkgewohnheiten.
- Passanten: Ihre Betreuung sowie Spezialitäten des Hauses können sie zu Stammgästen machen.
- Kinder: Das Essen sollte rasch und möglichst vor dem der Eltern serviert werden. Spezielle Einrichtungen – Kindersitze, Pölster, Spielsachen – bereithalten.
- Behinderte Gäste: einfühlsame Hilfe, besonders bei der Platzierung.
- Ältere Gäste: Geduldige Hilfestellung leisten. Diätwünsche, kleinere Portionen.
- Einzelgäste: Ohne indiskrete Fragen möglichst allein platzieren. Zeitungen anbieten.
- Gourmets: dem Wissensstand entsprechende, gehobene Beratung. Gourmands (Schlemmer) nicht herablassend behandeln.
- Weibliche Gäste: Geschäftsfrauen legen Wert darauf, den Wein selbst auszuwählen und die Rechnung zu begleichen.
- Raucher: Rauchverbote beachten.
- Gäste mit Hunden: Verpflegung der Hunde niemals im Lokal (eigenes Hundegeschirr). Ideal für diese Gästegruppe sind Tische mit einer Sitzbank, unter der der Hund liegen kann.

Notizen zur Zusammenfassung:

Notizen zur Zusammenfassung:

ZUSAMMENFASSUNG

Ess- und Trinkgewohnheiten ausländischer Gäste

- Deutscher: Zum Frühstück bestellt er Kaffee mit Sahne, Brötchen, Konfitüre, Wurst, Käse und evtl. ein weiches Ei. Das Mittagessen ist die Hauptmahlzeit. Am Nachmittag bevorzugt er Kaffee und Kuchen, zum Abendessen meist kalte Speisen. Bier ist sein Lieblingsgetränk.
- Italiener: Zum Frühstück bestellt er Kaffee und Brioche, zum Mittagessen Pasta und Salat. Das Abendessen ist die Hauptmahlzeit. Verschiedene Aperitifs, Wein und Mineralwasser zum Essen sowie Kaffee mit einem Digestif sind seine bevorzugten Getränke.
- Franzose: Zum Frühstück bestellt er Kaffee mit Milch, ein Butterkipferl, Butter und Marmelade. Das Mittagessen kann wie das Abendessen die Hauptmahlzeit sein, wobei er sich beim Abendessen besonders viel Zeit nimmt.
  Er ist ein Aperitifliebhaber, bestellt Wein zum Essen sowie Kaffee und Digestifs.
- Engländer: Vor dem Frühstück schätzt er einen „early tea" im Zimmer. Das Frühstück ist mit einer reichhaltigen Auswahl neben dem Abendessen die wichtigste Mahlzeit. Zum Mittagessen bestellt er kleine kalte und warme Gerichte. Der „afternoon tea" wird zwischen 15.00 und 17.00 Uhr eingenommen. Das Abendessen besteht aus mehreren Gängen. Er trinkt gerne Bier, Whisky, Sherry, Portwein und Liköre.
- Amerikaner: Er schätzt ein noch reichhaltigeres Frühstück als der Engländer mit frischem Obst, Eiergerichten und Kaffee in großen Mengen. Zum Mittagessen bestellt er kleinere vitaminreiche Gerichte. Das Abendessen ist seine Hauptmahlzeit. Er ist eine reiche Getränkeauswahl gewöhnt und ist ein Cocktailliebhaber.
- Russe: Er freut sich über eine große Auswahl an Tees und über erstklassigen Kaffee zum Frühstück. Geräucherte Fische, Kaviar sowie Gerichte aus roten Rüben, Kraut, Kohl und Kartoffeln sind ihm vertraut. Bei den Getränken bevorzugt er exklusive Weine, Champagner sowie edle Spirituosen.
- Japaner: Er schätzt es, wenn Sie ihn zuerst grüßen und bevorzugt behandeln. Er will beim Essen und Trinken beraten werden. Wegen seines dicht gedrängten Besichtigungsprogramms will er wenig Zeit verlieren.

Von der Reservierung bis zur Verabschiedung

Eine richtig entgegengenommene und korrekt durchgeführte **Reservierung** bildet eine wesentliche Voraussetzung für einen erfolgreichen Restaurantbesuch. Ebenso wichtig sind **Empfang, Begrüßung** und **Platzierung,** sind es doch die ersten Momente, in denen Sie mit dem Gast einen positiven Kontakt herstellen können. Mit dem **Präsentieren** der (geöffneten!) Speisenkarte beginnt bereits das **Verkaufsgespräch.** Bieten Sie Aperitifs an. Danach sollte dem Gast die Gelegenheit gegeben werden, sich auf die Atmosphäre des Restaurants einzustimmen.

Die **Bestellungsaufnahme** ist eine der wichtigsten Phasen. Nehmen Sie sich Zeit. Ganz wichtig ist, dass Sie sich merken, welcher Gast was bestellt hat. Zeigen Sie sich laufend am Tisch!

Verschiedene **verkaufsfördernde Maßnahmen** haben zum Ziel, Bedürfnisse des Gastes zu wecken bzw. zu verstärken, um so die Grundlage für ein positives Verkaufsklima zu schaffen.

Reklamationen kommen manchmal vor und sollten stets zur Zufriedenheit des Gastes bereinigt werden.

Die **Rechnung** wird dem zahlenden Gast so übergeben, dass die anderen Gäste den Rechnungsbetrag nicht sehen können.

Verabschieden Sie sich mit dem Wunsch, ihn und seine Gäste bald wieder willkommen heißen zu dürfen.

Servierarten

Auch wenn das Einstellen die heute am meisten verbreitete Servierart ist, sollten Sie die anderen Möglichkeiten auch kennen lernen bzw. anwenden können.

Denn in manchen Betrieben, bei Sonderveranstaltungen oder im Ausland sind durchaus andere Servierarten üblich. Auch hängt die Servierart von der Anrichteweise und der Anzahl der Mitarbeiter sowie vom Gästekreis ab. Gäste, die es eilig haben, zB Geschäftsleute, Mitglieder von Reisegesellschaften, ziehen ein unkompliziertes Service (also Tellerservice) vor. Werden die Speisen von Platten angeboten oder auf dem Beistelltisch angerichtet, gestaltet sich das Service für den Gast wesentlich persönlicher, aber auch zeitintensiver. Dieses Kapitel gibt einen Überblick über die verschiedenen Möglichkeiten des Servierens.

Unsere Ziele

Nach Bearbeitung dieses Kapitels werden Sie

- die verschiedenen Servierarten benennen und beschreiben können,
- je nach Situation die richtige Servierart einsetzen können.

Die praktischen Fertigkeiten erlernen Sie durch konsequentes Üben.

Was wird eingestellt?

Fertig angerichtete Teller

Portionsplatten mit leeren Tellern

Kaffeehaustragtassen

Offene Getränke, die aus Flaschen, Krügen oder Karaffen eingeschenkt werden

1 Einstellen

Seit die Nouvelle cuisine und ihre Weiterentwicklungen in sehr viele Küchen Einzug gehalten haben, werden die Speisen vom Koch auf Tellern fix und fertig angerichtet. Der Servicemitarbeiter stellt dem Gast den Teller **von rechts** ein.
Eingestellt werden außerdem Portionsplatten und Kaffeehaustragtassen.
Bei Portionsplatten wird dem Gast zuerst der warme oder kalte Teller von rechts eingestellt. Oberhalb des Tellers kommt die Platte mit dem Vorleger. Bei warmen Speisen sollte die Platte auf einen Rechaud gestellt werden.
Beim Service von offenen Getränken wird ebenfalls von rechts eingestellt. Das Glas steht oberhalb des Messers. Es wird von rechts gefüllt. Anschließend stellt man die Karaffe, den Krug oder die Flasche von rechts ein.
Beim Einstellen ist zu beachten, dass man das rechte Bein (mit der Fußspitze zur Tischmitte) einen Schritt nach vor stellt und dabei das Knie durchdrückt. Das Gewicht lastet auf dem rechten Bein und die tragende linke Hand befindet sich hinter dem Rücken des Gastes.

Was wird angerichtet?

Speisen, die auf Platten aus der Küche kommen.

Speisen, die auf einem Servierwagen präsentiert werden.

Beim Tranchieren.

Beim Filetieren.

Beim Marinieren.

Beim Flambieren.

Wo wird angerichtet?

Auf dem Guéridon (Beistelltisch).

Auf dem Servierwagen (Fleischwagen, Käsewagen).

2 Anrichten am Guéridon (Englisches Service)

Die Speisen werden von der Küche auf einer Platte (für eine oder mehrere Personen) angerichtet. Die Platte wird dem Gast (den Gästen) präsentiert und anschließend auf den Guéridon (Beistelltisch) gestellt. Dort werden die Speisen auf einem bereitgestellten Teller angerichtet, und zwar mit dem Suppenlöffel in der rechten Hand und einer Fleischgabel in der linken Hand.

Der Tellerrand (die „Fahne") darf nicht mit Speisen belegt werden. Er dient ausschließlich zum Halten des Tellers.
Es ist vorteilhaft, die Sauce **à part** (separat) zu servieren. Das heißt, der Teller mit der angerichteten Speise wird von rechts eingestellt, die Sauce in der Sauciere mit der linken Hand von der linken Seite angeboten. Wird mit der Sauce **nappiert** (überzogen), dann immer nur das Fleisch, niemals die Beilagen. Bei rosa gebratenem Fleisch ist ein Saucenspiegel zu machen, bei gebackenem Fleisch wird die Sauce neben das Fleisch gegeben.
Höchstens zwei Drittel der Speise von der Platte wird auf dem Teller angerichtet. Der Rest wird auf einem Rechaud oder Platemaster warm gehalten und später vorgelegt.

Der zweite Teil wird auf einem frischen, warmen Fleischteller angerichtet und eingestellt. Bei diesem **Tellertausch** darf der vor dem Gast stehende, nunmehr leere Teller von links mit der linken Hand ausgehoben werden. Der neu angerichtete Teller wird von rechts eingestellt. Vor dem Tellertausch muss ein neues Besteck eingedeckt werden.

Die Servierart des Anrichtens wird auch beim Tranchieren, Filetieren, Marinieren und Flambieren angewendet. Darüber hinaus beim Service vom Servierwagen (z. B Fleischwagen, Hors-d'œuvre-Wagen oder Käsewagen).

Für die Platzierung der Gemüse- und Sättigungsbeilage gibt es keine fixe Regel. Die Abbildung ist ein Muster. Die Beilagen können auch vertauscht liegen. Wichtig ist jedoch, dass die farbliche Abstimmung berücksichtigt wird und alle Teller gleich sind.

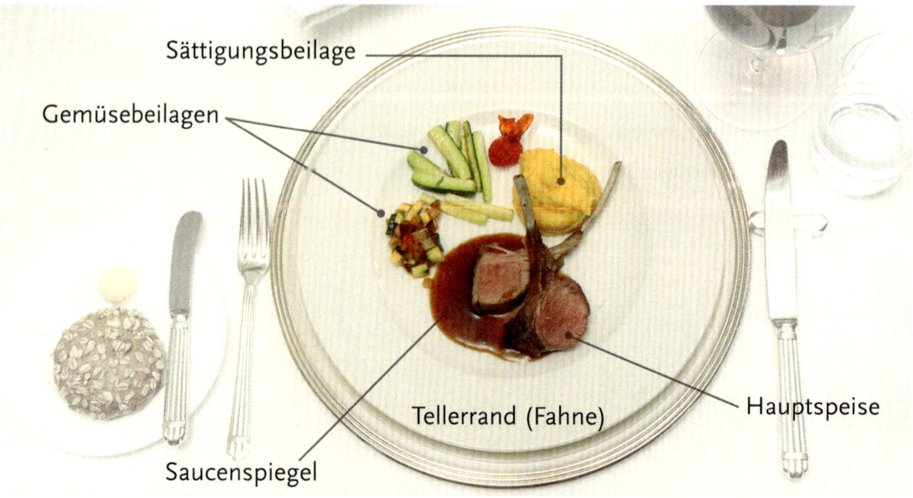

3 Vorlegen (Französisches Service)

Zum Vorlegen kommen die Speisen auf Platten aus der Küche. Es ist darauf zu achten, dass die Schnittflächen der Fleischtranchen nach vorne, also zum Gast, zeigen. Von der **linken Seite** wird vorgelegt, und zwar zuerst das Fleisch, dann Sättigungs- und Gemüsebeilagen und zuletzt die Sauce. Der Servicemitarbeiter stellt das linke Bein (mit der Fußspitze zur Tischmitte) einen Schritt vor und drückt das Knie durch. Das Gewicht lastet auf dem linken Bein.
Es sollten nicht mehr als acht bis zehn Portionen auf einer Platte angerichtet werden. Die Speisen kühlen sonst aus, bis sie serviert sind.
Vorgelegt wird manchmal noch bei Banketten und sonstigen Festveranstaltungen. Dabei servieren zwei oder mehrere Mitarbeiter direkt hintereinander. Das heißt, zuerst werden heiße Teller von rechts eingestellt. Anschließend legt ein Servicemitarbeiter das Fleisch vor (meist mit einer Beilage), der nächste die zweite Beilage und zum Schluss wird die Sauce serviert. Um den Gast nicht „in die Zange" zu nehmen, muss der zweite Servicemitarbeiter mit dem Vorlegen so lange warten, bis der erste Servicemitarbeiter beim dritten Gast ist.
Auch beim Table-d'Hôte-Service kann vorgelegt werden.

In welcher Reihenfolge wird vorgelegt?
(Teller einstellen)
Fleisch
Sättigungs- und Gemüsebeilagen
Sauce

Vorlegen

4 Einreichen

Zum Einreichen kommen die Speisen auf Platten aus der Küche. Die Platten werden dem Gast von der linken Seite angeboten und er bedient sich selbst. Die Griffe des Vorlegebesteckes müssen zum Gast zeigen.

Die Servierart Einreichen wird nur noch bei offiziellen Staatsbanketten angewendet.

5 Anbieten

Von Anbieten spricht man, wenn Getränke auf Serviertassen sowie Brötchen bzw. Canapés auf Platten von Servicemitarbeitern zu den Gästen (bei einem Stehempfang, bei einer Cocktailparty) gebracht werden. Die Gäste wählen aus und bedienen sich selbst.

Was wird angeboten?
Getränke auf Serviertassen
Canapés bzw. Fingerfood auf Platten

6 Table-d'hôte-Service

Einer größeren Anzahl von Personen wird zur gleichen Zeit die gleiche Speisenfolge eingestellt oder vorgelegt.
Der Vorteil dieser Servierart ist der geringere Personalaufwand, sowohl im Service als auch in der Küche.
Table-d'hôte-Service wird gerne bei Reisegesellschaften, in Kurhotels, Sanatorien, Heimen und Gästehäusern angewendet.

Sie haben den Vorteil des Table-d'hôte-Service kennen gelernt. Welcher Nachteil ergibt sich Ihrer Meinung nach dabei? Diskutieren Sie darüber.

7 Etagenservice

Der zentrale Arbeitsbereich für das Etagenservice ist das Room service office. Es ist meist in der Nähe der Hauptküche und verfügt über verschiedene technische Einrichtungen:
- Telefon und Gegensprechanlage
- Kassa
- Aufzüge
- Kücheneinrichtungen, va Kaffeemaschine sowie Serviergegenstände

Das richtige Verhalten bei der Bestellungsaufnahme

- Lassen Sie das Telefon nicht zu lange läuten.
- Begrüßen Sie den Gast.
- Sprechen Sie den Gast (nach Möglichkeit) mit dem Namen an.
- Notieren Sie zuerst die Zimmernummer.
- Weisen Sie auf eventuelle Zubereitungszeiten bzw. Wartezeiten hin.
- Wiederholen Sie abschließend die Bestellung.
- Geben Sie dem Gast die Möglichkeit, den Hörer zuerst aufzulegen.

Praktische Grundsätze für das Etagenservice

- Für warme Gerichte immer Cloches und Rechauds verwenden.
- Mehrere Gänge nach Möglichkeit nicht gemeinsam servieren.
- Für Speisen, die mit Plateaus auf das Zimmer gebracht werden, ein separates Tischtuch zum Decken des Tisches mitnehmen.
- Einem Room-service-trolley ist gegenüber dem Plateau der Vorzug zu geben.
- Jede Bestellung vor dem Servieren auf Vollständigkeit überprüfen. Ihre Vergesslichkeit bedeutet eine zusätzliche Störung des Gastes sowie den Verlust Ihrer wertvollen Arbeitszeit.
- Gästerechnung nicht vergessen!
- Die Bestellung zur gewünschten Zeit servieren.
- Deutlich hörbares Klopfen vor dem Eintreten.
- Das Zimmer in Abwesenheit des Gastes möglichst nicht allein betreten.
- Den Gast höflich und der Tageszeit entsprechend grüßen.
- Rechnung dem Gast zur Unterschrift vorlegen.
- Um den Gast nicht unnötig zu stören, ersuchen Sie ihn um telefonische Mitteilung, wann das Geschirr abzuservieren ist.
- Fragen Sie, ob der Gast sonst noch Wünsche hat.
- Beim Verlassen des Zimmers verabschieden Sie sich und schließen leise die Tür.

Arbeitsaufgaben

1. Von welcher Seite wird eingestellt?
2. Was wird eingestellt? Was wird angerichtet?
3. Wie funktioniert der Tellertausch?
4. Von welcher Seite wird vorgelegt? In welcher Reihenfolge wird vorgelegt?
5. Welche Vorteile bietet das Table-d'hôte-Service?
6. Nennen Sie einige Grundsätze für das Etagenservice.

Notizen zu den Arbeitsaufgaben:

ZUSAMMENFASSUNG

Einstellen
Von rechts eingestellt werden:
Fertig angerichtete Teller.
Portionsplatten mit leeren Tellern.
Kaffeehaustragtassen.
Offene Getränke, die aus Flaschen, Krügen oder Karaffen eingeschenkt werden.

Anrichten
Auf dem Guéridon (Beistelltisch) oder auf dem Servierwagen.
Angerichtet werden:
Speisen, die auf Platten aus der Küche kommen.
Speisen, die auf einem Servierwagen präsentiert werden.
Beim Tranchieren, Filetieren, Marinieren und Flambieren.

Vorlegen
Von links vorgelegt wird in folgender Reihenfolge: Fleisch, Sättigungs- und Gemüsebeilagen, Sauce.

Einreichen
Von der linken Seite angebotene Platten. Der Gast bedient sich selbst.

Anbieten
Angeboten werden:
Getränke auf Serviertassen.
Brötchen auf Platten.

Table-d'hôte-Service
Einer größeren Anzahl von Personen wird zur gleichen Zeit die gleiche Speisenfolge eingestellt oder vorgelegt. Vor allem für Reisegruppen.

Etagenservice
Der zentrale Arbeitsbereich, das Room service office ist meist in der Nähe der Hauptküche. Er ist mit verschiedenen technischen Einrichtungen ausgestattet. Die telefonisch aufgenommene Bestellung am besten mit einem Room-service-trolley auf das Zimmer bringen. Werden Plateaus verwendet, Tischtuch nicht vergessen. Zuverlässigkeit und Diskretion sind die wichtigsten Eigenschaften der Mitarbeiter im Etagenservice.

Notizen zur Zusammenfassung:

Bonieren und Abrechnungssysteme

Korrekte Abrechnung und Kontrolle sind wichtige Voraussetzungen für den Erfolg eines jeden Betriebes. Ob ein Restaurant Gewinn erwirtschaftet oder Verlust macht, hängt nicht zuletzt von einem funktionierenden Kontrollsystem ab.

Elektronisch gesteuerte Kassen-Verbund-Systeme bieten dabei eine großartige Hilfestellung. Da jedoch nicht alle Betriebe über derartige Systeme verfügen, werden im nachfolgenden Kapitel auch einfache Bonierungsformen (Bonblock, Bonbuch) beschrieben.

Unsere Ziele

Nach Bearbeitung dieses Kapitels werden Sie

- die Bonarten beschreiben und die Grundsätze für richtiges Bonieren darlegen können,
- die Registrierkassa sowie die modernen Abrechnungssysteme nennen sowie damit umgehen können,
- die Inhalte einer korrekt ausgestellten Gästerechnung sowie des bargeldlosen Zahlungsverkehrs beschreiben können.

1 Bonieren

Die Art der Bonierung ist unterschiedlich, da sie vom Betriebstyp abhängt. Sie reicht von einer Wertmarke (Jeton) bis zu elektronischen Registrierkassen und Abrechnungssystemen.

Ein Bon ist ein interner Verrechnungsbeleg. Er muss mindestens enthalten:

- Datum
- Tischnummer, Zimmernummer, Personenzahl
- Artikelmenge, Artikelbezeichnung, Inklusivpreis, Endsumme (in Bonbüchern nur bei À-la-carte-Bestellungen)
- Unterschrift oder Nummer des Servicemitarbeiters

1.1 Jeton (Wertmarke)

Jetons findet man vor allem in Kantinen sowie bei Zeltfesten. Diese Form der Abrechnung ist nur bei sehr kleinem Angebot möglich. Jedes Produkt hat einen Jeton von unterschiedlicher Farbe, Größe oder Form, die den verschiedenen Preisen entspricht.

1.2 Einfacher Bonblock

Diese Art findet in Klein- und Mittelbetrieben sowie in Saisonbetrieben Verwendung. Die Bonblocks sind fortlaufend nummeriert (1 bis 100) und haben pro Station sowie für Schank (Getränke) und Küche (Speisen) unterschiedliche Farben.

In abgeänderter Form ist diese Art heute in Rasthäusern auf Autobahnen üblich. Das Bedienungspersonal nimmt die Bestellung auf und der Gast bezahlt an der Kassa beim Verlassen des Lokals.

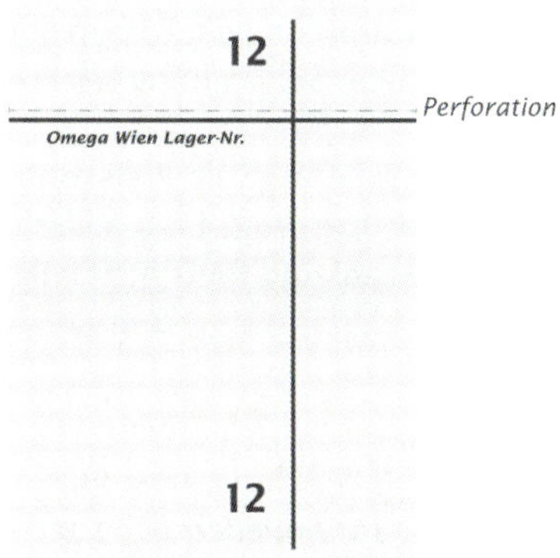

Grundsätze für richtiges Bonieren

- Deutlich schreiben (am besten mit Kugelschreiber).
- Betriebsübliche Abkürzungen verwenden (LKS = Leberknödelsuppe, TATE = Tagesteller, 1/3 = Seidel Bier usw.).
- Bei Speisenbestellungen klares Abgrenzen der Speisenfolge (Vorspeise – Hauptspeise – Dessert).
- Stornieren einer Speise oder eines Getränks durch Ausstreichen des Geschriebenen. Der ursprüngliche Vermerk muss jedoch klar lesbar bleiben (nichts korrigieren, sondern immer neu schreiben). Die Gesamtstornierung eines Bons geschieht durch den Vermerk „Storno" und das Abzeichnenlassen durch eine kompetente Person; der gesamte stornierte Bon geht zur Kassa oder wird ins Bonbuch geheftet (zur Kontrolle).
- Bei À-la-carte-Bestellungen ist der Preis des Kuvertgedecks immer die erste Bonierung.

1.3 Bonbuch

Das Bonbuch wird hauptsächlich in Saisonbetrieben mit Halb- und Vollpension (Arrangement) verwendet. Es dient der Kontrolle der verabreichten und im Arrangement enthaltenen Mahlzeiten (Frühstück, Mittag- und Abendessen) sowie der À-la-carte-Bestellungen und Getränke.

Kleines Bonbuch

Es enthält 500 Bonabrisse, die aus je einem Original und einem Durchschlag mit Blaupapier bestehen. Das Bonbuch hat verschiedene Farben für die einzelnen Stationen sowie für Getränke und Speisen. Man unterscheidet zwischen **Pair-Bonbuch** für gerade Tage und **Impair-Bonbuch** für ungerade Tage. Dieses System erleichtert die Arbeit, Kontrolle und Buchhaltung.

Fehlt ein Bon, dann kann er entweder versehentlich verloren gegangen oder aber irgendwie in die Hand des Servicemitarbeiters zurückgelangt sein und zu einem zweiten, diesmal unentgeltlichen Warenempfang verwendet werden.

Die Originalbons werden mit den Durchschriften im Bonbuch genau verglichen. Werden hiebei Abweichungen festgestellt, so ist der Verdacht, dass unredlich gearbeitet wird, fast immer begründet.

Nachteile: Die Bonkontrolle ist besonders langwierig, da Additionsfehler immer übertragen werden und so die Endsumme von der tatsächlichen Tageslosung abweicht. Die Bonkontrolle erfordert sehr viel Zeit und verursacht daher hohe Kosten.

Großes Bonbuch

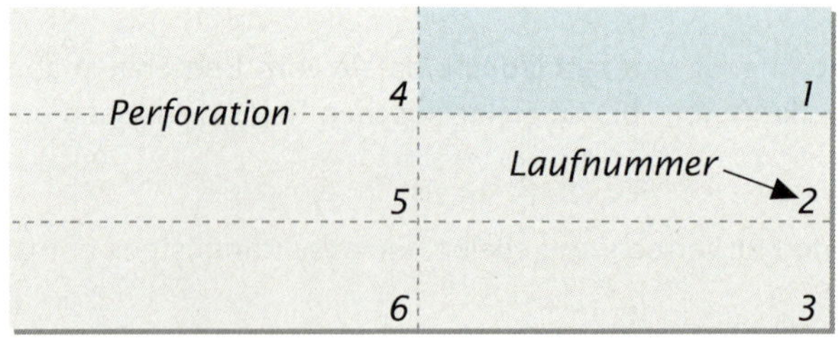

Es enthält 1.000 Bonabrisse, wobei jeweils zwei Bons nebeneinander sind. Die Nummerierung beginnt auf der rechten Seite. Auch das große Bonbuch gibt es in Pair- und Impair-Form.

Es eignet sich besonders für Betriebe, in denen mehrere Personen des Servierpersonals gemeinsam in einem Bonbuch bonieren.

Ist der Bon mit Vordrucken (Unterteilung, zB in Frühstück, Mittag- und Abendessen) versehen, wird er als **Lauf- oder Menübon** bezeichnet.

Der erste und der letzte Bon eines Geschäftstages müssen immer mit dem Datum versehen sein. Verrechnet wird am Ende der Dienstzeit. Die Beträge der À-la-carte-Bestellungen (Speisen und Getränke) werden addiert und das Bargeld wird den dafür zuständigen Personen gegen Erhalt einer Quittung überreicht.

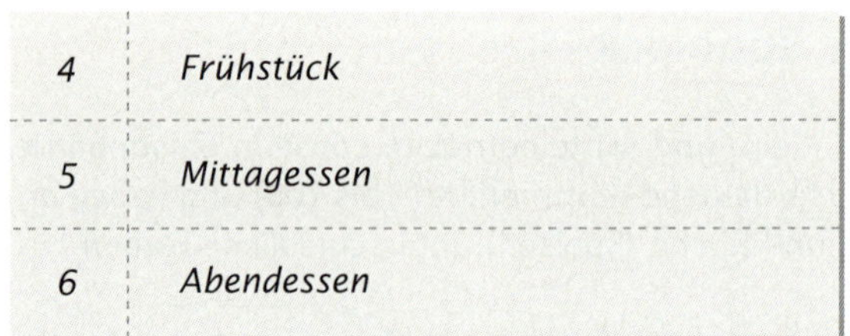

Bonkontrolle

Die Bons werden nach Nummern oder Farben und diese Gruppen wiederum in sich nach Laufnummern sortiert. Jeder Servicemitarbeiter erhält Bons mit bestimmten Nummern oder Farben.

Der Vollständigkeitskontrolle folgt die Preiskontrolle. Dabei werden zuerst die Originalbons auf ihre Richtigkeit überprüft. Eine fehlerhafte Preiseinsetzung oder eine falsche Multiplikation von Stückzahl und Preis geht zulasten des Servicemitarbeiters.

1.4 Paragonbon

Diese Art wird in den Gastronomiebetrieben gerne verwendet. Der Paragonblock besteht aus 50 Bons, wobei jeder eine fünfstellige Nummer hat.

Der Paragonbon muss die Tischnummer und die Personenanzahl (in unserem Beispiel ist es Tisch 3 mit vier Personen) sowie das Datum und die Unterschrift des Servicemitarbeiters enthalten.

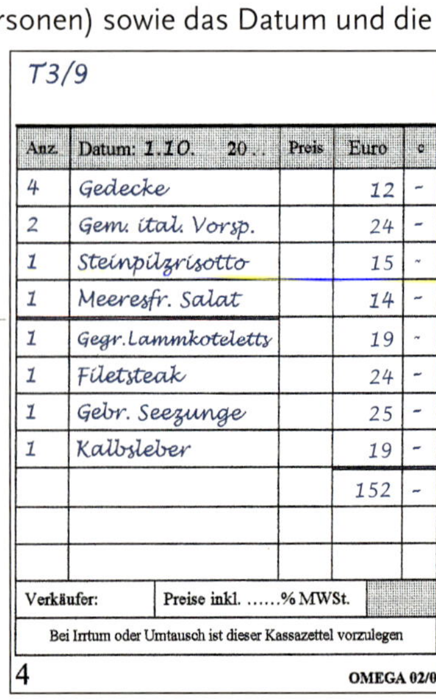

T3/9

Anz.	Datum: 1.10. 20..	Preis	Euro	c
4	Gedecke		12	-
2	Gem. ital. Vorsp.		24	-
1	Steinpilzrisotto		15	-
1	Meeresfr. Salat		14	-
1	Gegr. Lammkoteletts		19	-
1	Filetsteak		24	-
1	Gebr. Seezunge		25	-
1	Kalbsleber		19	-
			152	-

Verkäufer: | Preise inkl. ......% MWSt.

Bei Irrtum oder Umtausch ist dieser Kassazettel vorzulegen

4 OMEGA 02/0

Die Speisenfolgen müssen durch Striche getrennt werden. Das ist besonders dann wichtig, wenn mehrere Personen miteinander essen und die Küche verschiedene Speisen zur gleichen Zeit fertig stellen muss.

Paragon mit einem Durchschlag

Er wird in Betrieben ohne Kassa verwendet, die Servicemitarbeiter kassieren. Der Originalbon kommt zur Ausgabe in die Küche oder Schank, der Durchschlag dient der Rechnungserstellung des Servicemitarbeiters.

Paragon mit zwei Durchschlägen

Diese Art wird in Betrieben mit Kassa, in À-la-carte-Restaurants, beim Etagenservice (Rohrpost) und in Betrieben mit Chef-de-rang-System verwendet. Der Originalbon kommt zur Ausgabe in die Küche oder Schank, der erste Durchschlag dient der Kontrolle (bleibt beim Servicemitarbeiter), den zweiten Durchschlag erhält der Restaurantkassier zur Rechnungserstellung.

2 Registrierkassen und Abrechnungssysteme

Abhängig vom Betriebstyp und von den Anforderungen an das Abrechnungssystem unterscheidet man die verschiedensten Arten, von der einfachen mechanischen Registrierkassa bis zur computergesteuerten Abrechnungsanlage mit Vorprogrammierung aller für den Betrieb benötigten Informationen und Daten.

Bei elektronischen Abrechnungssystemen werden die eingegebenen Daten sofort gespeichert, sodass bei einem Stromausfall kein Datenverlust entstehen kann.

Nachteil: Während eines Stromausfalls ist es nicht möglich, Daten einzugeben, was langwieriges Nachbonieren zur Folge hat.

Computergesteuerte Registrier- und Abrechnungsanlagen bieten folgende Leistungen:

- Bonauswurf: einfach (nur für Warenempfang), doppelt (Warenempfang und Beleg für den Gast) oder dreifach (Warenempfang und Beleg für den Gast und für den Kassier)
- Separatem Auswurf der Umsatzsteuer bei allen Rechnungen
- Stornierung mit Storniertaste
- Splitten und Umbuchen von Rechnungen (zB notwendig, wenn eine Tischrechnung auf einen anderen Tisch umzubuchen ist)
  Tischübernahme
- Feststellung des Eigenverbrauchs mit Hausbon-Taste
- Bestellung (jede Ware hat eine eigene Bestellnummer)
- Kellnerlosung einzeln (bei Stationen nach einem Schlüssel)
- Kellnerlosung gesamt
- Kellnerlosung monatlich und jährlich
- Aufschlüsselung der Warengruppen nach Steuersätzen
- Errechnen der Bedienungsprozente für jeden Servicemitarbeiter, nach Stationen und gesamt pro Tag, Monat und Jahr
- Aufstellen einer Warenstatistik (Wareneingang zu Warenausgang zu Lagerbestand) täglich, monatlich, jährlich
- Kreditspeicher für Hausgäste
- Erstellen von Sammelrechnungen
- Gutscheinverwaltung
- Bondruck mit individuell gestaltbaren Kopf- und Fuß-Layouts (zB Information über Spezialitätenwochen)
- Totalauswurf Kassa (Cash) und Kredit (Credit) täglich, monatlich, jährlich

Moderne Systeme sind heute in der Lage, die Aktivitäten des Restaurants, der Bar und der Küche in einem integrierten **Kassen- und Warenwirtschaftssystem** zu vereinen. Bei diesen **Verbundsystemen** können beispielsweise Bonierterminals mit der elektronischen Schankanlage, Kaffeemaschine etc. verknüpft werden. Diese Schankanlagen verfahren nach dem **Credit- und Debitmodus** (Soll und Haben). Im ersten Fall wird demnach zuerst boniert und dann ausgeschenkt, im zweiten Fall hingegen vorher ausgeschenkt und die Bestellung dann an die Kassa weitergeleitet.

Falsches Portionieren, Diebstahl oder Unterlassen von Bonierungen werden durch ein kontrolliertes Ausschanksystem ausgeschlossen.

www.huginsweda.at
www.apro.at
www.walla.at
www.micros-fidelio.de

Kombiniertes Modell (Artikel auf dem Bildschirm, Code auf der Tastatur).

Für die Bezahlung per Kreditkarten kann an die Geräte ein **On-line-Anschluss** für die Kreditkartenüberprüfung angeschlossen werden. Sollte ein Gast in ausländischer Währung bezahlen wollen, so rechnen die Geräte die Beträge automatisch in die Fremdwährung um. Es kann nur Papiergeld angenommen werden, da Münzen in der Regel von der Bank nicht umgewechselt werden.

Neben der effizienten Bonierung und Rechnungslegung verwalten die modernen Abrechnungssysteme den kompletten Warenwirtschaftsbereich. Inventurlisten erleichtern bzw. steuern den Wareneinkauf.

Viele Abrechnungssysteme verfügen über einen **Touchscreen,** die Eingabe erfolgt direkt durch Antippen des Bildschirms.
Der Servicemitarbeiter muss sich keine Artikelnummern merken, da der Bildschirm automatisch alle notwendigen Artikelgruppen anzeigt und den Servicemitarbeiter so durch den Bonierungsvorgang führt.

Die Rechnungsdrucker arbeiten heute nahezu lautlos. Die eingegebene Bestellung von Speisen und Getränken wird sofort an der richtigen Station ausgedruckt. Das erspart viel Wegzeit. In der Küche und bei den Getränkeausgabestellen erscheint der Ausdruck bereits automatisch gelistet nach Gängen und zeitlicher Abfolge. Damit ist eine schnellere Koordination gewährleistet.

Bons für Küche und Schank

(getrennt nach Speisen und Getränken)

MICROS DEMO SYSTEM
*** Kueche ***

9993 Micros

Ti : 88/1 Gst 4

4	Couvert	12.00
2	Gem.ital. Vorsp.	24.00
1	Steinpilzrisotto	15.00
1	Meeresfr. Salat	14.00
1	Lammkotel. gegr.	19.00
1	Filetsteak rare	24.00 0.00
1	Gebr. Seezunge	25.00
1	Kalbsleber	19.00
1	Mousse au choco	8.00
1	Gem. Kaeseteller	9.00

Chk 1631 19Jan'10 15:17

MICROS DEMO SYSTEM
*** Getraenke ***

9993 Micros

Ti : 88/1 Gst 4

4	Kir	16.00
4	Gl.Riesling Fed.	20.00
1	Fl.Blaufränk.	24.00
2	Fl.Roemerquelle	12.00

Chk 1631 19Jan'10 15:17

Vorteile: Durch ständige Verkaufsstatistiken kann jederzeit eine genaue Umsatzerfassung nach Personal, Produkten bzw. Produktgruppen, Datum und Uhrzeit oder Tischen vollzogen werden. So werden beispielsweise Produkte, die sich schlecht verkaufen, sofort entdeckt. Auch auf Zeiten, in denen der Betrieb stark oder schwach frequentiert ist, kann nach Auswertung der Daten mit entsprechenden Maßnahmen (Änderung des Einsatzplans der Mitarbeiter) reagiert werden.

2.1 Elektronischer Bestellblock (Orderman)

Vorteile: Die Servicemitarbeiter ersparen sich unnötige Wege zwischen Gast, Küche und Schank. Falls Gerichte geordert werden, die nicht mehr verfügbar sind, erhält der Servicemitarbeiter ein entsprechendes Signal.

Mobile Bestellterminals und Bondrucker sind heute überall anzutreffen. Waren sie noch vor einigen Jahren in Betrieben mit raschem Gästewechsel (z. B. in Schihütten) oder in Gastgärten im Einsatz, sieht man sie heute auch in Restaurants.
Die Servicemitarbeiter geben die Bestellung beim Tisch des Gastes, sortiert nach Gruppen, über Bestellnummern ein. Die Daten werden durch Funkübertragung direkt an den vorgesehenen Küchen- oder Schankplatz übermittelt.
Ist der Mitarbeiter mit einem Gürteldrucker ausgestattet, kann die Rechnung gleich beim Tisch des Gastes ausgedruckt werden.

3 Gästerechnung

Jede Rechnung, die der Gastwirt für den Gast ausstellt, muss ganz bestimmten gesetzlichen Vorschriften entsprechen.
Es besteht eine allgemeine **Belegerteilungspflicht (Rechnungslegungspflicht).**

Ein Beleg ist demzufolge für jede Zahlung auszustellen und dem Zahlenden bzw. dem Empfänger der Leistung unaufgefordert auszuhändigen.
Als Beleg gelten jene Schriftstücke, mit denen über Leistungen abgerechnet wird.

Sie müssen
- die Bezeichnung des Unternehmens,
- den Namen und die Anschrift des Gastes,
- das Ausstellungsdatum (Tag, Monat, Jahr),
- die Art und den Umfang der Leistung (Ware und Menge),
- den Preis der Leistung zum Zeitpunkt der Belegausstellung sowie
- die UID Nummer (User Identification Number)enthalten. In Österreich lautet sie immer ATU + 8stellige Zahl.

Außerdem muss klar ersichtlich sein, welche Waren mit **10 %** und welche mit **20 % Umsatzsteuer (USt.)** belastet sind.
Speisen haben einen Steuersatz von 10 Prozent, alle Getränke sind mit 20 Prozent zu versteuern. Sammelbezeichnungen wie „Speisen und Getränke" sind nicht zulässig.

Formel der Umrechnung der USt.:
10 % vom Inklusivpreis = Inklusivpreis x 0,0909 oder Inklusivpreis : 11
20 % vom Inklusivpreis = Inklusivpreis x 0,1667 oder Inklusivpreis : 6

§ Gesetzliche Bestimmungen:
Von der Rechnungslegungspflicht betroffen sind alle Unternehmer im Sinne des Umsatzsteuerrechtes, die im Inland eine Tätigkeit selbstständig und nachhaltig zur Erzielung von Einnahmen ausüben.

Umsatzsteuertabellen, die im Handel erhältlich sind, erleichtern die Berechnung.

Rechnung von der Computerkassa (Muster)

```
micros FIDELIO

Hotel & Restaurant
Micros Fidelio

9993 Micros
------------------------------------
Ti: 88/1        Chk 1631        Gst 4
            19Jan'10 14:54
------------------------------------
4 Couvert a 3.00              12.00
2 Gem.ital. Vorsp. a 12.00    24.00
1 Steinpilzrisotto            15.00
1 Meeresfr. Salat             14.00
1 Lammkotel. gegr.            19.00
1 Filetsteak                  24.00
1 Gebr. Seezunge              25.00
1 Kalbsleber                  19.00
1 Mousse au choco              8.00
1 Gem. Kaeseteller             9.00
4 Kir a 4.00                  16.00
4 Gl.Riesling Fed. a 5.00     20.00
1 Fl.Blaufränk.               24.00
2 Fl.Roemerquelle a 6.00      12.00
  Barzahlung                 241.00

     12.00 20% Mwst Bev       72.00
      Netto                   60.00
     15.36 10%Mwst.Fd        169.00
      Netto                  153.64
  Zw.Summe                   241.00
  Brutto                     241.00
-----------9993 Rng. geschl.-----------
------------19Jan'10 15:17------------

  Es bediente Sie :
  Micros Micros Support
  Steuer.-Nr: 231/151/31207
```

Handschriftliche Rechnung (Muster)

Restaurant
Zum Donnerbrunnen
A-1015 • Neuer Markt 3
Tel. (01) 53 12 23

Name: *Herrn Fritz Müller*
A-1120 Wien, Längenfeldgasse 13-15

(Inklusivpreis) Rechnung vom: *1. 10. --*

TEXT	10 % UST (Speisen) EURO	C.	20 % UST (Getränke) EURO	C.
4 Couvert	*12*	*-*		
2 Gem. ital. Vorsp.	*24*	*-*		
1 Steinpilzrisotto	*15*	*-*		
1 Meeresfr. Salat	*14*	*-*		
1 Lammkotel.	*19*	*-*		
1 Filetsteak	*24*	*-*		
1 Seezunge	*25*	*-*		
1 Kalbsleber	*19*	*-*		
1 Mousse au Choco	*8*	*-*		
1 Käseteller	*9*	*-*		
4 Kir			*16*	*-*
4 Gl. Riesl. Federspiel			*20*	*-*
1 Fl. Blaufränk.			*24*	*-*
2 Fl. Römerqu. 0,75			*12*	*-*
Rechnungsbetrag	*169*	*-*	*72*	*-*
Betrag dankend erhalten:			*169*	*-*
Endsumme			*241*	

	USt. Euro	C.	Nettobetrag Euro	C.
10 % UST. (Speisen)	*15*	*36*	*153*	*64*
20 % USt (Getränke)	*12*	*00*	*60*	*00*
Summe	*27*	*36*	*213*	*64*

Herzlichen Dank für ihren Besuch
01-000384 ATU 123 45 678

Name und Anschrift des Gastes
Datum
Preise
UID Nummer

Der Anlass der Bewirtung (zB Besprechung der Mitarbeiterschulung) muss zusätzlich angegeben werden.

Grundsätzlich ist von jedem Beleg eine Durchschrift oder unmittelbar im selben Arbeitsgang eine Zweitschrift (zB bei Registrierkassen auf dem mitlaufenden Kontrollstreifen) anzufertigen.

Die Belege sind sieben Jahre lang, gerechnet vom Schluss des Kalenderjahres, in dem sie ausgestellt wurden, aufzubewahren.

4 Bezahlung mit bargeldlosen Zahlungsmitteln

4.1 Bons oder Gutscheine (Vouchers)

Sie lauten auf eine bestimmte Summe. Es muss kontrolliert werden, ob die Bezahlung schon erfolgt ist bzw. ob eine Rechnung zugesandt werden muss.

4.2 Geschäftsrechnungen

Diese Zahlungsart wird von Firmen bevorzugt. Die Rechnungen können bei entsprechendem Übereinkommen als Monatsrechnungen zugesandt werden. Die Rechnungsbeträge müssen vom Gast unterschrieben werden.

4.3 Elektronische Geldbörse

Die Bezahlung erfolgt mit der Bankomatkarte, die in ihrem Chipspeicher einen Geldbetrag geladen hat. Bei Betrieben, bei denen diese Zahlungsform möglich ist, ist im Kassenbereich das so genannte Quick-Symbol zu finden. Es ist keine Eingabe eines Codes notwendig.

4.4 Traveller Checks

Es sind zwei Unterschriften zu tätigen, wobei die erste Unterschrift bereits in der Bank bei der Ausstellung erfolgte, die zweite wird vor dem Inkassanten durchgeführt. Dadurch ist ein Vergleich beider Unterschriften möglich. Zur weiteren Kontrolle Passnummer des Scheckausstellers notieren.

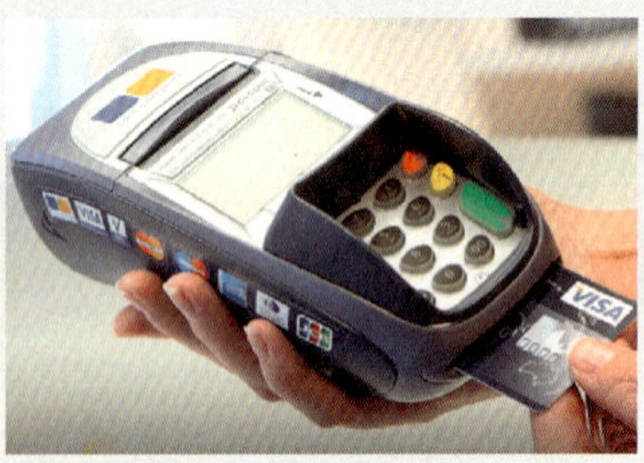
Elektronisches Lesegerät zur Abrechnung mit den verschiedenen Kreditkartengesellschaften.

4.5 Bankomatkarten

Die Bankomatkarte als Zahlungsmittel ermöglicht eine rasche, unkomplizierte Abrechnung, bei der dem Gastronomen nur geringe Kosten entstehen. Der Servicemitarbeiter kommt mit einem mobilen Terminal zum Gast, das mit einem Kartenleser und einem integrierten Drucker ausgestattet ist.
Neben den mobilen gibt es auch fixe Terminals, die mit Kartenlesern ausgestattet sind.

4.6 Kreditkarten

Voraussetzung für die Verwendung ist, dass der Betrieb einen Vertrag mit der Kreditkartenfirma hat.

Die gebräuchlichsten Kreditkarten sind:
- American Express,
- Diners,
- Visa,
- Mastercard, Eurocard
- und einige spezielle Karten, zB Golden-Gourmet-Karte.

Nachdem der Gast dem Servicemitarbeiter die Kreditkarte ausgehändigt hat, geht dieser zum Kreditkartenterminal, das eine Online-Verbindung zum Karteninstitut hat. Bei Eingabe der Karte werden die Gültigkeit und der Kreditrahmen automatisch geprüft. Eine Kontrolle der Sperrlisten ist nicht mehr erforderlich.
Anschließend bringt der Servicemitarbeiter den ausgedruckten Beleg zusammen mit der Kreditkarte zum Gast, damit dieser ihn abzeichnen kann. Das Duplikat des Ausdrucks wird dem Gast mit der Karte überreicht.

Welche Vor- und Nachteile bietet eine Kreditkartenakzeptanz für den gastronomischen Betrieb?

Vereinzelt noch anzutreffen ist die sogenannte Billingform. Damit werden die Kartennummer und der Name des Gastes auf ein dazupassendes Formular übertragen.
Die Abwicklung der Kreditkartenabrechnung kostet dem gastronomischen Betrieb Geld. Die Kreditkartenfirmen verlangen eine Provision von zirka drei bis fünf Prozent vom Umsatz (abhängig vom ausgehandelten Vertrag).

4.7 Transponder

Sie finden vor allem in Ferienclubs Verwendung und werden von den Gästen in Form von Armbändern, Uhren etc. benutzt. Diese Art der bargeldlosen Zahlung funktioniert mit Funk- oder Magnetübertragung. Die Transponder werden vor Benützung mit einem gewissen Geldbetrag geladen. Der Gast muss bei der Konsumation von Getränken, Speisen bzw. Dienstleistungen keinerlei Barzahlung mehr tätigen, sondern nur den Transponder vorzeigen. Der Betrag wird automatisch abgebucht.

? Arbeitsaufgaben

1. Beschreiben Sie die verschiedenen Bonarten.
2. Nennen Sie die Grundsätze für richtiges Bonieren. Gehen Sie besonders auf das Stornieren ein.
3. Welche Leistungen bieten computergesteuerte Registrierkassen?
4. Welche modernen Abrechnungssysteme kennen Sie? Beschreiben Sie ein System näher.
5. Was muss eine korrekt ausgestellte Gästerechnung enthalten?
6. Welche bargeldlosen Zahlungsmittel kennen Sie? Beschreiben Sie zwei dieser Zahlungsmittel.

Notizen zu den Arbeitsaufgaben:

ZUSAMMENFASSUNG

Bonieren
Ein Bon ist ein interner Verrechnungsbeleg. Er muss das Datum, die Tisch- und Zimmernummer sowie evtl. die Personenanzahl enthalten. Die Artikelmenge, die Artikelbezeichnung, der Inklusivpreis sowie die Unterschrift oder die Nummer des Servicemitarbeiters sind ebenfalls einzutragen.

Grundsätze für richtiges Bonieren:
- Deutlich schreiben
- Abkürzungen verwenden
- Klare Abgrenzung der Speisenfolge
- Stornieren durch Ausstreichen des Geschriebenen
- Preis des Kuvertgedecks ist immer die erste Bonierung

Jeton (Wertmarke)
In Kantinen, bei Zeltfesten; nur bei sehr kleinem Angebot. Jedes Produkt hat eine eigene Jetonfarbe. So sind die unterschiedlichen Preise ersichtlich.

Einfacher Bonblock
In Klein- und Mittelbetrieben, Saisonbetrieben. Er ist fortlaufend nummeriert; für Station, Schank und Küche unterschiedliche Farben.

Bonbuch
In Saisonbetrieben mit Halb- und Vollpension. Nachteil: besonders langwierige Bonkontrolle.
Kleines Bonbuch: 500 Bons; verschiedene Farben für Stationen, Speisen und Getränke. Pair- und Impair-Bonbuch (für gerade und ungerade Tage).
Großes Bonbuch: 1.000 Bons; mehrere Servicemitarbeiter können gemeinsam bonieren.
Lauf- oder Menübon: Unterteilung in Frühstück, Mittag- und Abendessen.

Notizen zur Zusammenfassung:

Notizen zur Zusammenfassung:

ZUSAMMENFASSUNG

Paragonbon
50 Bons mit fünfstelliger Nummer. Paragon mit einem Durchschlag (in Betrieben ohne Kassa) und mit zwei Durchschlägen (in Betrieben mit Kassa).

Registrierkassen
Je nach Betriebstyp werden einfache mechanische Registrierkassen oder computergesteuerte Abrechnungsanlagen verwendet.
Computergesteuerte Anlagen bieten vor allem folgende Leistungen:
- Bonauswurf
- Separaten Auswurf der Umsatzsteuer
- Stornierung mit eigener Taste
- Kellnerlosung, und zwar einzeln, gesamt, monatlich, jährlich
- Warengruppen nach Steuersätzen
- Warenstatistik (Wareneingang, -ausgang, Lagerbestand)
- Sammelrechnungen
- Totalauswurf täglich, monatlich, jährlich

Verbundsysteme
Bonierterminals sind mit der elektronischen Schankanlage, der Kaffeemaschine etc. verknüpft. Sie verfahren nach dem Soll-und-Haben-Prinzip.
Touchscreens erleichtern die Eingabe, die durch Antippen des Bildschirms funktioniert. Die Bestellung wird an der richtigen Station ausgedruckt (in der Küche zB nach Gängen und zeitlicher Abfolge).
Ein On-line-Anschluss für die Kreditkartenüberprüfung kann angeschlossen werden.

Elektronischer Bestellblock
Die Bestellungen werden durch Funkübertragung an Küche und Schank übermittelt.

Gästerechnung
Es besteht eine allgemeine Belegerteilungspflicht (Rechnungslegungspflicht).
Rechnungen müssen
- die Bezeichnung des Unternehmens,
- den Namen und die Anschrift des Gastes,
- das Ausstellungsdatum (Tag, Monat, Jahr),
- die Art und den Umfang der Leistung (Ware und Menge),
- den Preis der Leistung zum Zeitpunkt der Belegausstellung sowie
- die UID Nummer (User Identification Number) enthalten.

Außerdem muss klar ersichtlich sein, welche Waren mit 10 % bzw. 20 % USt. belastet sind.

Bezahlung mit bargeldlosen Zahlungsmitteln
- Bons oder Gutscheine (Vouchers): Sie lauten auf eine bestimmte Summe.
- Geschäftsrechnungen: Es werden den Firmen Monatsrechnungen zugesandt.
- Elektronische Geldbörse: Bezahlung mit der Bankomatkarte, die in ihrem Chipspeicher einen Geldbetrag geladen hat; kein Code notwendig.
- Traveller Checks: tragen eine Unterschrift; die zweite muss vor dem Inkassanten erfolgen (Vergleich der Unterschriften); Passnummer notieren
- Bankomatkarten: Rasche, unkomplizierte Abrechnung; geringe Kosten für den Betrieb. Es gibt mobile und fixe Terminals mit Kartenlesern.
- Kreditkarten: Abwicklung über Terminals mit Online-Verbindung zum Karteninstitut; automatische Kontrolle von Gültigkeit und Kreditrahmen der Karte. Es entstehen höhere Kosten, da die Kreditkartenfirmen eine Provision von drei bis fünf Prozent vom Umsatz verlangen.
- Transponder: Armbänder, Uhren etc., mit denen die Gäste die Konsumationen abbuchen lassen; in Ferienclubs.

Service

Erinnern Sie sich an das Kapitel „Servierarten"?
Einstellen, Anrichten, Vorlegen und Einreichen sowie Anbieten sind Ihnen theoretisch vertraut. Nun beginnen wir mit der Praxis.

Denken Sie immer an folgende drei Grundsätze:
- Machen Sie den Gästen den Anblick so erfreulich wie möglich.
- Gestalten Sie das Essen so bequem wie möglich.
- Die Servierregeln erleichtern die Zusammenarbeit mit Ihren Mitarbeitern.

Unsere Ziele

Nach Bearbeitung dieses Kapitels werden Sie
- die Grundsätze des Servierens beschreiben können,
- das Decken, Anrichten und Servieren der einzelnen Speisenfolgen nachvollziehen können,
- erklären können, was vor Servicebeginn zu erledigen ist,
- darstellen können, wie das Abdecken der Tische funktioniert, wenn kein Gast mehr im Lokal ist,
- die Ziele einer Servicebesprechung nennen können,
- das Teller- und Plattentragen, das Gläsertragen sowie die Handhabung des Vorlegers praktizieren können.

Die linke Hand trägt, die rechte Hand arbeitet.

Ausnahme: Die Fingerbowle wird rechts eingestellt, und zwar bei Speisen, die mit der rechten Hand aufgenommen werden. Vgl. dazu Spargel, Seite 173.

In vielen Fällen (zB bei Tischen, die in einer Ecke bzw. Nische stehen) ist es jedoch nicht immer möglich, die genannten Regeln einzuhalten. Servieren Sie in solchen Fällen so, dass die Gäste so wenig wie möglich gestört oder belästigt werden.

Rückwärtsgehen kann Unfälle hervorrufen.

Vermeiden Sie Leerläufe! Gehen Sie nie zur Küche oder Schank, ohne zu überlegen, was Sie aus dem Speisesaal oder aus dem Office mitnehmen können.

1 Praktische Grundsätze des Servierens

Rechts vom Gast werden

- die Teller eingestellt und wieder abserviert,
- alle Getränke serviert,
- alle Gedecke ergänzt bzw. Besteckteile ausgewechselt, die rechts vom Gast liegen,
- das Dessertbesteck heruntergezogen (das dann rechts liegt)
- der Tisch gereinigt.

Links vom Gast werden

- die Salatteller für Salate als Beilage eingestellt,
- Brot- und Abfallteller, die Fingerbowle, die Beilagen und die Saucen platziert,
- die Platten präsentiert,
- die Speisen von den Platten vorgelegt,
- die Platten dem Gast eingereicht,
- die Gedecke ergänzt bzw. die Besteckteile ausgewechselt, die links vom Gast liegen,
- alle von links eingestellten Serviergegenstände wieder abserviert,
- das Dessertbesteck heruntergezogen (das dann links liegt),
- Tischtücher gesäubert (mit Serviertuch und Teller oder mit Tischbürste und -schaufel bzw. Tischroller).

Weiters ist zu beachten:

- Sowohl beim Aufdecken als auch beim Servieren und Abservieren sollte man (wenn möglich) im Uhrzeigersinn gehen, und zwar immer vorwärts.
- Besteckteile, Gläser, Tassen und andere kleine Serviergegenstände werden immer auf einem Tablett und nicht einfach in der Hand getragen.
- Unter Schüsseln, Glasgeschirr, feuerfestem Geschirr oder Saucieren, die auf Untertellern oder Plateaus befördert werden, müssen immer passende Stoff- oder Papierservietten als Unterlage gelegt werden.
- Das Tragen von Speisen auf Plateaus erfolgt nur bis zum Sideboard.
- Vignetten auf Gläsern und Tellern zeigen immer zum Gast.
- Nicht benütztes Besteck ist mit dem dazugehörenden Gang abzuservieren.
- Wurde vom Gast irrtümlich ein falsches Besteck benützt, ist es nach Beendigung des Ganges zu ergänzen (beim Eindecken nicht über das Gedeck greifen).
- Warme Speisen werden auf heißen Tellern, kalte Speisen auf kalten Tellern serviert.
- Die Teller und Besteckteile eines Ganges werden immer erst dann abserviert, wenn alle Gäste am Tisch mit diesem Gang fertig sind.
- Es ist möglichst geräuschlos zu servieren und abzuservieren.
- Aschenbecher können aufgedeckt werden, müssen jedoch laufend gewechselt werden.
- Vor dem Servieren des Desserts sind die Menagen zu entfernen (Ausnahme: Käse).
- Anschließend ist der Tisch zu säubern und das Dessertbesteck herunterzuziehen bzw. einzudecken.
- Das zuletzt benutzte Weinglas und das Wasserglas bleiben bis zum Schluss der Mahlzeit stehen.
- Wird ein Digestif serviert, kann das letzte Weinglas abserviert werden,
- Abservieren von geleerten Kaffeetassen und Digestifgläsern.

Als Reihenfolge für das Servieren am Gästetisch gilt:

- Damen vor Herren.
- Ältere vor jüngeren Gästen (Ausnahme: kleine Kinder).
- Ehrengästen immer zuerst.
- Dem Gastgeber/der Gastgeberin immer zuletzt.

1.1 Das Decken und Servieren der einzelnen Speisenfolgen

Mit der folgenden Tabelle über das Decken, Anrichten und Servieren der einzelnen Speisenfolgen sind die wichtigsten fachlichen Richtlinien berücksichtigt. Darüber hinaus muss man verschiedene interne, nationale und internationale Gepflogenheiten beachten.

Speise	Besteck	Anrichteweise	Anmerkung
Butter und Brot (Kuvert)	Buttermesser oder Dessertmesser, Butter- oder Dessertgabel	Butterschüssel auf Eis mit Unterteller und Serviette Brotkorb- oder schale mit Stoffserviette	Brot und Gebäck in eine Stoffserviette eingeschlagen (aus hygienischen Gründen)
Kalte Vorspeisen allgemein	Dessertmesser, Dessertgabel	Kalte Fleischteller Glasteller	Heute werden kalte Vorspeisen vorwiegend auf kalten Fleischtellern (nicht mehr auf Desserttellern) angerichtet.
Kalte Fischvorspeisen	Fischmesser, Fischgabel	Vorspeisenteller, Gourmetteller, Glasplatte; Serviette, Unterplatte	Für Fischvorspeisen, die schwer zu zerteilen sind, verwendet man Dessertmesser und Dessertgabel.
Vorspeisencocktail	Dessertgabel, evtl. Fischgabel Kaffeelöffel	Sektschale oder Coupeglas, Papierserviette, Dessertteller	Bei Vorspeisencocktails serviert man das Besteck am Unterteller mit.
Hors d'œuvre variés (verschiedene kalte Vorspeisen)	Dessertmesser, Dessertgabel	In Raviers angerichtet, am Hors-d'-œuvre-Wagen angeboten.	Auf Fleischtellern angerichtet.
Suppen allgemein Bouillons/Cremesuppen	Dessertlöffel oder Bouillonlöffel	Suppentasse/Bouillontasse, Untertasse, Papierserviette, Vorspeisen- oder Dessertteller	Klare und gebundene Suppen mit und ohne Einlage werden hauptsächlich in der Bouillontasse serviert.
	Suppenlöffel	Suppenteller, Serviette, Fleischteller	Für Cremesuppen mit Einlage.
Kalte Suppen (Gazpacho/Vichyssoise)	Dessertlöffel oder Bouillonlöffel	Gekühlte Bouillontasse, Untertasse, Papierserviette, Dessertteller	Kalte Supen kann man auf Crushed ice servieren.
Kraftsuppen (Consommé, Consommé double, Oxtail etc.)	Consomméløffel oder Kaffeelöffel	Consommétasse, Consomméuntertasse, Serviette, Dessertteller	Der Henkel zeigt beim Einstellen nach links.
Spezialsuppen (Hummersuppe, Essenzen, wie Wachtel-, Fasanen-, Rebhuhnessenz etc.)	Kaffee- oder Mokkalöffel	Kaffeetasse/Mokkatasse, Untertasse, Papierserviette, Dessertteller	Der Henkel zeigt beim Einstellen nach links.
Suppentöpfe (Wiener Suppentopf, Bouillabaisse)	Suppenlöffel, Fleischmesser, Fleischgabel oder Fischmesser und Fischgabel	Suppenteller, Papierserviette, Fleischteller; Suppenterrine, Serviette, Unterteller (Gemüseplatte), Schöpfer	Wird am Guéridon angerichtet. Platemaster/Rechaud vorbereiten. Bei Bedarf Fingerbowle und Abfallteller/Knochenteller einstellen.
Warme Vorspeisen allgemein	Fleischmesser und Fleischgabel	Heiße Fleischteller, Gourmetteller	Warme Vorspeisen werden heute vorwiegend auf heißen Fleischtellern angerichtet.
Nudelgerichte Reisgerichte (Risotti) Gnocchi	Fleischgabel und Suppenlöffel	Pastateller, Suppenteller, Papierserviette, Unterteller, Plat russe oder Timbal, Stoffserviette, Unterplatte	Die Fleischgabel wird rechts eingedeckt. Bei Pastagerichten wird geriebener Parmesankäse eingestellt.
Krustentiere und Muscheln	Fischmesser/Fischgabel oder Fleischmesser/Fleischgabel, Gourmetlöffel	Heiße Fleischteller, Gourmetteller; Fingerbowle einstellen	Krustentiere und Muscheln werden heute vorwiegend portionsweise angeboten.
Fische	Fischmesser und Fischgabel, Gourmetlöffel	Heiße Fleischteller, Fischteller; Fischwanne (zB für Forelle blau), Stoffserviette, Unterplatte; Fisch- oder Fleischplatte (für gebratene oder gegrillte Fische)	Wird Fisch im Ganzen serviert (zB Forelle), muss ein Grätenteller eingestellt werden. Wenn Fisch in einer Sauce angerichtet wird, kann statt des Fischmessers ein Gourmetlöffel eingedeckt werden.

Speise	Besteck	Anrichteweise	Anmerkung
Hauptspeisen	Fleischmesser und Fleischgabel	Heiße Fleischteller; Gourmetteller, Fleischplatten, Timbalen; Plat russe, Serviette, Unterplatte	Bei Geflügelgerichten ist ein Knochenteller einzustellen. In vielen Restaurants werden aus Qualitätsgründen (kürzere Garzeit, Präsentation, Personaleinsatz) die Speisen bereits in der Küche auf Tellern angerichtet. Ausnahme: Französisches, englisches Service
Käse	Dessertmesser, Dessertgabel	Käsewagen, Käsebrett, Käseplatte, Fleischteller, evtl. Dessertteller	Zusätzlich werden zu Käse verschiedene Brotsorten, Butter (auf Wunsch), Nüsse und Obst sowie Chutneys angeboten.
Warme Desserts	Dessertlöffel und Dessertgabel	Heiße Fleischteller, Gourmetteller; Plat russe, Stoffserviette, Unterplatte	Gratins (zB Früchtegratins) werden häufig im Suppen teller mit Serviette und Unterteller angerichtet. Evtl. Staubzucker einstellen!
Kalte Desserts allgemein	Dessertlöffel, Dessertgabel	Kalter Fleischteller	
Torten	Dessertlöffel, Dessertgabel	Dessertteller	Beim Terrassenservice Kuchen- oder Dessertgabel.
Crèmes	Kaffeelöffel	Glasschale, Serviette, Unterteller (Dessertteller)	
Eis	Kaffeelöffel	Eiscoupegläser, Serviette, Unterteller (Dessertteller)	Eislöffel finden in Kaffeekonditoreien und in Eissalons Verwendung.
Eis mit Fruchtstücken	Kaffeelöffel und Dessertgabel		
Sorbets bzw. Granités	Kaffeelöffel oder Sorbetlöffel	Sektglas, Serviette, Unterteller	Sorbet wird gerne bei einer längeren Speisenfolge vor dem Hauptgericht serviert oder auch als erfrischender Abschluss eines Menüs während der Sommerzeit.
Parfaits	Dessertlöffel, Dessertgabel	Fleischteller, Gourmetteller	
Kompotte, Obstsalat	Dessertlöffel, Dessertgabel	Glasschale, Serviette, Unterteller (Dessertteller)	
Obst	Dessertmesser, Dessertgabel (Obstbesteck, wenn vorhanden)	Obstkorb, Dessertteller	Fingerbowle eindecken!

Tischkultur ist kein Selbstzweck. Sie ist wichtig für das Wohlbefinden der Gäste. Eine Harmonie von Farben und Formen versetzt den Gast (wenn auch unbewusst) in Stimmung. Kerzenlicht und Blumenschmuck heben dieses Wohlgefühl zusätzlich. Tischwäsche, Porzellan, Besteck und Gläser müssen aufeinander abgestimmt sein.

2 Tischkultur und Tischoptik

Die schönsten Kreationen der Kochkunst verblassen, wenn sie nicht in einem würdigen Rahmen präsentiert werden. Der Gast wünscht sich nicht nur eine gepflegte Atmosphäre, die sich in geschmackvoller Inneneinrichtung widerspiegelt, sondern auch einen schön gedeckten Tisch.

Wahllos zusammengewürfelte Aschenbecher, Vasen oder Menagen (womöglich mit Werbeaufdruck) zerstören das angestrebte Bild.

Das Zusammenspiel der Details ergibt eine gepflegte Tischkultur!

3 Tischdecken

Je genauer und sorgfältiger gedeckt wird, desto harmonischer werden der Tisch oder die Tafel und somit der Gesamteindruck des Raumes.

Von **Aufdecken** spricht man, wenn die Tische zu einem Zeitpunkt gedeckt werden, da noch kein Gast anwesend ist. Man deckt von Hand, das heißt, die Teller, das Besteck oder die Gläser werden mit einem Serviertuch poliert und gleich auf den Tisch gestellt oder gelegt.

Von **Eindecken** spricht man, wenn sich bereits Gäste im Raum befinden. Die bereits polierten Utensilien werden auf einer Serviertasse zum Tisch gebracht. Für das Besteck kann auch ein Fleischteller mit Stoffserviette verwendet werden.
Eingedeckt wird vor allem das Besteck für jene Speisen, die der Gast nach der Karte (À-la-carte-Gerichte) bestellt hat. Das Kuvertgedeck liegt bereits auf dem Tisch.

3.1 Ausrichten der Tische

Beim Stellen der Tische und Sessel ist besonders darauf zu achten, dass genügend Platz zwischen den Tischreihen bleibt, damit der Gast in keiner Weise belästigt wird und auch das Servierpersonal ohne Störung arbeiten kann. Bevor noch mit dem Decken der Tische begonnen wird, müssen alle Tische und Sessel gereinigt und exakt ausgerichtet sein, dh., alle Tische stehen in einer Linie, die Abstände zwischen den Tischreihen sind gleich groß. Dadurch ergibt sich ein harmonisches Gesamtbild.

Außerdem überprüft man die Standfestigkeit der Tische: Wackeln sie, werden unter die Tischbeine entweder Korkscheiben gelegt oder sie werden mit Verstellschrauben ausgeglichen.

3.2 Auflegen des Moltons

Durch den Molton wird ein Verschieben des Tischtuches vermieden und die Tischplatte außerdem geschont.

3.3 Auflegen des Tischtuches

Das exakt gebügelte und richtig zusammengelegte Tischtuch wird genau in der Mitte darüber gelegt. Der Mittelbug muss nach oben zu liegen kommen.

Ein Tischtuch wird so auseinander gefaltet, dass die beiden offenen Enden unter dem Bug gefasst und mit Daumen, Zeige- und Mittelfinger gehalten werden. Der unterste Teil wird zuerst ausgelassen und über die hintere (vis-à-vis gelegene) Tischkante gelegt. Langsam zieht man das Tischtuch auseinander, wobei auch der zweite festgehaltene Teil geöffnet wird. Die Enden des Tischtuches sollten auf jeder Seite zirka 25 Zentimeter herunterhängen, höchstens jedoch bis einen Zentimeter über der Sesselsitzfläche.

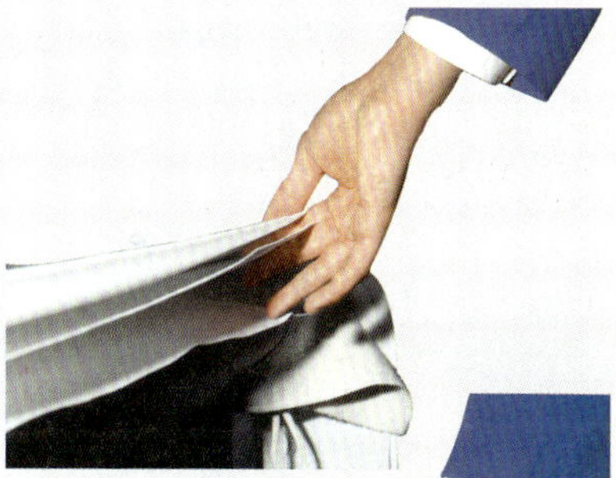

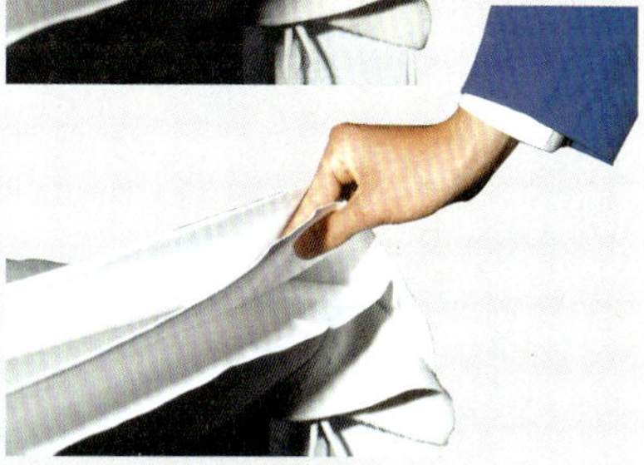

Zwei Möglichkeiten stehen zur Auswahl.

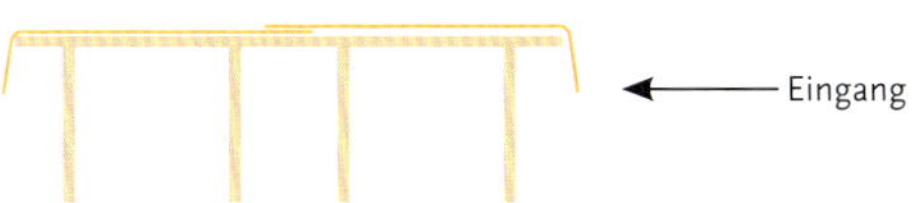

Beim Überdecken von mehreren Tischtüchern auf einem großen Tisch oder einer Tafel ist unbedingt darauf zu achten, dass der Stoß der Tischtücher auf der vom Blickpunkt des Gastes abgekehrten Seite ist.

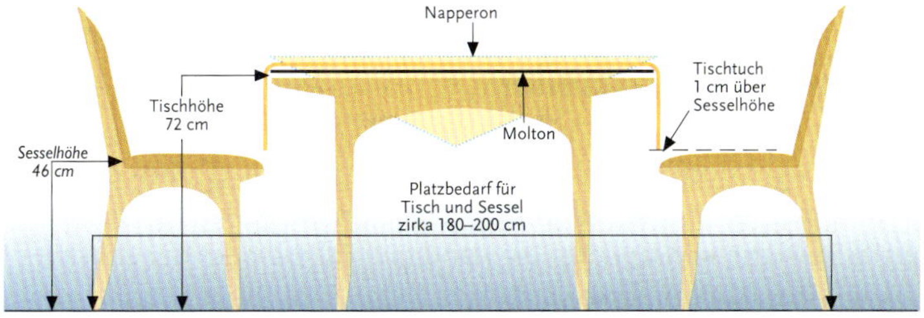

Beim Decken eines runden Tisches müssen die Enden eines quadratischen Tischtuches die Tischbeine bedecken.

3.4 Auflegen von Deckservietten (Napperons)

Zum Schonen der Tischtücher können Deckservietten darüber gelegt werden. Dabei muss die Größe der Napperons so abgestimmt sein, dass der Überhang des Napperons nicht über die Abschlusskante des Tischtuches hinunterragt.

3.5 Sessel ausrichten

Richtig steht ein Sessel, wenn der Sitzflächenrand bis zum Tischtuch reicht und der Sessel sich genau in der Mitte des für den Gast vorgesehenen Platzes (70 bis 80 cm Platzbreite) befindet.

3.6 Aufstellen des Tischdekors und der Menagen

Unter Menagen versteht man Salz- und Pfefferstreuer oder Salz- und Pfeffermühle, Zucker-streuer, Essig-und-Öl-Ständer, Parmesanbehälter, Ketschup, Worcestersauce, Tabascosauce und Senfbehälter.

Als Tischdekor werden Blumen, Blumengestecke und/oder Kerzenständer verwendet. Auf einen schön gedeckten Tisch werden nur Salz- und Pfefferstreuer gestellt. Alle anderen Menagen und Zahnstocher bringen die Servicemitarbeiter auf Verlangen des Gastes.

Menagen und Tischdekor können auch am Ende des Aufdeckens eingestellt werden.

Je nach Stellung der Tische sieht der Speisesaal nun folgendermaßen aus:

Vasen, Menagen und evtl. Tischnummern nehmen auf allen Tischen denselben Platz ein, damit sich ein einheitliches Bild ergibt.

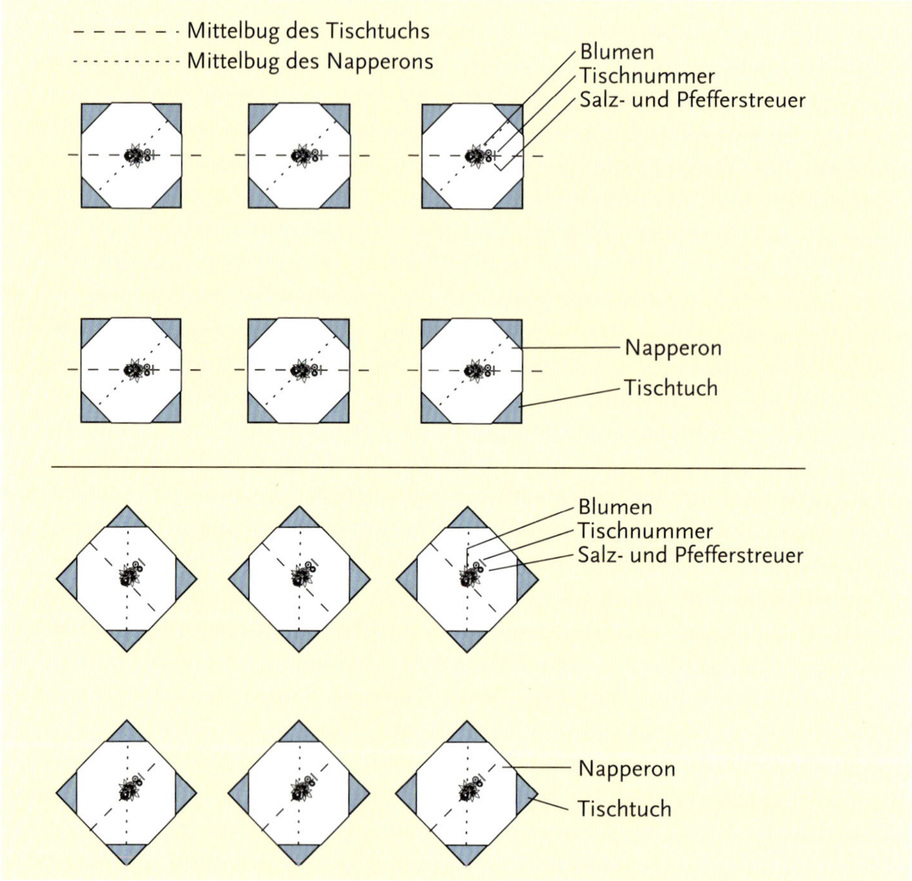

Durch das Diagonalstellen der Tische wird das Platzangebot besser genützt. Mehr Gäste können dadurch platziert werden.

3.7 Aufdecken der Platzteller

Ist die Einteilung auf dem Tisch getroffen, würde es hinderlich sein, über die Sessel hinweg zu arbeiten. Deshalb werden sie zirka einen halben Meter vom Tisch weggezogen, damit man ungestört weiter aufdecken kann.

Zuerst wird genau vor dem Sessel der Platzteller (Stand-, Grund- oder Dekorteller) aufgedeckt. Statt des Platztellers kann man auch einen großen Fleischteller oder eine schön gefaltete Serviette verwenden. Der Rand des Tellers oder der Serviette soll einen Zentimeter vom Tischrand entfernt sein.
Auf die Symmetrie ist zu achten.

3.8 Servietten brechen

Auf den Platzteller legt man die gefaltete Serviette. Voraussetzung ist, dass die Serviette quatratisch (50 mal 50 cm oder 60 mal 60 cm) ist, dass sie ordnungsgemäß gestärkt, gebügelt und zusammengelegt ist.

Einserstufe

Einschlagen

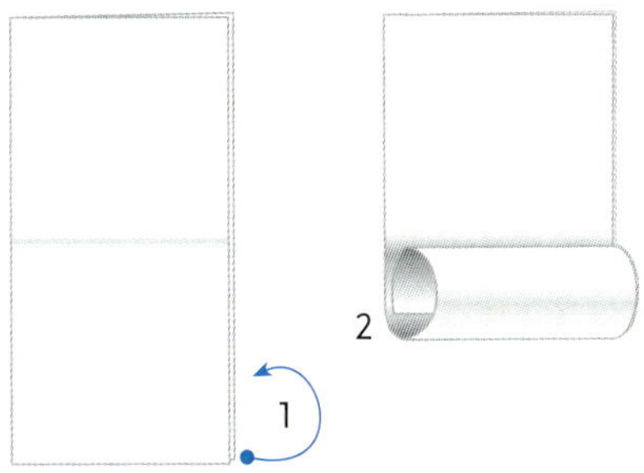

Zweierstufe

Einschlagen des oberen Teiles nach unten

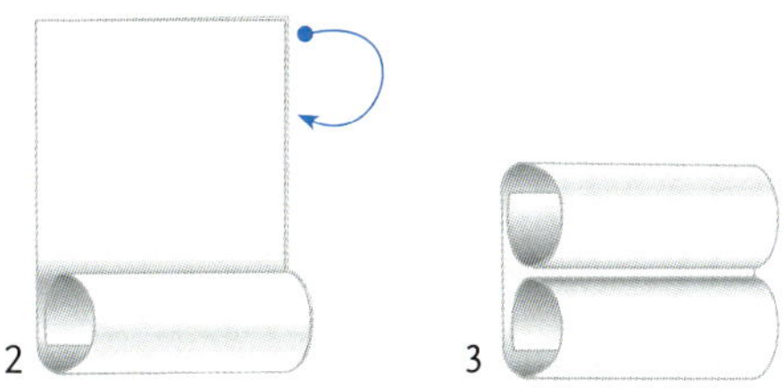

Dreierstufe oder Treppe

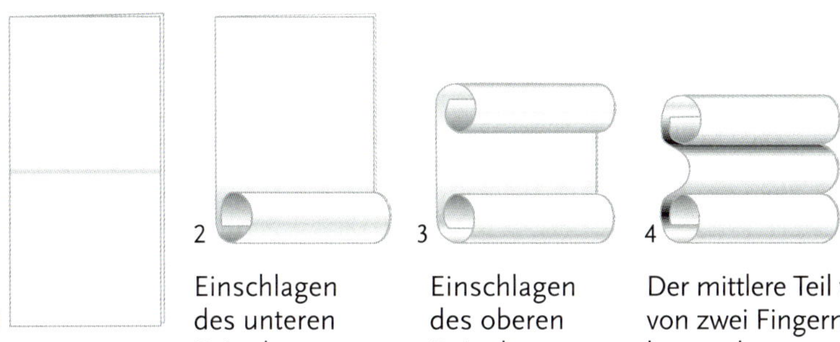

1 Ausgangsstellung

2 Einschlagen des unteren Drittels

3 Einschlagen des oberen Drittels

4 Der mittlere Teil wird mit Hilfe von zwei Fingern leicht angehoben und zusammengeschoben. Es ist darauf zu achten, dass alle drei Rollen die gleiche Wölbung aufweisen!

Spitz

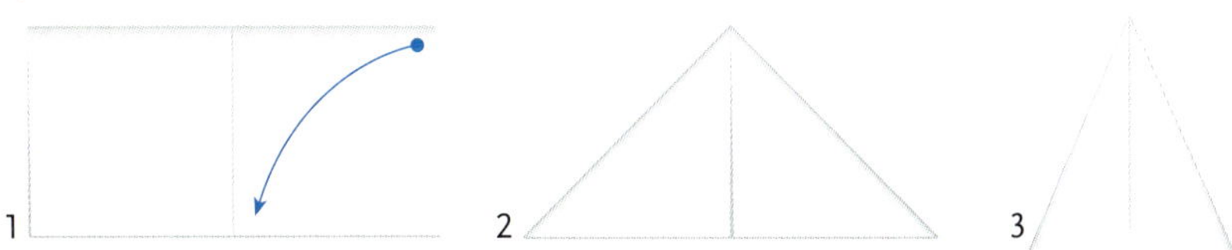

1 Einschlagen der oberen Ecken nach unten

2, 3 Leichtes Zusammenfalten der Serviette und Aufstellen

Gestulpter Spitz

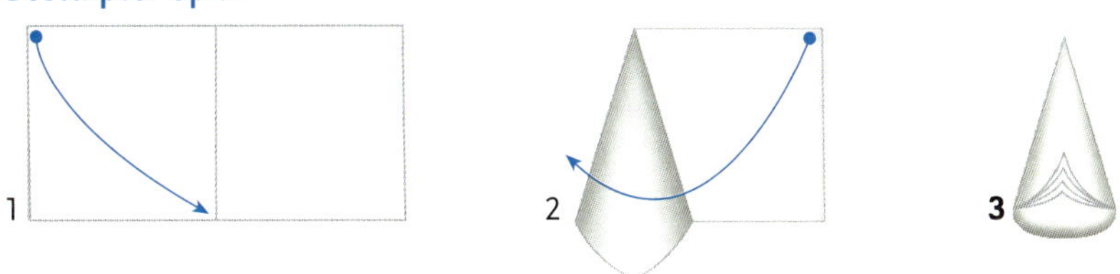

Linke Hälfte zur Mitte hin einrollen. Rechte Spitze darüber schlagen und die untere Spitze umstülpen.

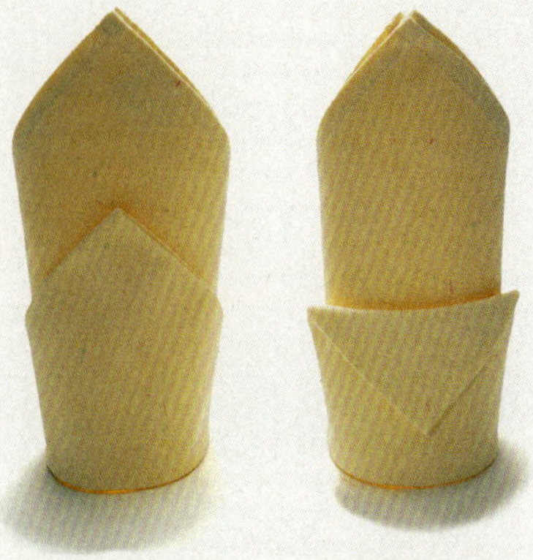

Mütze

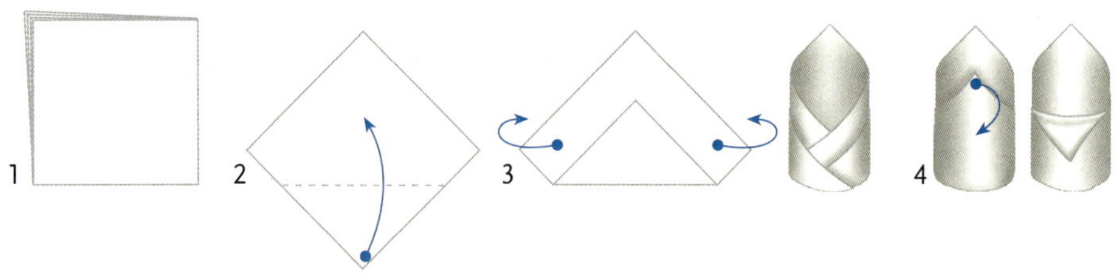

Untere Spitze zur Mitte brechen

Beide Ecken hinten zusammenstecken

Der Umschlag kann auch umgeklappt werden

Dschunke

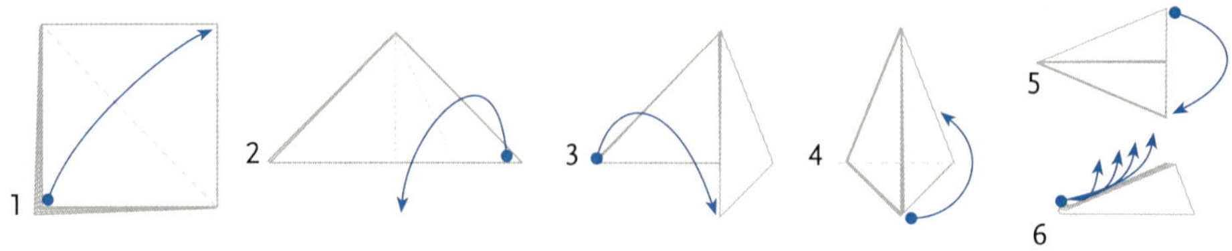

Diagonal zu einem Dreieck brechen

Beide Ecken so brechen, dass eine Drachenfigur entsteht

Untere Ecken nach hinten biegen

Aus dem „Boot" die Segel nach oben ziehen

Artischocke

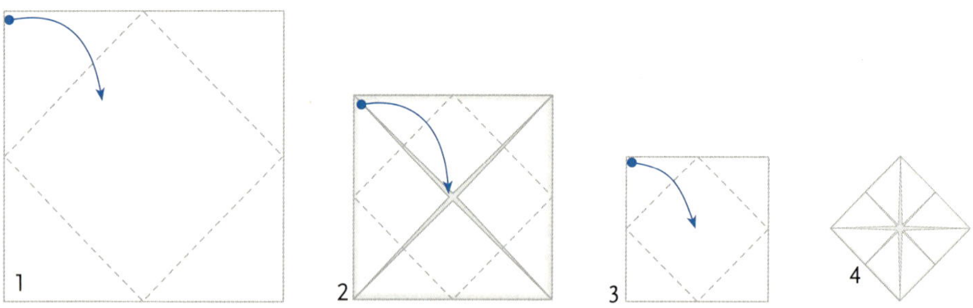

Die vier Seiten einer quadratischen Serviette nach innen biegen

Vorgang wiederholen

Serviette wenden und Vorgang wiederholen

Spitzen, die unter den vier Ecken liegen, herausziehen

Ecken aufstellen und restliche vier Spitzen unter der Serviette hervorziehen

Fächer

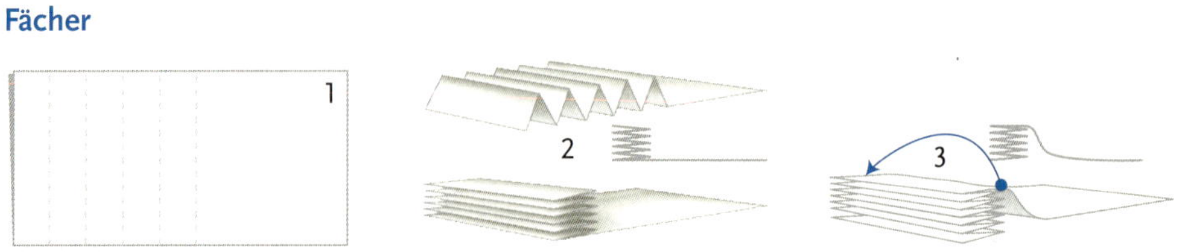

Die Serviette bis knapp über die Mitte in Ziehharmonikaform brechen und fest andrücken

Die Falten müssen unten liegen

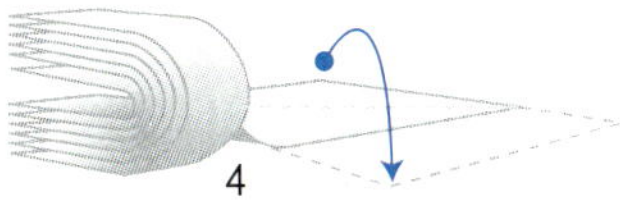

Die Serviette in der Mitte nach oben klappen

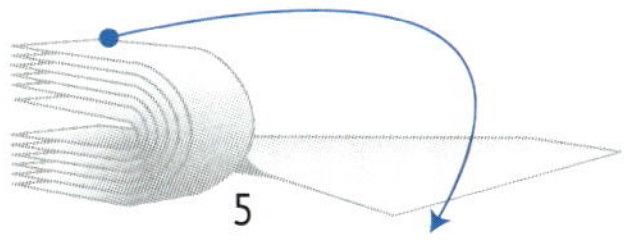

Rechtes Ende diagonal nach vorn zum Fächer hin umschlagen

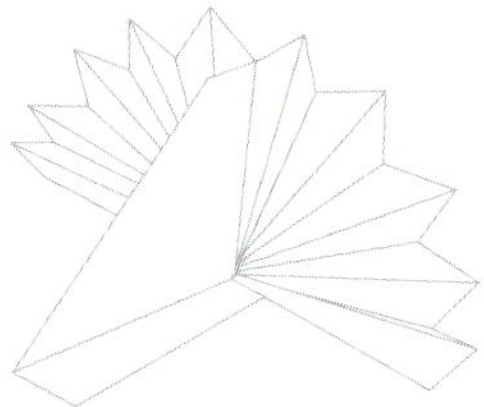

Überstehendes Ende nach unten falten und den Fächer aufstellen

3.9 Auflegen der Gedecke

Der weitere Arbeitsablauf ist abhängig von der Art der Mahlzeit (Frühstück, Mittagessen, Jause, Abendessen usw.) und von der Speisenfolge. Einige Regeln gelten aber immer. Das Besteck wird, egal in welcher Größe, in der Reihenfolge Messer, Gabel, Löffel aufgedeckt.

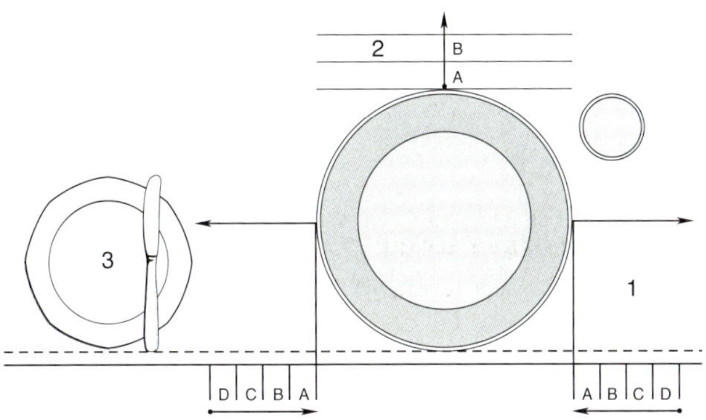

Das Besteck wird **von innen nach außen,** dh. von der Hauptspeise bis zur Vorspeise (1, A–D), gedeckt (der Gast benutzt das Besteck in der Reihenfolge D–A).

Als Nächstes wird das Dessertbesteck oberhalb des Standtellers oder der Serviette gedeckt (2, A und B). Anschließend stellt man auf die linke Seite des Standtellers den Brotteller mit einem Buttermesser (3).

Variante 1

Variante 2

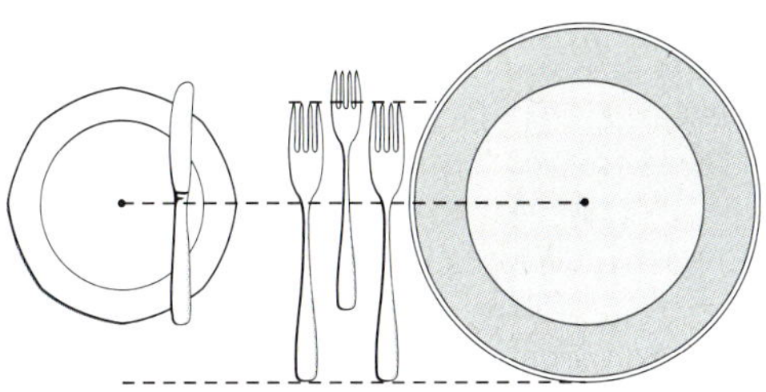

Beim Aufdecken müssen weiters folgende Punkte beachtet werden:

- Werden die Gabeln versetzt aufgedeckt, müssen die Zinkenspitzen mit den Zinkenenden eine Linie bilden.
- Standteller und Brotteller werden entweder so aufgedeckt, dass der untere Rand mit dem Besteck eine Linie bildet (siehe Variante 1) oder dass die Mittelpunkte der beiden Teller auf einer gedachten Linie liegen (siehe Variante 2).

Gibt es eine Speisenfolge mit mehr Gängen, als Besteck oder Platz zur Verfügung steht, werden neben dem Grundbesteck für das Hauptgericht so viele Vorspeisenbestecke als möglich von Beginn an gedeckt. Für alle weiteren Gänge wird nachgedeckt. **Bei großen Veranstaltungen sollte alles vor Beginn aufgedeckt werden** (Symmetrie, Gesamtbild, keine Unterbrechung des Servierablaufs).

Wie schon vorher erwähnt, können der Tischdekor (zB Blumenschmuck, Kerzenleuchter) und die Menagen auch nach dem Besteckaufdecken eingestellt werden.

3.10 Anordnung der Gläser

Es gibt verschiedene Möglichkeiten für die Anordnung von Gläsern, die **Längsform,** die **Dreiecksform** und die **Blockform.**

Das größte Glas ist normalerweise immer das Richtglas (Stand- oder Grundglas) und wird als Erstes aufgestellt. Es steht zirka einen Zentimeter oberhalb der Spitze des Messers für den Hauptgang. Nach diesem Richtglas werden die übrigen Gläser ausgerichtet. Abweichungen von der Regel, dass das Richtglas immer das größte Glas ist, ergeben sich dann, wenn aus Gründen des mangelnden Platzes oder aus Symmetrieüberlegungen ein anderes Glas zum Richtglas wird.
Das Wasserglas muss immer vor den Wein- bzw. Sektgläsern stehen, da man andernfalls das Wasser schwer einschenken kann. Es schließen sich die jeweils größeren Stielgläser an („Orgelpfeifenprinzip").

Aperitifgläser und Biergläser werden nicht aufgedeckt, sondern rechts neben den Weingläsern eingestellt.

Eine Grundregel lautet: Gläser immer so platzieren, dass der Gast keine akrobatischen Handbewegungen unternehmen muss, um an sein gefülltes Glas zu kommen.

Im modernen Service beschränkt sich die Anzahl der Gläser auf maximal vier. Sind weitere Gläser erforderlich, werden sie nachgedeckt.

❶

❷

❸

❹

❺

❻

❶ Das Standglas (Richtglas) steht einen Zentimeter oberhalb der Messerspitze. Das kann das Rotwein- oder das Wasserglas sein.

❷ Wasser-, Weißwein-, Rotwein- und Sektglas in Blockform.

❸ Weißwein-, Rotwein- und Sektglas in Dreiecksform.

❹ Wasser-, Weißwein- und Rotweinglas in Dreiecksform.

❺ Weißwein- und Rotweinglas in Längsform.

❻ Wasser-, Weißwein-, Rotwein- und Sektglas in Längsform.

3.11 Sessel stellen

Wenn der Tisch fertig gedeckt ist, werden die Sessel so ausgerichtet, dass Tischtuch und Sesselkante in einer Linie abschließen.

4 Checkliste vor Servicebeginn (nach Schaetzing)

Vor Servicebeginn sollten folgende Punkte kontrolliert werden:

Sauberkeit der Räumlichkeiten
- Eingang (Foyer)
- Fenster
- Boden
- Tische
- Stühle und Bänke
- Vorhänge
- Bilder und Dekoration
- Spiegel
- Teppiche
- Garderobe
- Office

Sauberkeit und Vollständigkeit des Inventars
- Gläser
- Porzellan
- Besteck
- Tischwäsche
- Servietten (Mund-, Weinservietten etc.)
- Menagen (Zucker, Salz- und Pfefferstreuer, Würzsaucen, Essig, Öl usw.)
- Brotschalen
- Butterservice
- Sideboard und Guéridon (Mise en place)
- Office (Mise en place)

Beleuchtung, Musik und Technik
- Eingang (Foyer)
- Beleuchtung im Restaurant – Leuchten, Luster, Spots (der Tageszeit entsprechend)
- Kerzen
- Hintergrundmusik (auf Lautstärke achten)
- Raumtemperatur
- Belüftung
- Funktionstüchtigkeit der Registrierkassa

Verkaufshilfen und Präsentation
- Speisenkarten, Tageskarten
- Weinkarten, Getränkekarten
- Buffets (Salat-, Vorspeisen-, Dessertbuffet etc.)
- Getränkewagen (Aperitif-, Digestif-, Tee- und Kaffeewagen)
- Dessertwagen
- Weinklimaschrank
- Displaytische
- Blumenschmuck, Dekor

Servicemitarbeiter
- Pünktlichkeit
- Erscheinungsbild und Kleidung
- Berufsausrüstung
- Servicebesprechung (Verkaufstraining, Tagesspezialitäten)
- Stationseinteilung
- Gästeliste
- Reservierungen (VIP bzw. Besonderheiten)

Letzter Kontrollblick ...

Die Liste lässt sich beliebig erweitern. Ergänzen Sie Ihnen wichtige Dinge:

5 Grundlegende Servier- und Tragübungen

Um ein perfektes Service durchführen zu können, bedarf es einiger Fertigkeiten, die man sich nur durch Üben aneignen und in weiterer Folge perfektionieren kann.

5.1 Plateautragen

Im gehobenen Service ist es unmöglich, direkt vom Plateau zu servieren. Bedenken Sie auch die große Unfallgefahr.

Um größere Mengen von Speisen, Getränken, Besteck oder Geschirr von der Ausgabe in den Speisesaal und vom Speisesaal in die Abwasch zu bringen, ist es nötig, mit Plateaus zu arbeiten. Besonders für lange Wege (Garten, Terrasse) und für das Etagenservice verwendet man Plateaus.

Beim Aufnehmen des Plateaus verrenkt man nicht den Körper, sondern erfasst das Plateau in gerader Haltung.

- Plateau mit einem feuchten Plateautuch bedecken (verhindert das Rutschen).
- Beschichtete Plateaus sind rutschfest. Es wird jedoch trotzdem ein Plateautuch verwendet, da es einerseits besser aussieht und andererseits eventuell verschüttete Flüssigkeit gleich aufsaugt.
- Plateaus mit der linken Hand tragen.
- Gewicht auf dem Plateau gleichmäßig verteilen (gute Balance).
- Schwere Sachen auf der Seite tragen, die dem Körper am nächsten ist, und zwar bei der Schulter.
- Ausgießöffnungen von Saucieren und Kannen mit Heißgetränken müssen vom Körper weg gerichtet sein (keine Verbrennungen beim Überschwappen).

Hohe Stöße von Tellern werden nicht mit Hilfe von Plateaus befördert, sondern mit den Händen getragen (siehe Seite 85).

Während des Tragens darf das Plateau nicht auf die Schulter gelegt werden, da sich sonst die Schwingungen des Körpers auf das Plateau übertragen.
Beim Gehen durch eine Schwingtür zieht der Kellner den rechten Türflügel zu sich, hält mit dem rechten Fuß die Tür fest und hebt das Plateau hoch.
In Gängen, auf Stiegen, in der Küche usw. geht man beim Servieren grundsätzlich rechts.
Beim Treppensteigen und -hinuntergehen ist die vordere rechte Ecke des Plateaus mit der rechten Hand zu halten.

Für das Servieren müssen pro Station mindestens zwei, besser jedoch drei Plateaus zur Verfügung stehen, eines zum Transportieren der Speisen von der Ausgabe zum Serviertisch, eines zum Abräumen von Leergeschirr und eines als Reserve.
Leere Plateaus werden nicht hochgehoben, sondern senkrecht getragen.

Plateaus können auf der flachen Hand oder auf den Fingerspitzen getragen werden. Gegebenenfalls kann ein gefaltetes Serviertuch als Stütze verwendet werden.

5.2 Tellertragen

Für das richtige und sichere Tellertragen gibt es mehrere Griffe. Getragen wird grundsätzlich mit der linken Hand, egal, welcher Griff verwendet wird. Serviert und abserviert wird mit der rechten Hand.

Untergriff

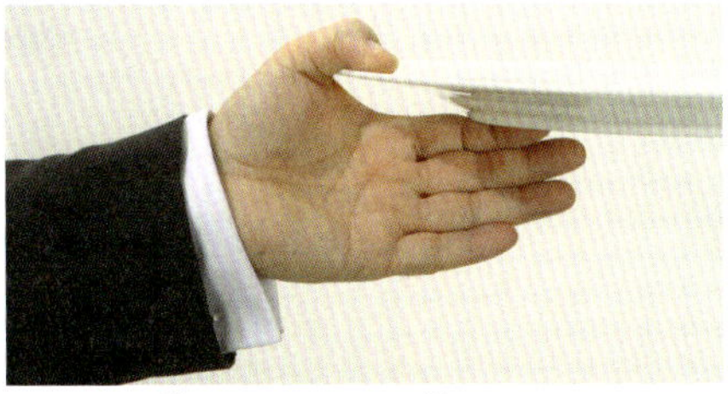

Untergriff mit einem Teller

Untergriff mit zwei Tellern

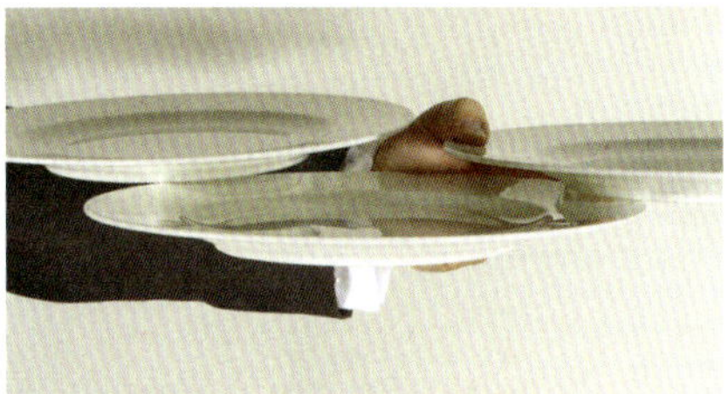

Ansicht von oben: Untergriff mit drei Tellern

Ansicht von unten: Untergriff mit drei Tellern

Obergriff

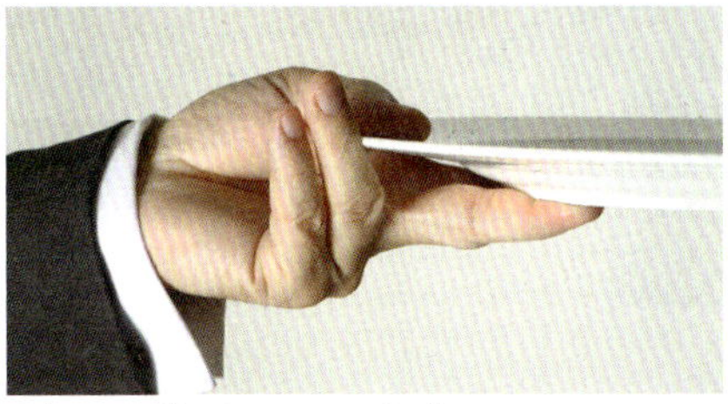

Obergriff mit einem Teller

Obergriff mit zwei Tellern

Tragen von Bouillontassen im Obergriff

Tragen einer großen Anzahl von Tellern

Muss ein Stoß Teller transportiert werden, trägt man ihn mit beiden Händen und einer Serviette.

Tellereinstellen beim Tisch oder bei der Tafel

Werden bei Tisch oder bei einer Tafel (Bankett) leere Teller eingestellt, so trägt man eine größere Anzahl davon in der linken offenen Hand mit einer Serviette.

5.3 Plattentragen

Platten werden für das einfache Plattenservice und bei Festveranstaltungen verwendet, bei denen vorgelegt oder eingereicht wird (siehe Bankettservice, Seite 191f.).

5.4 Gläsertragen

Aus hygienischen Gründen darf man auf keinen Fall in die Gläser hineingreifen, auch dann nicht, wenn sie gebraucht sind.

Beim Einstellen sowie beim Abservieren der Gläser werden Tabletts verwendet, und zwar entweder ein Serviertablett (siehe Abbildung), eine Tambourice (Getränkeplateau mit hohem Rand) oder eine Kaffeehaustragtasse.
Die Gläser sind immer im unteren Drittel oder am Stiel anzufassen.

In Ausnahmefällen, zB beim raschen Abräumen eines Tisches, auf den bereits wieder Gäste warten, dürfen die Gläser in der Hand getragen werden – selbstverständlich werden sie nur am Stiel angefasst.

Dasselbe gilt auch für die nächste Möglichkeit des Gläsertragens. Die Stielgläser werden mit der Öffnung nach unten zwischen die Finger gesteckt. Diese Tragart darf nur beim Aufdecken angewendet werden, wenn noch kein Gast anwesend ist.

5.5 Handhabung des Vorlegers

Mit dem Vorlegebesteck können alle beim Service notwendigen Arbeiten verrichtet werden, also das Vorlegen, Anrichten, Marinieren und Mischen von Salaten und sogar, wenn kein Fischbesteck vorhanden ist, das Filetieren von Fischen.

Das Vorlegebesteck besteht aus einem Suppenlöffel und einer Fleischgabel und ist das einzige Universalarbeitsgerät des Servicemitarbeiters.

Normaler Vorlegegriff

Er wird zum Greifen und Fixieren von Fleischstücken verwendet, die von der Platte auf den Teller des Gastes vorgelegt werden.

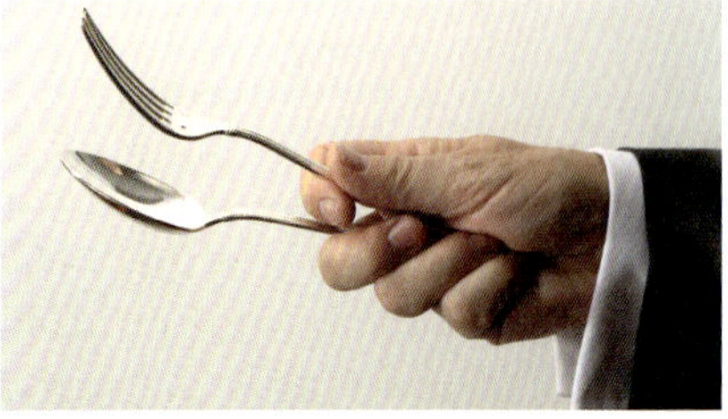

Zangengriff

Er wird für Knödel, Folienkartoffel, gefüllte Tomaten bzw. Tortenstücke und andere Mehlspeisen benötigt.

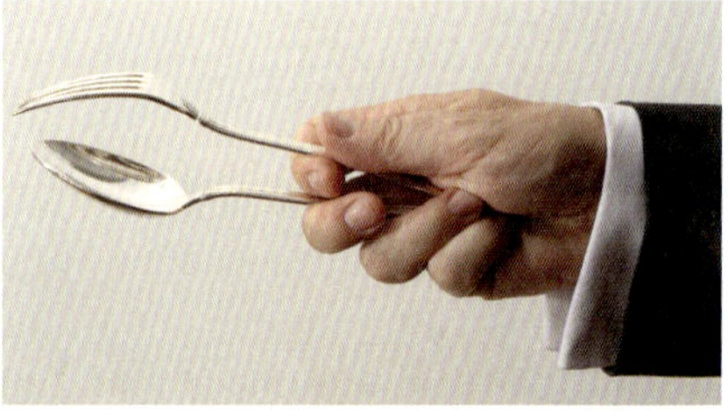

Der flache Vorlegegriff

Man verwendet ihn zum Heben von zerbrechlichen Stücken, wie zB Fischfilets, Beefsteak mit Ei usw. Löffel und Gabel werden so in die Hand genommen, dass sie eine flache Ebene (leichte Schaufel) bilden. Die Speise wird von unten vorsichtig angehoben, ohne dass die Oberfläche zerstört wird.

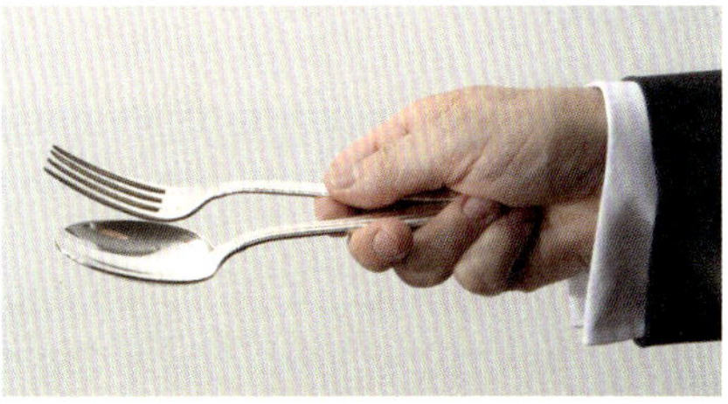

5.6 Absevieren

Abserviert wird von rechts.

Was von rechts eingestellt wird, wird auch von rechts abserviert.
Ausnahmen:

- Tellertausch, siehe Seite 60.
- Links vom Gast stehende Teller (zB Brotteller), Platten, etc. werden von links abserviert.

Das Abservieren geht in folgenden Schritten vor sich:
Teller und Besteck werden mit der rechten Hand ausgehoben.

- Hinter dem Gast wird der Teller in die linke Hand genommen und das Besteck ordnungsgemäß zurechtgelegt, dh., das Messer wird unter die Gabel geschoben (siehe Obergriff, Seite 85).
- Dann geht man im Uhrzeigersinn zum nächsten Gast und macht dort dasselbe.
- Sitzen an einem Tisch nicht viele Gäste und der Servicemitarbeiter ist in der Lage, noch mehr Geschirr aufzunehmen, kann er auch die Brotteller und die Buttermesser mitnehmen. Sonst bringt er zuerst die Fleischteller in die Küche und serviert dann die Brotteller und die Buttermesser ab.

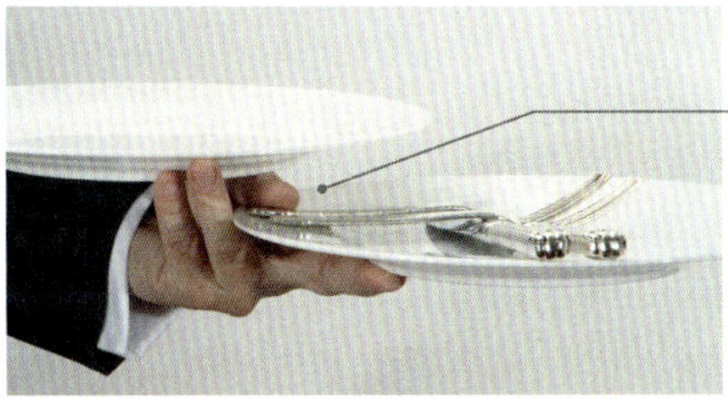

Wenn die erste Gabel mit dem Daumen der linken Hand eingeklemmt wird, bekommt das Besteck eine gewisse Stabilität.

Abservieren von Bouillontassen
Die Löffel sind alle auf einer Seite gestapelt.

Abservieren von Bouillontassen
Die Löffel werden durch einen darüberliegenden Löffel fixiert.

Abdecken

Die Tische werden erst abgedeckt, wenn kein Gast mehr im Lokal ist. Zuerst werden alle Blumenvasen auf Plateaus gestellt. Schmutzige Napperons und Tischtücher werden dreieckig zusammengelegt und kommen in die Schmutzwäschekiste. Saubere Tischtücher und Napperons werden exakt zusammengelegt und kommen zur Wiederverwendung in den Wäschekasten. Die Moltons werden ebenfalls geprüft, ob sie schmutzig sind, und gegebenenfalls durch frische ersetzt.

6 Serviceablauf im Restaurant

Aufgabe/Tätigkeit	Verantwortlicher Mitarbeiter	Erwartungshaltung der Gäste	Fehlverhalten/Versäumnisse
Reservierung	**Maître d'hôtel, Restaurantleiter**		
■ Beantwortet Anruf des Gastes.		Professionelles Verhalten am Telefon.	Telefon läutet zu lange.
■ Notiert Namen, Titel		Wünsche werden bestätigt.	Unprofessionelles Verhalten am Telefon.
■ Notiert Personenanzahl/ Telefonnummer.		Alternativen werden angeboten, falls gewünschter Termin nicht möglich ist.	Alternativen nicht offeriert.
■ Notiert spezielle Wünsche.			Spezielle Wünsche nicht notiert oder vergessen.
■ Bestätigt Datum, Uhrzeit.	Maître d'hôtel, Restaurantleiter	Bestätigung der Reservierung.	„Wir sind leider ausgebucht"-Syndrom.
■ Überprüft täglich Reservierungen.		Assistenz bei Sonderwünschen.	
■ Plant und führt Reservierungsbuch, hält Rücksprache mit dem Restaurantleiter.			
■ Leitet spezielle Wünsche weiter (Menü-, Getränkewünsche, Blumen).			
■ Führt Servicebesprechungen und Mitarbeiterverkaufsschulungen durch.			
Eintreffen der Gäste	**Maître d'hôtel, Restaurantleiter**		
■ Herzliche Begrüßung mit Titel und Namen.		Reservierter Tisch ist bereit.	Unfreundlicher Empfang. Unbequemer Tisch. Tisch nicht bereit.
■ Behilflich sein beim Ablegen der Garderobe.		Entsprechende Begrüßung.	
■ Geleitet die Gäste zum Tisch.	Maître d'hôtel, Restaurantleiter	Verwahrung der Garderobe. Begleitung zum Tisch.	Gäste werden gebeten zu warten – und dann vergessen.
■ Behilflich sein beim Platznehmen.		Bequemer, angenehmer Tisch.	
■ Stellt evtl. den zuständigen Stationskellner vor.		Möchte den Namen des Servicemitarbeiters wissen.	
Präsentieren der Speisenkarte	**Maître d'hôtel, Chef de rang**		
■ Überreicht den Gästen makellose Speisenkarten.		Die Möglichkeit, sich auf den Restaurantbesuch einzustimmen.	Schmutzige Speisenkarten werden präsentiert.
■ Empfiehlt und nimmt Aperitifbestellung entgegen.	Maître d'hôtel, Chef de rang, Sommelier	Prompte Aperitifbestellung.	Gäste wurden nicht nach dem Aperitif gefragt.
■ Benachrichtigt den Küchenchef bei vorbestelltem Menü.		Genügend Zeit, um die Speisenauswahl zu treffen.	Zu lange Wartezeiten.
■ Empfehlung von Tagesspezialitäten.			Unprofessionelles Agieren der Servicemitarbeiter.

Aufgabe/Tätigkeit	Verantwortlicher Mitarbeiter	Erwartungshaltung der Gäste	Fehlverhalten/Versäumnisse
Aufgaben vor der Bestellungsaufnahme	**Chef de rang, Commis de rang**		
■ Serviert Aperitifs.		Aperitif prompt serviert.	Verzögerung des Aperitifservice.
■ Entfernt nicht benötigte Gedecke.	Chef de rang, Commis de rang		
■ Serviert Brot und Gebäck.		Frisches Gebäck und Butter werden angeboten.	Brot und Gebäck nicht frisch. Qualität und Präsentation von Butter und Brot mangelhaft.
■ Wechselt Aschenbecher.			
Entgegennahme der Bestellung	**Chef de rang, Commis de rang**		
■ Nimmt Bestellung der Speisen entgegen und legt einen Sitzplan für das richtige Speisenservice an.		Fundierte fachliche Beratung. Erfüllung von Sonderwünschen.	Servicemitarbeiter beraten den Gast nicht, sondern belehren ihn. Gast wird zur Eile gedrängt.
■ Gibt die Bestellung in die Küche weiter.		Servicemitarbeiter beweisen Einfühlungsvermögen bezüglich besonderer Bedürfnisse (Diät, Zeit).	Servicemitarbeiter nehmen negative Haltung bezüglich Sonderwünschen ein.
■ Trifft Vorbereitung für den ersten Gang (Gedeckserweiterung, Guéridon – Mise en place).	Chef de rang, Commis de rang		
■ Informiert den Küchenchef über spezielle Wünsche.			
■ Informiert Gäste über Wartezeiten bei speziellen Gerichten.			
Präsentieren der Weinkarte	**Sommelier, Chef de rang**		
■ Präsentiert dem Gastgeber die Weinkarte.		Getränke werden korrespondierend zu den Speisen(folgen) empfohlen.	Verunsicherung des Gastes durch aufdringliche Präsentation.
■ Spricht Empfehlungen aus.		Weinflasche wird präsentiert.	Unpassende Getränkeempfehlung.
■ Trifft alle Vorbereitungen für das Wein- bzw. Getränkeservice (passende Gläser).	Sommelier, Chef de rang	Getränke werden mit der richtigen Trinktemperatur angeboten und korrekt serviert (Weiß- und Roséweingläser zu 2/3 gefüllt, Rotweingläser werden zu 1/3 bzw. maximal zur Hälfte gefüllt – je nach Größe des Glases bzw. Alter des Weines).	Weine wurden nicht präsentiert. Gläser wurden zu voll oder ungenügend gefüllt.
■ Führt rasches und korrektes Wein- und Getränkeservice durch.		Erwartet fundierte Kenntnisse über die Herkunft und Qualität der Weine.	
■ Abservieren der Aperitifgläser.			

Aufgabe/Tätigkeit	Verantwortlicher Mitarbeiter	Erwartungshaltung der Gäste	Fehlverhalten/Versäumnisse
Speisenservice Service von Amuse-Bouches/Vorspeisen/Suppen	**Chef de rang, Commis de rang**	Kalte Speisen auf kalten Tellern angerichtet, warme Speisen heiß serviert.	Besteck wird zu spät eingedeckt. Kalte Gerichte auf warmen Tellern angerichtet oder umgekehrt.
■ Achtet auf Vollzähligkeit der Bestellung.			Bestellung unvollständig serviert.
■ Amuse-Bouche einstellen und abservieren.			
■ Service des ersten Ganges unter Einhaltung der allgemeinen Servierregeln.		Ehrengäste und Damen werden bevorzugt behandelt.	Chef de rang muss Gäste nach ihrer Bestellung fragen.
■ Nachservice von Brot und Butter.	Chef de rang, Commis de rang	Exzellente Präsentation der einzelnen Gerichte.	Bestellung wurde verwechselt.
		Keine unnötigen Störungen während des Essens.	Gäste wurden gestört.
■ Nachschenken von Wein/Getränken.	Sommelier, Chef de rang	Rechtzeitiges Nachschenken der Getränke.	Ehrengästen wurde nicht zuerst serviert.
	Maître d'hôtel, Oberkellner	Erkundigt sich nach der Zufriedenheit der Gäste.	Brot und Butter wurden nicht angeboten.
		Beseitigt eventuell auftretende Unzulänglichkeiten und schafft Abhilfe bei Problemen.	Gäste müssen sich selbst Getränke nachschenken.
■ Abservieren des ersten Ganges.	Chef de rang, Commis de rang		Beanstandungen werden ignoriert.
Getränkeservice vor dem zweiten Gang	**Sommelier, Chef de rang**		
■ Serviert eventuell zweiten Wein		Rechtzeitiges Getränkeservice vor dem Hauptgericht.	Zu spätes Wein- bzw. Getränkeservice.
■ Serviert das erste Weinglas ab.	Sommelier, Chef de rang		Mineralwasser nicht angeboten.
■ Schenkt Mineralwasser nach.			Gläser nicht abserviert.
Speisenservice Service der Hauptgerichte	**Chef de rang, Commis de rang**		
■ Servieren der Hauptgerichte (die Vorgangsweise entspricht dem Service der Vorspeisen/Suppen	Chef de rang, Commis de rang	Gäste möchten sich weder bedrängt noch gestört, sondern verwöhnt fühlen.	Fehlende Aufmerksamkeit bei der Gästebetreuung.
■ Durchführung von Servierarbeiten beim Tisch des Gastes und am Guéridon.			
Abservieren des Hauptgerichtes	**Chef de rang, Commis de rang**		
■ Abservieren aller Teller, inklusive Brotteller und Buttermesser sowie Brot und Butter		Rasches und geräuschloses Abservieren.	Teller wurden nicht gleichzeitig abgeräumt. Brot- und Salatteller wurden vergessen.
■ Reinigen des Tisches.	Chef de rang, Commis de rang		Tisch nicht gereinigt.
■ Entfernen der Menagen			

Aufgabe/Tätigkeit	Verantwortlicher Mitarbeiter	Erwartungshaltung der Gäste	Fehlverhalten/Versäumnisse
Anbieten des Desserts	**Chef de rang**		
■ Präsentieren der Dessertkarten oder des Dessertwagens.		Erwartet einen besonderen Abschluss seines Essens.	Gäste werden zu früh oder zu spät nach dem Dessert gefragt.
■ Empfehlung von Desserts und Entgegennahme der Bestellung.	Chef de rang		
■ Eindecken des benötigten Bestecks.			
■ Getränkeempfehlung zum Dessert.	Sommelier, Chef de rang	Getränkeempfehlung zum Dessert.	Keine passende Empfehlung.
■ Eindecken der passenden Gläser.			
■ Servieren der Getränke zum Dessert.			
■ Abservieren der nicht benötigten Weingläser.			
Dessertservice	**Chef de rang, Commis de rang**		
■ Etwaige Vorbereitungen treffen (Zucker einstellen etc.).		Ansprechende Präsentation des Desserts.	Dessert wird zu spät oder zu schnell serviert.
■ Service des Desserts.	Chef de rang, Commis de rang		Mangelnde Sorgfalt beim Anrichten des Desserts.
■ Abservieren des Desserts.			
Servieren von Kaffee, Tee, Digestif	**Sommelier, Chef de rang, Commis de rang**		
■ Empfehlung und Anbieten von Kaffee und Tee (Spezialitäten) sowie Digestif.	Sommelier, Chef de rang, Commis de rang	Auswahl an Digestifs. Richtige Trinktemperatur. Richtige Ausschankmenge.	Vergessen auf das Anbieten von Kaffee, Tee, Digestif. Automatisches Ausschenken von doppelten Portionen.
■ Zusätzliches Service von Petits fours.			
Präsentieren der Rechnung	**Chef de rang**		
■ Diskrete Präsentation der korrekten Rechnung (dem Gastgeber).	Chef de rang	Korrekte, leicht lesbare Gästerechnung.	Rechnung ist unrichtig. Rechnung ist schwer lesbar.
■ Kassieren des Rechnungsbetrages.		Rasches Präsentieren der Rechnung.	Retourgeld nicht korrekt.
■ Retournieren des Wechselgeldes sowie der Gästerechnung.			Quittung nicht erhalten. Gäste müssen zu lange auf die Rechnung warten.
Verabschieden der Gäste	**Maître d'hôtel, Chef de rang**		
■ Den Gästen beim Verlassen des Tisches behilflich sein.		Würdigung des Restaurantbesuches durch persönliche Verabschiedung.	Die Betreuung der Gäste wird vernachlässigt.
■ Beim Anlegen der Garderobe behilflich sein.	Maître d'hôtel, Chef de rang		Gäste werden gedrängt, das Restaurant zu verlassen.
■ Bedanken für den Restaurantbesuch.			Gäste werden nicht persönlich verabschiedet.
■ Hinausgeleiten zum Ausgang und verabschieden.			

7 Servicebesprechung (tägliches Servicemeeting)

Informierte Mitarbeiter sind in der Regel motivierter und somit letztlich bessere Verkäufer.

Das Servicemeeting ist nicht als Schikane der Vorgesetzten zu verstehen, sondern vielmehr zur Information und Motivation gedacht.

Gut geführte Servicemeetings ermöglichen:

- Zeit zu sparen
- Die Teamarbeit zu festigen
- Die Produktivität zu erhöhen
- Die Qualität zu verbessern
- Den Umsatz zu steigern
- Gruppenenthusiasmus zu bilden

So sollte es wohl nicht sein! Oder?

„Es geht nicht nebeneinander und schon gar nicht gegeneinander. Es geht nur miteinander!" Diskutieren Sie diese Aussage.

Kurz bevor die Gäste kommen und nachdem die Vorbereitungsarbeiten im Restaurant abgeschlossen sind, wird die Servicebesprechung durchgeführt.
Dieses tägliche Servicemeeting hat den Zweck, die Mitarbeiter über die Tagesspezialitäten, die Art und Anzahl der zu verkaufenden Speisen, die Beilagen, die Zubereitungsarten und die Stationseinteilung im Speisesaal bzw. Restaurant zu informieren.

Die Servicebesprechung hat aber auch die Aufgabe, den Mitarbeiter beruflich weiterzubilden. Er soll sich mit den betrieblichen Zielen und Wünschen auseinander setzen und lernen, die Arbeit darauf auszurichten.

Ideen aller Art können und sollen von den Mitarbeitern eingebracht werden. Jungen Mitarbeitern und Lehrlingen ist vor Augen zu führen, welche wichtigen Arbeiten und Anstrengungen täglich zu unternehmen sind, um erfolgreich zu sein.

Jeder Mitarbeiter sollte nach der Servicebesprechung fähig sein

- ein gezieltes Verkaufsgespräch mit dem Gast zu führen,
- mit Überzeugungskraft zu argumentieren,
- durch Selbstvertrauen sicher und rationell zu arbeiten,
- Verständnis für die Arbeit der Küchenmitarbeiter aufzubringen und deren Probleme zu erkennen.

Weitere Besprechungspunkte

- Vorhandene Portionszahl von Gerichten der Tageskarte
- Besonders zu empfehlende Gerichte auf der Tageskarte
- Besondere Weinempfehlung
- Reservierungsliste, Tischplan, VIPs, Besonderheiten
- Angestrebtes Umsatzziel (Pro-Kopf-Umsatz)
- Verbesserungsvorschläge der Mitarbeiter
- Rückmeldung der Gäste (Lob und Reklamationen)
- Anerkennung und Lob aussprechen (Motivation); Lob sollte immer öffentlich, Kritik jedoch nur unter vier Augen erfolgen
- Motto des Tages (zB konsequentes, aber unaufdringliches Anbieten von Desserts, Kaffee und Digestifs)

Die Voraussetzung für eine positive Servicebesprechung ist ein Ort, wo man sie ungestört durchführen kann. Außerdem muss genügend Zeit sein, um alle wichtigen Informationen weiterzugeben.

T oll
E in
A nderer
M acht die Arbeit

Mit einer Gruppe oder einem Team identifiziert zu werden, entspricht sicher einem der wichtigsten Bedürfnisse menschlichen Daseins. Menschen wollen keine Außenseiter sein. Gerade in der Gastronomie ist eine Zusammenarbeit von eminenter Wichtigkeit. Sinkt beispielsweise die Qualität der Speisen, weil das Küchenpersonal demotiviert ist, kann kein noch so exzellentes Service darüber hinwegtäuschen. Die verschiedenen Bereiche wie Küche, Service, Abwasch etc. sind aufeinander angewiesen. Ohne Zusammenarbeit geht das Gleichgewicht innerhalb des Betriebes verloren.

Arbeitsaufgaben

1. Welche Arbeiten werden rechts vom Gast und welche links vom Gast erledigt?
2. In welcher Reihenfolge wird ein Tisch richtig aufgedeckt?
3. Was ist beim Aufdecken der Platzteller zu beachten?
4. Wie werden die Gläser aufgestellt? Worauf ist besonders zu achten?
5. Wie wird ein Plateau richtig getragen?
6. Welche Griffe für ein richtiges und sicheres Tellertragen gibt es?
7. Erklären Sie die drei Vorlegegriffe.
8. Welchen Zweck hat eine Servicebesprechung? Welche Besprechungspunkte sind besonders wichtig?
9. Beschreiben Sie stichwortartig die Schritte des Abservierens.

Notizen zu den Arbeitsaufgaben und zur Zusammenfassung:

ZUSAMMENFASSUNG

Praktische Grundsätze des Servierens

- Die linke Hand trägt, die rechte Hand arbeitet.

Rechts vom Gast werden

- die Teller eingestellt und wieder abserviert,
- alle Getränke serviert sowie
- alle Gedecke ergänzt bzw. Besteckteile ausgewechselt, die rechts vom Gast liegen.

Links vom Gast werden

- die Salatteller für Salate als Beilage eingestellt,
- der Brotteller, der Abfallteller, die Fingerbowle, die Beilagen und die Saucen platziert,
- die Platten präsentiert,
- die Speisen von den Platten vorgelegt,
- die Platten dem Gast eingereicht,
- die Gedecke ergänzt bzw. die Besteckteile ausgewechselt, die links vom Gast liegen,
- alle von links eingestellten Serviergegenstände wieder abserviert,
- Tischtücher gesäubert.

Tischkultur und Tischoptik

Tischwäsche, Porzellan, Besteck und Gläser müssen aufeinander abgestimmt sein. Das Zusammenspiel der Details entscheidet.

Tischdecken

Als Aufdecken bezeichnet man das Decken von Hand, bevor noch ein Gast anwesend ist. Als Eindecken bezeichnet man das Decken von der Serviertasse. Die Gäste sind bereits anwesend.

Folgende Reihenfolge ist einzuhalten:

- Ausrichten der Tische
- Auflegen der Moltons
- Auflegen des Tischtuches
- Auflegen von Deckservietten (Napperons)
- Sessel ausrichten
- Aufstellen des Tischdekors und der Menagen
- Aufdecken der Platzteller
- Servietten brechen
- Auflegen der Gedecke
- Anordnung der Gläser
- Sessel stellen

Notizen zur Zusammenfassung:

ZUSAMMENFASSUNG

Checkliste vor Servicebeginn (nach Schaetzing)

- Sauberkeit der Räumlichkeiten
- Sauberkeit und Vollständigkeit des Inventars
- Beleuchtung, Musik und Technik
- Verkaufshilfen und Präsentation
- Servicemitarbeiter

Grundlegende Servier- und Tragübungen

- Plateautragen
- Tellertragen: Untergriff, Obergriff, Kombination von Ober- und Untergriff
- Plattentragen
- Gläsertragen
- Handhabung des Vorlegers: normaler Vorlegegriff, Zangengriff, flacher Vorlegegriff
- Abservieren

Servicebesprechung

Jeder Mitarbeiter sollte fähig sein,

- ein gezieltes Verkaufsgespräch mit dem Gast zu führen,
- mit Überzeugungskraft zu argumentieren,
- durch Selbstvertrauen sicher und rationell zu arbeiten,
- Verständnis für die Arbeit der Küchenmitarbeiter aufzubringen und deren Probleme zu erkennen.

Wichtige Besprechungspunkte können sein:

- Vorhandene Portionszahl von Gerichten der Tageskarte
- Besonders zu empfehlende Gerichte auf der Tageskarte
- Besondere Weinempfehlung
- Reservierungsliste, Tischplan
- Angestrebtes Umsatzziel
- Verbesserungsvorschläge der Mitarbeiter
- Rückmeldung der Gäste

Die Mahlzeiten

Die Essgewohnheiten sind in den einzelnen Ländern sehr unterschiedlich. Nicht überall ist wie bei uns das Mittagessen die Hauptmahlzeit.

Flexibilität ist besonders wichtig. Mit zunehmender Internationalisierung des Gästekreises hat auch unsere Gastronomie diesen Unterschieden Rechnung getragen. Sie bietet mehrere Variationen der Mahlzeiten an.

Unsere Ziele

Nach Bearbeitung dieses Kapitels werden Sie

- die verschiedenen Mahlzeiten des Tages nennen können,
- die Mise en place und die Gedecke nicht nur kennen, sondern auch nachvollziehen können,
- die verschiedenen Frühstücksarten und deren Angebot beschreiben können,
- die Inhalte von Brunch, Mittagessen, Nachmittagsjause, Abendessen und Souper darlegen können.

Worauf legen Sie besonderen Wert beim Frühstück?

1 Frühstück

Das Frühstück ist die erste Mahlzeit des Tages und hat für den weiteren Tagesablauf des Gastes große Bedeutung. Da viele Gäste speziell am Morgen sehr sensibel sind, ist ein aufmerksames Service besonders wichtig. Das Frühstück wird meist zwischen 6.30 Uhr und 10.00 Uhr, in immer mehr Betrieben bis zur Mittagszeit angeboten.

Nicht immer hat der Frühstücksgast genügend Zeit und Geduld. Deshalb ist rasches und freundliches Arbeiten besonders wichtig. Im romanischen Raum (Frankreich, Italien usw.) spielt das Frühstück eine unbedeutende Rolle, in den angloamerikanischen Ländern genießt es den Stellenwert einer Hauptmahlzeit. Ein gut geschultes Servierpersonal kennt die verschiedenen Essgewohnheiten und Eigenarten und kann sich im Service darauf einstellen.

Grundsätzlich gibt es zwei Möglichkeiten, wie ein Frühstück angeboten werden kann, in der Praxis hat sich jedoch eine Mischform herauskristallisiert.

Butter, Marmelade, Honig und frisches Gebäck sollen erst auf den Frühstückstisch gebracht werden, wenn die Gäste Platz genommen haben.

Offenes Angebot

- **Butter** in Scheiben oder Rollen auf Eis, in einer Butterschüssel auf Dessertteller mit Serviette; Dessertgabel.
- **Marmelade** und **Honig** in Marmeladenschüsseln oder Tiegeln mit Deckeln, auf Desserttellern mit Servietten; Kaffeelöffel.
- **Brot** (Weißbrot-, Schwarzbrotscheiben) und Frischgebäck (Semmeln, Brioche, Weckerl usw.) werden immer offen angeboten, in der Brotschale, in eine Stoffserviette eingeschlagen.
- **Obers** im Oberskännchen.
- **Zucker** in der Zuckerschale (auf einem Unterteller mit einer Serviette), Kaffeelöffel oder Zuckerzange; auch Zuckerstreuer.
- **Süßstoff** im Süßstoffbehälter.

Geschlossene Portionen sind wieder verwendbar.

Verpacktes Angebot

Aus hygienischen und wirtschaftlichen Gründen (leichtere Kontrolle des Wareneinsatzes) werden heute die Produkte oft verpackt angeboten.
Es gibt mehrere **Vorteile** der verpackten Frühstücksware. Sie ist hygienisch einwandfrei und bietet dem Gast mehr Wahlmöglichkeiten. Der Verbrauch lässt sich leichter kontrollieren. Weniger Besteck fällt an.
Ein großer **Nachteil** ist, dass viel Leergut anfällt und somit die Umwelt belastet. Auch das Abservieren gestaltet sich aufwändiger.

1.1 Frühstücksbuffet

Viele Gäste konsumieren zum Frühstück ausgiebiger. Das reduziert das Mittagsgeschäft.

Um dem Gast beim Frühstück eine große Auswahl und ein rascheres Service bieten zu können, wird heute das Frühstücksbuffet in Betrieben immer mehr forciert. Mehreren Studien zufolge bevorzugen 80 bis 90 Prozent der Gäste vor allem wegen des wesentlich größeren Speisen- und Getränkeangebotes ein Frühstücksbuffet.

Vorteile für den Betrieb

- Ersparnis beim Servierpersonal: Die Arbeit beschränkt sich auf das Frühstücksgetränkeservice, das Abservieren und Reinigen der Tische und das Ausstellen der Rechnung.
- Entlastung der Küche: Die Extrabestellungen aus der Hauptküche verringern sich auf ein Minimum, die Ballungen zur Hauptfrühstückszeit fallen weg.
- Das Zimmerservice verringert sich.

Nachteile für den Betrieb

- Erhöhter Geschirr-, Besteck- und Gläserbedarf: Dadurch entstehen auch mehr Arbeit und Aufwand in der Abwasch.
- Umschichtung der Gästearrangements von Voll- auf Halbpension.
- Mehr Vorbereitungsarbeit für die Küche.

Grundsätzlich richten sich Angebot und Umfang eines Frühstücksbuffets nach den Wünschen der Gäste, der Art des Betriebes, dem Preis des Frühstücks und den betriebsspezifischen Erfahrungswerten. Der Aufbau von Frühstücksbuffets ist daher sehr verschieden. Wichtig ist die Überschaubarkeit der angebotenen Speisen und Getränke. Nachstehende Grafik zeigt ein Beispiel für den Aufbau eines Frühstücksbuffets.

Gehrichtung der Gäste →

← Gehrichtung der Gäste

Gäste wollen mitunter Verpflegung für den Strand, zum Wandern usw. vom Frühstücksbuffet einpacken und mitnehmen.
Tipp: Verrechnen Sie diese Waren zu einem angemessenen Preis.

Luxusfrühstücksbuffet

In Hotels mit „executive floor“ [ɪgˈzekjʊtiv] (VIP-Gästen) wird oft neben dem normalen Frühstücksbuffet ein so genanntes Luxusbuffet in einem separaten Raum aufgebaut. Es besteht in der Regel aus exquisiten kalten und warmen Gerichten sowie einem reichhaltigen Angebot an kalten und warmen Getränken, vor allem Sekt und Champagner.

1.2 Einfache Frühstücksarten

Bezeichnung	Zeit von bis	Allgemeines	Angebot	Mise en place
Early Morning Tea	ab 6.00	Hauptsächlich in Großbritannien. Wird den Gästen noch vor dem Frühstück im Zimmer serviert.	1 Portion Tee mit kalter Milch oder Obers und evtl. einige Kekse oder Biskuits.	
Einfaches Frühstück	6.30–12.00	In Frankreich und den Mittelmeerländern sehr häufig, in Österreich und Deutschland selten. Ausnahmen: im Wiener Kaffeehaus und Espresso.	1 Schale Frühstücksgetränk (meist Kaffee, aber auch Tee, Kakao, Schokolade, Ovomaltine oder Milch), 1 Semmel oder Kipferl (in Frankreich und Italien fast immer eine Brioche)	a) 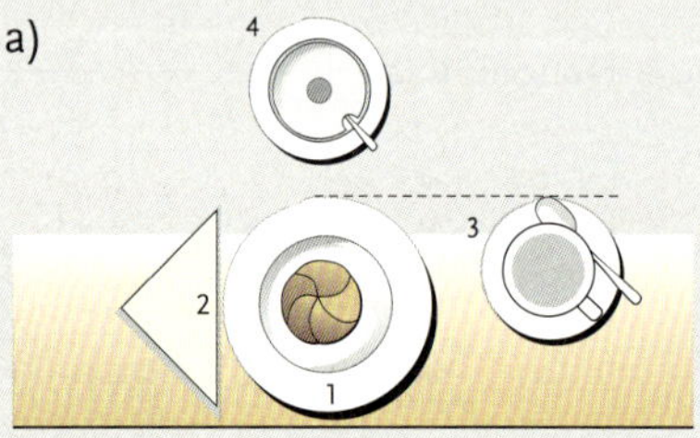
Komplettes Frühstück (Continental Breakfast)	6.30–12.00	Klassische Frühstücksart	1 Portion Frühstücksgetränk wie Kaffee, Tee, Kakao, Schokolade, Ovomaltine oder Milch (mindestens 2 Tassen), eine Portion Butter, eine Portion Marmelade und Honig sowie mind. 2 Stück Frühstücksgebäck	b) 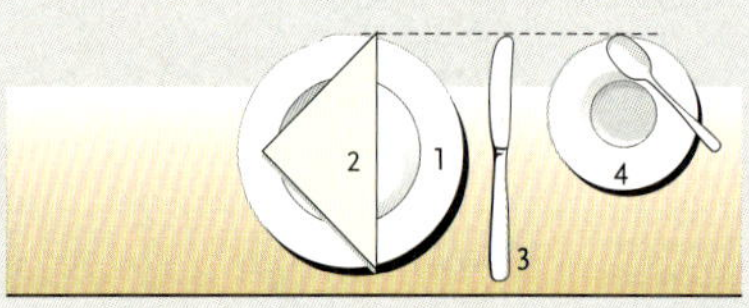
Erweitertes Frühstück	6.30–12.00	Erweiterung des kompletten Frühstücks.	Komplettes Frühstück, zusätzlich 1 Glas Frucht- oder Gemüsesaft, 1 Wurst- oder Käseplatte oder Eiergerichte, wie z. B. Omelette sowie Joghurt, Topfen, Müsli	c)  d) 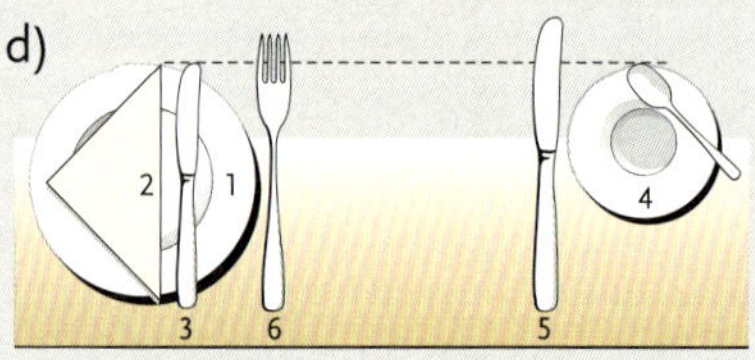
Wiener Frühstück	6.30–12.00	Variante des erweiterten Frühstücks. Wird in Österreich, vor allem in Wien, in den traditionellen Kaffeehäusern angeboten	1 Schale (manchmal auch eine Portion) Frühstücksgetränk, 1 Portion Butter, Marmelade (meist Marillenmarmelade), Frühstücksgebäck (1 Semmel und 1 Kipferl), 1 weich gekochtes Ei	vgl. Seite 167

a) Einfaches Frühstück	b) Komplettes Frühstück	c) Erweitertes Frühstück	d) Erweitertes Frühstück
1 Dessertteller mit Gebäck	1 Dessertteller	1 Dessertteller	1 Dessertteller
2 Papierserviette	2 Serviette	2 Serviette	2 Serviette
3 Untertasse, Schale mit Frühstücksgetränk, Kaffeelöffel	3 Dessertmesser	3 Dessertmesser	3 Dessertmesser
4 Zucker	4 Untertasse mit Kaffeelöffel	4 Untertasse mit Kaffeelöffel	4 Untertasse mit Kaffeelöffel
		5 Dessertmesser	5 Fleischmesser
		6 Dessertgabel	6 Fleischgabel

1.3 Interkontinentales Frühstück

Es ist ein Sammelbegriff für das englische und das amerikanische Frühstück. Nach der Fülle des Angebots wie eine Hauptmahlzeit.
Es besteht aus:
- 1 Frühstücksgetränk
- Butter
- Marmelade, Jam, Honig
- Toast oder Frühstücksgebäck (Weißbrot, Roggenbrot, Süßgebäck)

Dazu kommen noch verschiedenen Gerichte, die aber vom Gast bestellt werden müssen:
- Säfte (juices)
- Früchte (fruit)
- Kompotte (stewed fruit)
- Getreidenahrungsmittel (cereals)
- Eier und Eiergerichte (egg dishes): zB Rühreier (scrambled eggs)
- Kalte Gerichte (cold dishes): zB Schinkensorten (ham), Käse (cheese)
- Warme Fleischgerichte (meat dishes): zB Frühstücksspeck (bacon), Schinken (ham), Steaks, Lamb chops
- Fischgerichte (fish dishes): zB Räucherlachs, Brathering (kippered herring), Schellfisch (haddock)
- Gemüse und Kartoffeln (vegetables and potatoes): zB Röstkartoffeln (fried or hash-brown potatoes), gegrillte Tomaten (grilled tomatoes), gebratene Champignons (sauted mushrooms), Bohnen in Tomatensauce (baked beans)
- Kombinierte Gerichte aus Eiern, Fleisch, Gemüse und Kartoffeln; die bekanntesten und am häufigsten verlangten Gerichte sind Schinken mit Eiern (ham and eggs) oder Speck mit Eiern (bacon and eggs)
- Pfannkuchen, Waffeln, Toasts (pancakes, waffles and toasts): zB mit Ahornsirup (maple syrup)

Zerealien sind Feldfrüchte

Englisches Frühstück

- Kein Eiswasser servieren.
- Bevorzugt werden Tee mit Milch oder Obers, Fruchtsäfte, Toast, Kompotte, Eier- und Fischgerichte sowie Bohnen in Tomatensauce (baked beans).
- Kalte und warme Zerealien.

England
Haferbrei = Porridge
Grießbrei = Semolina

Amerika
Haferbrei = Oat meal
Grießbrei = Cream of wheat

Englisches Frühstücksgedeck

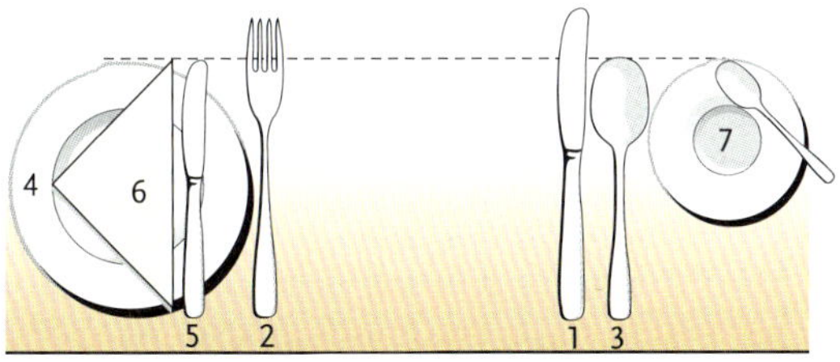

1 Fleischmesser
2 Fleischgabel
3 Suppen- oder Dessertlöffel
4 Dessertteller
5 Dessertmesser
6 Serviette
7 Untertasse mit Kaffeelöffel

Spiegeleier = fried eggs

„sunny side up" = Spiegeleier, auf einer Seite gebraten

„turned over" = Spiegeleier, auf beiden Seiten gebraten, in zwei Variationen:
- „over well" (Dotter ist durchgebraten)
- „over easy" (Dotter bleibt weich)

Amerikanisches Frühstück

- Eiswasser („iced water") servieren.
- Bevorzugt werden Kaffee, Frucht- und Gemüsesäfte, frische Früchte, kalte und warme Zerealien, Spiegeleier, Rühreier und Omeletts sowie Fleischgerichte.
- Bevorzugtes Gebäck sind Roggenbrot (rye bread), Weißbrot (white bread), Bagels (Brotringe aus Hefeteig), oft getoastet und Süßgebäck wie zB Doughnuts (gebackene Teigkringel), Blueberry Muffins (Heidelbeertörtchen).

Engländer und Amerikaner verstehen unter „marmalade" ausschließlich Marmelade bzw. Konfitüre aus Zitrusfrüchten wie zB Orangen. Alle anderen werden als „jam" bezeichnet. Auch Fruchtgelees („jellies") sind beliebt.

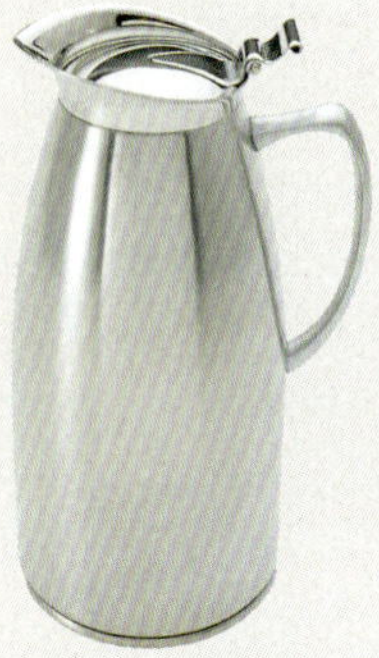

Thermoskanne

Die Kannen sind, um Verwechslungen vorzubeugen, deutlich zu beschriften (Kaffee, Tee, Kakao usw.).

Steht das Frühstück auf den Tischen bereit, sind diese vollständig gedeckt. Ausnahmsweise sind auch die Schalen für das Frühstücksgetränk bereits eingestellt (evtl. umgedreht, damit sie vor Staub geschützt sind).

Psychologie der Farben:

Gelbtöne wirken elegant, sympathisch, gemütlich und freundlich.

Rosa wirkt feminin, zart, lieblich und exklusiv.

Grüntöne und Mint wirken angenehm, frisch und fröhlich.

1.4 Thermosfrühstück

Das Thermosfrühstück ist eine Kompromisslösung. Es hat sich für Einzelpersonen und Reisegruppen eingebürgert, die schon vor Beginn der Dienstzeit der Küchen- und Servicemitarbeiter abreisen und daher außerhalb der Frühstückszeit frühstücken wollen. Das Thermosfrühstück kann für Einzelpersonen auf dem Zimmer, für mehrere Personen auf den Tischen oder in Form eines Thermosbuffets angeboten werden. Es wird von den Servicemitarbeitern schon am Vorabend bereitgestellt. Alle Frühstücksgetränke werden in Thermoskannen (daher auch der Name) warm gehalten.
Frucht- und Gemüsesäfte, kalte Milch und Obers werden entweder in Thermoskannen oder in Krügen (in Wannen mit Eis gestellt) frisch gehalten.
Die in Portionen verpackte Butter liegt in einer großen Schüssel mit Eis oder in Thermosboxen. Brot und Frühstücksgebäck müssen mit einer Klarsichtfolie vor dem Austrocknen bewahrt werden. Marmelade, Honig, Zucker usw. werden am besten verpackt bereitgestellt. Oft wird Obst (Äpfel, Bananen) angeboten.

Vorteile

- Es gibt keine Zeitbeschränkung.
- Es gibt keine Wartezeit für den Gast.
- Es kann im Zimmer und auch im Frühstücksraum eingenommen werden.

Nachteile

- Der Gast muss sich selbst bedienen.
- Die Schalen für das Frühstücksgetränk sind nicht heiß.
- Extrawünsche der Gäste können nicht berücksichtigt werden.

1.5 Frühstück im Freien

Das Angebot und das Service im Freien unterscheiden sich nicht von dem im Frühstücksraum oder im Speisesaal. Die Tische werden jedoch wegen der Sonnenbestrahlung nicht weiß, sondern in Pastellfarben gedeckt, um zu starkes Blenden zu vermeiden. Außerdem müssen Sonnenschirme bereitstehen.

1.6 Etagenfrühstück

Das Etagenfrühstück wird in vielen guten Hotels angeboten.

- Bestellung telefonisch beim Zimmerservice oder am Abend bzw. in der Nacht beim Portier. Er schreibt die Bestellung in ein Buch, das er dem Zimmerservice übergibt.
- Bestellung mit Türhänger, auf dem der Gast die gewünschten Speisen und Getränke, ihre Anzahl sowie die gewünschte Servierzeit ankreuzt und unterschreibt.

Es wird serviert auf:

- einem Speisenplateau
- einem fahrbaren Tisch (Roomservice-Trolley)
- einem speziell konstruierten fahrbaren Tisch, von dem der Unterteil unter das Gästebett geschoben wird; der Oberteil befindet sich vor dem Gast, sodass er bequem im Bett frühstücken kann
- dem Zimmertisch; aufgedeckt und serviert wird wie im Frühstücksraum.

Frühstücks-Mise-en-place auf einem Speisenplateau

Das Plateau wird eingestellt.

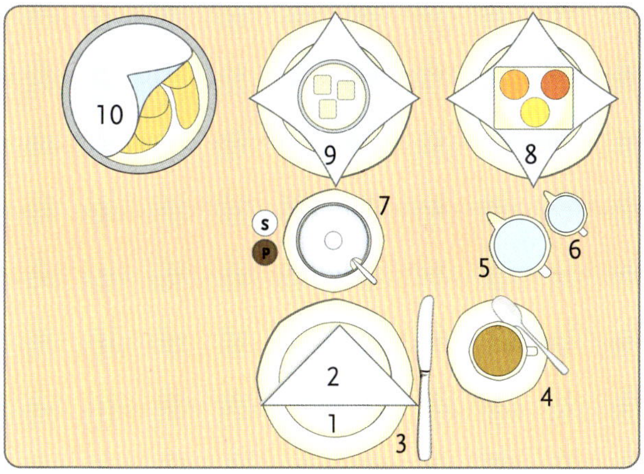

1 Dessertteller
2 Serviette
3 Dessertmesser
4 Untertasse mit Kaffeeschale und Kaffeelöffel
5 Kaffeekanne
6 Milch- oder Oberskanne
7 Zucker
8 Marmelade und Honig (portioniert) auf Dessertteller mit Serviette
9 Glasschüssel mit Butter auf Eis (portioniert) auf Dessertteller mit Serviette
10 Brotkorb mit Serviette

Auf dem Plateau wird gestapelt und der Tisch wird im Gästezimmer (für zwei Personen) gedeckt. Das Plateau wird vom Servicemitarbeiter wieder mitgenommen.

1 Dessertteller mit Serviette, darauf Untertasse mit Kaffeeschale
2 Dessertmesser
3 Kaffeelöffel
4 Glas mit Fruchtsaft
5 Kaffeekanne
6 Milch- oder Oberskanne
7 Eierbecher mit Eierlöffel
8 Zucker
9 Tischtuch
10 Brotkorb mit Serviette
11 Marmelade und Honig (portioniert) auf Dessertteller mit Serviette
12 Glasschüssel mit Butter auf Eis (portioniert) auf Dessertteller mit Serviette

Etagenfrühstück auf dem Etagenwagen (Room-service-Trolley)

Für zwei Personen

1 Dessertteller
2 Serviette
3 Dessertmesser
4 Eierbecher mit Eierlöffel
5 Untertasse mit Kaffeeschale und Kaffeelöffel
6 Kaffeekanne
7 Oberskanne
8 Marmelade und Honig (portioniert) auf Dessertteller mit Serviette
9 Zucker
10 Glasschüssel mit Butter auf Eis (portioniert) auf Dessertteller mit Serviette
11 Brotkorb mit Serviette

1.7 Biofrühstück

Der Schwerpunkt liegt auf Speisen und Getränken von biologisch einwandfreier Herkunft.

- Frisch gepresste Frucht- und Gemüsesäfte
- Frisches und getrocknetes Obst
- Getreideprodukte in Form von frisch angesetztem Müsli, Hafer- oder Grießbrei
- Vollkorn-, Knäcke-, Leinsamenbrot, Süßgebäck aus Vollwertgetreide
- Kerne und Nüsse
- Frisch-, Butter- und Sauermilch, Joghurt, Kefir, Topfen
- Käse aus nicht pasteurisierter Milch, Landbutter, Diätmagarine
- Diätmarmelade, Ahornsirup, Blüten- und Waldhonig
- Kräuter- und Früchtetees; wird Kaffee gereicht, so sollte ein Angebot an koffeinfreiem oder schonend geröstetem Kaffee bereitstehen

1.8 Anrichten und Servieren von Frühstücksgerichten und -getränken

Speise	Besteck	Anrichteweise	Anmerkung
Frisches Obst	Dessertmesser, Dessertgabel	Dessertteller	
halbe Honig- oder Zuckermelone	Dessertgabel, Dessertlöffel	Dessertteller	Melonen können unterschiedlich angerichtet werden. Halbe Melonen auf Eis werden mit Dessertlöffel und -gabel serviert. Für Melonenschiffchen werden Dessertmesser und Dessertgabel eingedeckt.
halbe Grapefruit	Kaffeelöffel, Grapefruitlöffel und evtl. Dessertgabel	Coupeglas oder Sektschale, Papierserviette, Dessertteller	Garnitur: Cocktailkirsche, halbe Erdbeere; Zuckerstreuer einstellen
Beerenobst	Kaffeelöffel, Dessertgabel	Coupeglas oder Sektschale, Papierserviette, Dessertteller	Staubzucker einstellen.
Sliced banana	Kaffee- oder Dessertlöffel und Dessertgabel	Coupeglas, Sektschale oder Kompottschüssel, Papierserviette, Dessertteller	Die Bananenscheiben werden gerne mit flüssigem Obers serviert.
Fruchtsäfte		Tumbler oder Stielglas	In erstklassigen Betrieben auf Brotteller mit Papierserviette, evtl. mit Kaffeelöffel; 0,2 l, 0,25 l.
Gemüsesäfte	Kaffeelöffel, Limonadenlöffel bei hohem Glas	Tumbler oder Stielglas, Papierserviette, Brotteller oder Kaffeeuntertasse	Evtl. Zitronenspalte, Pfeffermühle, Tabascosauce, Worcestershiresauce mitservieren.
Kalte Milch		Großer Tumbler oder Milchglas.	Evtl. auf Unterteller mit Papierserviette.
Kompotte	Dessertlöffel, Dessertgabel	Kompottschüssel, Papierserviette, Dessertteller	
Getreidenahrungsmittel (Cereals), Müsli	Suppenlöffel oder Dessertlöffel	Suppenteller oder Porzellanschüssel, Papierserviette, passender Unterteller	Serviert mit kalter Milch oder Obers im Kännchen. Auf Wunsch auch warme Milch. Kristallzucker einstellen.
Joghurt	Dessertlöffel, Kaffeelöffel	Kompottschüssel oder Coupeglas, Papierserviette, Dessertteller	Kristallzucker einstellen.

Speise	Besteck	Anrichteweise	Anmerkung
Kalte Speisen (Schinken, Wurst, Käse, etc)	Dessertgabel, Dessertmesser	Fleischteller oder Glasplatte mit Papierserviette, Unterplatte und Vorlegebesteck	Dem Fleischteller wird aus Platzgründen meist der Vorzug gegeben. Bei der Glasplatte muss zusätzlich ein Dessertteller eingestellt werden.
Gekochtes Ei	Eierlöffel	Eierbecher, Papierserviette, Brotteller oder Kaffeeuntertasse	Kein Silberbesteck!
Ei im Glas	Kaffeelöffel	Eiereinschlagglas, Papierserviette, Brotteller	Kein Silberlöffel!
Eiergerichte, kombinierte Eiergerichte	Fleischmesser, Fleischgabel	Warmer Fleischteller	Evtl. Pfeffermühle einstellen.
Fleischgerichte	Fleischmesser, Fleischgabel	Warmer Fleischteller	
Fischgerichte	Fischmesser, Fischgabel	Warmer Fleischteller	
Toast		Stoffserviette, passender Teller oder Toastrack (Toastständer)	Um den Toast möglichst warm zu servieren, wird er in die Stoffserviette eingeschlagen.
Eiswasser		Wasserkrug mit Unterteller, Papierserviette, Wasserglas	Nur beim amerikanischen Frühstück üblich.

2 Vormittagsjause (Gabelfrühstück)

Zwischen 9.00 und 10.30 Uhr eingenommen.

Es werden einfache Gerichte, wie zB Gulaschsuppe, Gulasch, Würstel mit Saft, Beuschel, als warme Speisen oder kalte, kleine Gerichte, wie Essigwurst, Rindfleischsalat, Speck und Käse mit Brot angeboten. Dazu trinkt man ein Glas Bier oder Wein, Gespritzten oder Most. Die Speisen werden fast immer auf Tellern angerichtet und eingestellt.
Diese Art des Gabelfrühstücks verliert immer mehr an Bedeutung.
In Süddeutschland als Brotzeit bezeichnet, werden verschiedene Würste (zB Weißwürste), Radi (Bierrettich), Senf, frische Brezen oder Schwarzbrot gegessen. Dazu trinkt man Bier.

3 Sektfrühstück (Sektempfang)

Vor festlichen Anlässen (Hochzeit, Taufe, Matinee) werden am späten Vormittag Canapés (kleine belegte Brote) oder kleine Happen angeboten. Dazu wird Wein, Sekt oder Champagner, aber auch alkoholfreie Getränke gereicht. Serviert wird wie bei Cocktailpartys (siehe Seite 213), dh. auf Platten und Tabletts.

4 Brunch

Viele Stadthotels bieten speziell am Sonntag Brunchbuffets mit kalten und warmen Gerichten an. Die warmen Gerichte werden in Chafing dishes warm gehalten und von einem Koch oder Servicemitarbeiter am Buffet auf heißen Tellern angerichtet.
An Speisen und Getränken wird alles angeboten, was auch auf dem Frühstücksbuffet zu finden ist. Dazu kommen kalte Vorspeisen, Salate, Suppen, Fleisch- und Fischgerichte sowie kalte und warme Desserts. Der Gast bezahlt einen Fixpreis. Die Frühstücksgetränke und Schaumweine sind im Preis enthalten, nicht jedoch Wein und Bier.

Diese Bezeichnung stammt aus dem Amerikanischen und setzt sich aus den Wörtern **Br**eakfast und **L**unch zusammen. Damit ist auch bereits der Charakter dieser Mahlzeit zwischen 11.00 Uhr und 14.00 Uhr erklärt. Ein typisches Beispiel ist der so genannte Neujahrsbrunch.

5 Mittagessen

In Österreich, Deutschland und der Schweiz ist das Mittagessen zum großen Teil auch heute noch die Hauptmahlzeit des Tages. Sie verliert jedoch durch moderne Lebensformen (zB Berufstätigkeit der Frau) zunehmend an Bedeutung. Das Mittagessen wird meist zwischen 11.30 Uhr und 14.00 Uhr eingenommen.
In den südlichen Ländern (Italien, Griechenland, Südamerika) und im Orient wird mit dem Mittagessen erst ab 13.30 Uhr begonnen.

Betriebe mit Gästen aus diesen Ländern sollten auf deren Essgewohnheiten Rücksicht nehmen.

Ein Mittagessen besteht in Mitteleuropa aus zwei, häufiger aber aus drei Gängen. Der erste Gang ist eine Suppe. Die Hauptspeise besteht aus Fleisch oder Fisch mit einer Beilage. Meist werden fertige Speisen, oft Ragoutgerichte oder Eintöpfe, seltener À-la-minute-Gerichte verlangt. Der Einsatz einer Voiture ist zu empfehlen. Zum Abschluss gibt es eine warme oder kalte Mehlspeise bzw. ein Dessert.
An Getränken werden vor allem Bier, Wein und alkoholfreie Getränke gereicht.
Eine Sonderform stellt der **Business-Lunch** dar. Er ist für Gäste gedacht, die nur wenig Zeit zum Essen zur Verfügung haben. Häufig werden Wahlmenüs angeboten. Auch **Lunchbuffets** haben sich bestens bewährt.

5.1 Gedecke

Einfaches Grundgedeck

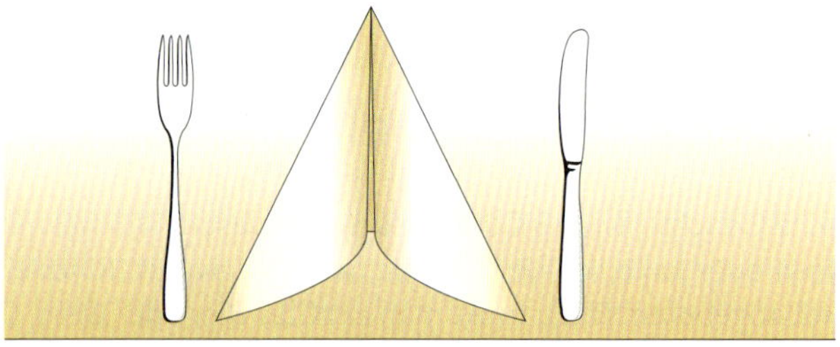

Mit einem Suppenlöffel erweitertes einfaches Grundgedeck

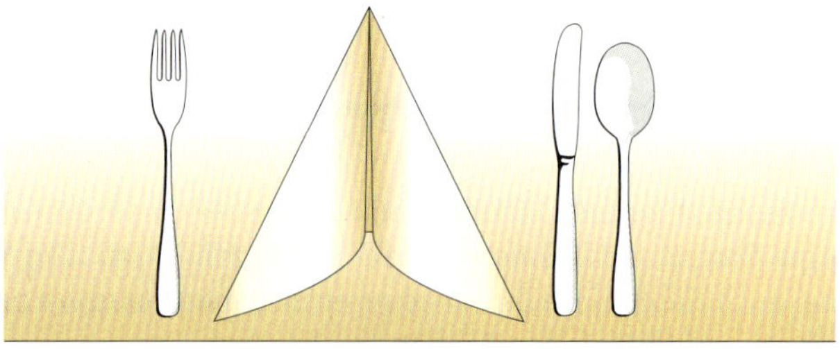

Wird aufgedeckt, wenn die Suppe im Suppenteller serviert wird.

Mit einem Dessertlöffel erweitertes einfaches Grundgedeck

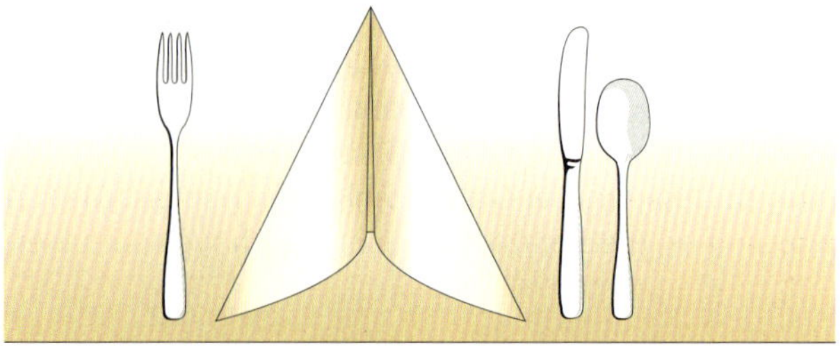

Wird aufgedeckt, wenn die Suppe in der Bouillonschale serviert wird.

Kuvert (Couvert)

Es besteht aus einer Portion Butter, Gebäck und einer Stoffserviette.
Das Kuvert kann mit besonderen Brot- und Gebäcksorten, wie zB französischem Schnittenbrot, Zwiebelbrot, Grissinis, Melbatoast, oder mit so genannten Crudités (Rohkost – Karotten, Stangensellerie, Radieschen, Oliven und jungen Zwiebeln – auf Eis) erweitert werden. Aufstriche (aus Topfen, Schmalz, etc.) können anstelle der Butter gereicht werden. Der Kuvertpreis ist dann entsprechend höher.

Für das Kuvert darf das so genannte **Covercharge**, ein auf der Speisekarte extra angeführter Betrag, in Rechnung gestellt werden.

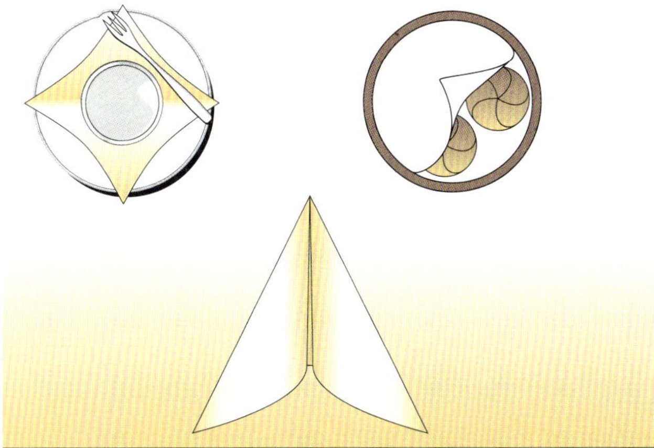

Das **Kuvertgedeck** (internationales Restaurantgedeck oder À-la-carte-Gedeck) setzt sich zusammen aus

- Standteller mit Stoffserviette (oder nur Stoffserviette)
- Fleischmesser und Fleischgabel
- Brotteller, Dessert- oder Buttermesser
- Rotwein- und Weißweinglas oder Wein- und Wasserglas

5.2 Menügedecke

Menügedeck für
Suppe in der Bouillonschale
Fleischhauptspeise
Süßspeise

Menügedeck für
Suppe in der Bouillonschale
Fleischhauptspeise
Nachtisch – wahlweise Käse bzw. Obst

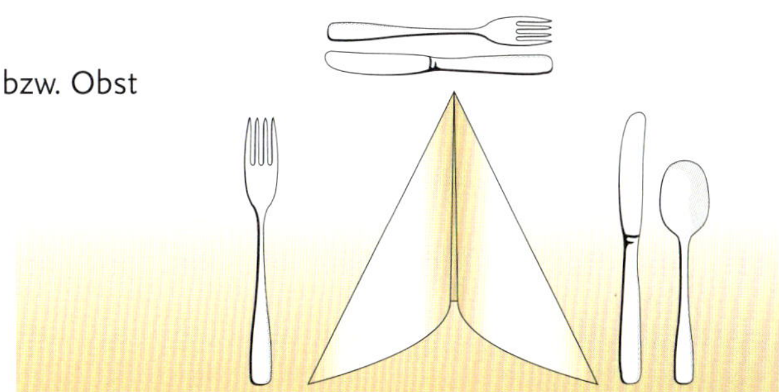

Wenn vorhanden wird die Dessertgabel durch eine Kuchengabel ersetzt.

Menügedeck für
Kalte Vorspeise
Fischhauptspeise
Nachtisch (Eisbecher mit Früchten)

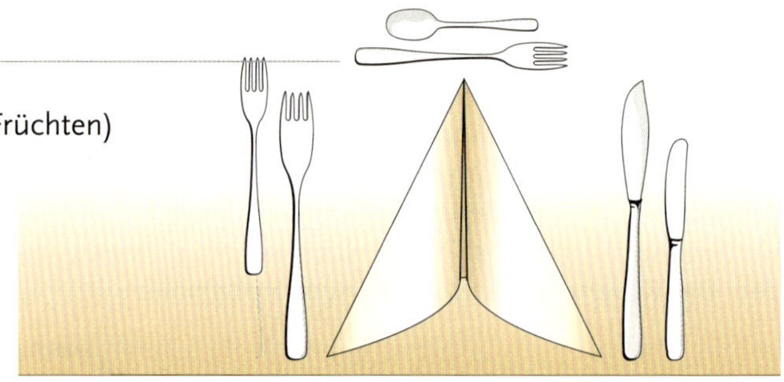

Oft wird (weil nicht genügend Dessertbesteck bzw. nicht genügend Platz zum gegenüberliegenden Gedeck vorhanden ist) das Käsebesteck vor dem letzten Gang (Dessert) eingedeckt.

Menügedeck mit Kuvert für
Vorspeise
Suppe
Fleischhauptspeise
(Käse)
Süßspeise

5.3 Suppenservice

Suppe aus der Suppenausgießtasse

- In einfachen Betrieben sowie bei der Bedienung von Reisegruppen.
- Die Suppenausgießtasse mit der Suppe steht auf einer Serviertasse.
- Die Suppenteller sind meist schon eingestellt.
- Ein Suppenlöffel wird eingedeckt.

Besser ist es jedoch, heiße Suppenteller gleichzeitig mit der Ausgießtasse zu bringen (Obergriff). Dabei wird der Suppenteller zuerst eingestellt und die Suppe von rechts eingeschenkt, und zwar so, dass die Öffnung der Ausgieß-tasse vom Gast wegzeigt. Sind Knödel in der Suppe, so ist die Ausgießtasse an den äußersten Tellerrand zu halten, damit die Einlage nicht in die Suppe fällt, sondern vom Rand langsam hineingleitet.

Suppe „en tasse“

Suppenservice in der Bouillonschale, der Consommétasse oder der Spezialsuppentasse, wobei Letztere nur noch selten Verwendung findet.

Bouillonschale

Consommétasse

Spezialsuppentasse

- Die Suppe wird in der Küche in die Schale oder Tasse eingeschenkt.
- Schale oder Tasse mit Untertasse, die auf einem Dessertteller mit Papierserviette steht.
- Die Bouillonschale wird mit einem Bouillonlöffel (oder Dessertlöffel) von rechts eingestellt.
- Zur Consommétasse reicht man einen Consommélöffel.

Suppe „en terrine"

- Hauptsächlich in Betrieben mit Pensionsgästen und beim Table-d'hôte-Service.
- Die Terrine sowie die Suppenteller werden eingestellt.
- Im Chef-de-rang-System stellt der Servicemitarbeiter die Terrine auf den Guéridon. Dort füllt er die Suppentassen und stellt sie anschließend ein.
- In kleinen Terrinen werden auch Suppentöpfe, wie Wiener Suppenhuhn, Petite marmite usw., serviert.

5.4 Hauptspeisenservice

- Einstellen von Tellergerichten (Tellerservice).
- Einstellen von Platten (Plattenservice).
- Anrichten und Vorlegen.

Eine Sonderform stellt der **Business-Lunch** dar. Er ist für Gäste gedacht, die nur wenig Zeit zum Essen zur Verfügung haben. Häufig werden Wahlmenüs angeboten. Auch **Lunchbuffets** haben sich bestens bewährt.

In Betrieben, in denen großer Wert auf eine kreative Küche sowie Präsentation gelegt wird, ist das Tellerservice obligatorisch. Es können Clochen verwendet werden.

5.5 Dessertservice

Desserts werden
- eingestellt,
- angerichtet
- auf einem Dessertwagen zum Tisch des Gastes gefahren, wo der Gast sein Dessert selbst auswählt oder
- am Flambierwagen zubereitet.

Auch Dessertbuffets sind üblich.

6 Nachmittagsjause

Die Nachmittagsjause wird in regional unterschiedlicher Zusammensetzung meist in der Zeit von 15.30 bis 16.30 Uhr angeboten. Diese in ganz Österreich übliche, vor allem in rustikalen Betrieben angebotene Jause (Bretteljause) besteht ua. aus kalten Fleischspeisen wie Schweinsbraten, Schinken, Speck sowie Käse, hart gekochten Eiern, Essiggemüse, Tomaten und Semmeln oder Schwarzbrot.
Dazu trinkt man ein Glas Bier, Most oder Wein. Meist werden die Speisen auf Holztellern oder -bretteln angerichtet und eingestellt.

Eine ganz andere Form der Nachmittagsjause ist die **Kaffeejause,** die in Kaffeehäusern, Kaffeekonditoreien, Ausflugsgaststätten und Hotels angeboten wird. Man serviert Kaffee, Tee, Schokolade und Eiskaffee, dazu gibt es Torten oder Kuchen. Die übliche Servierart ist das Einstellen.

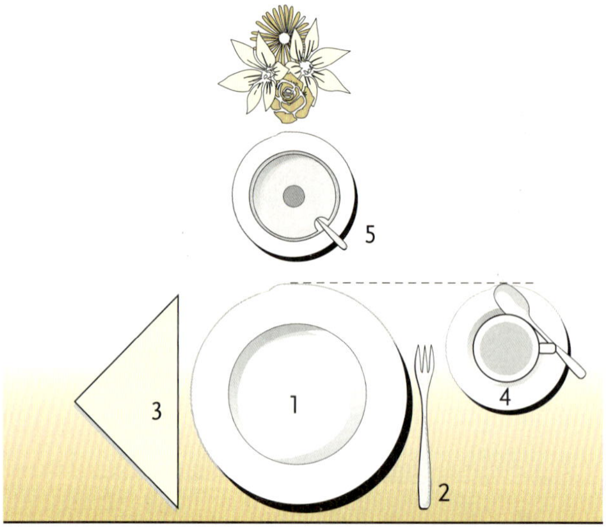

1 Dessertteller
2 Kuchengabel
3 Serviette
4 Untertasse mit Kaffeeschale und Kaffeelöffel
5 Zucker

7 Afternoon Tea

Der Afternoon tea wird zwischen 15.00 und 17.00 Uhr angeboten und ist eine Gepflogenheit, die in traditionellen englischen Hotels und auf Kreuzfahrtschiffen eine besondere Bedeutung hat.

Es werden drei „Gänge" serviert: Der erste Gang besteht aus Sandwiches, vorzugsweise Gurken-, Lachs- und Schinkensandwiches. Der zweite Gang sind ofenwarme „Scones" (traditionelles englisches Teegebäck), die mit „Clotted Cream" (eingedicktem Obers, auch als Devonshire Cream bekannt) und verschiedenen Marmeladen (Konfitüren) – vorzugsweise aus Erdbeeren oder Himbeeren – serviert werden. Angeboten wird auch „Hot Buttered Toast". Als dritter Gang werden verschiedene Kuchen (Muffins sowie Früchte- und Cremekuchen) gereicht.
An Getränken gibt es Tee, meist mit kalter Milch oder kaltem Obers (Sahne) serviert. Die Getränke werden eingestellt, die Speisen vorzugsweise auf Teller-Etageren zum Tisch des Gastes gebracht.

8 Abendessen

In Österreich, Deutschland, der Schweiz und in Skandinavien wird das Abendessen relativ früh, etwa in der Zeit von 18.00 bis 21.00 Uhr, eingenommen. Gäste aus südlichen Ländern und aus dem Orient beginnen diese Mahlzeit meist nicht vor 21.00 Uhr. Eine Besonderheit in den USA ist das „Early bird dinner". Zwischen 17.00 und 18.30 Uhr wird das Abendessen zu einem ermäßigten Preis angeboten.

Im Gegensatz zum Frühstück und Mittagessen hat der Gast genügend Zeit für ein geruhsames Essen. Deshalb wird am Abend im Allgemeinen auch ein wesentlich höherer Umsatz erzielt als beim Mittagsgeschäft. Für das Service ist ebenfalls mehr Zeit zu veranschlagen. Unzulänglichkeiten, die ein Gast während des Tages aus zeitlichen Gründen entschuldigt, wird er beim Abendessen nicht tolerieren.

Zum Abendessen werden À-la-minute-Gerichte bevorzugt, aber auch flambierte Gerichte und Speisen, die vor dem Gast tranchiert werden. Konsumiert ein Gast zu Mittag vielleicht nur ein Glas Wein zu einem Menü, so wird er am Abend wahrscheinlich eine gute Flasche Wein aussuchen, die er auch fachgerecht präsentiert und serviert haben möchte. An Servierarten sind vor allem Einstellen, aber auch Anrichten und Vorlegen üblich.

9 Souper

Diese Spätmahlzeit ist für Gäste, die nach einem Theater- oder Opernbesuch oder einer anderen Veranstaltung noch eine leichte Mahlzeit zu sich nehmen wollen.
Sie besteht meist aus einem kleinen kalten oder warmen Gericht, wie Räucherlachs mit Toast, Shrimpscocktail, Beef tartar usw. Die Speisen sollten leicht verdaulich sein, weshalb das Souper im Allgemeinen auch nur aus einem Gang besteht. Dazu wird in der Regel eine gute Flasche Wein, Sekt oder Champagner getrunken.

Die Souper-Gerichte werden auf einer eigenen kleinen Karte angeboten.

Als Servierarten sind Einstellen und Anrichten üblich.

? Arbeitsaufgaben

1. Welche Vor- und Nachteile bietet das verpackt angebotene Frühstück?
2. Zeichnen Sie das Grundgedeck für eine Person bei einem Frühstücksbuffet.
3. Erklären Sie die Begriffe Early Morning Tea, Brunch und Afternoon Tea.
4. Welche Punkte sind beim englischen Frühstück zu beachten?
5. Was ist ein Thermosfrühstück? Für welche Gästekreise ist diese Form des Frühstücks interessant?
6. Woraus besteht das Kuvertgedeck?
7. Zeichnen Sie ein Menügedeck mit Kuvert für eine Person, die eine Vorspeise, eine Suppe, eine Fleischhauptspeise und eine Süßspeise als Dessert bestellt.
8. Aus welchen Speisen besteht eine Kaffeejause und der Afternoon tea?
9. Wer konsumiert ein Souper und welche Speisen und Getränke sind üblich?

Notizen zu den Arbeitsaufgaben und zur Zusammenfassung:

ZUSAMMENFASSUNG

Frühstück
Im romanischen Raum unbedeutende Rolle, in angloamerikanischen Ländern eine Hauptmahlzeit. Zwei Möglichkeiten: offenes oder verpacktes Angebot, oft Mischformen.

- Frühstücksbuffet: aufgrund des größeren Speisen- und Getränkeangebots von 80 bis 93 Prozent der Gäste bevorzugt.
  Vorteile für den Betrieb: Ersparnis beim Servierpersonal, Entlastung der Küche, weniger Zimmerservice.
  Nachteile für den Betrieb: erhöhter Geschirr-, Besteck- und Gläserbedarf, mehr Halbpension als Vollpension, mehr Vorbereitungsarbeit in der Küche.
  Luxusfrühstücksbuffet: reichhaltiges, exquisites Angebot an kalten und warmen Speisen und Getränken.
- Early Morning Tea: In Großbritannien wird den Gästen noch vor dem Frühstück ein Tee im Zimmer serviert.
- Einfaches Frühstück: in Italien und Frankreich; in Österreich nur im Wiener Kaffeehaus.
- Komplettes Frühstück (Continental Breakfast): klassische Frühstücksart; besteht aus einer Portion Frühstücksgetränk, einer Portion Butter, einer Portion Marmelade sowie mindestens zwei Stück Frühstücksgebäck.
- Erweitertes Frühstück: komplettes Frühstück, erweitert um ein Glas Saft, Wurst und Käse, Eiergerichte oder Müsli und Joghurt.
- Wiener Frühstück: Variante des erweiterten Frühstücks; mit weich gekochtem Ei.
- Interkontinentales Frühstück: Sammelbegriff für das englische und amerikanische Frühstück; vom reichhaltigen Angebot her wie eine Hauptmahlzeit.
- Thermosfrühstück: für Gäste, die vor der Dienstzeit des Servier- und Küchenpersonals frühstücken wollen; wird alles schon am Vorabend hergerichtet.

Notizen zur Zusammenfassung:

ZUSAMMENFASSUNG

- Frühstück im Freien: Tischwäsche in Pastellfarben; Sonnenschirme müssen bereitstehen.
- Etagenfrühstück: im Zimmer serviertes Frühstück; besonders in Kurhotels.
- Biofrühstück: Speisen und Getränke von biologisch einwandfreier Herkunft.

Vormittagsjause
Zwischen 9.00 und 10.30 Uhr werden einfache kalte oder warme Gerichte mit dazupassenden Getränken serviert. Als Gabelfrühstück, in Süddeutschland als Brotzeit bezeichnet.

Sektfrühstück (Sektempfang)
Vor festlichen Anlässen am späten Vormittag.

Brunch
Mahlzeit zwischen 11.00 und 14.00 Uhr. Das Wort setzt sich aus **Br**eakfast und L**unch** zusammen. Meist in Form eines kalten und warmen Buffets.

Mittagessen
In Österreich, Deutschland und der Schweiz die Hauptmahlzeit des Tages, zwischen 11.30 und 14.00 Uhr. Es besteht aus zwei bis drei Gängen (Suppe – Hauptspeise – Dessert). In südlichen Ländern und im Orient wird erst ab 13.30 Uhr Mittag gegessen.
Das Kuvert besteht aus einer Portion Butter, Gebäck und einer Stoffserviette. Es kann um spezielle Brotsorten, Crudités etc. erweitert werden. Das Kuvertgedeck setzt sich zusammen aus Standteller mit Stoffserviette (oder nur Stoffserviette), Fleischmesser und Fleischgabel, Brotteller, Dessert- oder Buttermesser, Rotwein- und Weißweinglas oder Wein- und Wasserglas.

Das Suppenservice kann unterschiedlich erfolgen:
- Suppe aus der Suppenausgießtasse
- Suppe „en tasse"
- Suppe „en terrine"

Bei den Hauptspeisen ist das Tellerservice üblich.
Desserts werden eingestellt, angerichtet oder auf einem Dessertwagen präsentiert.

Nachmittagsjause
Sie wird in regional unterschiedlicher Zusammensetzung zwischen 15.30 und 16.30 Uhr angeboten. Brettljause oder Kaffeejause.

Afternoon Tea
Traditionelle englische Gepflogenheit, zwischen 15.00 und 17.00 Uhr.

Abendessen
In Österreich, Deutschland und der Schweiz relativ früh, etwa in der Zeit von 18.00 bis 21.00 Uhr, eingenommen. In südlichen Ländern meist nicht vor 21.00 Uhr. Im Gegensatz zu den anderen Mahlzeiten hat der Gast nun genügend Zeit für ein geruhsames Essen. Deshalb im Allgemeinen ein höherer Umsatz; mehr Zeit für das Service veranschlagen.

Souper
Spätmahlzeit nach Theater- oder Opernbesuch; kleine kalte oder warme Gerichte.

Getränkeservice

In den meisten gastgewerblichen Betrieben sind die Getränke die wichtigsten Gewinnbringer. Mit ihnen wird der größere Umsatzanteil und der höhere Gewinn erzielt, da sie (abhängig vom Betriebstyp) den ganzen Tag über serviert werden und der Aufwand beim Service relativ gering ist. Es gibt aber wichtige Punkte, die es zu beachten gilt.

Denken Sie zum Beispiel an den Ausschank von offenem Bier – ist es gut gezapft, wird es der Bierliebhaber jedem Flaschenbier vorziehen. Auch die Kenntnis der richtigen Trink- bzw. Serviertemperaturen ist beim Getränkeservice, insbesondere beim Wein, unerlässlich.
Der Sommelier ist oft für alle Getränkeempfehlungen zuständig, dem Wein gehört jedoch seine größte Aufmerksamkeit. Spezielle Arbeiten, wie zum Beispiel das Dekantieren von alten Rotweinen, erfordern viel Übung und sind Teil einer gehobenen Weinkultur.

Unsere Ziele

Nach Bearbeitung dieses Kapitels werden Sie

- die idealen Trink- bzw. Serviertemperaturen aller Getränke darstellen können,
- die Mise en place sowie das Servieren von offen angebotenen Getränken nachvollziehen können,
- den Arbeitsablauf beim Angebot von Bier- und vor allem von Weinflaschen beschreiben sowie nachvollziehen können,
- das Frappieren, Chambrieren und Dekantieren von Weinflaschen erklären können,
- einige Vor- und Nachteile zu alternativen Weinflaschenverschlüssen nennen können.

Vier besondere Hinweise:

- Halten Sie alkoholfreie Getränke auch ungekühlt bereit.
- Beachten Sie Empfehlungen der Getränkeproduzenten!
- Vergewissern Sie sich, dass die Kühltemperatur konstant ist.
- Je trockener die Schaumweine, umso wärmer werden sie serviert – je süßer die Schaumweine, umso kälter werden sie serviert.

Es ist unbedingt zu berücksichtigen, dass die Trinktemperatur nicht gleich der Serviertemperatur ist. Die empfohlene Trinktemperatur ist zirka ein bis zwei Grad höher als die Serviertemperatur und ergibt sich aus dem Transport des Getränkes zum Gast. Je nach Jahreszeit gibt es kleinere Verschiebungen. Bier wird zB im Winter (im Speziellen beim Service im Freien, zB bei einer Schihütte) wegen eines veränderten Temperaturbewusstseins um ein bis zwei Grad wärmer serviert.

1 Ideale Trink- bzw. Serviertemperaturen

Alkoholfreie Getränke

Die ideale Trink- bzw. Serviertemperatur liegt bei zirka 6 bis 10 °C.

Bier

Die ideale Trink- bzw. Serviertemperatur liegt bei ca. 8 °C. Hohe Temperaturschwankungen sind zu vermeiden, sie führen zu Kohlensäureverlust.
Zu warmes Bier schäumt stark, dadurch geht die erfrischende Kohlensäure verloren und das Bier schmeckt schal. Zu kaltes Bier wird trüb, verliert den natürlichen Glanz, hält den Schaum nicht und wird daher unansehnlich.

Wein

Damit der Wein sein Bukett und Aroma, seinen Sortencharakter und Geschmack optimal zur Entfaltung bringen kann, bedarf es der richtigen Temperatur. Die besten und verlässlichsten Auskünfte darüber erhält man nach wie vor vom Erzeuger.
Beim **Temperieren** (vgl. Chambrieren, Seite 116) ist zu beachten, dass der Wein niemals „geschockt" werden darf. Das heißt, es darf kein zu rasches Kühlen (zB in der Kühltruhe) oder Erwärmen (zB im Backrohr, auf heißer Zentralheizung, unter fließendem heißem Wasser) stattfinden. Zum Kühlen und Erwärmen braucht der Wein entsprechend Zeit. Es können Temperierbehälter bzw. warme Kompressen verwendet werden.

Spirituosen

Die ideale Trink- bzw. Serviertemperatur ist abhängig von der Spirituosengruppe. Es gibt eisgekühlte, stark bzw. schwach gekühlte oder mit Zimmertemperatur ausgeschenkte Spirituosen. Eisgekühlt werden zB Wodka, Kornbranntweine und Aquavit, gekühlt werden Steinobstbrände. Zu den schwach zu kühlenden Spirituosen zählen neben klaren Beeren- und Kernobstbränden zB Tequila und bei den Likören u. a. Bailey's Irish Cream.

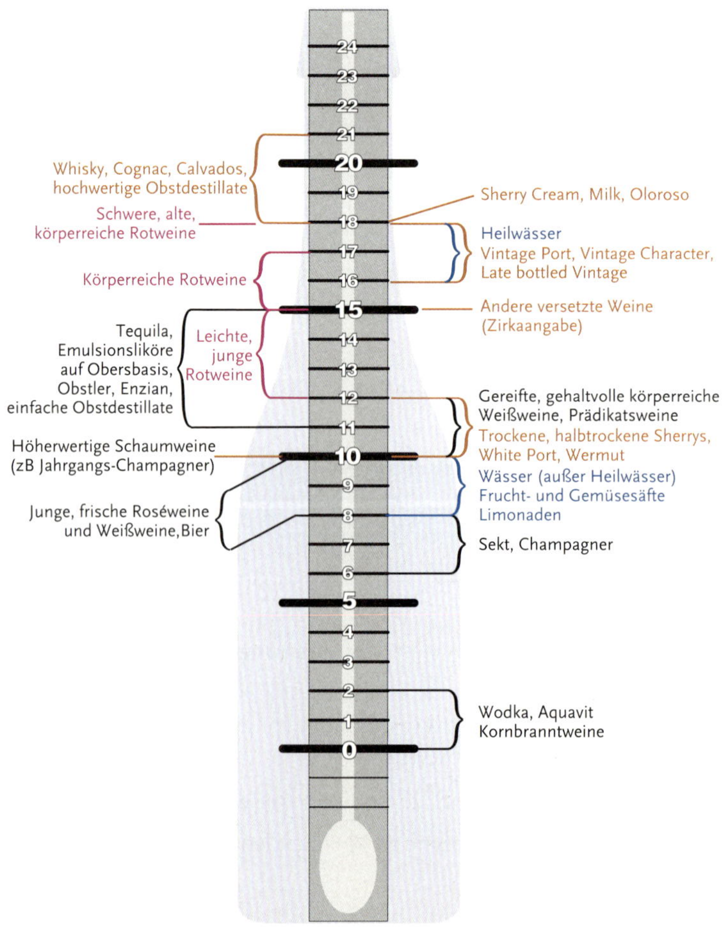

2 Service von Aperitif und Digestif

Aperitifs sind appetitanregende Getränke. Sie werden vor dem Essen serviert und dienen als Einstimmung auf kommende Genüsse. Aperitifs können trocken, fruchtig, aber auch zartbitter sein. Keinesfalls sollten sie süß schmecken.
In vielen Ländern ist es üblich, den Aperitif vor dem Essen an der Bar einzunehmen (England, USA, Italien). In Österreich wird Aperitif meist am Tisch konsumiert. Als Verkaufshilfe dient eine Aperitifkarte. Besser noch ist ein gut bestückter Aperitifwagen. Dieses „rollende Aperitifbuffet" ermöglicht optimale Beratung sowie raschen Service.

Klassische Aperitifs	
Bier	Vorzugsweise Pils wegen des höheren Hopfengehalts.
Trockene Schaumweine	Trockener Sekt oder Champagner bzw. Prosecco; oft mit Orangensaft, Crème de Cassis oder Holundersirup gemischt; Serviertemperatur 6–8 °C.
Trockener Weißwein	Welschriesling, Grüner Veltliner, Gelber Muskateller.
Bitters	Cynar, Aperol, Campari mit Soda oder Orangensaft.
Versetzte oder aromatisierte Weine	Wermut (zB Martini extra dry; gekühlt im Südweinglas oder „on the rocks" im Tumbler), Dubonnet, Sherry (Fino oder Amontillado).
Anisées	Pastis, Pernod, Ouzo; meist auf Eis mit kaltem Wasser serviert.
Trockene Cocktails	Martini Cocktail, Manhattan, Americano, Bloody Mary; vor allem Amerikaner lieben die Pre-Dinner-Cocktails.
Schnäpse	Eisgekühlter Wodka, Aquavit, Gin (meist auf Eis mit Tonic Water); im Norden Europas sehr beliebt.
Fruchtsäfte, Gemüsesäfte, alkoholfreie Getränke	Am besten frisch gepresst, zB Orangensaft, Grapefruitsaft; weiters Tomatensaft, Vitaminsaft, Kombucha, Bitter Lemon.

Der **Digestif** ist gewissermaßen der krönende Abschluss eines schönen Essens und dient der Verdauungsförderung. Oft wird er in Verbindung mit Kaffee, manchmal auch mit einer Zigarre genossen. Ist der Aperitif in Österreich immer noch an eine gewisse Art von Lokal (Gourmetrestaurant, italienisches Restaurant) gebunden bzw. wird er oft nur zu besonderen Anlässen getrunken, so erfreut sich der Digestif steigender Beliebtheit. Sicher geht diese Entwicklung mit der immer besser werdenden Qualität der Schnäpse aus Österreich einher. Um dem Gast die ganze Vielfalt der Digestifs perfekt präsentieren zu können, empfiehlt es sich, mit einem Digestifwagen zu arbeiten.

Klassische Digestifs	
Versetzte Weine	Sherry (Oloroso oder Cream), Portwein (Ruby oder Vintage), Samos, Tokajer.
Prädikatsweine	Trockenbeerenauslese, Eiswein; Ausschankmaß: 1/16 l im Süßweinglas.
Internationale Spirituosen	Cognac, Calvados, Whisk(e)y, Aquavit, Wodka, Rum, Grappa.
Liköre	Cointreau, Amaretto di Saronno, Drambuie, Tia Maria, Jägermeister, Fernet Branca.
Edelbrände	Edelbrände aus Steinobst (zB Marillenbrand), Kernobst (zB Williams-Birnenbrand) und Beerenobst (zB Himbeerbrand).

Erklären Sie die Herkunft von Grappa, Calvados und Aquavit.

Nennen Sie einige Destillateure aus Österreich.

3 Service von offenen Getränken

Unter offenen Getränken versteht man alle alkoholfreien und alkoholischen Getränke, die nicht in Originalflaschen auf den Tisch des Gastes kommen. Sie werden den Betrieben in Fässern (Bier, Wein), Containern (Bier, Wein, alkoholfreie Getränke) und so genannten Pre-Mix-Containern (fertige Getränkemischungen) oder 1- und 2-Liter-Flaschen (Wein, alkoholfreie Getränke) geliefert. Ausgeschenkt wird entweder von den Originalflaschen oder Pre- und Postmixanlagen.
Die offenen Getränke werden in geeichte Karaffen und Krüge gefüllt oder direkt in geeichte Gläser eingeschenkt und so zum Tisch des Gastes gebracht.

In Österreich müssen nach dem Maß- und Eichgesetz bzw. der Schankgefäßverordnung die Schankgefäße mit einem Füllstrich, mit der Bezeichnung der Inhaltsmenge und dem Litermaß versehen sein. Strich und Bezeichnung müssen durch Schnitt, Schliff, Brand usw. angebracht und leicht erkennbar sein.

Mise en place

- Serviertablett oder Getränketasse (hauptsächlich für Bierservice in Biergärten, aber auch in Gasthausbetrieben und Heurigenlokalen)
- Geeichte Karaffen, Krüge und Gläser

Service

- Auf ein Serviertablett mit Stoff- oder Papierserviette das gefüllte Glas stellen, dem Gast von der rechten Seite einstellen, und zwar so, dass das Glas oberhalb der Messerspitze zu stehen kommt.
- Karaffen, Krüge und Gläser auf eine Getränketasse mit Stoff- oder Papierserviette stellen. Zuerst das Glas dem Gast von der rechten Seite einstellen und aus der Karaffe oder dem Krug einschenken. Letztere rechts oberhalb des Glases platzieren.
- Es ist darauf zu achten, dass Bier und Kaffee zuletzt auf das Tablett kommen. Die Schaumkrone des Bieres und die Creme des Kaffees sollen erhalten bleiben.

Ist kein Gedeck vorhanden, stellt man das Glas so ein, dass es der Gast gut erreichen kann. Haben Gläser Vignetten, müssen sie zum Gast zeigen.

3.1 Ausschank von offenem Bier

Die Voraussetzungen für ein gutes Bierservice sind:

- Ruhige Lagerung
- Schutz vor direkter Sonnenbestrahlung
- Richtiger, ununterbrochen gleichmäßiger Kohlensäuredruck
- Peinlichste Sauberkeit aller Schankutensilien, wie zB Stecher, Zapfhähne, Armaturen, Leitungen und Gläser

In Biergläsern niemals andere Getränke, vor allem keine fetthaltigen, wie Milch, ausschenken. Der Fettfilm lässt den Schaum – die Krone des Biers – schnell zusammenbrechen und das Bier wird unansehnlich.

Richtiges Einschenken

- Das Bierglas gründlich mit der Gläserdusche spülen.
- Das Bier auf drei Mal zapfen:
  Das schräg gehaltene Glas zügig soweit befüllen, bis der Schaum etwa zur Hälfte im Glas steht. Anschließend nachzapfen. Beim dritten Mal die Schaumkrone aufsetzen. Rasch servieren.
- Die Zapfdauer nicht übertreiben, ideal sind 3-4 Minuten. Zapft man zu lange, landet ein Großteil der Kohlensäure im Schaum und das Bier wird schal.
- Das erste Glas des Tages, das sogenannte Leitungsbier, darf dem Gast nicht zugemutet werden.

Den geübten Bierschenk erkennt man daran, dass er dem Bier, gewissermaßen als Krönung, noch einen dritten Schaumring aufsetzt, der erst zur richtigen „Haube" führt.

Für offenen Bierausschank gibt es folgende Maße

Pfiff = 0,1–1/8 l
Stange = 0,2 l
Seidel („kleines Bier") = 1/3 l oder 0,3 l
„Eurokrügerl" = 0,4 l
Krügel („Halbe", „großes Bier") = 1/2 l oder 0,5 l
Maß = 1 l
Doppelmaß = 2 l

4 Service von Getränken in Flaschen

4.1 Flaschenbierservice

Beim Einschenken des Bieres aus der Flasche ist es ratsam, das Bierglas in die linke Hand zu nehmen, schräg zu halten und aus der Flasche vorsichtig einzuschenken. Wird nämlich in das gerade stehende Glas eingeschenkt, geht sehr viel Kohlensäure verloren und es bildet sich zu viel Schaum (insbesondere bei Weizenbier).

Nicht vergessen: Die Flaschen nach dem „Fifo-Prinzip“ (first in – first out) in die Kühlschränke einschlichten. Vorher abwischen.

4.2 Flaschenweinservice

Klassisches Weiß- und Roséweinservice sowie Schaumweinservice

Mise en place

- Standweinkühler oder Weinkühler mit Wasser, Eis und Weinflasche auf Unterplatte oder Unterteller mit Stoffserviette oder Spitzenpapier.
- Weinserviette aus Stoff (über den Weinkühler gefaltet).
- Brotteller mit Spitzenpapier/Underliner zum Präsentieren des Naturkorkens.
- Brotteller als Ablageteller für die Kapsel, mit Papierserviette, die zum Reinigen des Flaschenmundes und des Korkens dient.
- Hebekorkenzieher mit Messer.
- Weingläser (auf den Weintyp abgestimmt) auf einem Serviertablett mit Serviette/Spitzenpapier. Ein Reserveglas/Kostglas nicht vergessen, falls beim Einschenken des Probeschlucks Korkbrösel im Gästeglas landen bzw. wenn der Servicemitarbeiter oder der Sommelier den Wein verkostet.

Für Thermokühler wird selbstverständlich kein Eis verwendet.

Bei Kunststoffpfropfen, Dreh- und Glasverschlüssen ist der Brotteller nicht erforderlich.

Arbeitsablauf bei Weiß- und Roséwein

- Weingläser eindecken und Mise en place am Guéridon vorbereiten.
- Weinflasche aus dem Kühler heben und auf der gefalteten Weinserviette auf der linken Hand liegend dem Besteller von links präsentieren.
- Die Flasche auf die Weinserviette stellen, um Abdrücke am Guéridon zu vermeiden. Das Etikett zeigt dabei zum Gast. Die Flasche kann auch im Kühler geöffnet werden.
- Mit dem Messer die Kapsel unterhalb des Flaschenwulstes abschneiden (die Flasche dabei nicht drehen) und abheben. Kapsel auf den Ablageteller legen. Die linke Hand fixiert die Flasche.
- Mit der Papierserviette den Flaschenmund und den Korken reinigen.
- Die Spindel des Korkenziehers in der Mitte des Korkens ansetzen und hineindrehen. Der Korken soll nicht durchbohrt werden, da sonst Korkstücke in den Wein fallen.
- Den Hebel am Flaschenhals ansetzen, den Korken anheben und geräuschlos herausziehen. Dabei wird der Hebel mit der linken Hand am Flaschenhals fixiert, um ein Abrutschen zu vermeiden.
- Den Korken mit der Papierserviette von der Spindel drehen und auf dem Brotteller dem Besteller präsentieren. Der Korkbrand zeigt zum Gast.
- Den Flaschenmund mit der Weinserviette reinigen.
- Die geöffnete Flasche in die Weinserviette einschlagen, das Etikett muss dabei sichtbar bleiben.
- Dem Besteller von rechts einen Probeschluck einschenken. Während der Besteller probiert, evtl. nochmals die Flasche präsentieren.
- Akzeptiert er den Wein, nach der klassischen Reihenfolge zuerst den Damen, dann den Herren und zuletzt dem Besteller einschenken.
- Die Flasche in den Kühler zurückstellen und die Weinserviette darüberlegen.
- Das Reserveglas, den Korkenzieher sowie den Ablageteller mit dem Korken abservieren.

Der geschlossene Bug der Weinserviette zeigt zum Gast.

Der Korken (nur Naturkorken) kann vom Servicemitarbeiter oder Sommelier auf Aussehen und Geruch kontrolliert werden

Wird die Flasche in einem Plexiglaskühler serviert, muss sie nicht eingeschlagen werden. Die gefaltete Weinserviette wird dann in der linken Hand gehalten, um nach dem Einschenken etwaige Tropfen vom Flaschenhals zu entfernen.

Manche Schaumweinflaschen haben keine Lasche, die Folie wird unterhalb der Agraffe mit dem Korkenziehermesser abgeschnitten.

Aufgrund des hohen Kohlensäuredrucks in der Flasche muss der Verschluss gesichert werden, um ein Herausschießen des Korkens zu verhindern.

Der Daumen befindet sich in der konischen Vertiefung des Flaschenbodens.

Arbeitsablauf bei Schaumwein

- Schaumweingläser eindecken und Mise en place am Guéridon vorbereiten.
- Schaumweinflasche aus dem Kühler heben und auf der gefalteten Weinserviette auf der linken Hand liegend dem Besteller von links präsentieren. Der geschlossene Bug der Serviette zeigt zum Gast.
- Die Flasche auf die Weinserviette stellen, um Abdrücke am Guéridon zu vermeiden. Das Etikett zeigt dabei zum Gast. Die Flasche kann auch im Kühler geöffnet werden.
- Den Daumen auf die Kapsel drücken, die Lasche der Kapsel abziehen und abheben (auf den Ablageteller legen).
- Die Agraffe öffnen, dabei den Korken unbedingt mit dem Daumen fixieren.
- Die Agraffe abheben und den Daumen sofort wieder auf den Korken drücken.
- Die Agraffe auf den Abfallteller legen.
- Mit der Weinserviette den Korken umfassen und mit der zweiten Hand die Flasche am Flaschenboden fixieren und langsam drehen bis der Korken – ohne Knall – herauskommt. Die Flasche beim Öffnen schräg halten (nicht auf die Gäste gerichtet!).
- Den Korken auf Aussehen und Geruch kontrollieren, auf den Brotteller legen und einstellen.
- Den Flaschenmund mit der Weinserviette reinigen.
- Die geöffnete Flasche in die Weinserviette einschlagen, das Etikett muss dabei sichtbar bleiben.
- Der restliche Ablauf ist wie bei Weiß- und Roséwein. Die Schaumweingläser (außer Sektschalen) beim Einschenken ausheben und beim Einschenken schräg halten, um ein Überschäumen zu verhindern.

Frappieren

Frappiert werden Schaumweine sowie Weiß- und Roséweine, die nicht die gewünschte Trink- bzw. Serviertemperatur aufweisen. Meist genügt es aber, die Flasche etwa zehn Minuten in einen Kühler mit Eis und Wasser zu stellen.

Frappieren heißt kühlen. Es wird ausschließlich im Office durchgeführt. Man benötigt einen Weinkühler, Eis, Wasser und grobes Kochsalz.

Arbeitsablauf

- Einige Eiswürfel auf den Boden des Kühlers geben.
- Die Schaumweinflasche gerade mit der Depoteinbuchtung daraufsetzen und mit Eis ca. 10 cm hoch umgeben.
- Eine Handvoll grobes Salz über das Eis streuen. Dies schichtweise bis zum Rand des Kühlers wiederholen.
- Zirka 1/2 l Wasser einfüllen (es bildet sich eine Sole).
- Den Flaschenhals mit den Handflächen fassen und die Flasche so lange drehen, bis sich an der Außenwand des Kühlers eine dünne Eisschicht gebildet hat.

Chambrieren

Chambrieren heißt, dass Weinflaschen, die aus dem Keller geholt und geöffnet werden, auf Zimmertemperatur zu bringen sind. Zu diesem Zweck wird die Weinflasche zeitgerecht in einen Raum gelegt oder gestellt, der die gewünschte Temperatur aufweist. Chambriert werden vor allem alte Rotweine. Bei sehr alten Rotweinen geschieht dies mitunter schon am Vortag.

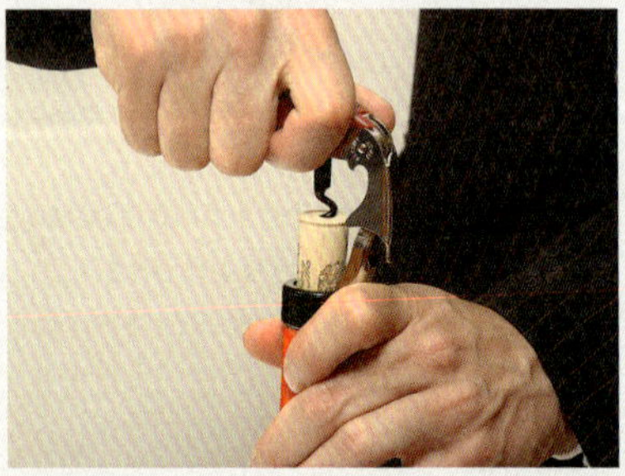

Moderne Hebekorkenzieher haben einen Hebel mit zwei Hebelansätzen, mit dessen Hilfe der Korken in zwei Stufen herausgezogen wird. Dadurch lassen sich auch sehr lange Korken mühelos entfernen.

Klassisches Rotweinservice

Gemeint ist das Service von Rotweinflaschen, die mit Naturkorken verschlossen sind.

Mise en place

- Rotweinflasche auf Dessertteller mit Papierserviette bzw. Underliner oder Flaschenuntersatz aus Metall
- Gefaltete Weinserviette aus Stoff
- Brotteller mit Spitzenpapier/Underliner zum Präsentieren des Korkens
- Brotteller als Ablageteller für die Kapsel mit Papierserviette zum Reinigen des Flaschenmundes und des Korkens
- Hebekorkenzieher mit Messer

- Weingläser (auf den Weintyp abgestimmt) auf Serviertablett mit Serviette/Spitzenpapier. Ein Reserveglas/Kostglas falls beim Einschenken des Probeschlucks Korkbrösel im Gästeglas landen bzw. wenn der Servicemitarbeiter bzw. Sommelier den Wein verkostet.

Arbeitsablauf

- Weingläser eindecken und Mise en place am Guéridon vorbereiten.
- Die Rotweinflasche mit der gefalteten Weinserviette auf der linken Hand liegend dem Besteller von links präsentieren. Der geschlossene Bug der Serviette zeigt zum Gast.
- Die Flasche auf den Unterteller zurückstellen, das Etikett schaut dabei zum Gast.
- Mit dem Messer die Kapsel unterhalb des Flaschenwulstes abschneiden (dabei die Flasche nicht drehen), abheben und auf den Ablageteller legen. Mit der linken Hand die Flasche fixieren.
- Den Flaschenmund und den Korken mit einer Papierserviette reinigen.
- Die Spindel des Korkenziehers in der Mitte des Korkens ansetzen und hineindrehen. Der Korken soll nicht durchbohrt werden, da sonst Korkbrösel in den Wein fallen.
- Den Hebel am Flaschenhals ansetzen, den Korken anheben und geräuschlos herausziehen. Dabei den Hebel mit der linken Hand am Flaschenhals fixieren, um ein Abrutschen zu vermeiden.
- Den Korken mit einer Papierserviette von der Spindel drehen und auf dem Brotteller dem Besteller präsentieren. Der Korkbrand zeigt zum Gast. Der Korken kann auf Aussehen und Geruch vom Servicemitarbeiter überprüft werden.
- Den Flaschenmund mit der Weinserviette reinigen.
- Die Weinserviette nochmals falten und in der linken Hand halten, um etwaige Tropfen nach dem Einschenken vom Flaschenhals zu entfernen.
- Dem Besteller von rechts einen Probeschluck einschenken. Während der Besteller probiert, evtl. nochmals die Flasche präsentieren.
- Wird der Wein akzeptiert, zuerst den Damen, dann den Herren und zuletzt dem Besteller einschenken.
- Die Flasche auf den Unterteller zurückstellen (Etikett zeigt zum Gast), die gefaltete Weinserviette neben die Flasche legen.
- Ablageteller mit Korken und nicht mehr benötigte Gegenstände abservieren.

Glas- und Drehverschlüsse

Die Verschlüsse werden dem Besteller nicht präsentiert, sondern auf den Ablageteller gelegt. Ein Korkenteller ist daher nicht notwendig.

Bei Weinflaschen mit Glasverschluss wird die Kapsel durch Drehen von der Flasche entfernt und auf den Ablageteller gelegt. Dann wird der Glaspfropfen mit dem rechten Daumen vorsichtig hochgedrückt (er kann eventuell mit dem linken Daumen gesichert werden).

Bei Drehverschlüssen gibt es zwei Varianten: solche mit oder ohne Folie. Bei Variante 1 wird zuerst die Folie entfernt, dann der Verschluss aufgedreht, abgehoben und abgelegt. Die Verwendung einer Weinserviette beim Aufdrehen des Verschlusses ist nicht zielführend, da dieser mit der Serviette nicht gut fixiert werden kann.

Dekantieren von Rotwein

Dekantieren ist das Trennen des Weines vom Depot. Viele Jahre gereifter Wein wird von der Originalflasche in eine Dekantierkaraffe umgefüllt, wobei das Depot in der Flasche zurückbleiben muss. Der Wein bekommt durch das Dekantieren einen intensiven Sauerstoffkontakt, der für die optimale Entfaltung des Buketts und Geschmacks sorgt.

Mise en place

- Rotweinflasche im Dekantierkorb, mit Stoffserviette ausgelegt
- Dekantierkaraffe auf Unterteller mit Stoffserviette oder Spitzenpapier/Underliner
- Gefaltete Weinserviette aus Stoff
- Brotteller mit Spitzenpapier/Underliner zum Präsentieren des Korkens
- Brotteller als Ablageteller für die Kapsel, mit Papierserviette zum Reinigen des Flaschenmundes und des Korkens
- Kerzenständer mit einer weißen Kerze sowie Streichhölzer auf Unterteller mit Underliner
- Hebekorkenzieher mit Messer
- Weingläser auf einem Serviertablett mit Serviette/Spitzenpapier sowie ein Reserveglas/Kostglas

Arbeitsablauf

- Die Flasche vorsichtig aus dem Regal nehmen und zur Beförderung (zum Guéridon) in den Dekantierkorb legen.
- Weingläser eindecken und Mise en place am Guéridon vorbereiten.
- Die Rotweinflasche im Dekantierkorb von links präsentieren.
- Den Dekantierkorb auf den Guéridon zurückstellen, der Flaschenhals zeigt nach rechts.

Für das **Belüften (Karaffieren)** von Weinen benötigt man eine Karaffe, die in den Weinkühler passt. Es wird bei Weißweinen angewendet, die sehr kantig sind und ihre Duftstoffe noch nicht entfaltet haben. Belüftet werden auch junge, tanninreiche Rotweine. Durch den Kontakt mit dem Sauerstoff wird der Wein weicher und runder.

- Entfernen der ganzen Kapsel mit einem T-Schnitt:
  - Querschnitt unterhalb des Flaschenwulstes, dann
  - Längsschnitt vom Kapselbeginn bis zum Flaschenwulst.

  Dabei werden Flasche und Dekantierkorb mit der linken Hand gehalten. Die Flasche darf sich nicht drehen.
- Die ganze Kapsel entfernen und auf den Ablageteller legen.
- Mit der Papierserviette den Flaschenmund und den Korken reinigen.
- Flasche und Korb mit der linken Hand halten.
- Öffnen wie beim klassischen Arbeitsablauf (siehe oben).
- Den Flaschenmund mit der Weinserviette reinigen.
- Dekantierkorb anheben, einen Probeschluck in das Kostglas einschenken und dem Besteller einstellen.
- Nachdem der Wein akzeptiert wurde: Kerze anzünden und das Streichholz am Unterteller des Kerzenständers ablegen.
- Die Weinflasche vorsichtig aus dem Dekantierkorb heben (Depot darf nicht aufgerüttelt werden) und den Flascheninhalt behutsam in die Karaffe leeren. Dabei die Flasche rechts und die Karaffe in der linken Hand schräg halten. Der Flaschenhals befindet sich vor dem Lichtschein der Kerzenflamme. Somit erkennt man, wann das Depot in den Flaschenhals kommt und der Dekantiervorgang unterbrochen werden muss.
- Dekantierkaraffe auf den Unterteller stellen und die Flasche mit dem Weinrest in den Korb zurücklegen (Etikett zeigt zum Gast).
- Die Flamme löschen, indem der Docht mit dem gebrauchten Zündholz in das flüssige Wachs getaucht wird. Den Docht nach dem Löschen sofort wieder aufrichten.
- Den Wein nach der klassischen Reihenfolge einschenken. Dazu das Glas mit der gefalteten Weinserviette am Stiel ausheben, schräg halten, Wein einfüllen. Das Glas wieder einstellen. Etwaige Tropfen am Karaffenhals mit der Weinserviette entfernen.
- Dekantierkaraffe auf den Unterteller stellen und die Weinserviette danebenlegen.
- Kostglas, Ablageteller mit Korken und nicht mehr benötigte Gegenstände abservieren.

Durch jahrelange Lagerung kann sich Schimmel auf dem Korken bilden, der somit entfernt wird.

Beim Dekantieren darf der Wein nicht auf den Boden aufschlagen, sondern sollte an der Innenwand der Karaffe entlangfließen. So nimmt er genügend Sauerstoff auf, um das Bukett optimal entfalten zu können.

Geben Sie dem Wein unbedingt Zeit zur Entwicklung. Schenken Sie ihn erst kurz vor dem Servieren der Hauptspeise ein, und zwar nur in kleinen Mengen. So entfaltet sich das Bukett im Glas weiter.

Rotweinservice im Dekantierkorb

Rotweinservice im Dekantierkorb ist für gereifte Rotweine, die weniger Tannine aufweisen, wie z. B. ein Pinot noir. Sie werden trotz Depot nicht dekantiert, sondern direkt aus der Flasche im Dekantierkorb ausgeschenkt.

Mise en place

- Rotweinflasche im Dekantierkorb, mit Stoffserviette ausgelegt
- Gefaltete Weinserviette aus Stoff
- Brotteller mit Spitzenpapier/Underliner zum Präsentieren des Korkens (nur bei Naturkorken)
- Brotteller als Ablageteller für die Kapsel mit Papierserviette zum Reinigen des Flaschenmundes und des Korkens
- Hebekorkenzieher mit Messer
- Weingläser (auf den Weintyp abgestimmt) auf einem Serviertablett mit Serviette/Spitzenpapier sowie ein Reserveglas/Kostglas

Arbeitsablauf

- Die ersten Schritte beim Arbeitsablauf sind die gleichen wie beim Dekantieren von Rotwein.
- Direkt aus der Flasche im Dekantierkorb einschenken. Den Korb in der rechten Hand halten und das Glas am Stiel mit der gefalteten Serviette mit der linken Hand ausheben (schräg halten). Tropfen am Flaschenhals mit der Weinserviette entfernen.
- Klassische Reihenfolge beim Einschenken beachten.
- Den Dekantierkorb auf den Guéridon zurückstellen, das Etikett zeigt zum Gast. Die Weinserviette neben den Korb legen.
- Reserveglas, Korkenteller und nicht mehr benötigte Gegenstände abservieren.

Avinieren von Weingläsern
Selbst nach einer gründlichen Reinigung können Weingläser immer noch Reste von Spülmittel enthalten bzw. während der Aufbewahrung Fremdgerüche annehmen. Daher werden sie vor dem Befüllen mit etwas Wein gespült. Dazu werden ca. 2 cl Wein in das Glas eingeschenkt und es wird so gedreht, dass die Glaswand innen komplett benetzt wird.

Glasweiser Ausschank von Wein

Gute Weine glasweise zu genießen wird von Gästen geschätzt, die keine ganze Flasche bestellen bzw. passend zum jeweiligen Gericht ein Glas Wein genießen wollen.

Variante 1

- Weinflasche dem Gast präsentieren.
- Öffnen der Flasche.
- Probeschluck nur bei neu geöffneten Flaschen anbieten.
- Glas füllen (Füllstrich beachten).

Variante 2

- Wein in eine Karaffe (1/8 l, ...) füllen.
- Von der Karaffe in das Glas einschenken (kein Probeschluck).

Arbeitsaufgaben

1. Wie hoch sind die idealen Trink- bzw. Serviertemperaturen folgender Getränke: Bier, Champagner, Portwein, Steinobstbrände.
2. Beschreiben Sie den chronologischen Arbeitsablauf beim Servieren von offen ausgeschenkten Getränken.
3. Welche Voraussetzungen sind für ein gutes Bierservice notwendig?
4. Welche Mise en place benötigen Sie für das Service einer Schaumweinflasche?
5. Was heißt frappieren und wie funktioniert es?
6. Was ist ein Dekantierkorb und was wird damit gemacht?
7. Welche Weine werden dekantiert? Beschreiben Sie den Arbeitsablauf.

Notizen zu den Arbeitsaufgaben und zur Zusammenfassung:

ZUSAMMENFASSUNG

Ideale Trink- bzw. Serviertemperaturen
Alkoholfreie Getränke bei 6–10 °C, Bier bei zirka 8 °C. Zu warmes Bier schäumt stark, zu kaltes Bier wird trüb. Die richtige Serviertemperatur des Weines beim Erzeuger erfragen. Der Wein darf niemals zu rasch gekühlt oder erwärmt werden. Er braucht Zeit. Bei den Spirituosen gibt es eisgekühlte (zB Wodka), stärker gekühlte (zB Steinobstbrände) und schwach gekühlte (zB Beeren- und Kernobstbrände).

Service von Aperitif und Digestif
Aperitifs sind appetitanregende Getränke. Sie werden vor dem Essen serviert und können trocken, fruchtig, aber auch zartbitter sein. Sie werden aus einer Aperitifkarte oder vom Aperitifwagen gewählt. Klassische Aperitifs sind Bier, trockene Weiß- und Schaumweine, Bitters (zB Campari), versetzte Weine (zB Wermut), Anisées, trockene Cocktails, eisgekühlte Spirituosen (zB Wodka, Gin) sowie alkoholfreie Getränke (zB frisch gepresster Orangensaft).

Der **Digestif** ist gewissermaßen der krönende Abschluss eines schönen Essens und dient der Verdauungsförderung. Oft wird er in Verbindung mit Kaffee, manchmal auch mit einer Zigarre genossen. Es empfiehlt sich mit einem Digestifwagen zu arbeiten. Klassische Digestifs sind die versetzten Weine Sherry und Portwein, Prädikatsweine (zB Eiswein), Liköre und Edelbrände.

Service von offenen Getränken
Die Mise en place besteht aus einem Serviertablett oder einer Getränketasse sowie geeichten Karaffen, Krügen und Gläsern.
Die Voraussetzungen für ein gutes Bierservice sind u. a.: ruhige Lagerung, keine direkte Sonnenbestrahlung, gleichmäßiger Kohlensäuredruck sowie immer saubere Schankutensilien.
Schnelles hastiges Einschenken verdirbt den Biergenuss.

Notizen zur Zusammenfassung:

ZUSAMMENFASSUNG

Service von Getränken in Flaschen
Beim Einschenken eines Bieres aus der Flasche sollte das Bierglas in die linke Hand genommen und schräg gehalten werden.
Beim Flaschenweinservice ist ein genauer Arbeitsablauf einzuhalten.

Folgende Mise en place wird benötigt:

Für Weiß-, Rosé- und Schaumwein
- Standflaschenkühler oder Weinkühler auf Unterplatte oder Unterteller mit Serviette
- Weinserviette aus Stoff
- Brotteller
- Hebekorkenzieher mit Messer, Sektkorkenzange

Für Rotwein
- Flaschenuntersatz aus Metall oder Dessertteller mit Serviette
- Weinserviette aus Stoff
- Papierservietten
- Brotteller
- Hebekorkenzieher mit Messer

Frappieren
Frappiert, also gekühlt werden Schaumweine sowie Weiß- und Roséweine, die die gewünschte Temperatur nicht aufweisen. Meist genügt es, die Flasche zehn Minuten in einen Kühler mit Eis und Wasser zu stellen. Das Frappieren wird ausschließlich im Office gemacht. Man benötigt einen Flaschenkühler, Eis und Wasser sowie grobes Kochsalz.

Chambrieren
Chambriert werden vor allem alte Rotweine, die aus dem Keller geholt und geöffnet werden und anschließend auf Zimmertemperatur zu bringen sind.

Dekantieren
Dekantieren ist das Trennen des Weines vom Depot. Der Wein wird von der Originalflasche in eine Dekantierkaraffe umgefüllt, wobei das Depot in der Flasche zurückbleiben muss.

Mise en place:
- Dekantierkorb
- Dekantierkaraffe mit Unterteller und Serviette
- Kerze, Streichhölzer
- Hebekorkenzieher
- Weinserviette
- Zwei Brotteller
- Weingläser auf einem Serviertablett und ein Reserveglas/Kostglas

Rotweinservice im Dekantierkorb
Für gereifte Rotweine, die weniger Tannine aufweisen. Sie werden trotz Depot nicht dekantiert, sondern direkt aus der Flasche im Dekantierkorb ausgeschenkt.

Belüften (Karaffieren) von Wein
Man benötigt eine Karaffe, die in den Weinkühler passt. Es wird bei **Weißweinen** angewendet, die sehr kantig sind und ihre Duftstoffe noch nicht entfaltet haben. Belüftet werden auch junge, tanninreiche **Rotweine.** Durch den Kontakt mit dem Sauerstoff wird der Wein weicher und runder.

Glasweiser Ausschank von Wein
Gute Weine glasweise zu genießen wird von Gästen geschätzt, die keine ganze Flasche bestellen bzw. passend zum jeweiligen Gericht ein Glas Wein genießen wollen.

Speisen- und Menükunde

Menüs sind aufeinander abgestimmte Zusammenstellungen verschiedener Speisen, aufgebaut nach der Menüreihenfolge.

Die Menükunde beinhaltet einerseits die Menüplanung und andererseits die Gestaltung der Speisen- und Menükarten. Im Inhalt eines Menüs sollen sich der individuelle Charakter und die Leistungsfähigkeit des Betriebes widerspiegeln. Der Restaurantfachmann/die Restaurantfachfrau muss in der Lage sein, dem Gast die Speisen zu erklären.
Wichtig für die richtige Menüzusammenstellung sind Kenntnisse über die allgemeine Marktlage, die Saisonwaren, den Anlass, die Gästewünsche und ernährungsphysiologische Grundsätze sowie die Kenntnis des Kilojoule- bzw. Kilokaloriengehalts der Lebensmittel (kJ bzw. kcal).

Unsere Ziele

Nach Bearbeitung dieses Kapitels werden Sie

- über die grundlegenden Garmethoden und Garstufen Bescheid wissen,
- die klassische und die moderne Menüreihenfolge nennen können,
- die verschiedenen Speisengruppen und ihre bekannten Vertreter erklären können,
- wissen, welche traditionellen Speisen in verschiedenen Ländern angeboten werden,
- die Grundsätze der Menüerstellung sowie die Menüarten nennen können,
- eine Speisenfolge anhand der zeitgemäßen Menüreihenfolge erstellen können,
- die Grundlagen zur Erstellung von Speisen- und Menükarten sowie von Getränkekarten erläutern können,
- anhand einer Liste mit Speisen Menüübungsbeispiele zusammenstellen und passende Getränke dazu empfehlen können,
- anhand des Kapitels „Fachliches Rechnen“ einfache Mengenberechnungen lösen können,
- den Wareneinsatz sowie den Verkaufspreis von Getränken berechnen können.

1 Garmethoden

Das Geheimnis der perfekten Zubereitung von warmen Gerichten liegt in der Wahl und der fachgerechten Anwendung der Garmethode.

1.1 Klassische Garmethoden

Im Wesentlichen unterscheidet man folgende Grundgarmethoden:

- Kochen
- Dünsten
- Schmoren
- Braten
- Grillen
- Frittieren
- Backen

Übersicht über die klassischen Garmethoden im Detail

Garmethode	Beschreibung	Klassische Beispiele
Vorbereitende Garmethoden		
Blanchieren	Überkochen und rasch abschrecken.	Blattspinat
Kochen	Garen in kochender Flüssigkeit.	Erbsenschoten
Sieden	Sanftes Köcheln des Garguts.	Gekochter Tafelspitz
Garmethoden für die Zubereitung		
Pochieren	Garziehen unter dem Siedepunkt.	Hühnerbrüstchen
Dämpfen	Garen durch Dampf mit Siebeinsatz.	Lachsforelle
Braundünsten, Schmoren	Starkes Anbraten; in wenig Flüssigkeit zugedeckt dünsten.	Gespickter Rinderbraten
Hellbraundünsten	Leichtes Anbräunen mit anschließendem Dünsten.	Truthahnbrust
Naturdünsten	Fleisch, ohne es anzubraten, in wenig Flüssigkeit zugedeckt dünsten.	Wiener Rindsgulasch
Braten im Ganzen	Garen mit Fett in trockener Hitze.	Kalbsnuss
Braten von Portionsstücken, Kurzbraten	Beidseitiges kurzes Anbraten in wenig heißem Fett.	Naturschnitzel
Frittieren, Backen in heißem Fett	In heißem Fett schwimmend ausbacken.	Wiener Schnitzel
Backen im Rohr	Backen in trockener, heißer Luft.	Strudel, Kuchen
Vollendende Garmethoden		
Glacieren	Überglänzen verschiedenster Garprodukte.	Karotten
Gratinieren	Überbacken, überkrusten.	Fisch, Gemüse, Aufläufe

Neben den klassischen gibt es noch schonende Garmethoden, z. B. Garen in Folie, im Steamer und im Niedertemperaturofen. Weiters gibt es kombinierte Systeme, z. B. Cook & Chill.

Kochen

Dämpfen

Frittieren

Cook & Chill heißt Kochen und Kühlen. Dieses System ermöglicht das Planen und Vorbereiten im Voraus. Die Speisen werden erhitzt, wenn sie gebraucht werden.

1.2 Schonende Garmethoden

Besonders schonend sind jene Garmethoden, bei denen im Backrohr mit wenig oder ganz ohne Fett gegart wird. Ob in der Diätküche oder im gehobenen Küchenbereich, diese Form des Garens entspricht dem Trend zu einer gesunden Lebensweise.

Garen in Backtrenn- oder Pergamentpapier (Garen „en papillote“)
Das Gargut wird in Backtrennpapier oder in mit wenig Fett bestrichenem Pergament gegart.
Geeignet für Portionsstücke von zartem, magerem Fleisch oder Fisch.

Garen in der Alufolie
Das Gargut wird in leicht befetteter Alufolie ohne Bräunung gedünstet.
Geeignet für zartes, mageres Fleisch, Fisch, Gemüse, Kartoffeln, Fleischstücke im Ganzen oder Portionsstücke und Geflügel.

Garen in der Bratfolie
Je nach Hitze wird in der Folie entweder gebraten (200 °C) oder gedünstet (160–180 °C). Wichtig ist, die Bratfolie richtig zu verschließen und die Oberseite zwei- bis dreimal mit einer Nadel anzustechen.
Geeignet für Fleischstücke im Ganzen, Geflügel und ganze Fische.

In der Salzkruste wird der Fisch im eigenen Saft schonend gegart.

1.3 Garstufen

Für die Garmethoden Braten im Ganzen, Braten in der Pfanne, auf dem Grill oder Rost sind folgende Garstufen möglich:

Garproben für Portionsstücke am Beispiel Rindersteak

Garstufe	Kerntemperatur	Garzeit	Druckprobe
Blau, stark blutig, bleu, rare: Das Steak hat eine dünne braune Kruste, innen aber ist es noch roh; an der Oberfläche erscheinen Blutstropfen.	45–47 °C	2–3 min	fühlt sich elastisch an
Blutig, stark rosa, saignant, medium rare: Unter der braunen Kruste des Steaks ist das Fleisch im Kern noch fast blutig; der Fleischsaft ist ebenfalls noch blutig.	52 °C	4–6 min	leichter Widerstand spürbar
À point („auf den Punkt gebraten“), medium: Das Steak hat eine schöne braune Kruste und der Kern ist zartrosa; der Fleischsaft ist ebenfalls rosa.	56–58 °C	8–12 min	Widerstand ist deutlich spürbar
Durchgebraten, bien cuit, well done: Das Steak ist gleichmäßig durchgebraten; der austretende Fleischsaft ist klar und hell.	über 72 °C	länger als 12 min	fühlt sich fest an

Rare

Medium rare

Medium

Medium well

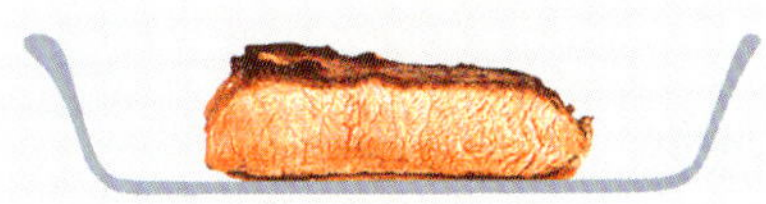
Well done

In den USA, der „Heimat der Steaks“ gibt es fünf Garstufen, und zwar zwischen Medium und Well done noch Medium well.

Französischer Menüaufbau in Italienisch
Antipasti freddi
Minestre
Antipasti caldi
Pesce, crostacei, molluschi
Piatto principale
Piatto di mezzo freddo
Piatto di mezzo caldo
Sorbetto
Arrosto, contorni, verdure
Dolci caldi
Dolci freddi
Stuzzichini

Gliederung italienischer Speisenkarten
- Antipasti
- Primi piatti
- Uova
- Crostacei
- Pesci
- Carni
- Contorni (verdure e insalate)
- Formaggi
- Dolci e gelati
- Frutta

Das aus dem Französischen abgeleitete Wort Menü hat in unserem Sprachgebrauch zwei Bedeutungen:
- **Speisenfolge,** bestehend aus drei oder mehreren aufeinander abgestimmten Gerichten in einer festgelegten Reihenfolge,
- **Speisenkarte.** + farblich u. geschmacklich abgestimmt

Heute wird die Gemüsebeilage vor der Sättigungsbeilage angeführt, da aus ernährungsphysiologischer Sicht dem Gemüse (auch in Portionsgröße) der Vorzug gegeben wird.

2 Menüreihenfolge

2.1 Klassischer französischer Menüaufbau

Die klassische Menüreihenfolge stammt aus dem 19. Jahrhundert und ist heute aus ernährungsphysiologischer Sicht nicht mehr zu vertreten. Sie bildet jedoch nach wie vor die fachliche Grundlage für die Zusammensetzung von zeitgemäßen Menüs.

Deutsch	Französisch	Englisch
Kalte Vorspeise	Hors-d'œuvre froid	Cold starter
Suppe	Potage	Soup
Warme Vorspeise	Hors-d'œuvre chaud	Hot starter
Fisch, Meeresfrüchte	Poisson, fruits de mer	Fish, Sea food
Hauptplatte	Grosse Pièce	Main course
Warmes Zwischengericht	Entrée chaud	Warm entre
Kaltes Zwischengericht	Entrée froid	Cold entre
Eisgetränk	Sorbet	Sherbet
Braten	Rôti	Roast
Salat	Salade	Salad
Gemüse	Légumes	Vegetables
Warme Süßspeise	Entremet chaud	Warm sweet dish
Kalte Süßspeise	Entremet froid	Cold sweet dish
Nachtisch	Dessert/Entremet sucrée	Dessert
Würzbissen	Savouries	Savouries

2.2 Zeitgemäßer Menüaufbau

Einfaches Menü	Erweitertes Menü	Degustations- oder Gourmetmenü
		Gaumenfreude (Amuse-Bouche, Amuse-Gueule)
Kalte Vorspeise oder **Suppe**	**Kalte Vorspeise**	**Kalte Vorspeise**
	Suppe oder **warme Vorspeise**	**Suppe**
		Warme Vorspeise
	Fisch	**Fisch**
		Eisgetränk (Sorbet)
Hauptgericht (Fisch oder Fleisch)	**Hauptgericht**	**Hauptgericht**
Sauce	**Sauce**	**Sauce**
Gemüsebeilage	**Gemüsebeilage**	**Gemüsebeilage**
Sättigungsbeilage (Salatbeilage)	**Sättigungsbeilage** (Salatbeilage)	**Sättigungsbeilage** (Salatbeilage)
	Käse	**Käse**
Dessert (Käse, Süßspeise oder Obst)	**Süßspeise** (warm oder kalt)	**Süßspeise** (warm oder kalt)

- Die sogenannte Gaumenfreude (Amuse-Bouche) soll die Wartezeit auf den ersten Gang überbrücken und wird in der Regel mit den Worten „Eine kleine Aufmerksamkeit der Küche" oder „Ein Gruß aus der Küche" serviert.
- Ein Salat kann die kalte Vorspeise sein oder er wird als Beilage zum Fisch bzw. zum Hauptgericht serviert. Oft wird der Salat unmittelbar vor dem Hauptgericht angeboten. Manche Gäste bevorzugen es aber, den Salat nach dem Hauptgericht zu essen.
- Kein Salat als Beilage, wenn das Gericht in viel Sauce zubereitet und serviert wird (z. B. Gulasch).
- Das Eisgetränk (Sorbet) als Neutralisierung im Gaumen wird nicht gleich nach der Suppe serviert, sondern zwischen zwei warmen Gängen, also zwischen warmer Vorspeise und Hauptgericht oder zwischen Fisch- und Hauptgericht.
- Käse wird in der Regel nach dem Hauptgericht (vor dem Dessert) gegessen. Er kann aber auch nach der kalten Süßspeise gereicht werden (nach geraumer Zeit).
- Kaffee wird nicht mehr in die Menüreihenfolge einbezogen, bildet aber bei jeder Speisenfolge den Abschluss. Dazu werden kleine Leckerbissen (Friandises) und/oder Kleingebäck (Konfekt, Petits Fours) gereicht.

Suchen Sie Menüvorschläge auf den Internetseiten verschiedener Restaurants und Gaststätten.

3 Speisengruppen

3.1 Gaumenfreuden (Amuse-Bouches/Amuse-Gueules, Appetizers)

Das sind appetitanregende, kleine und somit mundgerechte Häppchen. Sie werden auf Kosten des Hauses im Rahmen eines Menüs vor dem ersten Gang serviert. Angerichtet werden sie auf einem kleinen Teller oder oft auch auf einem Löffel (Partylöffel).

Beispiele
- Tatar vom Räucherlachs
- Mousse von der Tomate mit Basilikumgelee
- Geräucherte Entenbrust mit marinierter Dörrzwetschke
- Frischkäsemousse mit jungen Karotten

3.2 Kalte Vorspeisen (Hors-d'œuvres froids, Cold starters)

Das sind kleine Gerichte, die die Mahlzeit einleiten und durch ihren pikanten Geschmack den Appetit erhöhen sollen. Dazu werden Butter und Jourgebäck oder Toast bzw. verschiedene Brotsorten serviert.

Die Vielfalt der kalten Vorspeisen

Vorspeisensalate	Verschiedene Blattsalate mit Käse, Rohkost, gekochtem Gemüse, Pilzen, sautierten oder pochierten Fischfilets, Krusten-, Schal- und Weichtieren sowie mit gebratenem oder frittiertem Geflügel oder gebratener Geflügelleber. Mariniert werden die Salate mit passenden Marinaden, Dressings oder Mayonnaise.
Cocktails	Vorspeisencocktails werden in einer Cocktailschale angerichtet; sie werden pikant abgeschmeckt und optisch variiert. Die Zubereitung eignet sich für Avocados, Melonen, Geflügel, Pilze, Thunfisch, Krevetten, Muscheln, Garnelen, Hummer, Krabben und Flusskrebse.

Gemüse-vorspeisen	Fast alle Gemüsesorten, ob roh, gekocht, gegrillt oder gedünstet eignen sich für Vorspeisen, wie z. B. französischer Salat für Roastbeef-, Frischkäse- oder Schinkenrolle, gegrillte oder gefüllte Melanzani, Zucchini, Tomaten, Artischocken oder Paprikaschoten, gedünsteter Fenchel, Römersalat oder Chicorée sowie verschiedene Kombinationen von Rohkostsalaten – eventuell mit Früchten oder Nüssen.
Eiervorspeisen	Eier werden gekocht oder pochiert und entsprechend der Zubereitungsart mit Gemüse, Fleisch oder Fisch kombiniert. Beispiele sind russisches Ei, gefülltes Ei, pochiertes Ei mit Artischocken, Spinat oder geräuchertem Fisch sowie Wachteleier mit gebeiztem oder pochiertem Fisch oder Krustentieren.
Vorspeisen von Meeres-früchten und Fisch	Die Produkte werden roh, gekocht, pochiert, sautiert, mariniert oder geräuchert angeboten. Dazu zählen geräucherter Aal, Makrele, Forelle, Heilbutt, Lachs etc., marinierter Lachs, Hering, Thunfisch oder Sardinen, sowie Sushi und Maki. Gekochte und pochierte Meeresfrüchte, Fischfilets oder Medaillons von Fisch und verschiedene Austernarten. Serviert werden die Speisen mit entsprechender Garnitur und Marinade.
Kalte Fleisch-vorspeisen	Geräuchertes Fleisch: gekochter Schinken, Rohschinken, Beinschinken, Lachsschinken oder Wildschinken. Luftgetrocknetes Fleisch: Parmaschinken, Prosciutto, Serranoschinken oder Bündner Fleisch. Gebratenes oder mariniertes Fleisch sowie Pökelfleisch: Roastbeef, Huhn, Braten von Schlachtfleisch, Wild und Wildgeflügel sowie Carpaccio, Beef tartare, Ochsenmaulsalat, Hartwürste, Pökelfleisch oder -zunge. Die Vorspeisen werden mit attraktiven Garnituren und passenden kalten Saucen serviert.
Sulzen, Parfaits, Terrinen, Pasteten und Galantinen	Sie werden aus Fleisch, Fisch, Meersfrüchten, Innereien, Gemüse und Pilzen zubereitet. Ausgangspunkt ist immer eine Farce oder Mousse. Als Garnitur werden kalte Saucen (Sauce Cumberland, Preiselbeersauce, Ableitungen der Mayonnaise), Früchte, Obstpürees sowie Gemüse wie Spargel, Artischocken, Pilze, Oliven und verschiedene kombinierte Salate gereicht.
Kalte Suppen und Kalt-schalen	Kalte Suppen und Kaltschalen eignen sich besonders für warme Sommertage – als Vorspeise in der Menüfolge und vor allem für Buffets. Für kalte Suppen werden pürierte Gemüsesuppen oder Consommés verwendet. Die Kaltschalen sind süße, kalte Suppen von Früchten und Beeren. Das Obst wird mit Wein, Zucker und Zitronensaft püriert und mit Einlage serviert.
Delikatess-vorspeisen	Dazu zählen nicht alltägliche, delikate und teure Vorspeisen wie Kaviar (Beluga-, Sevruga- oder Ossetrakaviar), Austern (Rund- und Felsenaustern), Gänseleberpastete (foie gras), Hummer, Languste und Flusskrebs.

Passende Getränke: im Allgemeinen trockene Weiß-, Rosé- und Schaumweine, Lager- und Pilsbiere.

Beispiel

Carpaccio vom Rind mit Rucola und Parmesan

Feingeschnittene Scheiben vom Rinderfilet, die auf einem Teller aufgelegt werden. Mit Olivenöl bepinselt und mit Salz und Pfeffer gewürzt sowie mit Pesto, Parmesanspänen und Tomatenwürfeln serviert.
Pesto ist eine italienische Basilikumpaste.
Dazu servieren wir Weißbrot.
Sehr gut passt ein trockener, gehaltvoller Weißwein, z. B. ein Weißburgunder aus dem Weinbaugebiet ... (Name) vom Weingut ... (Name) in ... (Ort, Bundesland).

? Erklären Sie einem Gast (mit verkaufsfördernden Worten) fünf kalte Vorspeisen (z. B. von den Menüübungsbeispielen auf Seite 153f) und empfehlen Sie ein passendes Getränk (vorzugsweise einen Wein) dazu.

Canapés sind kleine, fein belegte Weißbrotschnitten. Meist werden sie rund oder dreieckig aus entrindetem Brot geschnitten.

Farcen werden aus rohen, fein faschierten Fleisch-, Geflügel- oder Fischteilen hergestellt. Sie sind mit Schlagobers, Weißbrotbröseln und/oder geschlagenem Eiklar gebunden. Im Gegensatz dazu werden Mousses aus gegarten Zutaten hergestellt und mit verschiedenen Bindemitteln versetzt.

Recherchieren Sie:

Sulz	
Parfait	
Galantine	
Terrine	
Pastete	

3.3 Suppen (Potages, Soups)

Das sind gewöhnlich warme, flüssige bis dünnbreiige Speisen, die in der Regel aus Wasser, Gemüse, Fleisch, Fleischextrakten, Fetten, Gewürzen, Kochsalz und weiteren Zutaten hergestellt werden. Meist werden zusätzliche Bestandteile wie Suppeneinlagen beigefügt.

Übersicht über die Suppen

Klare Suppen (potages clairs/broths)	Rindsuppe (Bouillon)	Herzhafte Suppeneinlagen, wie Knödel, Nockerl, Teigwaren, Schnitten, Strudel, Schöberl.
	Kraftsuppe (Consommé)	Feine, fettarme Einlagen, wie Gemüsejulienne.
	Doppelte Kraftsuppe (Consommé double)	Meist klar gereicht. Wenn Einlage, dann Brunoise von feinem Gemüse, Kräuter, Eierstich.
	Essenz	Meist klar gereicht. Mit Morcheln, Trüffeln, Sherry oder Portwein verfeinert.
Gebundene Suppen (potages liés/thick soups)	Cremesuppen: püriert und mit Schlagobers oder Sauerrahm verfeinert	■ Champignoncremesuppe ■ Spargelcremesuppe ■ Fischcremesuppe
	Einmachsuppen: mit Einmach gebunden, mit Liaison verfeinert	■ Kalbseinmachsuppe ■ Hühnereinmachsuppe
	Püreesuppen: püriert; evtl. mit Schlagobers oder Sauerrahm verfeinert	■ Kürbispüreesuppe ■ Erbsenpüreesuppe ■ Wildpüreesuppe
	Ragoutsuppen: gebundene Suppen mit erhöhtem Einlagenanteil	■ Kalbsragoutsuppe ■ Wildragoutsuppe
	Schaumsuppen: püriert und montiert oder mit geschäumtem Schlagobers verfeinert	■ Kresseschaumsuppe ■ Kräuterschaumsuppe ■ Fenchelschaumsuppe ■ Sellerieschaumsuppe
Spezialsuppen (potages spéciaux/special soups)	■ Bisque (Hummerbisque) ■ Clear Oxtail-soup	
Nationalsuppen (potages nationaux/national soups)	■ Gulaschsuppe ■ Bouillabaisse ■ Minestrone	
Regionalsuppen (potages régionales/regional soups)	■ Alt-Wiener Erdäpfelsuppe ■ Steirische Klachelsuppe ■ Kärntner Kirchtagssuppe	

Grießnockerlsuppe

Bärlauchschaumsuppe

Minestrone

Klare Suppen

- Fonds oder Brühen werden hauptsächlich aus Knochen, Wurzelgemüse und Aromaten zubereitet. Sie dienen als Aufgussmittel für Suppen.
- Bouillons sind servierbereit. Meist wird der Hauptbestandteil, wie Fleisch, Geflügel oder Fisch, in passendem Fond mitgekocht, z. B. Rindsuppe, Fischsuppe, klare Wildsuppe.
- Für Consommés wird das Fleisch mit Wurzelgemüse grob faschiert und mit Aromaten geklärt.

Es gibt auch kalte Suppen. Was ist das? Recherchieren Sie im Internet oder in der einschlägigen Fachliteratur, z. B. unter Gazpacho bzw. Vichysoise.

Klare Suppen sollen den Appetit und die Verdauung anregen. Die Menge und die Art der Suppeneinlage müssen mit dem anschließenden Hauptgericht harmonieren.

- Consommés doubles und Essenzen werden ein zweites Mal mit Fleisch und Aromaten versetzt und geklärt.
- Klare Suppen werden gerne mit passenden Kräutern, hauptsächlich Schnittlauch, vollendet.

Roux: Mehlröstung mit Fett.
Velouté: weiße Grundsauce.
Beurre manié: Mehlbutter.
Liaison: mit Obers und Eidotter legiert.

Gebundene Suppen
Zu dieser Gruppe zählen alle Suppen, die mit Bindemitteln wie Roux, Velouté, püriertem Gemüse, Beurre manié, Schlagobers, Eidotter, Butter, Mehl oder Liaison gebunden werden.

Passende Getränke: Zur Verkaufsförderung kann ein eigener Wein zur Suppe empfohlen werden, obwohl die Regel heißt: Zur Suppe im Menü kein eigenes korrespondierendes Getränk, sondern der Wein, der vorher zur kalten Vorspeise serviert wurde, wird weitergetrunken.
Wenn das Menü mit einer Suppe beginnt, sollte sowieso vorher ein Getränk (z. B. Wein) serviert werden.
Wir empfehlen:
- zu Gulasch-, Bohnen- und Currysuppen helles Bier (Lager, Pils)
- zu Fisch-, Zwiebel- und Knoblauchsuppen sowie Suppentöpfen trockene Weißweine

Unter Bouillon bzw. Consommé versteht man immer eine aus Rindfleisch angesetzte klare Suppe. Aus Geflügel, Fisch oder Wild zubereitete Suppen müssen den Namen des Grundmaterials in der Bezeichnung führen, z. B. Hühnerbouillon.

Knusprige Suppeneinlagen können auch à part serviert werden (z. B. geröstete Weißbrotwürfel = Croûtons).

Beispiel

Champignoncremesuppe
Eine Champignoncremesuppe ist eine mit Schlagobers gebundene Suppe mit blättrig geschnittenen Champignons und Petersilie.
Dazu passt ein trockener, gehaltvoller Weißwein, z. B. ein Rotgipfler aus dem Weinbaugebiet ... (Name) vom Weingut ... (Name) in ... (Ort, Bundesland).

3.4 Warme Vorspeisen (Hors-d'œuvres chauds, Hot starters)

Warme Vorspeisen sind kleine, appetitanregende, pikante Gerichte. Sie stellen in der Menüreihenfolge einen leichten Übergang nach der Suppe zum Fisch oder zum Hauptgericht dar.

Übersicht über die warmen Vorspeisen

Gericht	Kurzbeschreibung	Anwendungsbeispiele
Gefüllte Palatschinken oder Crêpes (pannequets farcis/ stuffed pancakes)	Palatschinken bzw. Crêpes, mit Gemüse, Meeresfrüchten, Wildragout u. Ä. gefüllt, mit passender Sauce angerichtet.	Palatschinke mit Spargelragout, Crêpes mit Meeresfrüchten
Teigtaschen	Aus Nudelteig mit Füllungen aus Gemüse, Käse, Pilzen, Fleisch, Fisch u. Ä.; halbmondförmig oder rund ausgestochen.	Kärntner Kasnudeln, Schlutzkrapfen
Knödel (quenelles/ dumplings)	Aus Grieß- oder Polentamasse, Kartoffel- oder Mehlteig mit Füllungen von Fleisch, Fisch etc. oder mit in die Grundmasse eingearbeitetem Gemüse und Kräutern.	Spinatknödel auf Kürbisgemüse
Strudel (stroudels/ strudels)	Mit Füllungen von Gemüse, Lamm, Fisch, Pilzen; mit passender Sauce angerichtet.	Gemüsestrudel mit Kräutersauce, Krautstrudel mit Paprikasauce

Kärntner Kasnudeln

Gemüse ■ à l'anglais ■ à la hollandaise ■ à la polonaise	Gekochtes Gemüse wie Spargel, Artischocken oder Brokkoli, mit ■ Sauce hollandaise oder ■ Bröselbutter angerichtet.	Weißer Spargel mit Sauce hollandaise
Gratiniertes Gemüse (légumes au gratin/ gratinated vegetables)	Gegartes Gemüse, mit Sauce Mornay oder mit Käse und Butter gratiniert.	Mit Sauce Mornay überbackener Karfiol
Gemüse in Backteig (légumes en fritot/ vegetable fritters)	Brokkoli, Karfiol u. Ä., bissfest gegart, durch Backteig gezogen, frittiert, mit passender Sauce angerichtet.	Schwarzwurzeln in Backteig mit Remouladensauce
Paniertes Gemüse (légumes panées/breadcrumbed vegetables)	Pilze, Zucchini etc., in Mehl, Ei und Bröseln paniert, frittiert, mit Kräuterdip oder Sauce tartare serviert.	Gebackene Champignons mit Sauce tartare
Gefülltes Gemüse (légumes farcis/stuffed vegetables)	Zucchini, Kartoffeln, Tomaten, Weißkraut, Kohl, Kohlrabi etc., mit Ragout oder Haschee von Fisch, Gemüse, Käse oder Fleisch gefüllt; passende Sauce dazu reichen.	Gefüllte Melanzani mit Tomatensauce
Aufläufe (soufflés/soufflés)	Grundzutaten wie Spargel, Brokkoli oder anderes Gemüse mit Sauce Béchamel und Eidotter vermischen, Eischnee untermengen, in Auflaufformen backen.	Spinatauflauf mit Kressesauce
Flans (feine Aufläufe/flans)	Feinere Form von Gemüseaufläufen mit Schlagobers und Ei.	Karfiolflan mit Kerbelsauce
Italienische Teigwaren/ Pasta:	Werden als kleine Portion in vielen Variationen als Vorspeise gereicht.	
■ Spaghetti	Werden wie jede Pasta al dente gekocht.	Spaghetti mit Pesto
■ Tagliatelle	Dünne Bandnudeln.	Tagliatelle verde mit Steinpilzrahm
■ Penne	Schräg geschnittene Nudelröllchen, hohl.	Penne mit Rohschinken und Tomaten
■ Tortellini	Quadrate aus Nudelteig, gefüllt, zu einem Dreieck gefaltet.	Tortellini mit Ricotta und Oliven
■ Lasagne	Schichtenaufbau von Nudelteigblättern mit Faschiertem, Gemüse, Fisch u. Ä.; anschließend gratiniert oder glaciert.	Gemüselasagne mit Kräuterobers
■ Ravioli	Kleine Nudelteigtaschen mit Füllungen aus Spinat, Ricotta oder Fleisch.	Ravioli mit Ricottafüllung
■ Cannelloni	Nudelteigrollen, gefüllt mit Fleisch- oder Fischhaschee, Käse- oder Gemüsefüllung; mit Sauce gratiniert.	Cannelloni mit Schafskäse-Spinat-Füllung

Erklären Sie einem Gast (mit verkaufsfördernden Worten) fünf warme Vorspeisen (z. B. von den Menüübungsbeispielen auf Seite 153f.) und empfehlen Sie ein passendes Getränk (vorzugsweise Wein) dazu.

Eine französische Spezialität sind Weinbergschnecken. Sie werden in Schneckengärten gezüchtet und gefroren oder gekocht als Konserve angeboten. Sie sind zum Backen oder Dünsten geeignet, mit oder ohne Gehäuse, z. B. Schnecken in Kräuterbutter.

Spaghetti mit Pesto

Gnocchi

Blätterteigpastetchen

Pochiertes Ei

Nockerln/Gnocchi	Aus Kartoffel-, Nudel- oder Brandteigmasse, in unterschiedlicher Form; mit passender Sauce serviert.	Gnocchi mit Garnelen und Tomaten
Schupfnudeln	Aus Kartoffelteig werden mit der Hand kleine, an den Enden spitze Nudeln geformt.	Schupfnudeln mit Sauerampfersauce
Risotto	Risottoreis (Arborio, Vialone) wird mit Fond und Geschmackszutat (Spargel, Shrimps, Artischocken etc.) cremig, aber bissfest gekocht. Vollendung mit Butterstückchen und geriebenem Parmesan.	Risotto mit Steinpilzen
Blätterteigpastetchen (bouchées/ puff pastry patties)	Kleine Blätterteigpastetchen mit Füllung aus Meeresfrüchte-, Spargel-, Bries- oder Hühnerragout etc.	Bouchés mit Ragout von Scampi und Seeteufel mit Mangold
Käsekuchen (quiche au fromage/cheese tarte)	Quicheform mit gesalzenem Mürbteig auslegen, mit Mischung aus gebratenem Schinken, Speck, Zwiebeln und Lauch füllen, mit Royale ausgießen, backen.	Lothringer Zwiebelkuchen
Eiergerichte		Pochiertes Ei auf Blattspinat mit Sauce hollandaise

Passende Getränke: Im Allgemeinen passen etwas gehaltvollere, kräftigere, manchmal sogar würzige Weißweine oder leichte Rosé- und Rotweine sowie Lager- und Pilsbiere.

Beispiel

Tagliatelle in Rahmsauce mit Edelpilzen

Tagliatelle sind feine, kernig gekochte Nudeln (Teigwaren) mit einer Rahmsauce und Edelpilzen, wie Eierschwammerln/Pfifferlingen, Steinpilzen oder Morcheln (je nach Jahreszeit). Dazu passt ein trockener, gehaltvoller Weißwein, z. B. ein Grauburgunder aus dem Weinbaugebiet ... (Name) vom Weingut ... (Name) in ... (Ort, Bundesland).

3.5 Fische und Meeresfrüchte (Poissons, Fish, Fruits de mer, Sea food)

Erklären Sie einem Gast (mit verkaufsfördernden Worten) fünf Fischgerichte bzw. Gerichte aus Meeresfrüchten (z. B. von den Menüübungsbeispielen auf Seite 153f.) und empfehlen Sie einen passenden Wein dazu.

Grundsätzlich unterscheidet man Süßwasserfische, Meeresfische und Meeresfrüchte.

- **Süßwasserfische** sind z. B. Aal, Flussbarsch, Felchen, Forelle, Hecht, Karpfen, Lachs, Pangasius, Saibling, Wels, Zander.
- **Meeresfische** sind z. B. Barsch, Brasse, Dorsch, Kabeljau, Hering, Makrele, Plattfische (Steinbutt, Heilbutt, Seezunge, Scholle, Rotzunge), Thunfisch, Red Snapper, Seeteufel.
- **Meeresfrüchte (Schaltiere, Krustentiere)** sind z. B. Garnelen (Krevetten), Hummer, Languste, Kaisergranat (Scampo, Langoustine), Krabbe, Taschenkrebs, Muscheln (Austern, Miesmuscheln, Jakobsmuscheln, Venusmuscheln bzw. Vongole), Weichtiere (Meeresschnecke, Kalmar/Sepia, Tintenfisch, Krake).

Passende Getränke: Im Allgemeinen passen trockene, (je nach Zubereitungsart) leichte, mittelschwere bis schwere Weißweine.

Beispiel

Saiblingsfilet nach Müllerinart

Der Saibling ist ein Süßwasserfisch, der filetiert wird. Die zwei Seiten werden mit Zitrone beträufelt, gesalzen, in Mehl gewendet und beiderseits goldgelb gebraten sowie mit brauner Butter und Petersilie ergänzt.
Dazu passt ein trockener, mittelschwerer Weißwein, z. B. ein Welschriesling aus dem Weinbaugebiet ... (Name) vom Weingut ... (Name) in ... (Ort, Bundesland).

3.6 Eisgetränke (Sorbets, Sherbets)

Eisgetränk, auch Sorbet, ist die Bezeichnung für ein eiskaltes Getränk bzw. eine halbfeste Speise aus Fruchtsaft, Fruchtpüree und Zucker. Es gibt auch Sorbets, die Champagner oder Wein enthalten. Klassisch ist das Zitronensorbet.

Eisgetränke werden im großen Menü vor dem Hauptgang bzw. nach dem warmen Zwischengericht als erfrischende Abwechslung oder als Dessert mit Früchten und Beeren garniert nicht zu kalt serviert.

Mangosorbet

Beispiel

Zitronensorbet

Ein Zitronensorbet ist ein erfrischendes halbfestes Eis aus Wasser, Zucker, Weißwein und Zitronensaft.

3.7 Hauptgerichte, Saucen, Gemüse-, Sättigungs- und Salatbeilagen

Als Hauptgericht oder auch Hauptspeise (im Unterschied zu Vor- und Nachspeise) bezeichnet man das Gericht, das in einer Reihe von Gängen die zentrale und dominierende Stelle einnimmt. In der Regel ist das Hauptgericht warm zubereitet.

Die Fleischhauptgerichte können eingeteilt werden:
- nach dem klassischen Menüaufbau in Hauptplatten (Grosses-Pièces), warme Zwischengerichte und Braten,
- nach der Tierart in Rinds-, Kalbs-, Schweins-, Lamm-, Geflügel- und Wildgerichte.

Rind

Englischer – Aufteilung und Verwendung

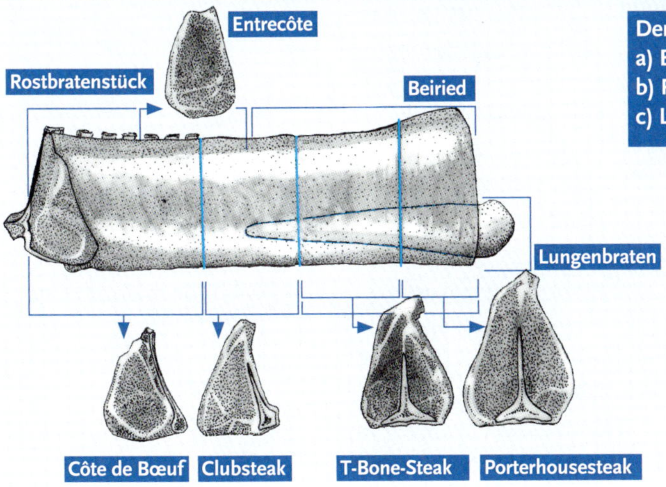

Der Englische besteht aus
a) Beiried,
b) Rostbratenstück und
c) Lungenbraten (Filet).

Rind

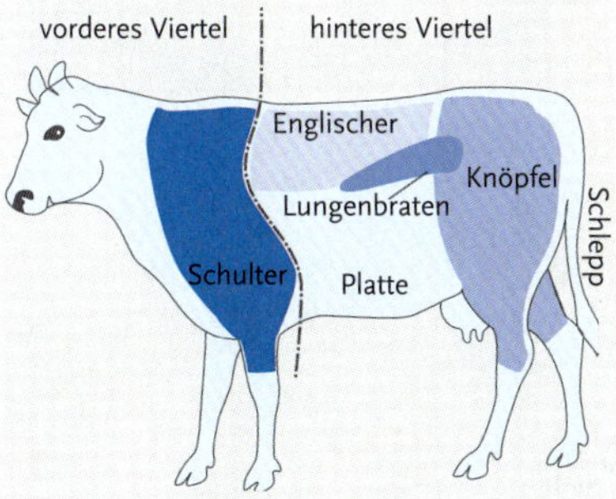

Kalb

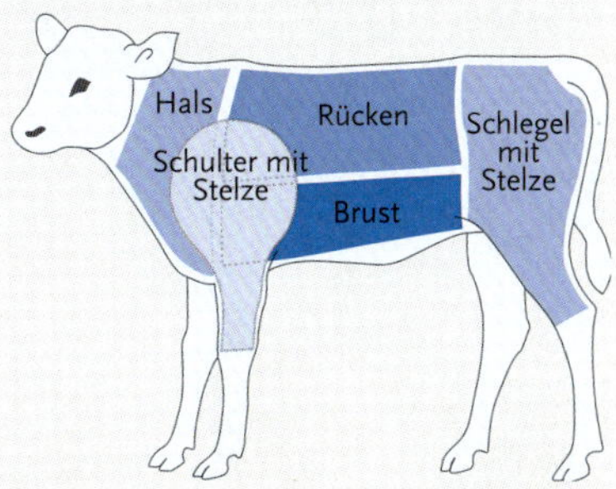

Schwein

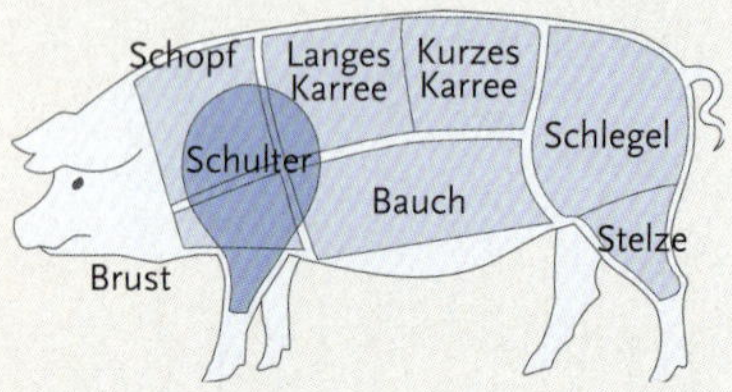

Lamm

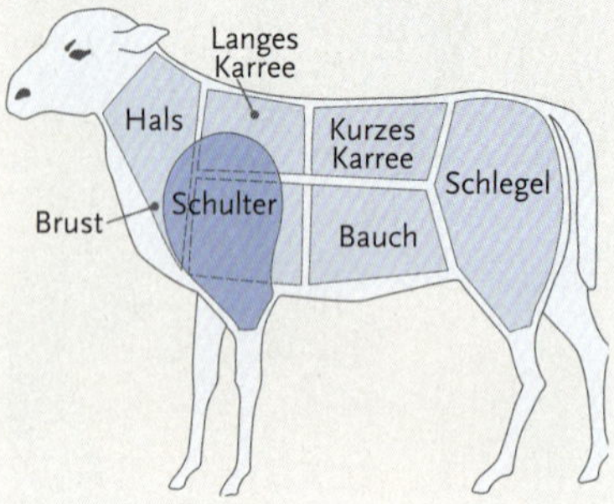

Kalte Zwischengerichte (Entrées froides) nach dem klassischen Menüaufbau sind Pasteten, Galantinen, Terrinen, Parfaits, Mousses und Krustentiere, die heute oft als kalte Vorspeise angeboten werden.

Parfait

Lungenbraten – Aufteilung und Verwendung

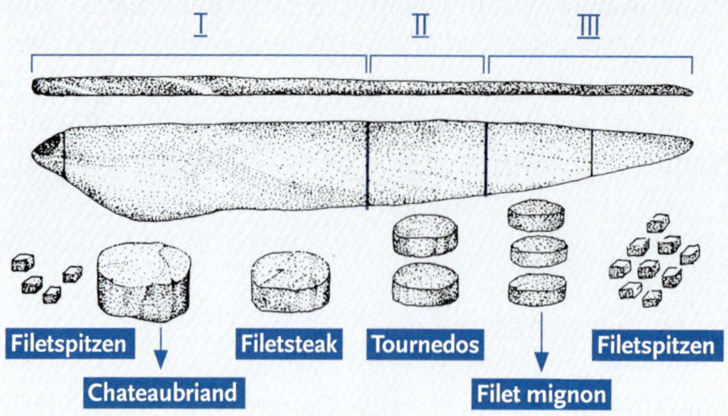

Der Lungenbraten wird aufgeteilt in
I Filetkopf,
II Filetmittelstück und
III Filetspitze.

Hauptplatten (Grosses-Pièces)
Hauptplatten (Grosses-Pièces) sind gedünstete oder gekochte große Stücke von Schlachtfleisch, Wild und Geflügel. Sie werden im Ganzen nach verschiedenen Variationen zubereitet.

Warme Zwischengerichte (Entrées chaudes)
Als warme Zwischengerichte werden alle Fleischgerichte bezeichnet, die vor der Zubereitung roh portioniert oder in kleine Stücke geschnitten werden. Es sind dies z. B. Steaks, Koteletts, Medaillons, Schnitzel, Sautés, Grilladen, Ragouts, Gulasch, Faschiertes und Innereien. Meist werden sie als À-la-minute-Gerichte oder frisch gemachte Speisen auf die Karte gesetzt.

Braten (Rôts)
Rôtis sind alle im Ganzen gebratenen Stücke von Schlachtfleisch, Geflügel und Wild, also Hauptplatten mit Garnituren, Beilagen und Salaten. In der klassischen Menüreihenfolge wird der Braten nach dem Sorbet serviert.

Saucen
Saucen (Soßen) sind flüssige bis sämig gebundene, würzende Beigaben zu verschiedenen warmen und kalten Speisen, Salaten und Desserts.
Als Basis einer guten Grundsauce dienen Fonds, auch Aufgussflüssigkeit, Sud oder Brühe genannt.
Die Grundzutaten (Knochen, Geflügel- oder Fischkarkassen oder Gemüse) werden blanchiert, angeschwitzt oder geröstet und anschließend in kaltem Wasser zugestellt und gekocht.

Weiße Saucen		
Cremesauce (Velouté)	Basissauce. Mehlschwitze wird mit Kalbsfond aufgegossen, gewürzt und mit Obers vollendet.	
Geflügelcremesauce	Mehlschwitze wird mit Geflügelfond aufgegossen, gewürzt und mit Obers vollendet.	Passt zu Geflügelgerichten.
Weißweinsauce	Mehlschwitze wird mit Fischfond aufgegossen, gewürzt und mit Obers vollendet.	Passt zu pochiertem Fisch.
Kräuterrahmsauce	Cremesauce wird mit frischen Kräutern vollendet.	Passt z. B. zum Gemüsestrudel.

Champignoncremesauce	Cremesauce mit blättrig geschnittenen Champignons und Kräutern.	Passt z. B. zu Kalbsmedaillons.
Béchamelsauce	Mehlschwitze mit Milch aufgegossen und gewürzt.	Für Lasagne.
Käsesauce (Sauce Mornay)	Béchamel mit Obers, mit geriebenem Hartkäse verfeinert.	Zum Gratinieren.
Dillsauce	Béchamel mit Obers, mit Dillspitzen vollendet.	Passt zu Fisch.

Helle Sauce (À-la-minute-Sauce): Weißer Fond, mit Weißwein und Schlagobers oder Crème fraîche und kalten Butterflocken vollendet.

Dunkle Sauce (À-la-minute-Sauce): Brauner Fond, mit Rotwein und Butter vollendet.

Cremesauce (À-la-minute-Sauce): Brauner Fond, mit Rotwein, Schlagobers oder Crème fraîche vollendet.

Braune Saucen		
Bratensaft (Jus) = Natursaft, der beim Braten entstanden ist.		
Braune Fleischsauce (Demi-glace)	Basissauce. Eingekochter brauner Rinds- und Kalbsknochenfond, mit Stärke gebunden.	
Burgundersauce	Angeschwitzte Schalotten, mit rotem Burgunder eingekocht, mit brauner Fleischsauce aufgegossen und gewürzt.	Passt z. B. zu gedünstetem Rinderbraten.
Pfeffersauce	Angeschwitzte Schalotten und grüner Pfeffer, mit Rotwein abgelöscht, mit brauner Fleischsauce aufgegossen und mit Schlagobers vollendet.	Passt zu Steaks.
Madeirasauce	Braune Fleischsauce, mit Madeira vollendet.	Passt z. B. zu Tournedos Rossini.
Wildsauce	Eingekochter brauner Wildfond, mit Stärke gebunden.	Passt zu Wildgerichten.
Wacholderrahmsauce	Wildsauce, mit zerstoßenen Wacholderbeeren, Schlagobers oder Crème fraîche oder Sauerrahm aufgekocht und gewürzt.	Passt zu Wildgerichten.
Wildpfefferrahmsauce	Angeschwitzte Zwiebeln, mit Rotwein, Pfefferkörnern und Wildsauce aufgekocht und mit Sauerrahm oder Butter gebunden.	Passt zu Wildgerichten.

Rinderbraten mit Burgundersauce

Warm aufgeschlagene Buttersaucen		
Holländische Sauce (Sauce hollandaise)	Eidotter, mit Weißweinreduktion warm aufgeschlagen, flüssige Butter wird langsam eingerührt.	Passt z. B. zu Spargel.
Schaumsauce (Sauce chantilly)	Zwei Teile holländische Sauce, mit einem Teil geschlagenem Obers und etwas Zitronensaft vollendet.	Passt zu pochiertem Fisch.
Malteser Sauce (Sauce maltaise)	Holländische Sauce mit Orangensaft und Orangenzesten.	Passt zu Artischocken.

Spargel mit Sauce hollandaise

Bearner Sauce mit Fleischglace = Sauce Foyot

Bearner Sauce

Mayonnaise

Bearner Sauce (Sauce béarnaise)	Holländische Sauce mit Estragon.	Passt zu Rinderfilet.
Tomatisierte Bearner Sauce (Sauce Choron)	Bearner Sauce mit Tomatenmark oder geschälten Tomatenwürfeln.	Passt zu Rinderfilet.

Kalt gerührte Ölsaucen		
Mayonnaise	Pasteurisierte Eidotter werden mit Gewürzen und Zitronensaft glatt gerührt und das Öl wird eingerührt.	
Schlagobersmayonnaise	Zwei Teile Mayonnaise, mit einem Teil geschlagenem Obers vollendet. (Bei Vollendung mit Joghurt = Joghurtmayonnaise.)	Passt zu gebackenem Gemüse.
Cocktailsauce	Zwei Teile Schlagobersmayonnaise, mit einem Teil Ketchup sowie Kren und Cognac vollendet.	Passt zu Shrimpcocktail.
Tatarensauce	Mayonnaise mit Essiggurkerln, Petersilie, Kapern, evtl. hart gekochten Eiern.	Passt z. B. zu gebackenen Champignons.
Remouladensauce	Mayonnaise mit Kapern, Sardellenfilets, Essiggurken, Kräutern.	Passt zu gebackenem Fisch.
Knoblauchmayonnaise (Sauce aioli)	Mayonnaise mit Knoblauch.	Passt zu gebackenen Meeresfrüchten.

Spezielle eigenständige Saucen		
Semmelkren	Warme Sauce aus in Rindsuppe gekochten Semmeln, Kren und Gewürzen.	Passt zu gekochtem Rindfleisch.
Tomatensauce	Warme Sauce aus geschälten Tomaten und Gewürzen.	Passt z. B. zu gefüllten Paprika.
Provenzalische Sauce	Warme Sauce aus Schalotten, Knoblauch, geschälten Tomaten und Gewürzen.	Passt zu gegrilltem Fisch.
Wiener Schnittlauchsauce	Kalte Sauce aus Semmeln, Eidotter, Öl, Gewürzen und Schnittlauch.	Passt zu gekochtem Rindfleisch.
Apfelkren	Kalte Sauce aus Äpfeln, Zitronensaft und Kren.	Passt zu gekochtem Rindfleisch.
Cumberlandsauce	Kalte Sauce aus Ribisel- und Preiselbeermarmelade, Orangen- und Zitronensaft und Zesten sowie Rotwein und Gewürzen.	Passt z. B. zu Wildpastete.
Vinaigrette	Kalte Sauce aus Essig, Öl, Kräutern und Gewürzen, auch mit gehackten Eiern.	Passt zu Salaten.
Tomaten-Vinaigrette	Vinaigrette mit Tomatenwürfeln.	Passt z. B. zu kaltem Spargel.

Pesto	Kalte Sauce aus Basilikum, Pinienkernen, Knoblauch, Parmesan und Olivenöl.	Passt zu Nudelgerichten.
Barbecuesauce	Kalte Sauce aus Öl, Zwiebeln, Speck, Ketchup, Tomatensaft und Gewürzen.	Passt zu Grilladen.
Dill-Senf-Sauce	Kalte Sauce mit Senf, Honig, Weißwein, Gewürzen, Öl und Dill.	Passt zu gebeiztem Lachs.
Oberskren	Kalte Sauce mit Schlagobers, Kren und Gewürzen.	Passt zu geräucherten Fischen.
Salatsaucen	Essig-Öl-Marinade, Italian Dressing, French Dressing, etc.	

Pesto

Weitere Saucen	
Coulis	Püreesaucen aus Tomaten, Paprika oder Spargel.
Espumas	Geschäumte Püreesaucen, im Sahnesiphon (Sahneboy) hergestellt.
Dips	Zum Eintauchen von kleinen Stücken Rohkost, Garnelen, Tortillas oder Salzgebäck, z. B. Sauerrahm-Schnittlauch-Dip, Sardellendip und kalte Ölsaucen.

Anstelle von Saucen werden auch Buttermischungen verwendet, z. B. Kräuterbutter zu Steaks, Knoblauchbutter zu Fisch.

Dips

Beilagen

Die Beilagen sollen das Gericht passend ergänzen. Entsprechend der heutigen Ernährungsauffassung wird den Gemüse- und Salatbeilagen der Vorrang vor den Sättigungsbeilagen gegeben. Der Umfang der Sättigungsbeilagen wird kleiner gehalten.

Gemüse- und Salatbeilagen

Blattsalate und -gemüse	Salatsorten, z. B. Chinakohl, Chicorée, Eichblattsalat, Eisbergsalat, Endiviensalat, Grüner Salat, Lollo rosso, Radicchio, Rucola, Vogerlsalat. Bärlauch, Brennesseln, Mangold, Spinat.
Kohl- und Krautgemüse	Wirsingkohl, Kohlrabi, Sprossenkohl, Blaukraut, Brokkoli, Karfiol.
Fruchtgemüse	Grüne Bohnen, Erbsen, Gurken, Kürbisse, Melanzani, Zucchini, Paprika, Pfefferoni, Tomaten, Oliven, Mais.
Stängelgemüse	Fenchel, Spargel, Stangensellerie.
Wurzelgemüse	Gelbe Rüben, Karotten, Sellerie, Rote Rüben, Radieschen, Rettich, Pastinaken, Schwarzwurzeln, Kren.
Zwiebelgemüse	Lauch, Knoblauch, Zwiebeln.
Blüten- und Sprossengemüse	Artischocken, Bambussprossen, Keimlinge.
Hülsenfrüchte	Kichererbsen, Rote Bohnen, Käferbohnen, Schwarze und Weiße Bohnen, Linsen.
Pilze	Champignons, Eierschwammerln, Stein- und Herrenpilze, Morcheln, Austernpilze, Trüffeln, Shiitakepilze, Trompetenpilze.

Blattsalate

Sättigungsbeilagen

Kartoffeln	
■ gekocht oder gedämpft	Salzkartoffeln, Petersilienkartoffeln, Kartoffelpüree.
■ in der Pfanne gebraten	Bratkartoffeln, sautierte Kartoffeln, Zwiebelkartoffeln, Röstkartoffeln, Rösti, Würfelkartoffeln, Pariser Kartoffeln, Kartoffelpuffer, Kartoffelplätzchen.
■ frittiert	Pommes frites, Kartoffelstäbe, Strohkartoffeln, Kartoffelchips, Waffelkartoffeln, Kartoffelnester.
■ im Rohr gebacken	Folienkartoffeln, Ofenkartoffeln, Kartoffelgratin, Bäckerinkartoffeln, Annakartoffeln, Schlosskartoffeln.
■ Kartoffelmassen und Kartoffelteige	Duchessekartoffeln, Kartoffelkroketten, Williamskartoffeln, Mandelkartoffeln, Kartoffelkrapfen, frittierte Kartoffelnockerln, Kartoffelnudeln, Schupfnudeln, Kartoffelroulade, Kartoffelknödel, Kartoffelgnocchi.
Knödel	Semmelknödel, Serviettenknödel, Grießknödel.
Nockerln und Spätzle	Spinatnockerln, Eiernockerln, Käsespätzle.
Getreideprodukte	Gekochter und gedünsteter Reis, Pilaw, Wildreis, Risotto, Polenta, Perlweizen oder Bulgur, Buchweizenblinis, Couscous, Grießgnocchi.
Teigwaren	Bandnudeln (Tagliatelle), schmale Nudeln (Linguine), Teigfleckerln, Makkaroni, Penne, Spaghetti, Hörnchen.

Serviettenknödel

Erklären Sie einem Gast (mit verkaufsfördernden Worten) fünf Hauptgerichte mit Beilagen (z. B. von den Menüübungsbeispielen auf Seite 153f.) und empfehlen Sie ein passendes Getränk (vorzugsweise Wein) dazu.

Passende Getränke: Zu gekochtem oder gedünstetem hellem Fleisch passen trockene, leichte bis mittelschwere Weißweine, zu dunklem Fleisch mittelschwere Weißweine.
Zu gebratenem hellem Fleisch passen trockene, mittelschwere bis schwere Weißweine und mittelschwere Rotweine, zu dunklem Fleisch mittelschwere bis schwere Rotweine. Wenn als Beilagen Feingemüse wie Spargel, Karfiol oder Zuckererbsen dominieren, eher keinen Rotwein anbieten.
Zu gebackenen Gerichten kräftige Weine, zu Gulasch und Currygerichten Bier empfehlen.

Tafelspitz

Beispiele

Wiener Tafelspitz

Ein Tafelspitz ist ein Rindfleischstück, das in einer Suppe mit Wurzelgemüse und Gewürzen langsam gekocht wird und mit feinem Cremespinat und Röstkartoffeln sowie mit einer kalten Schnittlauchsauce und frischem Apfelkren serviert wird.
Dazu passt ein trockener, gehaltvoller Weißwein, z. B. ein Grüner Veltliner aus dem Weinbaugebiet ... (Name) vom Weingut ... (Name) in ... (Ort, Bundesland) oder, wenn ein Rotwein gewünscht wird, ein Blauburgunder aus dem Weinbaugebiet ... (Name) vom Weingut ... (Name) in ... (Ort, Bundesland).

Gebratene Medaillons vom Kalbsfilet

Medaillons sind kleine aus dem Kalbsfilet geschnittene Fleischstücke, die gewürzt und gebraten werden. Sie werden mit einer Morchelrahmsauce und mit hausgemachten Nudeln serviert.
Dazu passt ein trockener, schwerer Weißwein, z. B. ein Riesling Smaragd aus dem Weinbaugebiet ... (Name) vom Weingut ... (Name) in ... (Ort, Bundesland) oder ein trockener, mittelschwerer Rotwein, z. B. ein Merlot aus dem Weinbaugebiet ... (Name) vom Weingut ... (Name) in .... (Ort, Bundesland).

Gebratener Hirschrücken

Der ausgelöste Rücken wird gewürzt und rosa gebraten. Als Beilagen werden Apfelrotkraut und Kartoffelkroketten serviert.
Dazu passt ein trockener, mittelschwerer bis kräftiger Rotwein, z. B. ein Blaufränkisch aus dem Weinbaugebiet ... (Name) vom Weingut ... (Name) in ... (Ort, Bundesland).

3.8 Käse (Fromage, Cheese)

Käse ist ein festes Milcherzeugnis, das – bis auf wenige Ausnahmen – durch Gerinnen aus dem Eiweißanteil der Milch gewonnen wird.
Die Käsesorten sind abhängig von:

- der Milchart (Kuh, Schaf, Ziege oder Büffel) – roh, pasteurisiert bzw. mit Lab vorbehandelt,
- dem Herstellungsprozess (Temperatur, Käsebruchgröße usw.),
- Zusätzen, wie Salz, Gewürzen, Bakterien- und Pilzkulturen,
- der Nachbehandlung mit Salzlake oder Schimmel,
- den Reifebedingungen (Temperatur, Feuchtigkeit, Folienreifung usw.),
- der Reifedauer.

Einteilung des Käses nach seiner Beschaffenheit

Frischkäse	Topfen, Gervais, Ziegenfrischkäse, Rollino.
Sauermilchkäse	Quargel, Kochkäse, Graukäse, Surkäse.
Weichkäse	
▪ mit Weißschimmel	Brie, Camembert.
▪ mit Rotkulturreifung	Romadur, St. Severin, Bachsteiner, Münster.
▪ mit Doppelschimmel (innen blau, außen weiß)	Dolce Bianca.
▪ mit Innenschimmel (blau oder grün)	Österkron, Gorgonzola, Roquefort, Stilton.
Schnittkäse	Edamer, Emmentaler, Gouda, Tilsiter, Weinkäse, Mostkäse.
▪ mit Rotkulturreifung	St. Patron, Raclette, Dachsteiner.
Hartkäse	Parmesan, Bergkäse, Alpkäse, Gruyere.
Schmelzkäse	

Käseauswahl

Passende Getränke

- Zu Frischkäse: fruchtig-leichte Weißweine.
- Zu Weichkäse mit Weißschimmel: gehaltvolle, mittelschwere Weißweine, evtl. mit Restzucker.
- Zu Weichkäse mit Rotkulturreifung: kräftige Weißweine mit Restzuckergehalt sowie fruchtige Rotweine.
- Zu Weichkäse mit Doppel-, Blau- oder Grünschimmel und Sauermilchkäse: Prädikatsweine mit höherem Restzuckergehalt.
- Zu Schnittkäse: fruchtbetonte, mittelschwere Weißweine.
- Zu Hartkäse: fruchtbetonte, kräftige Weißweine sowie mittelschwere Rotweine mit gut eingebundener Tanninstruktur.

Die Gruppe der Fruchtgetränke bietet für jeden Geschmack etwas und überrascht mit so mancher Korrespondenz zu Käse.

Welchen Wein empfehlen Sie zu einem gemischten Käseteller?

Beispiel

Erlesene Käseauswahl vom Wagen
„Was würden Sie zu einer schönen Käseauswahl als Dessert sagen?"
„Darf ich Sie mit einer Käsegenussreise verwöhnen?"
„Möchten Sie gerne als Beilage ein Kürbischutney oder lieber Feigensenf?"
Zur Käsevariation passt ein fruchtiger, mittelschwerer Rotwein, z. B. ein Blauer Zweigelt aus dem Weinbaugebiet ... (Name) vom Weingut ... (Name) in ... (Ort, Bundesland).

Käsewagen

3.9 Süßspeisen (Entremets, Sweets)

Als Süßspeisen bezeichnet man gesüßte Gerichte der warmen und kalten Küche. Sie werden meist als Nachspeise zubereitet, können aber ebenso als Hauptgerichte in veränderten Portionsgrößen serviert werden.

Crêpes sind kleinere, dünnere Palatschinken. Zum Teig wird weniger Mehl, dafür aber Obers verwendet.

Warme Süßspeisen

Palatschinkenteig-Süßspeisen (Mehl, Milch, Eier, Salz, Zucker, Aromen)	Topfenpalatschinken, Crêpes.
Schmarren (Mehl, Milch, Eidotter, Zucker, Eischnee, Aromen)	Kaiserschmarren, Grießschmarren, Topfenschmarren.
Backteig-Süßspeisen (Mehl, Wein oder Milch, Eier, Öl, Salz)	Gebackene Apfelspalten, Schlosserbuben (Zwetschken in Backteig).
Strudelteig-Süßspeisen (Mehl, Öl, Salz, Wasser, Eier)	Apfelstrudel, Marillenstrudel, Topfenstrudel, Milchrahmstrudel.
Germteig- oder Hefeteig-Süßspeisen (Mehl, Milch, Germ, Butter, Zucker, Eier, Salz, Vanille, Zitronenaroma, Rum)	Buchteln, Germknödel, gebackene Mäuse.
Kartoffelteig-Süßspeisen (gekochte, passierte Kartoffeln, Butter, Mehl, Salz, Eier)	Marillen- oder Zwetschkenknödel, Powidltascherln, Kartoffelnudeln, Schupfnudeln.
Topfenteig-Süßspeisen (Butter, Eier, Salz, Topfen, Mehl)	Topfennudeln, Tascherln, Fruchtknödel.
Aufläufe (Soufflés) (Milch, Zucker, Butter, Mehl, Eier – gebacken oder im Wasserbad im Rohr gegart)	Früchteauflauf, Reisauflauf, Salzburger Nockerln, Schokoladensoufflé, Mohr im Hemd, Topfenauflauf mit Früchten.

Profiterol

Kalte Süßspeisen

Brandteig-Süßspeisen (Wasser, Butter, Salz, Mehl, Eier,Rum – backen)	Eclairs, Krapfen, Profiterolen.
Mürbteig-Süßspeisen (Mehl, Butter, Zucker, Salz, Eidotter, Vanille, Zitronenaroma)	Linzer Schnitten, Mürbteigtartelettes oder -schiffchen.
Germteig- oder Hefeteig-Süßspeisen (Mehl, Milch, Germ, Butter, Zucker, Eier, Salz, Vanille, Zitronenaroma, Rum)	Mohn- oder Nussstrudel, Marillen- oder Zwetschkenfleck, Krapfen, Germgugelhupf, Savarin.
Blätterteig-Süßspeisen (Mehl, Wasser, Salz, Essig oder Rum, Butter, Fettziegel)	Früchte auf Blätterteig, Topfentascherln.
Biskuitmassen-Süßspeisen (Eier, Zucker, Zitronenaroma, Vanille, Salz, Mehl)	Biskuitroulade mit Füllcremen, Biskuittortenböden für Obsttorten.
Torten (aus Biskuit- oder Sandmasseböden hergestellt, mit Creme, Marmelade, Früchten u. Ä. gefüllt und vollendet)	Erdbeerjoghurtcreme-, Nuss-, Topfen-, Schokolade-, Kaffee-, Fruchtgeleetorte.

Plunderteig-Süßspeisen, wie Plunderkipferln (Croissants mit süßer Füllung) und Plundergebäck werden im Kaffeehaus serviert.
Süßspeisen, die aus **Sandmassen** zubereitet werden, wie Rosinengugelhupf, Marmorgugelhupf, Marillenkuchen, Teekuchen oder Sachertorte sind klassische Desserts zur Jause oder Kaffeepause.

Dessertcremen (Milch, Eier, Zucker, Obers, Aromen)	Bayerische Creme, Karamellcreme, kalte Puddings, Schokoladenmousse, Grießflammeri.
Kalte Früchtesüßspeisen	Kompotte, Fruchtsalate, frische Feigen, Portweinbirnen.
Speiseeis und Eisspezialitäten	Cremeeis, Milcheis, Fruchteis, Parfait (Halbgefrorenes), Sorbet, Spoom, Granité, Wiener Eiskaffee, Himbeershake, diverse Eisbecher, Eisaufläufe, Cassatas, Eisbiskuit, Eisroulade.

Cassata

Dessertsaucen und Fruchtspiegel
Als Dessertsaucen werden kalte und warme, meist süße Saucen bezeichnet. Dazu zählen die Vanillesauce und die Weinschaumsauce. Als Geschmacksgeber dienen Spirituosen und Liköre, Marmeladen, Fruchtmark und Fruchtsäfte. Sie werden zu Puddings, Flammeris, Mehlspeisen, süßen Aufläufen und pochierten Früchten serviert.
Ein Fruchtspiegel wird aus frisch püriertem, fein abgeschmecktem Obst hergestellt.

Warme süße Saucen	Weinschaumsauce, Vanillesauce.
Kalte süße Saucen	Fruchtsaucen, Karamellsauce, Sauce Melba, Schokoladensauce.

Passende Getränke: Zu Süßspeisen passen Prädikatsweine wie Spätlesen, Auslesen, Eisweine, Beerenauslesen, Ausbruchweine und Trockenbeerenauslesen sowie süße Dessertweine (Portwein, Madeira, Malaga) und halbtrockene Schaumweine.

Beispiel

Kaiserschmarren mit Zwetschkenröster

Ein Kaiserschmarren ist ein aus Mehl, Milch, Eidottern, Eischnee, Aromen und Rosinen gemachter luftiger Teig, der in der Pfanne goldgelb gebacken und in kleine Stücke zerrissen wird. Ein Zwetschkenröster wird aus karamellisiertem Zucker mit Rotwein, Zimt und geschnittenen Zwetschken zubereitet.
Dazu passt ein süßer Wein, z. B. eine Beerenauslese aus dem Weinbaugebiet ... (Name) vom Weingut ... (Name) in ... (Ort, Bundesland).

? Erklären Sie einem Gast (mit verkaufsfördernden Worten) fünf warme und fünf kalte Süßspeisen (z. B. von den Menüübungsbeispielen auf Seite 153f.) und empfehlen Sie ein passendes Getränk (vorzugsweise Wein) dazu.

4 Die Welt der Küchen

4.1 Die klassische europäische Küche

Den größten Einfluss auf die Entwicklung der Kochkunst des Abendlandes hatte Frankreich mit Großmeistern wie Georges-Auguste **Escoffier** (1846–1935), der gemeinsam mit César Ritz in Paris und London Hotels gründete und dessen Werk „Le Guide Culinaire" („Kochkunstführer", 1903) noch heute eines der Standardwerke der Kochkunst ist.

Der Begriff „klassische Küche" bezeichnet jene Gerichte, die französischen Originalrezepten jener Zeit entsprechen. Dazu gehören Spezialitäten, die international nach vorgeschriebener Machart – vor allem was Saucen und Garnituren betrifft – zubereitet sind, wie Hummer parisienne, Chateaubriand, Tournedos Rossini, Omelette surprise, Crêpes Suzette etc.

Zur klassischen Küche werden auch alle Gerichte aus den nationalen Küchen gezählt, die über die Grenzen eines Landes hinaus einen hohen Bekanntheitsgrad erworben haben, z. B. Gerichte aus der Wiener Küche: Tafelspitz, Wiener Schnitzel, Apfelstrudel oder Gerichte wie Roastbeef, Carpaccio, Paella, Zürcher Geschnetzeltes.

Gerichte aus der Regionalküche und aus der bürgerlichen Küche werden nicht zur klassischen Küche gezählt, z. B. Krautfleckerln, Frankfurter Würstel, Tiroler Gröstl.

Welche österreichischen National- bzw. Regionalgerichte kennen Sie?

Die österreichische Küche ist ein Sammelsurium von Gerichten aus allen Bundesländern mit ungarischen und böhmischen Einflüssen.

Die Schnecke ist das Symbol der Slow-food-Bewegung, die 1989 von Carlo Petrini in Bra (Piemont) gegründet wurde. Von Italien ausgehend, hat die Gruppe heute weltweit sehr viele Anhänger gefunden.

Slow Food versucht zu verhindern, dass lokale Esstraditionen in Vergessenheit geraten. Die Umweltverträglichkeit und der Umweltschutz sowie die hohe Qualität der Lebensmittel sind sehr wichtige Anliegen. Die Mitglieder der Organisation setzen sich gegen das schwindende Interesse der Menschen an der Nahrung ein, die sie zu sich nehmen. Sie wollen wieder ein Bewusstsein dafür schaffen, woher die Lebensmittel kommen und wie sie schmecken.

Cuisine du Marché = Marktküche; gemeint ist keine Küche, die aus den besten Produkten, die der Markt zu bieten hat, kreative Speisen zubereitet. Der Begriff geht auf das gleichnamige Buch des bekannten Kochmeisters **Paul Bocuse** zurück.

Nationalküche
Unverwechselbar ist jedem Land eine eigene Küche verbunden, die sich aus der Lebensart und dem vorhandenen Nahrungsangebot entwickelt hat. Selbstverständlich gehören auch Gerichte aus der klassischen Küche zur Nationalküche.

Regionale Küche
Zur regionalen Küche zählen Gerichte aus verschiedenen Regionen oder Provinzen, die teilweise auch der Nationalküche zugeordnet werden. Die regionale Küche hat ihre Wurzeln auf dem Land und ist daher vom bäuerlichen Nahrungsmittelangebot geprägt.

Aus der Regionalküche stammen weiters Speisen, die traditionell zu besonderen Anlässen (Ostern, Weihnachten) mit den üblichen Getränken serviert werden.

Was isst man, wenn man „gutbürgerlich" speist?
Die bürgerliche Küche ist eine gehobene, gepflegte Küche, die vor allem im städtischen, bürgerlichen Raum – z. B. in Wien (Wiener Küche) – entstanden ist. Die Speisen werden auf traditionelle Weise zubereitet und serviert. Diese Esskultur wird auch von Touristen sehr geschätzt, da sie landestypische Gerichte wie Grießnockerlsuppe, Tafelspitz und Sachertorte bietet.

4.2 Trends

Vollwertküche, Bioküche oder Naturküche – die Slow-Food-Bewegung
In der Vollwertküche werden Lebensmittel aus **kontrollierter biologischer Landwirtschaft** verwendet. In den letzten Jahren ist das Wissen über die Zusammenhänge zwischen unseren Essgewohnheiten und unserem Wohlbefinden stark gewachsen. Daher ist eine Küche, die eine ausgewogene, vollwertige, gesunde Ernährung bietet und den **Slow-Food-Gedanken** (der den Genuss in den Mittelpunkt stellt) unterstreicht, sehr gefragt.

Kreative Küche
Diese Kochrichtung wird auch als die **zeitgemäße Küche** oder als **Cuisine du Marché** bezeichnet. Neue Ideen, Kreationen bzw. Zusammenstellungen von Produkten sind erwünscht und stellen eine Herausforderung für jeden Koch dar. Zwei Grundsätze müssen beachtet werden:

- eine schonende Kochmethode, um den Eigengeschmack und den Nährwert der Speise möglichst zu erhalten,
- die ausnahmslose Verwendung von qualitativ hochwertigen und frischen Lebensmitteln.

Ethnoküche
Zur ethnischen Küche gehören bestimmte Gerichte, die auch aus der Regionalküche stammen können bzw. einem bestimmten Gebiet zuzurechnen sind, wie z. B. Tex-Mex-Küche, Sushi und Maki aus Japan, jüdische Küche.

Fast-Food-Küche
Als Fast-Food-Küche wird jene Küche bezeichnet, die ein begrenztes Sortiment an Gerichten zum schnellen Verzehr anbietet oder bei der auch das Mitnehmen nach Hause möglich ist. Diese Angebotsform wird in der schnell wachsenden Systemgastronomie bevorzugt.

Molekularküche
Bei dieser Forschungsküche geht es um die Berücksichtigung biochemischer, physikalischer und chemischer Prozesse, die bei der Zubereitung von Speisen ablaufen. Dabei wird u. a. darauf geachtet, wie die Lebensmittel auf die Garmethode reagieren (z. B. verändertes Verhalten von Eiweißstrukturen durch Temperaturschwankungen). Auch die Veränderung der Lebensmittel bei mechanischer Einwirkung bzw. bei Verwendung von Stabilisatoren oder Verdickungsmitteln wird untersucht.
Die Molekularküche erforscht also den Ablauf von Garprozessen, um daraus Erkenntnisse für die Zubereitungsarten zu gewinnen.

4.3 Nationalküchen der Welt

Nationalgerichte einem eindeutigen Ursprungsland zuzuordnen, ist nur begrenzt möglich. Viele Gerichte haben einen anderen Ursprung oder wurden aus fremden Küchen übernommen und ihre Zubereitung sowie Zusammensetzung wurden abgeändert. Nachfolgend einige Beispiele für bekannte Gerichte in ausgewählten Ländern.

Bekannte Gerichte in Deutschland	
Vorspeisen	Heringssalat, Matjesheringe, Westfäler Schinken, Pastetchen auf Königinart (Blätterteigpastetchen mit Geflügel-Champignon-Ragout)
Suppen	Fischsuppe (z. B. Hamburger Aalsuppe)
Hauptgerichte	Eisbein (gepökelte, gekochte Schweinsstelze mit Sauerkraut oder Erbsenpüree und Salzkartoffeln), Kasseler Rippenspeer (gepökeltes und geräuchertes Karree vom Schwein auf Sauerkraut), Sauerbraten (gebeizter, gedünsteter Rindsbraten mit Knödel, Rotkraut und Apfelpüree).
Desserts	Dampfnudeln, Pfannkuchen, rote Grütze (Gelee aus roten Beerenfrüchten mit Schlagobers), bayerische Creme

Matjeshering

Bekannte Gerichte in Frankreich	
Vorspeisen	Pâtés (Pasteten mit Fleisch-, Fisch- oder Geflügeleinlage), Salade niçoise (Nizzaer Salat aus Tomaten, Zwiebeln, Fisolen, Thunfisch, Sardellen, Oliven und Kräutern), Quiche lorraine (Lothringer Specktorte; Mürbteigboden mit Speck, Käse und Zwiebeln)
Suppen	Zwiebelsuppe, Bisque (aus Krustentieren), Vichyssoise (geeiste Lauch-Kartoffel-Suppe)
Hauptgerichte	Coq au Vin, Entrecôte, Navarin (Lammragout), Bouillabaisse (Fischeintopf), Coquilles Saint-Jacques (Jakobsmuscheln), Moules marinières (Miesmuscheln in Weißweinsauce)
Desserts	Mousse au Chocolat, Profiteroles (gefüllte Brandteigkrapferln), Tarte tatin (gebackene Apfeltorte), Crêpes Suzette; oft auch Käse als Dessert

Miesmuscheln

Bekannte Gerichte in Italien	
Die Italiener bestellen Antipasti (kalte Vorspeisen), Primi Piatti (meist eine Pasta/ein Nudelgericht), Secondi Piatti (Hauptgerichte aus Fleisch oder Fisch; Contorni/Beilagen extra) und Dolci (süßen Nachtisch) oder Käse.	
Vorspeisen	Insalata caprese (Mozzarella mit Tomaten), Carpaccio
Suppen	Minestrone
Hauptgerichte	Lasagne, Risotto, Fritto misto di Mare (Meeresfrüchte in Backteig), Ossobuco (geschmorte Kalbshaxe), Saltimbocca (Kalbsschnitzel mit Schinken und Salbei)
Desserts	Tiramisu, Eis (Gelati), Zabaione (Weincreme)

Risotto

Bekannte Gerichte in England	
Vorspeisen	Smoked Trout (geräucherte Forelle) oder Mackerel (Makrele)
Suppen	Mulligatawny (Hühner-Curry-Suppe; ursprünglich aus Indien), Mock-Turtle (mit Kalbskopfragout)
Hauptgerichte	Roastbeef and Yorkshirepudding, Lamb-chops, Irish Stew (Lammragout), Haddock (Schellfisch)
Desserts	Apple-pie, Plumpudding

Irish Stew

Bekannte Gerichte in Spanien	
Vorspeisen	Tapas (kleine Häppchen); Gambas (Garnelen), Albóndigas en Salsa de tomate (Fleischbällchen mit Tomatensauce)
Suppen	Gazpacho (kalte Gemüsesuppe)

Tapas

Hauptgerichte	Paella (Safranreis mit Meeresfrüchten, Huhn, Gemüse), Tortillas (Omeletts mit verschiedener Füllung), Zarzuela (Meeresfrüchteeintopf), Pollo a la Chilindron (gebratenes Huhn mit Paprikaschoten, Tomaten und Oliven)
Desserts	Torta de Almendras (Mandeltorte)

Steak

Bekannte Gerichte in Amerika (USA)	
Vorspeisen	Caesar-Salad (Salat mit Sardellen, Parmesan und Croûtons), Waldorf-Salad (Apfel-Sellerie-Salat mit Walnüssen, Mayonnaise)
Suppen	Clam Chowder (Venusmuscheln)
Hauptgerichte	Steaks (T-Bone-Steak, Porterhouse-Steak), Roast Turkey (gefüllter Truthahn; traditionelles Gericht zu Thanksgiving), Soft Shell-crabs, Lobster (Hummer)
Desserts	Pumpkin-Pie (Kürbiskuchen), Brownies (Schokoladekuchen), Muffins (z. B. Blueberry-Muffin – mit Heidelbeeren)

Fleischbällchen (Köttbullar)

Bekannte Gerichte in Skandinavien	
Vorspeisen	Gravad Lax (marinierter Lachs), Heringe, gräuchtertes Rentierfleisch
Suppen	Aalsuppe
Hauptgerichte	Fleischbällchen, Pfannengerichte, Fisch
Desserts	Apfelkuchen

Das schwedische Smørgasbord ist ein üppiges Buffet mit Herings- und anderen Fischspezialitäten, Roastbeef, Schinken, Salaten, Eingelegtem, warmen Fleischgerichten, Aufläufen und Omeletts.

Piroggen

Bekannte Gerichte in Russland	
Vorspeisen	Piroggen (warme gefüllte Teigtaschen), Pilaw (Reis mit verschiedenen Zutaten als warme Vorspeise)
Suppen	Borschtsch (aus Roten Rüben, Weißkraut, mit oder ohne Rindfleisch; im Sommer auch gekühlt serviert), Schtschi (Kohlsuppe)
Hauptgerichte	Bœuf Stroganoff, Kotlety po Kiewskomu (gefüllte Hühnerbrust)
Desserts	Erdbeeren Romanow (mit gesüßtem Schlagobers und kandierten Veilchen), Kissel (gelierte Fruchtspeise)

Glasnudeln

Bekannte Gerichte in China	
Vorspeisen	Glasnudelsalat, Hühnerfleischsalat, Tofu
Suppen	Klare Suppen mit verschiedenen Einlagen, z. B. Garnelen, Hühnerbrust, Fleischtäschchen
Hauptgerichte	Süßsaures Schweine-, Rind-, Hühnerfleisch; Pekingente; immer mit Reis serviert
Desserts	Glasierte Äpfel, Reispudding

Sushi

Bekannte Gerichte in Japan	
In der japanischen Küche gibt es keine strenge Menüreihenfolge, oft werden sogar alle Gerichte auf einmal serviert. Tofu findet in unzähligen Gerichten Verwendung und kann gleichermaßen als Vorspeise, Suppeneinlage und Hauptgericht gereicht werden.	
Suppen	Suppen konsumiert man in Japan zu jeder Mahlzeit, auch zum Frühstück, z. B. klare Suppen mit verschiedenen Einlagen oder Meeresalgensuppe
Fisch	Sashimi (rohes Fischfilet mit Gemüse), Sushi (Röllchen aus Reis, rohem Fisch, Krustentieren, Gemüsen; die Hülle ist aus Seetang oder Meeresalgen), Tempura (Fleisch, Fisch, Meeresfrüchte und Gemüse, mundgerecht portioniert, in Backteig)

Hauptgerichte aus Fleisch	Der Verzehr von Fleisch war in Japan von der buddhistischen Religion sehr lange verboten; heutzutage schätzen die Japaner marmorierte Steaks, Schweinefleisch und Geflügel; immer wird Reis serviert
Desserts	Ein klassisches Dessert gibt es nicht; gerne wird Obst, z. B. Nashi, Kaki, Melonen, Erdbeeren oder Clementinen, gegessen.

5 Grundsätze zur Menüerstellung

Ein Menü darf keine Aufzählung von Gerichten sein, sondern man soll versuchen, die Speisen appetitanregend zu beschreiben. Bei der Zusammensetzung von Menüs ist es hilfreich, folgende Kriterien zu beachten:

Anlass des Essens	Es muss berücksichtigt werden, für welchen Anlass ein Menü geplant wird. Grundsätzlich soll zwischen **privaten, gesellschaftlichen und geschäftlichen Anlässen** unterschieden werden. Je nach Anlass und Gästekreis muss auf Essgewohnheiten, Traditionen, Timing und Trends Rücksicht genommen werden. Weiters ist die Frage zu klären, welche Servierart angewendet werden soll.
Gästekreis	Die Speisenfolge ist dem **Gästekreis** (Geschäftsleute, Touristen verschiedener Nationalitäten) und der **Zielgruppe** (Erwachsene, Jugendliche, Senioren) anzupassen, wobei Essgewohnheiten, besondere Wünsche, religiöse Ansprüche, Diäten etc. zu beachten sind.
Tageszeit/Jahreszeit	Die Tageszeit und die dem Gast zur Verfügung stehende Zeit haben Einfluss auf die Erstellung von Menüs. Die Gerichte sollen der Jahreszeit angepasst sein, damit saisonale Lebensmittel gewählt werden können.
Zusammenstellung und Umfang	Guter Sachverstand und fachliches Wissen sind Grundvoraussetzungen für die Erstellung von Menüs. Es soll verhindert werden, dass Speisen aus zu unterschiedlichen Küchenrichtungen (zB regionale, klassische oder kreative Küche) in einem Menü vorkommen. Bei größeren Menüs muss auf den Geschmacksaufbau und auf die Größe der Portionen geachtet werden. Die ersten Gerichte in der Menüfolge sollen mild und appetitanregend sein, um dem Gast Geschmack auf die folgenden Gerichte zu machen.
Ausgewogenheit	Je nach Zielgruppe und Tageszeit ist auf die Ausgewogenheit der Speisen zu achten. Wichtig sind Genuss-, Sättigungs- und Nährwert. Die Auswahl von Lebensmitteln muss nach ernährungsphysiologischen Erkenntnissen erfolgen, um dem Bedarf an Nährstoffen, Vitaminen, Mineralstoffen, Spurenelementen und Geschmacksstoffen gerecht zu werden.
Keine Wiederholungen	Wiederholungen im Menü sind grundsätzlich zu vermeiden. Dies gilt sowohl für Speisenbegriffe als auch für Garmachungsarten und Lebensmittel. Spezialmenüs wie zB Wild-, Fisch- oder Spargelmenüs sowie Degustationsmenüs bilden jedoch eine Ausnahme. Da auch das Auge mitisst, ist bei der Zusammenstellung der Speisen auf eine farbliche Ausgewogenheit zu achten.
Wirtschaftlichkeit	Eine gut durchdachte Organisation und zeitgerechte Planung helfen, keine bösen Überraschungen bei der Abrechnung zu erleben. Die Wirtschaftlichkeit beginnt bereits bei der Mengenberechnung, Kalkulation und Preisgestaltung. Ohne einen Kosten-Nutzen-Vergleich zu erstellen, kann es keine Wirtschaftlichkeit geben.

TAGESMENÜ

Suppe
*
Warme Vorspeise
*
Hauptspeise
Gemüsebeilage
Sättigungsbeilage
*
Dessert

Korrespondierender
Weiß- oder Rotwein

..., den ...

Die **einfache Menükarte** besteht aus einem Blatt, auf dem die Speisen entsprechend der Reihenfolge des Menüs angeführt sind. Die zur Auswahl stehenden Getränke können am Ende der Karte angeführt werden. Ort, Datum und Anlass vervollständigen die Karte.

Für besondere Anlässe verwendet man **gefaltete Menükarten mit Einlageblättern**.

Verkaufspreis	Preislich sind Unterschiede zu machen zwischen Mittags- und Abendmenü, Bankett- oder Cateringmenü, um Gästewünschen zu entsprechen.

6 Menüarten

Erstellen Sie ein Kinder- bzw. ein Seniorenmenü und setzen Sie dafür auch ernährungswissenschaftliche Erkenntnisse ein.

Gespickte Rehkeule (Wildwochen)

Durch eine besondere Speisenauswahl wird Menüs eine spezielle Note gegeben. Je nach Jahreszeit und nach der Gästeschicht werden zusätzlich verschiedene Menüarten angeboten.

Wahlmenüs

Bei Wahlmenüs kann der Gast selbst aus vorgegebenen Speisen das Menü zusammenstellen. Der Gast hat eine attraktive Auswahl und man reduziert die Tauschwünsche der Gäste. Ein zusätzlicher Vorteil ist die besonders ökonomische Vorbereitung in der Küche.

Spezialmenüs

Je nach Jahreszeit und zu besonderen Festtagen werden spezielle Menüs angeboten.

Feiertagsmenüs	Bei Festtagen erfolgt die Speisenwahl meist nach landesüblicher Tradition oder regionalem Brauchtum. Beispiele sind Heringsschmaus, Ostermenüs, Martini- oder Weihnachtsmenüs.
Saisonmenüs	In Restaurants werden der Jahreszeit entsprechende Spezialitätenmenüs angeboten, wie Frühlings-, Fisch- oder Spargelmenüs oder Jagdmenüs während Wildwochen etc.
Festmenüs	Festmenüs werden zu besonderen Anlässen angeboten, wobei auf die jeweiligen Wünsche der Gäste besonders Rücksicht zu nehmen ist. Anlässe für Festmenüs sind Hochzeiten, Geburtstage, Jubiläen, Firmenfeiern etc.

Kindermenüs

Kinder sind aus unternehmerischer Sicht eine sehr wichtige Gästeschicht, da sie meist mitentscheiden, welche Lokalwahl getroffen wird und sie die Gäste der Zukunft sind.

Für Kinder bis 12 Jahre sind die Nährwerte zu reduzieren und auf die typischen Essgewohnheiten ist zu achten. Daher ist eine eigene Kinderkarte zu empfehlen, die diesen Bedürfnissen gerecht wird. Die Kinderkarte kann mit Comicfiguren oder anderen Motiven als Ausmalbild funktionieren. Die Speisen können nach Märchenfiguren oder anderen lustigen Figuren benannt werden.

Seniorenmenüs

Für ältere Gäste ist auf eine abwechslungsreiche, leicht verdauliche und eiweißreichere Kost besonderes Augenmerk zu richten.

Menüs mit drei Gängen und kleineren Portionen sollen bevorzugt werden. Bei der Speisenauswahl müssen folgende Richtlinien beachtet werden:

- Schwer verdauliche und blähende Gerichte vermeiden.
- Kleinere Portionen und mehrere Gänge servieren.
- Leicht verzehrbare und weich gekochte Speisen ohne Knochen oder Gräten anbieten.
- Kein fettes, bindegewebereiches Fleisch verwenden.
- Eher herkömmliche und bekannte Gerichte anbieten.

Diätmenü – Basisdiät

Die Diätkost wird nach dem Krankheitsbild des Kunden zusammengestellt. Die genaue Anweisung kann nur von Diätassistentin/Diätassistenten oder Ärztin/Arzt gegeben werden. Bei besonderen Diätwünschen muss auf die exakte Erklärung des Gastes genau geachtet werden.

Vegetarische Menüs
Alternativen zu Fleisch oder Fisch werden infolge eines zunehmenden Ernährungs- und Gesundheitsbewusstseins immer populärer, nicht nur in der warmen Jahreszeit. Da der Arten- und Sortenreichtum von Gemüse von keinem anderen Lebensmittel übertroffen wird, stehen zahlreiche Möglichkeiten zur Kreation vegetarischer Gerichte zur Verfügung.

Leichte Gemüsegerichte sind idealer Bestandteil vegetarischer Menüs.

Natur- oder Vollwertmenüs
Wie der Name sagt – für diese Menüarten werden naturbelassene Lebensmittel verarbeitet, wobei besonders Wert auf die Beibehaltung und Ausgewogenheit der vorhandenen Nähr- und Wirkstoffe gelegt wird.

Grundsätze
- Biologisch angebautem Gemüse und Obst sowie Fleisch und Fisch aus artgerechter Tierhaltung wird der Vorzug gegeben.
- Keine raffinierten (bearbeiteten) und gehärteten Öle, Margarine und Fette.
- Keine denaturierten Kohlenhydrate, wie Auszugsmehle und Fabrikzuckerarten.
- Weniger tierisches Eiweiß, vermehrt pflanzliche Eiweißstoffe (zB Hülsenfrüchte).

Menüs für ausländische Gäste
Unterschiedliche Nationalitäten haben unterschiedliche Bedürfnisse und Ansprüche, denen man gerecht werden soll. Bei der Erstellung von Menüs für ausländische Gäste muss auf ihre traditionellen Tischsitten Rücksicht genommen werden. Es ist durchaus angebracht, heimische, landesübliche Gerichte zu empfehlen, allerdings unter Berücksichtigung der Essgewohnheiten.

? Arbeitsaufgaben
1. Zählen Sie die fünfzehn Gänge der klassischen französischen Menüreihenfolge in Deutsch, (in Englisch, in Französisch) auf.
2. Nennen Sie den Menüaufbau eines einfachen, eines erweiterten und eines Degustationsmenüs.
3. Welche Gruppen von kalten Vorspeisen gibt es?
   Beschreiben Sie zwei Gruppen näher.
4. Erklären Sie einem Gast (mit verkaufsfördernden Worten) fünf Suppen (z. B. von den Menüübungsbeispielen auf Seite 153f.) und empfehlen Sie ein passendes Getränk dazu.
5. Es gibt eine Reihe von italienischen Teigwaren/Pasta. Zählen Sie diese auf.
6. Erklären Sie folgende Begriffe: Krevetten, Vongole, Sorbet.
7. Die Saucen sind in 6 Gruppen eingeteilt.
   Wie heißen sie? Geben Sie von 2 Gruppen je 3 Beispiele.
8. Erklären Sie den Unterschied zwischen Sättigungs- und Gemüsebeilage.
9. Welche Getränke empfehlen Sie zu Süßspeisen?
10. Welche Kriterien müssen bei der Zusammenstellung eines Menüs beachtet werden? Erklären Sie zwei näher.
11. Was ist ein Wahlmenü? Welche Vorteile hat es?
12. Worauf sollte man bei Kinder- und Seniorenmenüs besonders achten?
13. Bei der Erstellung von Natur- oder Vollwertmenüs sind verschiedenste Grundsätze zu beachten. Nennen Sie mindestens zwei.

Die Speisenkarte ist immer der erste Eindruck, den der Gast erhält, sozusagen die Visitenkarte eines gastronomischen Betriebes.

7 Gestaltung von Speisen- und Menükarten

7.1 Arten

Im Inhalt einer Speisenkarte müssen sich der individuelle Charakter und die Leistungsfähigkeit eines Betriebes widerspiegeln. Als Grundlage für die Erstellung von Speisenkarten sollen die bewährten Grundsätze zur Erstellung eines Menüs herangezogen werden. Nicht der Umfang der Karte ist entscheidend, sondern der fachlich richtige Inhalt, die Form und übersichtliche Gliederung.

Man unterscheidet folgende Arten und Angebote:

- **Standardkarte oder À-la-carte-Karte:** Anzahl und Auswahl der Speisen richten sich nach geplanter Beibehaltung des Angebotes (Dauer des gleichbleibenden Angebotes).
- **Tageskarte:** Es ist zu empfehlen, die Auswahl gering zu halten, damit die Speisen auch täglich frisch zubereitet werden können.
- **Spezialitätenkarte:** Die Spezialitäten des Hauses können in der Standardkarte integriert sein oder extra angeboten werden.
- **Saisonkarte:** Zusatzangebote von Gerichten der Jahreszeit entsprechend.
- **Menüangebote:** Zu Mittag soll kürzeren, bekömmlicheren und leicht zu servierenden Menüs der Vorrang gegeben werden. Am Abend spielt der Zeitfaktor meist keine Rolle, daher werden eher gehobenere und erweiterte Menüs angeboten.
- **Zusätzliche Abendangebote:** Sie können als Empfehlung vom Küchenchef/von der Küchenchefin oder als Spezialitäten des Hauses angeboten werden. Besondere kulinarische Wochen sorgen für ein abwechslungsreiches Speisenangebot.

Alle Überlegungen und die Wahl der Speisen müssen dem betrieblichen Charakter entsprechen. Es ist zu empfehlen, die Angebotspalette niedrig zu halten und den Erfordernissen entsprechend öfter zu wechseln.

7.2 Moderne Gliederung einer Speisenkarte

Was man besonders verkaufen möchte, muss als **„Eyecatcher“** zentral und deutlich sichtbar platziert werden.

Gliederung einer Speisenkarte	
Vorspeisen	■ Kalt
Suppen	■ Klar ■ Gebunden ■ Spezialsuppen
Vorspeisen	■ Warm
Fischgerichte	■ Süßwasserfisch ■ Meeresfisch ■ Meeresfrüchte
Fleischgerichte	■ Fertige Speisen ■ Frisch zubereitete Speisen ■ Reihenfolge: Schlachtfleisch (Rind, Kalb, Schwein, Lamm), Geflügel (Hausgeflügel, Wildgeflügel), Wild
Vegetarische Gerichte	■ Getreide ■ Gemüse ■ Salate
Beilagen	■ Vitamin- und Sättigungsbeilagen ■ Salate
Desserts	■ Warme Süßspeisen ■ Kalte Süßspeisen, Eis und Eisspeisen ■ Käsesortiment

Die Gliederung wird auch bestimmt von **Zusatzangeboten** wie

- Tageskarte,
- Spezialitäten des Hauses und
- Menüangeboten.

7.3 Sprachliche Gestaltung und gastronomische Regeln

Die Formulierung und genaue Beschreibung der Gerichte sind mitentscheidend für den Erfolg des Restaurants. Der Gast erwartet sich eine interessante, informative und eindeutige Produktbeschreibung.

Richtlinien	
Schreibweise	Es muss eine einheitliche Beschreibung der Speisen erfolgen. Sie soll klar, verständlich und interessant sein.
Verwendung einer Sprache	Fremdsprachige Bezeichnungen sollen nicht irreführend sein und nur für klassische Gerichte (zB Bouillabaisse) verwendet werden. Werden Menüs in einer Fremdsprache verfasst, ist besonders auf die Rechtschreibung zu achten.
Genaue und fachlich richtige Bezeichnungen	Der Gast als Konsument hat ein Recht auf ehrliche und fachlich richtige Sachbezeichnungen. Begriffe wie Wiener Schnitzel, Scampi, Weidelamm, Marchfeldspargel und Wörter wie frisch (fangfrisch, marktfrisch, frisch zubereitet) müssen tatsächlich und nachweisbar stimmen.
Klassische Garnituren und Fachbezeichnungen	Sie müssen auf jeden Fall der fachlich vorgeschriebenen Speisenzusammenstellung entsprechen (zB Girardirostbraten, Tournedos Rossini).
Abkürzungen	Sind zu vermeiden, Sie sind dem Gast gegenüber unhöflich und auch irreführend (zB gem. statt gemischt, Sc. statt Sauce, Wr. Schnitzel mit Salat statt Wiener Schnitzel mit gemischtem Salat).

Sprachen nicht vermischen
Es ist falsch
Schnitzel à la viennoise
Richtig ist
Wiener Schnitzel

Eingedeutschte Wörter in Deutsch
Es ist falsch
Croquetten
Richtig ist
Kroketten

Sammelbegriffe vermeiden
Es ist falsch
Knödel
Richtig ist
Semmelknödel
Serviettenknödel
Kartoffelknödel

Layout und Lesbarkeit der Speisenkarte

Die Speisenkarte ist ein **Marketinginstrument** und muss daher verkaufsfördernd gestaltet werden. Die Auswahl des Materials, die Papierqualität und die schriftliche Gestaltung müssen in Einklang mit der Art des Betriebs und der Corporate Identity sein. Die Schriftgröße muss so gewählt werden, dass die ausgewählte Schrift bei herrschenden Lichtverhältnissen im Speisesaal gut leserlich ist. Jeder Gast soll sich in einer Speisenkarte leicht orientieren können, daher ist sie übersichtlich zu gestalten.

7.4 Inhalte der Speisenkarte

Das sollte – neben dem Speisenangebot – in jeder Speisenkarte zu finden sein:

- Name und Adresse des Betriebes.
- Öffnungszeiten, Ruhetage, Betriebsurlaube.
- Telefon- und Faxnummer, E-Mail- und Internetadresse, Ansprechperson und Reservierungsmöglichkeit.
- Verkaufspreise inklusive gesetzlicher Abgaben und Steuern sowie Gedeckpreis (Kuvert); Preisauszeichnungspflicht!
- Zeitangaben für Speisen mit längerer Zubereitungszeit sowie Gewichtsangaben (zB bei Steak oder Fisch).
- Hinweise auf verschiedene Veranstaltungsmöglichkeiten, auf Räumlichkeiten (Ballsaal, Extrazimmer, Jagdstüberl) und Zusatzangebote, zB spezielle Tages- oder Wochenangebote (Erdäpfeltag, spanische Woche).
- Hinweise auf saisonale Spezialitäten (Wildwochen, Spargelzeit) sowie Getränke- und Weinempfehlungen.
- Zusatzinformationen: Weine aus eigenem Anbau, hausgemachte Speisen etc.
- Chronik oder Philosophie des Hauses.
- Vorstellung der Service- bzw. Küchenleitung.

Bezeichnung für Brot, Butter und Stoffserviette. Pro Gast wird ein Kuvertpreis verrechnet.

7.5 Gestaltung von Menükarten

Menükarten werden bei Veranstaltungen wie Banketten, Gesellschaftsessen, Hochzeiten und Firmenfeiern aufgelegt. Sie vermitteln den Eindruck gehobener Tischkultur und werden daher von den Gästen besonders geschätzt.
Die Menükarte ist je nach Betriebsart und Veranstaltung unterschiedlich aufwändig hergestellt bzw. gestaltet.

Nach der Schreibweise unterscheidet man:
- **Klassische Form:** Die Speisen und Getränke werden **zentriert** untereinander geschrieben. Die einzelnen Speisenfolgen sind deutlich durch Zeichen getrennt.
- **Moderne Form:** Die Speisen und Getränke werden **linksbündig** geschrieben und können durch Zeichen getrennt werden.

Für besondere Anlässe verwendet man **gefaltete Menükarten mit Einlageblättern.** Sie bestehen aus einem Umschlag mit Firmen-, Menü- oder Anlassaufdruck (zB Hochzeit) und einem Einlageblatt. Die Speisen sind auf der rechten Seite aufgelistet. Die Getränke, die zu den Gerichten gereicht werden, stehen links. Ort, Datum und evtl. nochmals der Anlass sind angeführt.

Aperitifs (detailliert angeben)	**MENÜ**
Korrespondierender Wein zur Vorspeise	Kalte Vorspeise
Korrespondierender Wein zur Hauptspeise	Hauptspeise Gemüsebeilage Sättigungsbeilage (Salatbeilage)
Süßwein/Schaumwein	Dessert
Digestifs (detailliert angeben)	Kaffee
	Ort, Datum

8 Gestaltung von Getränkekarten

Bei allen Getränken mit Ausnahme von Tee und Kaffee muss hervorgehen, auf welche Menge sich der Preis bezieht.

Gute Getränkekarten zeichnen sich durch einen übersichtlichen Aufbau aus. Folgende Karten sind üblich:

8.1 Getränkekarte

In vielen Betrieben gibt es nur eine Getränkekarte, die das gesamte Angebot enthält, angefangen bei den Aperitifs über Wein, Bier, alkoholfreie Getränke, Kaffee und Tee bis hin zu den Digestifs. Die einzelnen Getränkegruppen werden getrennt angeführt.

Folgende **Vermerke** sollen auf einer Getränkekarte vorhanden sein:
- Preisangabe
- Ausschankmenge
- Verweis auf Inklusivpreise

Bei der Gliederung einer Getränkekarte ist folgende Reihenfolge zu beachten:
- **Aperitifs:** Südweine (Fino Sherry, trockener, weißer Portwein etc.), Wermut, Bitters, Anisées, trockene Cocktails
- **Weine** (Aufbau wie bei der Weinkarte, siehe unten)
- **Bier:** offenes Bier vor Flaschenbier, inländisches Bier vor ausländischem Bier
- **Alkoholfreie Getränke**
- **Heißgetränke:** Kaffee, Tee, Schokolade und Milchmischgetränke
- **Digestifs:** Brände, Liköre, After-Dinner-Cocktails

Die Biere können auch vor den Weinen angeführt werden.

8.2 Weinkarte

Gute Weine sind immer eine harmonische Ergänzung zu einem exquisiten Essen. Nicht die Menge macht eine gute Weinkarte aus, sondern die Qualität der angebotenen Weine. Über den Umfang des Weinangebotes gibt es die unterschiedlichsten Ansichten. Wichtig ist, dass man sich die Wünsche seiner **Gästezielgruppe** überlegt und sein Angebot auf die Nachfrage abstimmt. Natürlich muss sich das Weinangebot auch am **Speisenangebot** orientieren. Den Schwerpunkt sollten inländische Weine bzw. eine persönliche Selektion des Sommeliers bilden.
Weinraritäten erhöhen die Attraktivität, sollen jedoch nicht im Vordergrund stehen. Auf der Weinkarte sollten sie auf einer Seite zusammengefasst werden.

Aufbau und Gliederung einer Weinkarte

- Offene Weine vor Flaschenweinen
- Inländische Weine vor ausländischen Weinen
- Weißweine vor Rosé- und Rotweinen
- Land- und Qualitätsweine vor Prädikatsweinen (Weinen besonderer Reife und Leseart)
- Stillweine vor Schaumweinen

Beispiel für die Gliederung einer Weinkarte
Offene Weine
Inländische Weißweine vor inländischen Roséweinen vor inländischen Rotweinen – gegliedert nach den Weinbauregionen Niederösterreich, Burgenland, Steiermark und Wien (evtl. noch nach Weinbaugebieten innerhalb der Weinbauregion)

Ausländische Weißweine vor ausländischen Roséweinen vor ausländischen Rotweinen – gegliedert nach den Herkunftsländern

Flaschenweine
Inländische Flaschenweine (weiß) vor inländischen Flaschenweinen (rosé) vor inländischen Flaschenweinen (rot) – gegliedert nach den Weinbauregionen (evtl. auch nach den Weinbaugebieten)

Österreichische Weinraritäten

Ausländische Flaschenweine (weiß) vor ausländischen Flaschenweinen (rosé) vor ausländischen Flaschenweinen (rot) – gegliedert nach den Herkunftsländern. In der Regel werden bei den ausländischen Weinen die französischen vor den Weinen anderer Länder gereiht.

Österreichische Schaumweine

Champagner und andere ausländische Schaumweine

? Wo stehen **glasweise angebotene Flaschenweine?**
Da das Angebot öfter wechselt und man nicht ständig die Weinkarte ändern kann, stehen die glasweise angebotenen Flaschenweine oft in Kombination mit der Tageskarte. Bei Degustationsmenüs ist es üblich, den passenden Wein auf der Menükarte bei den Speisen zu vermerken.

Was kann zur Unterstützung des Verkaufes noch hervorgehoben werden?

- Herkunftsbezeichnungen (zB DOC, Grand-cru-Lage, DAC)
- Besondere Herstellungsverfahren (zB Méthode champenoise)
- Besondere Weine (zB Wein des Monats) etc.

Folgende **Vermerke** sollen auf einer Weinkarte vorhanden sein:

- Evtl. Kassa- bzw. Artikelnummer
- Bezeichnung des Weines
- Rebsorte bzw. Cuvée
- Riede
- Jahrgang
- Qualitätsstufe
- Alkoholgehalt in Vol.-%
- Erzeuger
- Ausschankmenge, Flascheninhalt (halbe Flaschen, ganze Flaschen, Magnum)
- Preisangabe
- Verweis auf Inklusivpreise

Es gibt unzählige Varianten von Weinkarten, es sollte darin allerdings immer ein System zu erkennen sein. So ist es auch möglich, die angebotenen Weine nach Weingütern, Regionen oder Rebsorten einzuteilen.

8.3 Bierspezialitätenkarte

Aufbau und Gliederung einer Bierspezialitätenkarte

- Alkoholfreie Biere vor alkoholarmen Bieren und Starkbieren
- Inländische Biere vor ausländischen Bieren
- Offene Biere vor Flaschenbieren
- Spezialbiere immer am Schluss anführen

Folgende **Vermerke** sollen auf einer Bierspezialitätenkarte vorhanden sein:

- Herkunftsland
- Bezeichnung des Bieres
- Stammwürzgehalt und/ oder Alkoholgehalt
- Ausschankmenge
- Preisangabe
- Verweis auf Inklusivpreise

Beispiel für eine Bierspezialitätenkarte

- Alkoholfreie Biere (aus Österreich, Deutschland, der Schweiz)
- Leichtbiere (aus Österreich, Deutschland, Holland, den USA)
- Weizenbiere (aus Österreich, Deutschland, der Schweiz)
- Landbier (aus Österreich)
- Lagerbiere (aus der Schweiz, Dänemark, Tschechien, Irland, den USA)
- Pilsbiere (aus Österreich, Deutschland)
- Altbiere (aus Deutschland, Tschechien)
- Märzenbiere (aus Österreich, Deutschland, der Schweiz)
- Bockbiere (aus Österreich, Deutschland, Dänemark, Holland)
- Malzbiere (aus Österreich, Deutschland)
- Starkbiere (aus Deutschland)
- Ales (aus Großbritannien, den USA, Holland, Dänemark)
- Stouts (aus Irland, den USA, Dänemark)
- Klosterbiere, Gueuze-Biere, Lambic-Biere (Belgien)

Für den Gast sollen darüber hinaus Erklärungen für spezielle Sorten angegeben werden, zB Dampfbier: obergäriges, sehr fruchtiges, hellrotes Bier mit Vanillenote.

Neben dem ständigen Angebot können besondere Biere (zB Bier der Woche) sowie Spezialitäten (zB Lambic) angeführt werden.

8.4 Barkarte

Der Inhalt der Barkarte ist abhängig von der Größe der Bar und vom Gästekreis, der die Bar frequentiert. Eine moderne Barkarte enthält nicht nur Cocktails und Mixgetränke, sondern auch eine Reihe anderer alkoholischer und alkoholfreier Getränke.

Folgende **Vermerke** sind auf einer Barkarte anzuführen:

- Warenbezeichnung
- Ausschankmenge
- Preisangabe
- Verweis auf Inklusivpreise

Aufbau einer Barkarte

- Aperitifs
- Sherrys
- Portweine
- Pre-Dinner-Cocktails
- Champagner- oder Sektcocktails
- Standardcocktails
- Pick-me-ups
- Fancy Drinks
- After-Dinner-Cocktails
- Non-Alcoholic-Drinks (Mixgetränke)
- Whisk(e)ys
- Cognacs, Weinbrände, Armagnac
- Tresterbrände
- Wodka
- Gin
- Rum (weißer Rum – dunkler Rum)
- Tequila
- Obstdestillate (aus Kern-, Stein- und Beerenobst)
- Liköre
- Weiß- und Rotweine
- Sekt und Champagner
- Bier, alkoholfreies Bier
- Alkoholfreie Getränke

8.5 Aperitifkarte

Aperitifs sind appetitanregende Getränke, die vor dem Essen getrunken werden. Sie können trocken, fruchtig, aber auch bitter sein. Immer häufiger werden alkoholfreie Aperitifs (zB Fruchtsäfte) angeboten.

Aufbau und Gliederung einer Aperitifkarte

- Fruchtsäfte
- Gemüsesäfte
- Biere
- Trockene, fruchtige Weiß- und Roséweine
- Trockener Sekt und Champagner
- Versetzte Weine (zB Fino Sherry, trockener, weißer Portwein, trockener Wermut)
- Anisées
- Klassische Bitteraperitifs (zB Campari, Aperol)
- Klassische Aperitifgetränke aus der Bar (zB Kir)
- Pre-Dinner-Cocktails

Neben den üblichen Vermerken ist bei Aperitifkarten besonders auf die Ausschankmenge zu achten:
Frucht- und Gemüsesäfte (1/8 l);
Bier, offen (0,1 l, 0,2 l);
Wein, offen (1/8 l);
Schaumwein, offen (0,1 l);
Versetzte Weine (5 cl);
Anisées und Aperitif-Fertigprodukte (4 cl);
Kir oder Kir Royal (1/8 l);
Cocktails mit Sekt oder Champagner (0,1 l);
Pre-Dinner-Cocktails (6–9 cl).

Aufbau einer Cocktailkarte

- Pre-Dinner-Cocktails
- Champagner- oder Sektcocktails
- Klassiker
- Pick-me-ups
- Fancy Drinks
- After-Dinner-Cocktails
- Non-Alcoholic-Drinks

Alkoholfreie sind vor alkoholischen Getränken zu reihen. Spezielle bzw. aktuelle Angebote sollen hervorgehoben werden.

8.6 Digestifkarte

Digestifs sind verdauungsfördernde Getränke, die nach dem Essen getrunken werden. Bevorzugt werden alle Destillate sowie Edelliköre bzw. Kaffee mit verschiedenen Alkoholika.

Aufbau und Gliederung einer Digestifkarte

- Dessertweine
- Weindestillate, Tresterbrände, Getreide-, Kernobst-, Steinobst- und Beerenobstdestillate
- Liköre
- After-Dinner-Cocktails
- Kaffeegetränke mit Alkohol

Der Gast ist König
Die Geschmackswahrnehmung kann von Person zu Person sehr unterschiedlich sein. Die oberste Maxime bei der Weinberatung ist daher: Erlaubt ist, was dem Gast schmeckt.
Sehr oft sind die Gäste jedoch für eine Beratung sehr dankbar.

9 Grundregeln für die Getränkeempfehlung

Richtig ausgewählte Getränke vervollkommnen den Geschmack einer Speise und fördern die Verdauung. Die klassische Getränkereihenfolge lautet: Bier – Weißwein – Roséwein – Rotwein – Dessertwein oder Schaumwein.

Darüber hinaus gibt es Grundregeln, die man beachten sollte:

- Leichte vor schweren Getränken
- Weißweine vor Rosé- und Rotweinen
- Einfache vor qualitativ höherwertigen Weinen
- Körperarme vor körperreichen Weinen
- Junge vor alten Weinen
- Trockene vor süßen Weinen
- Zu hellem Fleisch (Kalb, Schwein, Geflügel) und zu Fischen Weiß- und Roséwein; abhängig von der Zubereitungsart bzw. Sauce kann auch Rotwein serviert werden
- Zu Lamm Rotwein
- Zu dunklem Fleisch (Rind und Wild) Rosé- und Rotweine
- Zu salzigen Speisen trockene Weine
- Zu süßen Speisen süße Weine
- Zu leichten Speisen leichte Weine
- Zu schweren Speisen schwere, alkoholreiche Weine
- Nationale, regionale und traditionelle Trinkgewohnheiten und -gepflogenheiten soll man beachten,
  zu regionalen Spezialitäten jene Getränke servieren, die aus der gleichen Region stammen
- Sind Speisen mit einem speziellen Getränk zubereitet, wird dieses Getränk am vorteilhaftesten auch bei Tisch serviert
- Zu einfachen Gerichten Bier, Tafel- und Landweine
- Zu klassischen Gerichten Qualitäts- oder Prädikatsweine
- Zu Speisen, die stark mit Essig mariniert oder sehr scharf mit Paprika, Cayennepfeffer oder Curry zubereitet sind, Bier
- Zu scharf gewürzten Speisen aus der asiatischen Küche bzw. der Fusion kitchen kräftige, würzige, trockene aber auch halbtrockene bis liebliche Weißweine, auch Rotweine

Die Harmonie von Speisen und Wein ist keine exakte Wissenschaft. Sie hängt von verschiedenen Faktoren ab: von den überlieferten Lebensformen ebenso wie vom persönlichen Geschmack, was bei der Zubereitung neuer Gerichte immer noch Platz für Neuerungen lässt.

Arbeitsaufgaben

1. Wie soll eine Speisenkarte gegliedert werden? Zählen Sie die Begriffe der Reihe nach auf.
2. Was ist bei der sprachlichen Gestaltung von Speisenkarten zu berücksichtigen?
3. Welche Inhalte sollte eine Speisenkarte (neben dem Speisenangebot) noch aufweisen?
4. Wie werden Menükarten gestaltet? Bei welchen Veranstaltungen werden Sie aufgelegt?
5. Welche Reihenfolge ist bei der Gliederung einer Getränkekarte zu beachten?
6. Worauf ist bei der Erstellung einer Weinkarte besonders zu achten?
7. Beschreiben Sie den Aufbau einer Barkarte.

10 Speisen zur Erstellung von Speisenkarten

Die Speisen können für einfache (*), mittlere (**) und gehobene (***) Menü-Übungsbeispiele verwendet werden.

* Kalte Vorspeisen	** Kalte Vorspeisen	*** Kalte Vorspeisen
Geflügelsalat	Tafelspitzsulz mit Kernöl	Carpaccio mit Rucolasalat und Parmesan
Gemüsesulz mit Sojasprossen	Spargel mit Sauce vinaigrette	Geräucherte Truthahnbrust mit Fenchel-Trauben-Salat
Krevettencocktail	Geräuchertes Forellenfilet mit Oberskren	Belugakaviar mit Blinis
Matjesfilet auf Hausfrauenart	Entenleberterrine mit Sauce Cumberland	Gravad Lax mit Dill-Senf-Sauce
Melone mit Rohschinken	Geflügelgalantine mit Waldorfsalat	Wildpastete mit marinierten Steinpilzen
Blattsalat mit gebackenen Hühnerbruststreifen	Meeresfrüchtesalat	Hühnerleberparfait, in Brioche gebacken
Schinkenröllchen mit Gemüsemayonnaise	Geräucherte Gänsebrust mit Linsensalat	Marinierte Perlhuhnbrust mit Artischockenherzen
	Schinkenmousse auf Chicorée	Seezungenröllchen mit Krebsenmousse
*** Suppen**	**** Suppen**	***** Suppen**
Frittatensuppe	Rinderkraftsuppe mit Gemüsestreifen	Fasanessenz mit Sherry
Grießnockerlsuppe	Wildkraftsuppe mit Pistaziennockerln	Ochsenschleppsuppe mit Lauchstreifen
Fleischstrudelsuppe	Spargelcremesuppe	Paradeiskraftsuppe mit Jakobsmuscheln
Rindsuppe mit Champignonnockerln	Fischsuppe mit Safran	Kresseschaumsuppe
Champignoncremesuppe	Zucchinicremesuppe mit gerösteten Mandeln	Hummercremesuppe
Hühnereinmachsuppe	Tomatensuppe mit Obershaube	Wildpüreesuppe mit Croûtons
Wiener Kartoffelsuppe	Lauchcremesuppe mit Rohschinken-streifen	Gazpacho
Erbsenpüreesuppe	Geeiste Gurkensuppe mit Dille	Vichyssoise
	Melonenkaltschale	
*** Warme Vorspeisen**	**** Warme Vorspeisen**	***** Warme Vorspeisen**
Überbackene Gemüsepalatschinke	Blätterteigpastetchen mit Hühnerragout	Brokkoliflan mit Schinkenoberssauce
Karfiol mit Butterbröseln	Gemüsestrudel mit Kräutersauce	Gemüselaibchen mit Tomatensauce
Gebackene Melanzane mit Sauce tartare	Spinatravioli mit Gorgonzolasauce	Sepianudeln mit Krebsensauce
Tortellini mit Schinkenoberssauce	Spargel mit Sauce hollandaise	Eierschwammerlrisotto
	Schwammerlragout mit Semmelauflauf	
*** Fischgerichte**	**** Fischgerichte**	***** Fischgerichte**
Forellenfilet auf Müllerinart mit Petersielkartoffeln, grüner Salat	Zanderauflauf mit Rieslingsabayon, Salatteller	Zanderfilet in der Kartoffelkruste auf Krensauce
Pochiertes Saiblingsfilet mit Dillsauce und Salzkartoffeln	Karpfen im Wurzelsud mit Salzkartoffeln	Pochiertes Lachsfilet auf Safransauce mit Gemüsenudeln
Zanderfilet, mit Kräuterbutter gebraten, Wildreis, Blattsalate	Schollenfilet in Backteig mit Tomatensauce	Scampi in Dillsauce mit Butterreis
	Überbackene Pfahlmuscheln auf Blattspinat	Gratinierter Hummer
	Gebratene Tintenfische auf Sepiarisotto	Jakobsmuscheln in Hummersauce, Pilawreis
		Karpfenpörkölt mit Butternockerln
		Seezunge Colbert mit Petersilkartoffeln, Blattsalate, Kräuter- oder Gewürzbutter

Sorbets/Eisgetränke
hergestellt aus Beeren-, Stein- und Kernobst sowie exotischen Früchten

* Hauptgerichte mit Beilagen	** Hauptgerichte mit Beilagen	*** Hauptgerichte mit Beilage
Geschnetzelte Hühnerbrust mit Pilzen, tourniertes Gemüse, Pilawreis	Gefüllte Kalbsbrust mit glacierten Zuckererbsen	Medaillons vom Kalbsfilet in Morchelrahmsauce mit Serviettenknödel
Kalbsrahmgulasch mit Butternockerln	Gekochtes Selchkarree mit jungem Kraut und Semmelknödel	Ausgelöste, gefüllte Wachtel auf Wirsing mit Trauben
Schweinkotelett in Schwarzbiersauce mit Kroketten	Ossobuco mit Risotto alla milanese	Rosa gebratener Rehrücken mit eingelegter schwarzer Nuss und Selleriepüree
Wiener Schnitzel mit Erdäpfel-Vogerl-Salat	Curryhuhn mit Mangos, Äpfeln und Bananen, orientalischer Reis	Glacierte Truthahnbrust auf Ingwer-Honig-Gemüse mit Polentatalern
Ausgelöstes Wiener Backhuhn mit Kartoffelsalat, gebackene Petersilie	Knusprig gebratene Ente mit Apfelrotkraut und Erdäpfelknödel	Fasan im Speckhemd mit Preiselbeeren und Spritzkartoffeln
Gekochter Tafelspitz, Schulterscherzel, Beinfleisch, Brustkern, Kavaliersspitz, Hüferscherzel, Hüferschwanzel, Mageres Meisel oder Kruspelspitz *wahlweise mit* Röstkartoffeln, Erdäpfelschmarren, Semmelkren, Cremespinat, eingemachtem Gemüse, Schnittlauchsauce, Apfelkren	Wachauer Ente mit Bratapfel-Rotkraut und Erdäpfelknödel	Geschmorte Weidegans mit eingemachten Kohlsprossen und böhmischen Knödeln
Burgunderrindsbraten mit Erdäpfelkroketten und Preiselbeerbirne	Rehragout mit Schwammerln, Erdäpfel-Speck-Roulade und Preiselbeeren	Filet Wellington mit glaciertem Saisongemüse
Schweinspörkölt mit Tarhonya	Rieslingkalbsbeuschel mit Briocheserviettenknödel	Gefülltes Stubenküken mit Calvadosäpfeln
Schweinsbraten mit Semmelknödel und Sauerkraut	Geschmorte Milchlammschulter mit Polentaauflauf und Okragemüse	Rosa gebratener Lammrücken mit Balsamicoschalotten, Bärlauchspinat, Polentagratin
Kalbsschnitzel mit Kapernsauce und Bandnudeln	Lammstrudel auf Thymiansauce mit grünen Bohnen und Rotweinschalotten	Souffliertes Medaillon vom Kalbsrücken mit Petersilie, erlesenem Gemüse, Herzoginkartoffeln
Steirisches Wurzelfleisch mit Salzkartoffeln	Irish-Stew	
Geschmortes Kalbsvögerl mit Eierschwammerln und Serviettenknödel	Pochierte Fasanennockerln auf getrüffeltem Kartoffelpüree	
	Gepökelte Kalbszunge mit Erbsenpüree	
	Gebratene Kalbsleberscheiben mit glacierten Äpfeln und Lauchkartoffeln	
	Gepökelte Schweinsstelze mit eingemachten Rüben und Salzkartoffeln	

* Vegetarische Speisen	** Vegetarische Speisen	*** Vegetarische Speisen
Artischocke mit Sauce hollandaise	Gnocchi alla romana	Kartoffelauflauf in Paprika mit Fisolen
Kürbiskraut mit Röstkartoffeln	Cannelloni mit Kräuterpesto und Tomaten	Graupenrisotto mit Paprika und Artischocken
Gratinierte Zucchini mit Tomatensauce	Spargel mit Sauce maltaise	Knuspriger Gemüsespieß Tempura mit marinierten Sojasprossen und Joghurtkräutersauce
Schwarzwurzelgratin	Spargelspitzen, in Blätterteig gebacken, Joghurtkräutersauce	Feines Gemüseragout im Blätterteigpastetchen
Spinatnockerln mit Tomatensauce	Zucchiniflan mit Olivensauce	Romanescoterrine mit Rieslingsauce
Spinatstrudel mit Schafkäse	Vollkornnudeln mit frischen Paprikaschoten und Jungzwiebeln	Schupfnudeln mit Rahmkohlsprossen

* Vegetarische Speisen	** Vegetarische Speisen	*** Vegetarische Speisen
Käsespätzle mit grünem Salat	Gemüseauflauf mit marinierten Blattsalaten	Gefüllte, überbackene Melanzane
Makkaroni mit Gorgonzolasauce	Käseauflauf	Nudelauflauf mit getrockneten Tomaten und Salbei
Gemüsestrudel auf Dillsauce	Gebackene Eier mit Schnittlauch und Rahm	Kärntner Kasnudeln mit frischer Minze und Nussbutter
Gemüselaibchen	Gemüsekroketten mit Joghurtdip	
Gebackenes Gemüse mit Sauce rémoulade	Vollkornpizza mit Pilzen, Artischocken, Spinat und Mozzarella	
Gemüselasagne	Erdäpfelknödel mit warmem Krautsalat und Kernöl	
Cremespinat mit Röstkartoffeln und Spiegelei	Kräuternudeln mit Trompetenpilzen à la crème	
	Speck-Lauch-Kuchen auf Tomaten- Basilikum-Sauce	
	Spinatnudeln mit brauner Butter und Pinienkernen	
	Dinkelnockerln mit Jungzwiebeln und Krenschaum	
	Gemüserisotto	
	Melanzanelasagne	

Käse
Erlesene Käseauswahl vom Wagen mit Brot, Butter, Trauben, Äpfel und Birnen
Passierter Roquefort mit Butter
Käsegerichte
Roquefort-Auflauf mit Anisrosinen
Geschmolzener Ziegenkäse mit Oliven
Lauwarmer Grottin de Chevignol mit Aromaten
Ziegenkäsebällchen im knusprigen Strudelteigblatt
Büffelmozzarella mit Tomatenpesto und frischem Basilikum
Trüffelkäse mit eingelegten geschälten Walnüssen
Radicchio und Fourme d'Ambert mit Kirschtomaten
Eingelegter Schafkäse mit Äpfeln und gechmortem Chicorée
Kracher Grand Cru mit Korinthen und Cox-Orange-Apfel
Vacherin Mont d'Or mit Waldviertler Frühkartoffeln und Sommertrüffeln
Gebackene Käsetascherln auf Apfel-Quitten-Kompott
Hausgemachtes warmes Erdäpfelbrot mit Brimsen, Tilsiter, Emmentaler oder Brie

* Warme Süßspeisen	** Warme Süßspeisen	*** Warme Süßspeisen
Überbackene Topfenpalatschinke	Salzburger Nockerln	Crêpes Suzette
Buchteln mit Vanillesauce	Auflaufomeletten mit Schokolade oder Früchten	Sauerrahmdalken mit Heidelbeeren
Bröselnudeln mit Zwetschkenröster	Nussnudeln mit eingelegtem Winterglockenapfel	Gratiniertes Rhabarbertörtchen mit Minzeschaum
Topfen-Nuss-Schmarren mit Apfelkompott	Gekochter Grießstrudel mit Waldbeeren	Schokoladerisotto mit eingelegten Zwergorangen
Palatschinken mit Schokoladesauce und gerösteten Haselnüssen	Nussauflauf mit Portweinsabayon	Topfensoufflé mit Erdbeermark
Mohr im Hemd	Kipferlkoch auf Kokosnussmilch	Gratinierte Orangenfilets mit Himbeermark

* **Warme Süßspeisen**	** **Warme Süßspeisen**	*** **Warme Süßspeisen**
Schlosserbuben mit Vanillesauce	Fruchtknödel auf Vanilleschaum	Gebackene Feigen auf Cassisspiegel mit Krokantblatt
Wäschermädeln mit Mokkasauce		Limettencrêpe mit Joghurtcreme und Walderdbeeren
Powidltascherln		
Gebackene Apfelspalten mit Preiselbeeren und Mandelsauce		
Germknödel mit zerlassener Butter und Graumohn		
Mandelauflauf auf Amarettospiegel mit Erdbeeren		
Mohnnudeln		

* **Kalte Süßspeisen**	** **Kalte Süßspeisen**	*** **Kalte Süßspeisen**
Grießflammeri mit Erdbeeren und Cointreau	Schokoladenmousse mit marinierten Waldbeeren	Muskattraubentörtchen mit Ruländerschaum und Hippenblatt
Apfelkuchen mit Vanillesauce	Crème Caramel	Orangenparfait mit eingelegten Mokkadatteln
Alt-Wiener Apfelstrudel	Joghurtterrine mit Heidelbeeren und Limettenschaum	Gefüllte Feigen mit Schokolade auf Marzipansauce
Reisauflauf	Baiser mit frischen Früchten und Joghurteis	Erdbeer-Rhabarber-Charlotte mit Holunderblütensabayon
Marillentorte	Eisspagetti	Krokantparfait mit Beeren
Eclairs mit Mokkacreme	Cassata	Kaffeeeis im Hippenblatt mit frischen Feigen
Pfirsich Melba	Cappuccinobiskotten mit Kapstachelbeeren auf Mokkaschaum	Bratapfeleis mit knusprigen Apfelchips
Savarin mit frischen Früchten	Torten, Kuchen und Schnitten, Obstschnitten	Tarte au citron
Kastanienreis mit Schlagobers	Brandteiggebäck, gefüllt mit Vanillecreme	

? Arbeitsaufgaben

1. Die Gliederung einer Speisenkarte ist durcheinander gekommen. Sortieren Sie sie richtig.
   - ☐ Vorspeisen
   - ☐ Desserts
   - ☐ Vegetarische Gerichte
   - ☐ Suppen
   - ☐ Beilagen
   - ☐ Fischgerichte
   - ☐ Fleischgerichte
2. Wann werden Amuse-Bouche und Petits Fours serviert?
3. Stellen Sie folgende Menüs mit korrespondierenden Getränken zusammen:
   a) Tagesmenü mit drei Gängen,
   b) Hochzeitsmenü mit vier Gängen,
   c) Fest- oder Degustationsmenü mit sechs Gängen.

11 Fachliches Rechnen

Haben Sie gute Erfahrungen mit mathematischen Aufgabenstellungen? Oder gehören Sie zu jener großen Gruppe von Menschen, die ein leichtes Unbehagen verspüren, wenn sie an das Wort Mathematik denken?
Vergessen Sie, was bisher war, und werfen Sie Ihre Bedenken über Bord! Denn: Fachrechnen verläuft nach bestimmten Schemas und ist einfach und logisch nachzuvollziehen.

11.1 Maße und Gewichte

Maße

Abkürzungen: **l** = Liter, **dl** = Deziliter, **cl** = Zentiliter, **ml** = Milliliter

1 l	=		=	10 dl	=	100 cl	=	1000 ml
1/2 l	=	0,5 l	=	5 dl	=	50 cl	=	500 ml
1/4 l	=	0,25 l	=	2,5 dl	=	25 cl	=	250 ml
1/8 l	=	0,125 l	=	1,25 dl	=	12,5 cl	=	125 ml
1/16 l	=	0,0625 l	=	0,625 dl	=	6,25 cl	=	62,5 ml
1/32 l	=	0,03125 l	=	0,3125 dl	=	3,125 cl	=	31,2 ml

Gewicht

Abkürzungen: **kg** = Kilogramm, **dag** = Dekagramm, **g** = Gramm, **mg** = Milligramm

1 kg	=	100 dag	=	1000 g	=	1,000 kg		
1/2 kg	=	50 dag	=	500 g	=	0,500 kg		
1/4 kg	=	25 dag	=	250 g	=	0,250 kg		
1/8 kg	=	12,5 dag	=	125 g	=	0,125 kg		
	=	10 dag	=	100 g	=	0,100 kg		
	=	1 dag	=	10 g	=	0,010 kg		
				1 g	=	0,001 kg	=	1000 mg

Von hoch auf nieder – Multiplizieren zB:
2 Liter = ? cl / 2 x 100 = 200 cl

Von nieder auf hoch – Dividieren zB:
200 cl = ? Liter / 200 : 100 = 2 Liter

Übungsbeispiele

1. Wie viel Dekagramm und wie viel Kilogramm sind 2.750 g?
2. Wie viel Gramm und wie viel Kilogramm sind 175 Dekagramm?
3. Wie viel Gramm sind 1/4 kg, 0,03 kg und 0,125 kg?
4. Rechnen Sie in Litermaße um: 350 cl; 1.250 ml; 75 cl; 34 dl; 4 cl.
5. Rechnen Sie die angegebenen Produkte in 1/8, 1/4 und in cl um: 2 l Orangensaft, 1,5 l Wein, 0,75 l Obstler, 0,5 l Eiswein, 0,25 l Tomatensaft, 1 l Wodka.
6. Der Tagesumsatz bei offenem Riesling beläuft sich auf 42,5 l. Wie viele Viertel bzw. Achtel sind verkauft worden?

Schlussrechnung

Reihenfolge für den Schlussansatz

- In der ersten Zeile werden die zwei bekannten Größen angeführt.
- Der gesuchte Wert wird unter den jeweiligen Wert der oberen Zeile geschrieben (zB kg unter kg, % unter %).
- Der gesuchte Wert (?) wird unter die jeweilige Menge, den jeweiligen Preis oder Prozentwert geschrieben.
- Dann erfolgt die Berechnung.

Brüche in Maßeinheiten:
1/1 = 1 : 1 zB 1 kg oder 1 l
1/2 = 1 : 2 zB 0,5 kg oder 0,5 l
1/3 = 1 : 3 zB 0,33 kg oder 0,33 l

Maßeinheiten in Brüche:
1 l = ?/2 1 x 2 = 2/2
1 l = ?/8 1 x 8 = 8/8
0,5 l = ?/8 0,5 x 8 = 4/8

Grundregeln zum Berechnen

- Man schreibt zuerst den Wert über der Unbekannten ? an.
- Man multipliziert mit dem Wert schräg darunter.
- Mit dem Wert oberhalb dividiert man das Multiplikationsergebnis.

Auf diese Art kann man alle direkten Schlussrechnungen lösen, ohne sich dabei eine Formel merken zu müssen.

Musterbeispiel

Wie viel kostet ein Lachsfilet mit einem Gewicht von 280 g, wenn 1 kg e 29,– kostet?

1000 g Lachs	e	29,–
280 g Lachs		?
29 : 1000 x 280 =	e	**8,12**

Ein Lachsfilet mit einem Gewicht von 280 g kostet e **8,12.**

Übungsbeispiele

1. 1 l Campari kostet e 5,45. Wie viel kosten 4 cl Campari?
2. Wie viel kostet eine Poularde mit einem Gewicht von 3200 g, wenn 1 Kilogramm e 3,12 kostet?
3. Für die Zubereitung eines kleinen Espressos benötigt man 7 g Kaffeepulver. Bei einer Veranstaltung wurden 287 kleine Espresso verkauft. Wie viel Kilogramm Kaffee wurden verbraucht?
4. Bei einer Veranstaltung wird Sekt ausgeschenkt. 300 Personen sind geladen. Man rechnet mit zwei Glas (1 Glas = 0,1 l) pro Person. Wie viele Flaschen werden benötigt?

Musterbeispiel

Frau Penz erwartet ca. 330 Frühstücksgäste. Die Mengen an Frühstücksgetränken werden jedoch für 360 Personen berechnet, pro Gast rechnet man mit 0,25 l. Folgende Erfahrungswerte gibt es: 55 % der Hotelgäste trinken Kaffee, 29 % trinken Tee und 16 % Kakao. Wie viel Liter muss Frau Penz von jedem Getränk zubereiten? 360 x 0,25 = 90 l

100 %	90 Liter
55 %	? Liter
90 : 100 x 55 =	**49,5 Liter ~ 50 Liter**

100 %	90 Liter
29 %	? Liter
90 : 100 x 29 =	**26,1 Liter ~ 26 Liter**

100 %	90 Liter
16 %	? Liter
90 : 100 x 16 =	**14,4 Liter ~ 14 Liter**

Frau Penz bereitet 50 Liter Kaffee, 26 Liter Tee und 14 Liter Kakao zu.

Übungsbeispiel

220 Frühstücksgäste werden erwartet. Die Mengen an Frühstücksgetränken werden jedoch für 240 Personen berechnet, pro Gast rechnet man mit 2,5 dl. Folgende Erfahrungswerte gibt es: 65 % der Hotelgäste trinken Kaffee, 27 % trinken Tee und 8 % Schokolade. Wie viel Liter müssen von den jeweiligen Getränken zubereitet werden?

Musterbeispiel

Herr Huber erwartet ca. 220 Frühstücksgäste (mit 240 Personen wird gerechnet, pro Gast 0,25 l eines Frühstücksgetränkes).
Die Erfahrungswerte beim Frühstück besagen, dass 3/6 der Hotelgäste Kaffee, 2/6 Tee und 1/6 Kakao trinken. Wie viel Liter Kaffee, Tee und Kakao sollte Herr Huber zubereiten?
240 x 0,25 = 60 l

60 : 6 = 10 l

10 x 3 = 30 l Kaffee
10 x 2 = 20 l Tee
10 x 1 = 10 l Kakao

Herr Huber bereitet 30 Liter Kaffee, 20 Liter Tee und 10 Liter Kakao zu.

Übungsbeispiele

1. Ein Seminar wird abgehalten. Während einer Pause werden den 55 Teilnehmern Kaffee, Schwarztee und Grüntee angeboten. Folgende Erfahrungswerte gibt es: 4/9 der Gäste trinken Kaffee, 2/9 Schwarztee und 3/9 Grüntee. Man rechnet mit 0,2 l pro Gast. Wie viele Liter müssen von jedem Getränk zubereitet werden?
2. Orangenkonzentrat soll im Verhältnis 1:6 verdünnt werden und für 180 Gäste reichen. Der Durchschnittswert pro Gast beträgt zwei Glas (1 Glas = 0,1 l). Wie viel Konzentrat und wie viel Wasser werden benötigt?

11.2 Kalkulation von Getränken

Grundlage für die Kalkulation ist die Kostenrechnung eines Betriebes, in der alle Kosten des Betriebes erfasst werden, auch jene, die nicht offen ersichtlich sind. Der Preis wird so festgesetzt, dass in Summe noch ein angemessener Gewinn übrig bleibt.

Obwohl die Kalkulation so wichtig für den Erfolg eines Betriebes ist, wird sie dennoch in vielen Gastronomiebetrieben vernachlässigt.

11.2.1 Berechnung des Wareneinsatzes

Um eine Kalkulation überhaupt durchführen zu können, müssen zuerst die Materialkosten (der Wareneinsatz) errechnet werden. Dazu ist es notwendig, die üblichen Portionsgrößen der Getränke zu kennen.

Internationale Barmaße:

Whisk(e)ys ..... 4 cl
Spirituosen ..... 2 cl oder 4 cl
Süd- bzw. Dessertweine ..... 5 cl
Cocktails ..... 6–9 cl
Sekt ..... 10 cl
Esslöffel ..... 1,5 cl
Barlöffel (Barspoon) ..... 0,5 cl
Spritzer (Dash) ..... 0,08 cl
Fluid ounce (Unze) ..... 2,8 cl

Wie war das doch gleich?

1 l = 10 dl
1 l = 100 cl
1 l = 1.000 ml
1 dl = 10 cl
1 cl = 10 ml

Fluid ounce = international übliches Barmaß

Ausschankverlust in Gläser

Flascheninhalt	Gläseranzahl bei 2 cl	Schwund	Verkaufbare Menge 2-cl-Gläser
1,00 l	50	3	47
0,75 l	37,5	2,5	35
0,70 l	35	2	33

Ausschankverlust in Prozent			
Flascheninhalt – 6 % Ausschankverlust	1,00 l 0,06 l	0,750 l 0,045 l	0,700 l 0,042 l
Ausschank	0,94 l	0,705 l	0,658 l
	0,94 l = 94 cl : 2 cl = **47 Gläser**	0,705 l = 70,5 cl : 2 cl = **35 Gläser**	0,658 l = 65,8 cl : 2 cl = **33 Gläser**

Musterbeispiel

Eine Flasche französischer Cognac (0,7 l) kostet im Einkauf e 27,– (exkl. USt.). Er wird in 2-cl-Gläsern ausgeschenkt, Ausschankverlust 6 %.

1. Berechnen Sie die verkaufbare Menge!

Flascheninhalt	0,700 l	100 %
– Ausschankverlust	0,042 l	6 %
verkaufbare Menge	0,658 l	94 %

2. Wie hoch ist der Wareneinsatz pro Glas?
   0,658 l = 65,8 cl = 33 verkaufbare Gläser

   e 27,– : 33 = e 0,82 **Wareneinsatz pro Glas**

Übungsbeispiele

Berechnen Sie die verkaufbare Menge und den Wareneinsatz pro Glas!
1. Eine Flasche Asbach Uralt (0,7 l) kostet im Einkauf e 13,– (exkl. USt.); Ausschankmenge 2 cl; Ausschankverlust 6 %.
2. Eine Flasche Fino Sherry (0,7 l) kostet e 8,– (exkl. USt.); Ausschankmenge 5 cl; Ausschankverlust 3 %.
3. Eine Flasche Tullamore Dew (0,7 l) kostet den Betrieb e 15,– (exkl. USt.); Ausschankmenge 4 cl; Ausschankverlust 6 %.

11.2.2 Berechnung des Wareneinsatzes von Mixgetränken

Mixgetränke setzen sich aus mehreren Getränken und Zutaten zusammen. Genaue Kenntnisse über die Getränkerezepte und Barmaße sind Vorraussetzung für die Wareneinsatzberechnung.

Musterbeispiel

Wie hoch ist der Wareneinsatz für den Manhattan-Cocktail (6 cl)?

Bei den mit * bezeichneten Getränken sind die Schankverluste zu berücksichtigen!

Manhatten-Cocktail	Menge	Einkaufspreis	Wareneinsatz
2/3 Canadian Club*	4 cl	0,75 l à E 12,–	E 0,69
+ 1/3 Wermut, rot*	2 cl	1 l à E 3,–	E 0,06
+ 1 Dash Angostura	0,1 cl	0,25 à E 8,60	E 0,03
+ 1 Kirsche		30 Stück à E 1,80	E 0,06
Summe			E 0,84

Canadian Club		
Flascheninhalt – Ausschankverlust	0,75 l 0,045 l	100 % 6 %
verkaufte Menge 70,5 cl : 2 = 35 Gläser	0,705 l	94 %

Wermut, rot		
Flascheninhalt	1 l	100 %
– Ausschankverlust	0,06 l	6 %
verkaufte Menge	0,94 l	94 %
94 cl : 2 = 47 Gläser		

Canadian Club:
4 cl = 2 Gläser à 2 cl

$$\frac{\text{E } 12,\!- \times 2 \text{ Gläser}}{35 \text{ Gläser}} = 0,69$$

Wermut, rot:
2 cl = 1 Glas

$$\frac{\text{E } 3,\!- \times 1 \text{ Gläser}}{47 \text{ Gläser}} = 0,69$$

Angostura:

$$\frac{\text{E } 8,60}{250 \text{ Dash}} = 0,69$$

Übungsbeispiele

Berechnen Sie den Wareneinsatz der Cocktails oder Getränke:

1. Margarita: 4 cl Tequila (0,75 l/E 9,80), 2 cl Cointreau (0,75 l/E 15,70), 1 cl Zitronensaft = 1 Zitrone (E 0,15), 1 Limettenspalte = 1 Limette (E 0,15); Schankverlust 5 %.
2. Alexander (6 cl): 1/3 Crème de Cacao * (0,7 l/E 6,90), 1/3 Weinbrand * (0,7 l/E 10,50), 1/3 Obers (0,25 l/E 0,65); Schankverlust 6 %

Aus einer Zitrone ergeben sich ca. 4 cl Zitronensaft.

11.2.3 Kalkulation des Verkaufspreises von Getränken

Alkoholfreie Getränke	Alkoholische Getränke
Wareneinsatz + Nettorohaufschlag in % (Deckungsbeitrag in E)	Wareneinsatz + Nettorohaufschlag in % (Deckungsbeitrag in E)
Grundpreis + Bedienungsgeld in %	**Grundpreis** + Bedienungsgeld in %
Nettoverkaufspreis + 20 % Umsatzsteuer	**Nettoverkaufspreis** + 20 % Umsatzsteuer
Verkaufspreis (Inklusivpreis)	**Verkaufspreis (Inklusivpreis)**

Musterbeispiel Manhattan-Cocktail

Wareneinsatz: E 0,84 (vergleiche mit Musterbeispiel Wareneinsatz)

Wareneinsatz	E	0,84
+ 260 % Nettorohaufschlag	E	2,18
Grundpreis	E	3,02
+ 15 % Bedienungsgeld	E	0,45
Nettoverkaufspreis	E	3,47
+ 20 % Umsatzsteuer	E	0,69
Verkaufspreis	E	**4,16**

Der Nettorohaufschlag kann zwischen 150 und 400 % liegen.

Das Bedienungsgeld kann je nach Betrieb auch 10 % oder 12,5 % betragen.

Nettorohaufschlag:
100 % .... E 0,84
260 % .... E x

$$x = \frac{0,84 \times 260}{100} = 2,18$$

Bedienungsgeld:

$$x = \frac{3,02 \times 15}{100} = 0,45$$

Umsatzsteuer:

$$x = \frac{3,47 \times 20}{100} = 0,69$$

Bei den mit * bezeichneten Getränken sind die Schankverluste (6 %) zu berücksichtigen.

Übungsbeispiele

Sämtliche Beispiele werden mit einem Nettorohaufschlag von 260 % und einem Bedienungsgeld von 15 % gerechnet.

1. Berechnen Sie den Wareneinsatz und den Verkaufspreis eines Martini-Dry-Cocktails (6 cl): 1/6 Wermut dry (1 l/E 4,70), 5/6 Gin (0,75 l/E 7,70), 1 Olive (30 Stück/E 1,30).
2. Kalkulieren Sie den Wareneinsatz und den Verkaufspreis von „Blue Lady": 4 cl Gin* (0,75 l/E 7,70), 2 cl Curaçao, blau (0,75 l/E 7,10), 2 cl Zitronensaft = 1 Zitrone (1 Stück E 0,15).
3. Der Wareneinsatz des alkoholfreien Cocktails „Florida" beträgt E 0,50. Errechnen Sie den Verkaufspreis.
4. Bei einem Empfang für 30 Personen wird der Pre-Dinner-Cocktail „White Lady" angeboten. White Lady (6 cl): 3/6 Gin* (0,75 l/E 7,90), 2/6 Cointreau* (0,75 l/E 15,60), 1/6 Zitronensaft = 1 Zitrone (E 0,15). Errechnen Sie die Menge, die Sie für 30 Personen benötigen. Wie viel werden die Cocktails in Summe kosten? Vergessen Sie nicht, den Schankverlust zu berücksichtigen! Erstellen Sie eine Einkaufsliste.

Notizen zu den Arbeitsaufgaben:

? Arbeitsaufgaben

1. Nennen Sie fünf Nationalküchen der Welt und beschreiben Sie deren Besonderheiten.
2. Beschreiben Sie den Einfluss der fernöstlichen Küche auf die europäische Küche.
3. Die Menüreihenfolge ist durcheinander gekommen. Sortieren Sie sie richtig. Wie lauten die französischen und englischen Ausdrücke?
   Kalte Vorspeise
   Kalte Süßspeise
   Sorbet
   Suppe
   Warme Vorspeise
   Fisch, Krustentiere, Weichtiere
   Käse
   Hauptgericht
   Wann werden Amuse-Bouches und Petits Fours serviert?
4. Welche Kriterien müssen bei der Zusammenstellung eines Menüs beachtet werden? Erklären Sie zwei näher.
5. Was ist ein Wahlmenü? Welche Vorteile hat es?
6. Welche wesentlichen Merkmale hat die kreative Küche und welche die Fastfoodküche?
7. Wie soll eine Speisenkarte gegliedert werden? Zählen Sie die Begriffe der Reihe nach auf.
8. Wie werden Menükarten gestaltet? Bei welchen Veranstaltungen werden sie aufgelegt?
9. Worauf ist bei der Erstellung einer Weinkarte besonders zu achten?
10. Stellen Sie folgende Menüs mit korrespondierenden Getränken zusammen:
    Tagesmenü mit drei Gängen.
    Hochzeitsmenü mit vier Gängen,
    Fest- oder Degustationsmenü mit sechs Gängen.

ZUSAMMENFASSUNG

Garmethoden
Vorbereitende Garmethoden: Blanchieren, Kochen, Sieden.
Garmethoden für die Zubereitung: Pochieren, Dämpfen, Braundünsten – Schmoren, Hellbraundünsten, Naturdünsten, Braten im Ganzen bzw. von Portionsstücken, Frittieren, Backen im Rohr.
Vollendende Garmethoden: Glacieren, Gratinieren.
Schonende Garmethoden sind Garen in Backtrenn- oder Pergamentpapier, Garen in der Alufolie sowie in der Bratfolie.

Menüreihenfolge
Die klassische Menüreihenfolge stammt aus dem 19. Jahrhundert und ist heute aus ernährungsphysiologischer Sicht nicht mehr zu vertreten. Die 15 Gänge dieses Menüaufbaus bilden jedoch nach wie vor die fachliche Grundlage für die Zusammensetzung von zeitgemäßen Menüs.
Ein zeitgemäßes Degustations- oder Gourmetmenü besteht aus folgenden Gängen:

- Gaumenfreude (Amuse-Bouche, Amuse-Gueule)
- Kalte Vorspeise
- Suppe
- Warme Vorspeise
- Fisch
- Eisgetränk (Sorbet)
- Hauptgericht
- Sauce
- Gemüsebeilage
- Sättigungsbeilage
- Käse
- Süßspeise (warm oder kalt)

Einfache bzw. erweiterte Menüs weisen weniger Gänge auf.

Gaumenfreude (Amuse-Bouche, Amuse-Gueule)
Appetitanregende, kleine Häppchen, die auf Kosten des Hauses serviert werden. Angerichtet werden sie auf einem kleinen Teller oder oft auch auf einem Löffel (Partylöffel).

Kalte Vorspeisen
Das sind kleine Gerichte, die die Mahlzeit einleiten und durch ihren pikanten Geschmack den Appetit erhöhen sollen. Dazu werden Butter und Jourgebäck oder Toast bzw. verschiedene Brotsorten serviert.

Suppen
Sie bestehen in der Regel aus Wasser, Gemüse, Fleisch, Fleischextrakten, Fetten und Gewürzen; meist mit Suppeneinlagen. Man unterscheidet klare Suppen, gebundene Suppen, Spezialsuppen, Nationalsuppen und Regionalsuppen.

Warme Vorspeisen
Sind kleine, appetitanregende, pikante Gerichte. Sie stellen in der Menüreihenfolge einen leichten Übergang nach der Suppe zum Fisch oder zum Hauptgericht dar. Warmen Vorspeisen sind z. B Nudelgerichte, Knödel, Strudel, gratinierte Gemüse und Aufläufe.

Fische und Meeresfrüchte
Grundsätzlich unterscheidet man Süßwasserfische (z. B. Forelle, Karpfen und Lachs), Meeresfische (z. B. Steinbutt, Seezunge und Scholle) sowie Meeresfrüchte (Schaltiere, Krustentiere, z. B. Garnelen, Hummer, Languste, Muscheln und Weichtiere, wie Tintenfische).

Eisgetränke (Sorbets)
Bezeichnung für ein eiskaltes Getränk bzw. eine halbfeste Speise aus Fruchtsaft, Fruchtpüree und Zucker; klassisch ist das Zitronensorbet.

Notizen zur Zusammenfassung:

Notizen zur Zusammenfassung:

ZUSAMMENFASSUNG

Hauptgericht
Als Hauptgericht oder auch Hauptspeise (im Unterschied zu Vor- und Nachspeise) bezeichnet man das Gericht, das in einer Reihe von Gängen die zentrale und dominierende Stelle einnimmt. In der Regel ist das Hauptgericht warm zubereitet.

Die Fleischhauptgerichte können eingeteilt werden:
- nach dem klassischen Menüaufbau in Hauptplatten (Grosses-Pièces), warme Zwischengerichte und Braten (Rôts),
- nach der Tierart in Rinds-, Kalbs-, Schweins-, Lamm-, Geflügel- und Wildgerichte.

Sauce
Saucen (Soßen) sind flüssige bis sämig gebundene, würzende Beigaben zu verschiedenen warmen und kalten Speisen, Salaten, aber auch Desserts.
Als Basis einer guten Grundsauce dienen Fonds, auch Aufgussflüssigkeit, Sud oder Brühe genannt.
Man unterscheidet weiße Saucen, braune Saucen, warm aufgeschlagene Buttersaucen, kalt gerührte Ölsaucen, spezielle eigenständige Saucen, wie Semmelkren, Tomatensauce sowie Coulis, Espumas und Dips.

Beilagen
Sie sollen das Gericht passend ergänzen. Entsprechend der heutigen Ernährungsauffassung wird den **Gemüse- und Salatbeilagen** der Vorrang vor den **Sättigungsbeilagen** gegeben. Der Umfang der Sättigungsbeilagen, wie Kartoffeln, Knödeln und Teigwaren, wird kleiner gehalten.

Käse
Käse wird eingeteilt in Frischkäse (z. B. Topfen), Sauermilchkäse (z. B. Quargeln), Weichkäse (mit Schimmel, mit Rotkulturreifung), Schnittkäse, Hartkäse (z. B. Parmesan) und Schmelzkäse.

Süßspeisen
Als Süßspeisen bezeichnet man gesüßte Gerichte der warmen und kalten Küche. Sie werden meist als Nachspeise zubereitet, können aber ebenso als Hauptgerichte in veränderten Portionsgrößen serviert werden.
Warme Süßspeisen sind z. B. Palatschinken, Schmarren, Strudel und Soufflés (Aufläufe). **Kalte Süßspeisen** sind z. B. Torten, Eis sowie Desserts aus Brand- oder Germteig und Biskuit.
Süßspeisen können mit Dessertsaucen und Fruchtspiegel angerichtet werden.

Gerichte der **klassischen europäischen Küche** entsprechen überlieferten französischen Originalrezepten, z. B. Chateaubriand oder Crêpes Suzette bzw. sind Gerichte aus den nationalen Küchen, die über die Grenzen des Landes hinaus einen hohen Bekanntheitsgrad haben, z. B. Wiener Schnitzel, Apfelstrudel.
Die **Nationalküche** eines Landes hat sich aus der Lebensart und dem vorhandenen Nahrungsangebot entwickelt. So ist die österreichische Nationalküche ein Sammelsurium von Gerichten aus allen Bundesländern mit ungarischen und böhmischen Einflüssen. Nationalgerichte eindeutig einem Ursprungsland zuzuordnen, ist jedoch nur begrenzt möglich. Dennoch sind viele Speisen typisch für ein Land, z. B. Pizza für Italien.
Die **regionale Küche** hat ihre Wurzeln auf dem Land und ist vom bäuerlichen Nahrungsmittelangebot geprägt.
Die **Vollwertküche, Bioküche** oder **Naturküche** verwendet Lebensmittel aus kontrollierter biologischer Landwirtschaft. Bei der **kreativen Küche** sind neue Ideen und Kreationen von Produkten erwünscht. Zur **Ethnoküche** (Ethnologie heißt Völkerkunde) gehören Gerichte wie z. B. Sushi und Maki aus Japan. Die **Fast-Food-Küche** bietet ein begrenztes Sortiment an Gerichten zum schnellen Verzehr (Systemgastronomie).

Bei der **Molekularküche** geht es um die Berücksichtigung biochemischer, physikalischer und chemischer Prozesse, die bei der Zubereitung von Speisen ablaufen. Sie erforscht den Ablauf von Garprozessen, um Erkenntnisse für die Zubereitungsarten zu gewinnen.

Grundsätze der Menüerstellung
Bei der Zusammenstellung von Menüs müssen folgende Kriterien beachtet werden: Anlass des Essens – Gästekreis – Tages- bzw. Jahreszeit – Zusammenstellung und Umfang – Ausgewogenheit – keine Wiederholungen – Wirtschaftlichkeit – Verkaufspreis.

Menüarten
Wahlmenüs – Spezialmenüs – Kindermenüs – Seniorenmenüs – Diätmenüs – Vegetarische Menüs – Natur- oder Vollwertmenüs.

Erstellung von Karten
Im Inhalt einer **Speisenkarte** müssen sich der individuelle Charakter und die Leistungsfähigkeit eines Betriebes widerspiegeln. Die Angebotspalette sollte niedrig gehalten werden und öfter wechseln.
Die Gliederung erfolgt in:
- Vorspeisen – kalt, warm
- Suppen – klar, gebunden, Spezialsuppen
- Fischgerichte – Süßwasserfische, Meeresfische, Meeresfrüchte
- Fleischgerichte – fertige Speisen, frisch zubereitete Speisen; in der Reihenfolge Schlachtfleisch, Geflügel, Wild
- Vegetarische Gerichte – Getreide, Gemüse, Salate
- Beilagen – Vitamin- und Sättigungsbeilagen, Salate
- Desserts – Käsesortiment, warme Süßspeisen, kalte Süßspeisen, Eis

Bei der sprachlichen Gestaltung sind folgende Richtlinien zu beachten: Einheitliche Beschreibung der Speisen – Möglichst wenige fremdsprachige Bezeichnungen – genaue und fachlich richtige Bezeichnungen – klassische Garnituren (Fachbezeichnungen verwenden) – Abkürzungen vermeiden.

Menükarten vermitteln den Eindruck gehobener Tischkultur. Nach der klassischen Form werden Speisen und Getränke zentriert untereinander geschrieben, nach der modernen Form linksbündig. Für besondere Anlässe verwendet man gefaltete Menükarten mit Einlageblättern.

Getränkekarten
- In vielen Betrieben gibt es nur eine Getränkekarte, die das gesamte Angebot enthält. Wichtig ist ein übersichtlicher Aufbau: Aperitifs – Weine – Biere – alkoholfreie Getränke – Heißgetränke – Digestifs.
- Eine Preisangabe, die Ausschankmenge und der Verweis auf Inklusivpreise ist zu vermerken.
- Weinkarten sollten sich an den Wünschen der Gäste und am Speisenangebot orientieren. Gliederung: Offene Weine vor Flaschenweinen – inländische Weine vor ausländischen Weinen – Weißweine vor Rosé- und Rotweinen – Qualitätsweine vor Weinen besonderer Reife und Leseart – Stillweine vor Schaumweinen. Neben den allgemeinen Vermerken sind auf der Weinkarte Rebsorte, Jahrgang und Erzeuger anzugeben.
- Bierspezialitätenkarten gliedert man am besten so: alkoholfreie vor alkoholarmen Bieren und Starkbieren – inländische vor ausländischen Bieren – offene Biere vor Flaschenbieren – Spezialbiere am Schluss.
- Eine moderne Barkarte enthält nicht nur Cocktails und Mixgetränke, sondern auch eine Reihe anderer alkoholischer und alkoholfreier Getränke. Eine Cocktailkarte enthält nur Cocktails.
- Die Aperitifkarte umfasst appetitanregende Getränke. Die alkoholfreien Getränke (Frucht- und Gemüsesäfte) sind vor den alkoholischen Getränken (zB Wermut, Campari, Pre-dinner-Cocktails) zu reihen.
- Die Digestifkarte bietet verdauungsfördernde Getränke, wie Dessertweine, Destillate, Edelliköre, After-dinner-Cocktails und Kaffeegetränke mit Alkohol.

Das Wiener Kaffeehaus

Die Institution des Wiener Kaffeehauses hat eine lange Tradition, ist jedoch in seiner Originalform nur noch selten anzutreffen. Gründe dafür sind unter anderem die kostspieligen Zusatzleistungen wie das Auflegen aller Tageszeitungen und des Lesezirkels. Darüber hinaus verfügt das typische Kaffeehaus über verschiedene zusätzliche Räumlichkeiten, wie Spielzimmer für Billard, Bridge und Schach.

Besonders erfreulich ist, dass das klassische Wiener Kaffeehaus eine Renaissance erlebt und vermehrt von jungen Gästen besucht wird. Daneben gibt es Kaffeekonditoreien und Kaffeerestaurants, in denen das Speisen- und Getränkeangebot wesentlich umfangreicher ist. Dementsprechend anders ist auch das Service. Darüber hinaus erfreuen sich, besonders bei den Jugendlichen, die Espressobars nach italienischem Vorbild (zB Segafredo) sowie die amerikanische Art (zB Starbucks) großer Beliebtheit. Die Lokale vermitteln durch ihr Angebot und durch ihre Einrichtung ein italienisches bzw. amerikanisches Lebensgefühl.

Unsere Ziele

Nach Bearbeitung dieses Kapitels werden Sie

- die typischen Kaffeehausspeisen und Kaffeehausgetränke nennen sowie richtig servieren können.

1 Kaffeehausspeisen

Im Kaffeehaus werden immer nur kleine Gerichte angeboten, wie beispielsweise Butterbrot, Buttersemmel, Schinkenbrot, belegtes Brot, Toast, weich gekochtes Ei, Ei im Glas, Eierspeise, Omelett, Würstel (Frankfurter, Debreziner), Gulaschsuppe, Bohnensuppe sowie das einfache Frühstück (siehe Seite 98) und das Wiener Frühstück.

Das Wiener Frühstück wird im Kaffeehaus in folgender Zusammensetzung serviert:
1 Schale (manchmal auch eine Portion) Frühstücksgetränk
1 Portion Butter
1 Portion Marmelade (meist Marillenmarmelade)
1 Portion Frühstücksgebäck (1 Semmel und 1 Kipferl)
1 weich gekochtes Ei

Die Speisen werden auf der großen **Kaffeehaustragtasse** aufgebaut. Die Mise en place besteht aus:

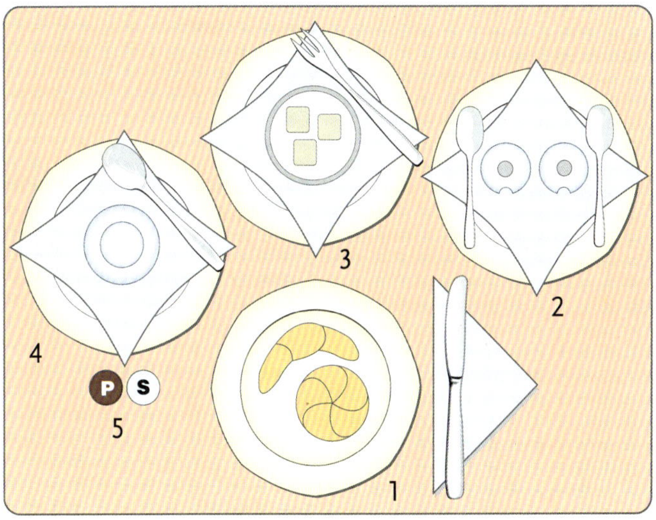

1 Dessertteller, Papierserviette, Dessertmesser
2 Dessertteller mit Papierserviette, 2 Mokkalöffeln für die Marmelade
3 Dessertteller mit Papierserviette, Glasschüsserl für die Butter, Kuchengabel
4 Eierbecher auf Untertasse (Dessertteller mit Serviette) und Eierlöffel (Kaffeelöffel)
5 Salz- und Pfefferstreuer

Die Getränke werden auf der kleinen Kaffeehaustragtasse aufgebaut. Die Mise en place besteht aus:

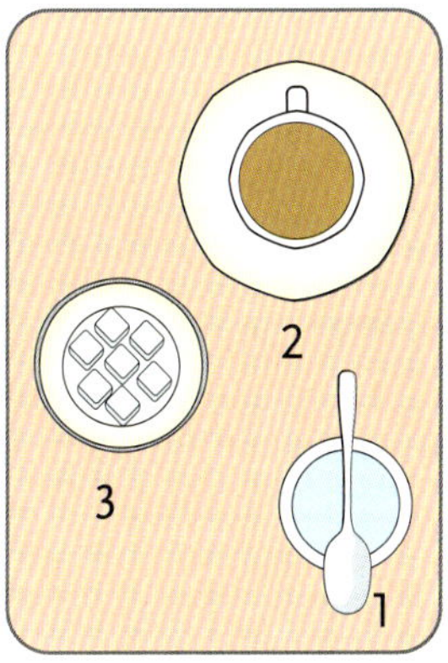

1 Kaffeehauswasserglas, darüber ein Kaffeelöffel
2 Untertasse für das Frühstücksgetränk, Schale mit dem Getränk
3 Zuckerschale mit Würfelzucker oder Zuckerstreuer
Staubzuckerstreuer, wenn das Frühstücksgetränk mit Schlagobers serviert wird

Eine Besonderheit unter den Kaffeegetränken ist der **türkische Kaffee.** Er wird immer ohne Löffel serviert, da man ansonsten den Satz aufrühren würde. Deshalb wird auch der Zucker bereits während der Zubereitung dazugegeben. Als Beilage serviert man weiche Zuckerwürfel mit Rosen-, Zitronen- oder Orangengeschmack (Lokum). Die Zuckerwürfel können auch Nüsse und Pistazien enthalten (Rahat).

Beim Einkauf des Kaffees sollte nicht der möglichst niedrige Preis, sondern die Qualität maßgebend sein. Im Gegensatz zu Rohkaffee verliert gerösteter Kaffee sehr rasch sein Aroma. Durch die Vakuumverpackung und die Schutzgasbehandlung lässt sich die Aufbewahrung bis auf ein Jahr ausdehnen. Im Interesse einer hohen Kaffeequalität empfiehlt es sich, im Gastgewerbe möglichst frisch gerösteten Kaffee zu verwenden. Moderne Kaffeemaschinen mahlen den Kaffee portionsweise frisch.

Im Wiener Kaffeehaus wird immer ein Glas Wasser mit serviert.

2 Kaffeehausgetränke

Natürlich wird im Kaffeehaus in erster Linie Kaffee in allen Variationen angeboten. In der langen Geschichte des Wiener Kaffeehauses haben sich viele typische Kaffeehausgetränke, so genannte **Kaffeehausschattierungen,** entwickelt.

Wiener-Kaffeehaus-Klassiker
Kleiner Mokka
Kleiner Brauner
Einspänner
Kapuziner
Wiener Melange
Franziskaner
Verlängerter Schwarzer
Verlängerter Brauner
Großer Schwarzer
Großer Brauner
Türkischer

Wiener-Kaffeehaus-Spezialitäten
Konsul
Schale Nuss
Schale Gold
Kaffee, verkehrt
Obermayer
Kaisermelange
Wiener Eiskaffee
Berliner Eiskaffee

Wiener-Kaffeehaus-Spezialitäten mit Alkohol
Mokka, gespritzt
Fiaker
Maria Theresia
Pharisäer
Mazagran

Kaffeeklassiker aus Italien
Espresso
Ristretto
Espresso macchiato
Cappuccino
Espresso doppio con latte
Latte macchiato
Caffè latte

Kaffeespezialitäten aus Italien
Trend-Cappuccinos (mit verschiedenen Sirupen, zB Vanille-, Karamellgeschmack)
Caffè freddo
Caffè shekerato
Iced Cappuccino
Caffè milanese

Kaffeespezialitäten aus Italien mit Alkohol
Caffè Corretto con Grappa
Caffè Corretto con Amaretto
Caffè Pucci

Internationale Kaffeespezialitäten mit Alkohol
Irish Coffee
Rüdesheimer Kaffee
Café brûlot

Neben Kaffee werden auch noch Tee, Kakao, Schokolade, Ovomaltine, Milch, alkoholfreie Getränke sowie Bier (immer in Flaschen), Wein (offen) und Spirituosen im Wiener Kaffeehaus angeboten.

3 Kaffeehausservice

Kaffee sollte ausschließlich in vorgewärmten Tassen bzw. Kannen serviert werden. Dazu reicht man frisches Obers und Milch sowie eine Auswahl von Zuckersorten.

Kaffeespezialitäten wie zum Beispiel Irish coffee werden im Originalglas mit passendem Unterteller und Serviette serviert.

Das Charakteristische am Wiener Kaffeehaus ist das Service mit der **Kaffeehaustragtasse.** Da keine Tischtücher verwendet werden, werden die Speisen und Getränke auch mit der Tasse eingestellt. Es wird nichts heruntergenommen.
Nur in Kaffeerestaurants werden oft zu den Mahlzeiten Tischtücher oder Sets verwendet, dann wird auch das Service wie in einem Restaurant abgewickelt.

Der richtige Aufbau von Kaffeehaustragtassen in der Hand

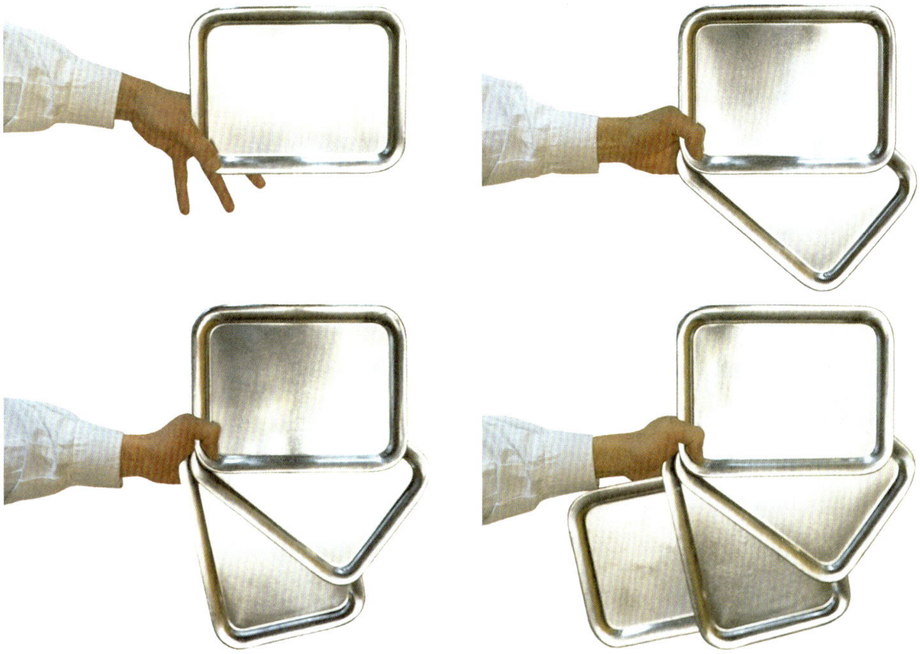

Aufbau einer Kaffeehaustragtasse

Für Kaffee, Tee, Kakao, Schokolade usw. läuft der Aufbau immer in derselben Reihenfolge ab:

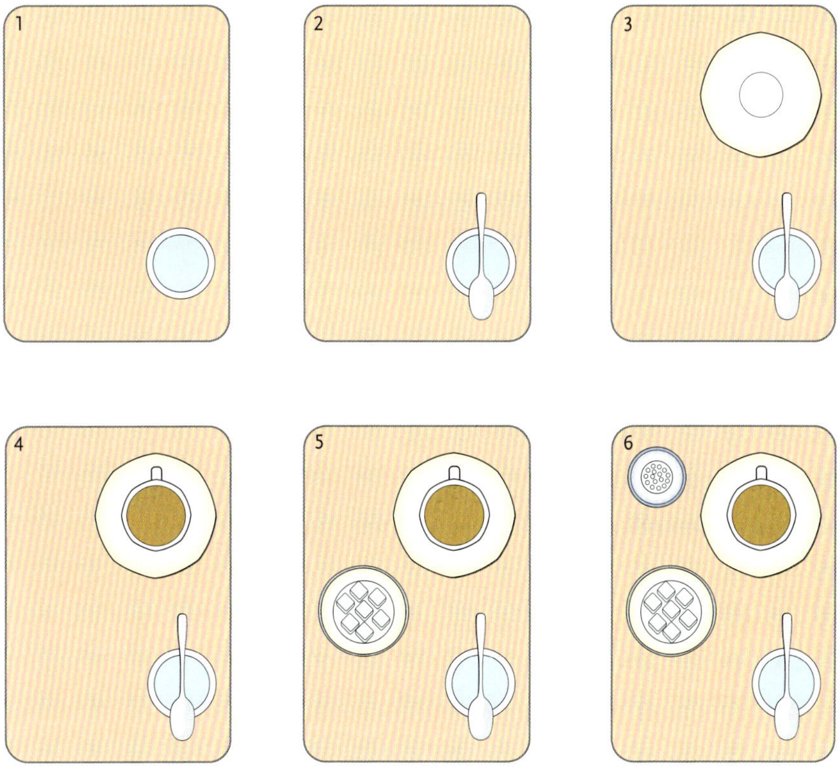

Bei offenem Wein, Getränken in der Flasche, Eiskaffee bzw. Limonaden wird die Serviertasse folgendermaßen aufgebaut:

Offener Wein

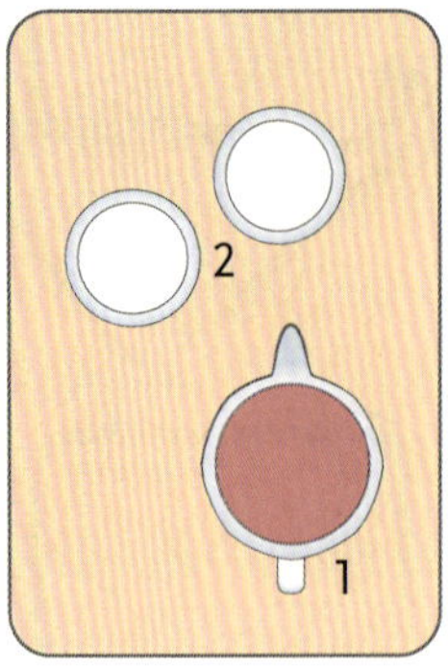

Getränk in Flaschen

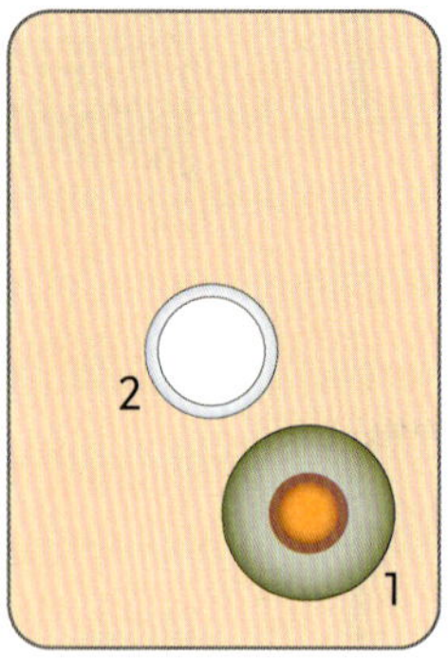

Eiskaffee oder Limonade

Offener Wein
1 Karaffe
2 Rotweinglas

Getränk in Flaschen
1 Bierflasche
2 Bierglas

Eiskaffee oder Limonade
1 Limonadenlöffel
2 Serviette
3 Staubzuckerstreuer
4 Untertasse
5 Glas
6 Wasserglas

Arbeitsaufgaben

1. Welche Speisen und Getränke werden im Wiener Kaffeehaus angeboten?
2. Erklären Sie schrittweise den Aufbau einer Kaffeehaustragtasse.

Notizen zu den Arbeitsaufgaben und zur Zusammenfassung:

ZUSAMMENFASSUNG

Kaffeehausspeisen
Kleine Gerichte wie Butterbrot, Buttersemmel, Toast, weich gekochtes Ei, Ei im Glas, Eierspeise, Omelett, Würstel (Frankfurter, Debreziner) und Gulaschsuppe sowie das einfache Frühstück und das Wiener Frühstück.

Kaffeehausgetränke
Kaffee in allen Schattierungen, türkischer Kaffee, Tee, Kakao, Schokolade, Ovomaltine, Milch, alkoholfreie Getränke sowie Bier (immer in Flaschen), Wein (offen) und Spirituosen.

Kaffeehausservice
Immer auf einer Kaffeehaustragtasse, die auf dem Tisch eingestellt wird. Es werden keine Tischtücher verwendet.

Spezialgedecke

Spezialgedecke benötigt man für eine ganze Reihe von Gerichten, die mit den herkömmlichen Bestecken nicht oder nur sehr schwer gegessen werden können oder sonstige spezielle Utensilien benötigen. Die Palette dieser Speisen reicht von Feingemüsegerichten sowie Vorspeisencocktails über Weich-, Schal- und Krustentiere bis zur Gänseleberpastete und zum Kaviar.

Voraussetzungen für das richtige Service sind die Kenntnis des Produktes und das Fachwissen über das richtige Zubereiten, Tranchieren und Anrichten. Lassen Sie sich verführen in die Welt von Exklusivität und ganz besonderem Service.
Ausgangspunkt der folgenden Spezialgedecke ist das Kuvertgedeck (siehe Seite 105). Brot und Butter werden eingestellt oder eingereicht.

Unsere Ziele

Nach Bearbeitung dieses Kapitels werden Sie

- die Zubereitungs- und Anrichtearten von exklusiven Gerichten beschreiben können,
- nennen können, welche Beilagen dazu serviert werden und welche Getränke am besten passen,
- die spezielle Mise en place mit dem nicht alltäglichen Besteck und Hilfsbesteck darstellen können.

1 Artischocken

Die Artischocke ist neben dem Spargel ein so genanntes Feingemüse.

Zubereitungsarten

- Gekocht (kalt oder warm).
- Gefüllt (warm).

Anrichtearten

- Kalte Artischocken: Glasplatte auf Unterplatte mit Papierserviette oder Platte mit Stoffserviette.
- Warme Artischocken: Porzellan-, Metall- bzw. Gemüseplatte mit Stoffserviette. Platemaster. Fleischmesser und Fleischgabel.

Beilagen und Getränke

- Kalte Artischocken: Sauce vinaigrette oder Sauce aioli.
- Warme Artischocken: Sauce hollandaise oder zerlassene Butter.
- Leichte trockene Weißweine.

Die Servierart ist **Einstellen** oder **Anrichten.**

Br Brotteller mit Buttermesser
Stg Standglas (Richtglas)
1 Standteller mit Underliner
2 Fleischteller
3 Dessertgabel
4 Dessertmesser
5 Weißweinglas
6 Saucieren mit Saucenlöffel
7 Glasplatte auf Unterplatte mit Serviette und Vorleger
8 Dessertteller (Abfallteller)
9 Fingerbowle

Die Fingerbowle wird immer dann benötigt, wenn der Gast auch mit den Fingern isst.

Zum Einstellen der Fingerbowle benötigt man zusätzlich zu der Schale einen Dessertteller und eine gefaltete Stoffserviette. In die mit warmem Wasser gefüllte Schale gibt man eine Zitronenscheibe. Die Zitronensäure löst das Fett.

Anstelle einer Fingerbowle können auch gedämpfte Frotteetücher gereicht werden.

Beliebt ist vor allem die nicht stachelige Art. Von den Artischocken isst man das Fruchtfleisch der Schuppenblätter und die Blütenböden.
Artischocken haben einen milden, leicht bitteren Geschmack.

2 Spargel

Der Spargel ist das klassische Frühlingsgemüse der Monate April und Mai.

Zubereitungsarten

- Gekocht (kalt oder warm als Spargel Natur).
- Gekocht und gratiniert (Natur oder auf Blattspinat).
- Gebacken (in Mehl, Ei und Bröseln oder in Bier- oder Weinteig).

Anrichtearten

- Kalter Spargel: Platte (kein Silber) oder Glasplatte mit Serviette und Unterteller.
- Warmer Spargel: Spargelwanne (noch im Sud) oder warme Platte mit Stoffserviette; Platemaster.
- Gratinierter oder gebackener Spargel: Plat russe auf dazupassender Unterplatte mit Serviette oder heißer Fleischteller.

Beilagen und Getränke

- Kalter Spargel: Sauce vinaigrette oder Rohschinken (San Daniele, Westfäler Schinken oder Parmaschinken).
- Warmer Spargel: Sauce maltaise, Sauce hollandaise oder Sauce mousseline, gebratener Schinken oder Rührei.
- Gebackener Spargel: leichte Kräutermayonnaise, Zitrone.
- Trockene Weißweine.

Die Servierart ist **Einstellen** oder **Anrichten.**

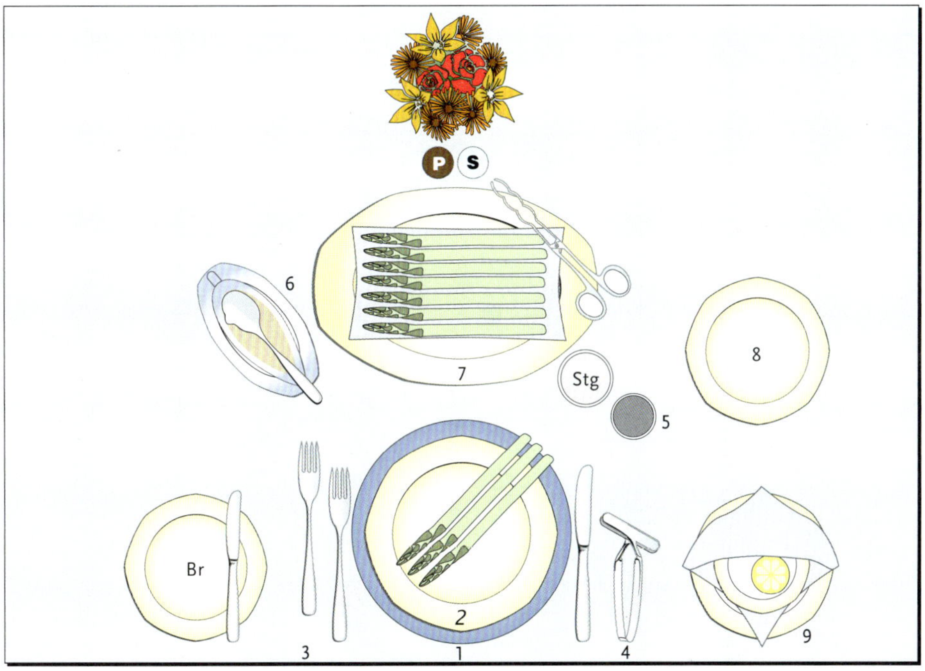

Br Brotteller mit Buttermesser
Stg Standglas (Richtglas)
1 Standteller mit Underliner
2 Fleischteller
3 Fleischgabel
4 Spargelgriff bzw. Fleischmesser
5 Weißweinglas
6 Sauciere mit Saucenlöffel
7 Platte mit Stoffserviette (wenn vorhanden, Spargelwanne oder Spargelrost) und Spargelvorlegezange; Rechaud
8 Dessertteller (Abfallteller)
9 Fingerbowle (da viele den Spargel mit den Fingern essen)

Es gibt weißen und grünen Spargel. Dicke Spargelstangen (weiß) werden auch als Solospargel bezeichnet. Die Spitzen sind das Beste und Beliebteste dieses Gemüses. Damit der Spargel seine Feuchtigkeit behält und saftig bleibt, wird er mit einem feuchten Tuch bedeckt und kühl gelagert.

Grüner Spargel

Wird der Spargel mit Beilage als Tellergericht eingestellt, werden Fleischmesser und Fleischgabel eingedeckt.

Schnecken sind Weichtiere. Im Mittelalter waren sie eine traditionelle Fastenspeise. Heute sind Schnecken eine Spezialität, die viele verschiedene Zubereitungsarten kennt.

3 Schnecken

Zubereitungsarten

- Mit Schneckenbutter (nach Burgunder Art = Escargots à la bourguignonne), mit Kräuter- oder Knoblauchbutter.
- Gebacken: paniert und in Fett gebacken (mit Messer und Gabel gegessen).
- Nach Dijoner Art: Die gekochten Schnecken werden mit einer Reduktion aus Rotwein, Schalotten und Kalbsglace in die Gehäuse gefüllt, die Gehäuse mit Schneckenbutter verschlossen und im Rohr gegart.
- Mariniert: In Weißwein und Essig mit Pilzen und Gewürzen gekocht; die erkalteten Schnecken werden mit Messer und Gabel gegessen.

Anrichtearten

- Schnecken im Gehäuse in einer Schneckenpfanne.
- Schnecken im Gehäuse auf Salz in einer feuerfesten Schüssel oder in einem Suppenteller.
- Schnecken ohne Gehäuse in einer Schneckentongutpfanne (Caquelon).

Beilagen und Getränke

- Weißbrot.
- Trockene Weiß- oder Rotweine.

Die Servierart ist **Einstellen.**

Schnecken im Gehäuse (in einer Schneckenpfanne)

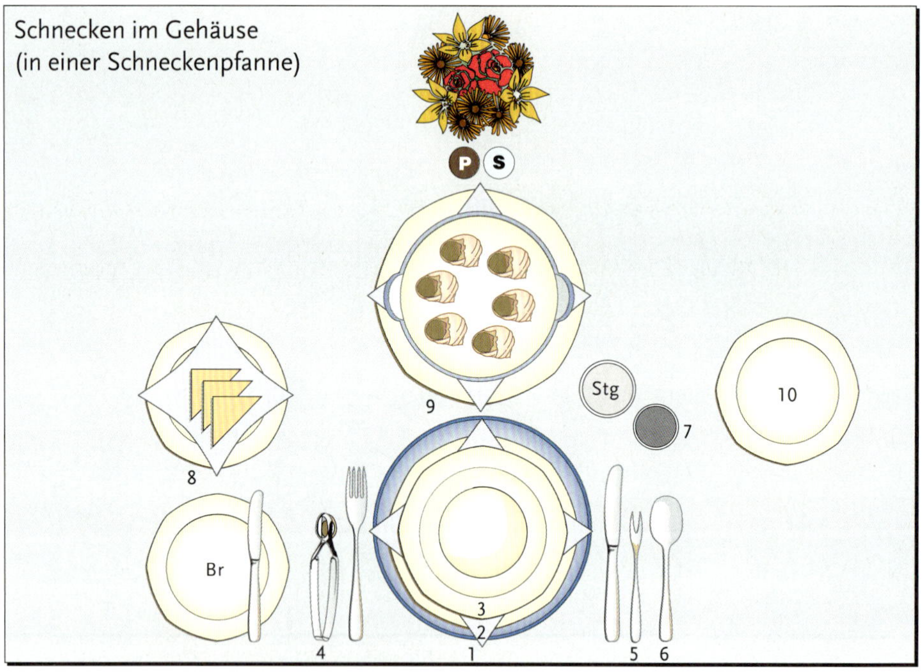

Br Brotteller mit Buttermesser
Stg Standglas (Richtglas)
1 Standteller mit Underliner
2 Fleischteller mit Serviette
3 Suppenteller
4 Schneckenzange
5 Schneckengabel
6 Dessertlöffel (oder Suppenlöffel)
7 Weißwein- oder Rotweinglas
8 Dessertteller mit Weißbrot
9 Schneckenpfanne auf Unterteller mit Serviette; kein Rechaud, da die Schneckenpfanne sehr heiß ist
10 Dessertteller (Abfallteller)

Weinbergschneckengehäuse

Die Weinbergschnecke ist eine in den gemäßigten Zonen Europas überall anzutreffende Landschnecke. Sie wird heute in Schneckengärten gezüchtet oder tiefgekühlt aus dem Fernen Osten importiert (Achatschnecke). Die Petit gris ist eine in Frankreich sehr beliebte Schneckenart.

Schnecken ohne Gehäuse

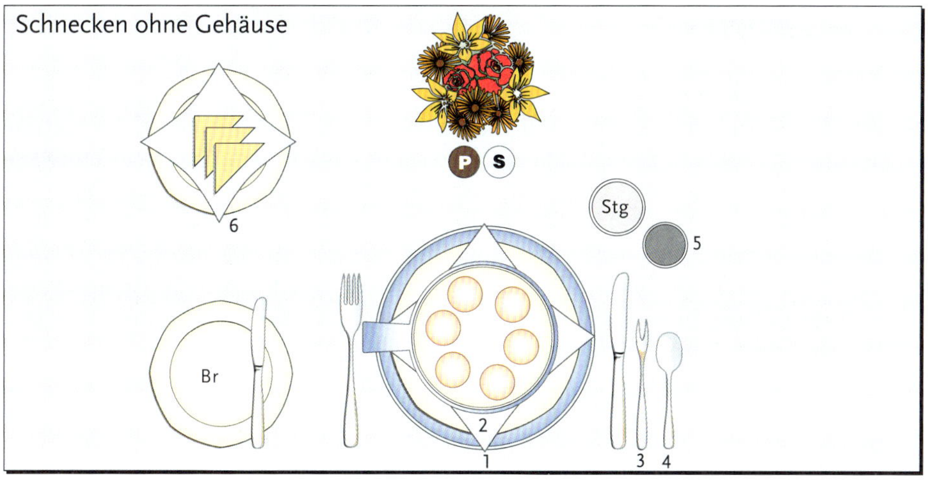

- Br Brotteller mit Buttermesser
- Stg Standglas (Richtglas)
- 1 Standteller mit Underliner
- 2 Fleischteller mit Serviette und Schneckentongutpfanne (Caquelon)
- 3 Schneckengabel
- 4 Kaffeelöffel
- 5 Weißwein- oder Rotweinglas
- 6 Dessertteller mit Weißbrot

4 Muschelgerichte

Zubereitungsart

- Warm (Moules à la marinière).

Anrichtearten

- In einer Kasserolle oder Terrine auf Rechaud (Platemaster).
- Im Suppenteller.

Beilagen und Getränke

- Weißbrot.
- Trockener Weißwein (der, der zur Zubereitung verwendet wurde).

Die Servierart ist **Einstellen** oder **Anrichten.**

Es gibt sehr viele Arten, die bekanntesten sind die Mies- oder Pfahlmuscheln. Sie haben eine längliche Form und eine blauviolette Schale.

- Br Brotteller mit Buttermesser
- Stg Standglas (Richtglas)
- 1 Standteller mit Underliner
- 2 Fleischteller mit Serviette
- 3 Suppenteller
- 4 Austerngabel (oder Fischgabel)
- 5 Suppenlöffel
- 6 Weißweinglas
- 7 Dessertteller mit Brot
- 8 Suppenterrine mit Schöpfer auf Rechaud (Platemaster)
- 9 Fingerbowle
- 10 Dessertteller (Abfallteller)

Manche Gäste benützen anstelle der Gabel einen Teil der Muschel, um das Fleisch aus dem anderen Teil herauszunehmen.

5 Austern

Austern werden hauptsächlich roh gegessen. Höchste Vorsicht ist geboten bei Austern und Muscheln, die sich in rohem Zustand leicht öffnen lassen oder bereits geöffnet sind. Sie sind für den Verzehr nicht geeignet (Muschelvergiftung).

Die Austern werden in Austernbänken gezüchtet.

Wir unterscheiden folgende Arten:

- Europäische Austern haben eine rundliche, flache Form. Die Namen werden von den Herkunftsgebieten und den Zuchtmethoden abgeleitet. Belons, Marennes und Arcachones kommen aus Frankreich, Imperialis aus Holland, Colchesters, Whitestables und Royal Natives aus England, Ostender aus Belgien sowie Limfjords aus Dänemark.
- Portugiesische Austern haben eine längliche, tiefere Form. Sie werden vor allem in Frankreich in Austernteichen, den so genannten Clairs, gezüchtet. In Marennes-Oléron ernähren sich die Austern von einer kupferhältigen Kieselalge und kommen als „Fines de Clairs" und „Special de Clairs" in den Handel.
- Pazifische Felsenaustern haben eine längliche, elliptische Form. Auch sie werden nach der Zuchtmethode benannt.
- Amerikanische Austern haben eine rundliche Form. Sie kommen von der amerikanischen Atlantikküste, zB die Blue Point von Long Island.

Zubereitungsarten

- Roh (Austern Natur).
- Pochiert (in Weißweinsauce).
- Geräuchert.
- Mit Speck umwickelt und gebraten.

Anrichteart

- Austern Natur: Austernplatte auf Eis, Algen und Seetang oder tiefe Glas- oder Metallplatte auf Eis.

Beilagen und Getränke

- Pumpernickel, Vollkornbrot, Westfäler Brot (mehrere Lagen Pumpernickel und dazwischen Butter) oder getoastetes Schwarzbrot mit Knoblauch.
- Weinessig.
- Sauce vinaigrette, amerikanische Cocktailsauce oder Tabascosauce.
- Frische Zitronenhälften.
- Trockene Weißweine.
- Sekt oder Champagner.

Die Servierart ist **Einstellen** oder **Anrichten**.

Br Brotteller mit Buttermesser
Stg Standglas (Richtglas)
1 Standteller mit Underliner
2 Fleischteller
3 Austerngabel
4 Weißweinglas
5 Dessertteller (Abfallteller)
6 Fingerbowle
7 Pfeffermühle
8 Austernplatte oder Glas- bzw. Metallplatte mit Eis und zwei Fleischgabeln
9 Dessertteller mit Brot
10 Dessertteller mit Zitrone

6 Kalte und warme Vorspeisengerichte „en coquille“

Zubereitungsarten

- Kalt (mariniert).
- Warm (als Ragout).
- Überbacken (gratiniert).

Anrichtearten

- Jakobsmuschelschale.
- Porzellanschale in Muschelform.

Beilagen und Getränke

- Toast.
- Trockener Weißwein.
- Sekt oder Champagner.

Die Servierart ist **Einstellen.**

Coquille ist das französische Wort für Muschelschale. Die marinierten Meeresfrüchte-Cocktails werden darin serviert. Für diese Cocktails werden Meeresfische aller Art, Austern, Muscheln, Garnelen, Hummer, Langusten und Krabben verwendet.

Br Brotteller mit Buttermesser
Stg Standglas (Richtglas)
1 Standteller mit Underliner
2 Fleischteller mit Serviette und Muschelschale
3 Fleischgabel (oder Dessertgabel)
4 Weißweinglas
5 Fingerbowle (nur dann, wenn Zutaten verwendet werden, die mit der Hand zu essen sind, zB Krustentiere mit Panzer)

Jakobsmuschel

Spricht man bei uns von Krebsen, so meint man vor allem den Fluss- oder Edelkrebs. Beim Kochen nimmt der Panzer der Tiere eine intensiv rote Farbe an.

7 Krebse

Zubereitungsart

- Im Sud gekocht (à la nage).

Anrichteart

- Im Sud in der Terrine.

Beilagen und Getränke

- Weiß- oder Vollkornbrot.
- Trockener Weißwein.

Die Servierart ist **Einstellen** oder **Anrichten.**

Br Brotteller mit Buttermesser
Stg Standglas (Richtglas)
1 Standteller mit Underliner
2 Fleischteller
3 Fischgabel
4 Fischmesser
5 Krebsgabel
6 Krebsmesser
7 Weißweinglas
8 Dessertteller mit Weiß- oder Vollkornbrot
9 Sauciere mit Saucenlöffel
10 Suppenterrine mit Schöpflöffel auf Rechaud (Platemaster)
11 Dessertteller (Abfallteller) mit zwei Fleischgabeln zum Vorlegen
12 Fingerbowle
13 Dessertteller mit Serviette, Untertasse mit Consommétasse (oder Bouillonschale) und Consommélöffel (oder Bouillonlöffel)

europäischer Flusskrebs

amerikanischer Flusskrebs

Je nach Größe kommt er als Suppenkrebs (bis zehn Zentimeter) oder als Solokrebs (15–20 Zentimeter) in den Handel.

8 Hummer – Languste – Krabbe

Zubereitungsarten

- Gekocht (kalt oder warm).
- Hummer gegrillt.
- Hummer „à la Thermidor“ (gratiniert)
- Hummer „à la Newburg“ (flambiert).

Anrichtearten

- Portioniert und angerichtet auf Platten (auf Platemaster) oder Tellern.
- Halbierter Hummer auf einer Platte, mit aufgeschlagenen Scheren.

Beilagen und Getränke

- Kalter gekochter Hummer, kalte gekochte Languste oder Krabbe: Saucen auf Mayonnaisebasis (Sauce verte, Sauce tyrolienne), leichte Kräutersaucen mit Olivenöl, Zitronen- und Olivenöl-Dressings oder nur frische Zitrone.
- Warmer Hummer, warme Languste, Krabbe oder gegrillter Hummer: zerlassene Butter, Zitronensaft oder zerlassene Butter, vermischt mit Zitronensaft, etwas Knoblauch, Sauce hollandaise, frische Dille.
- Trockene Weißweine
- Trockene Schaumweine oder Champagner (brut).

Die Servierart ist **Einstellen** oder **Tranchieren** und **Anrichten.**

Hummer, Langusten und Krabben sind Krustentiere. Für den Hummer sind die großen Scheren, für die Languste ist das lange Fühlerpaar charakteristisch. Die Krabbe hat einen runden Panzer, ein kurzes, starkes Scherenpaar und starke Beine, in denen sich das beste Fleisch befindet.

Br Brotteller mit Buttermesser
Stg Standglas (Richtglas)
1 Standteller mit Underliner
2 Fleischteller
3 Fischgabel
4 Fischmesser
5 Hummerpike
6 Hummerzange (ausgenommen portionierte Tiere)
7 Weißweinglas
8 Sauciere mit Saucenlöffel
9 Platte mit Hummer, Languste oder Krabbe
10 Dessertteller (Abfallteller)
11 Fingerbowle

Um das Zerteilen des Krustentierfleisches zu erleichtern, können anstelle des Fischbestecks auch ein Fleischmesser und eine Fleischgabel eingedeckt werden.

Hummer

Languste

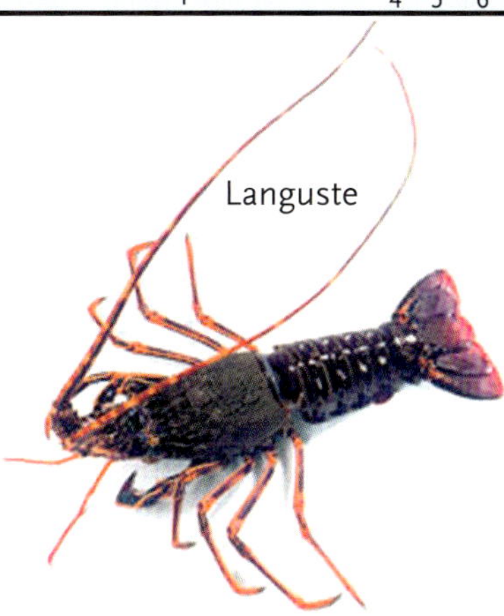

Krabbe

9 Gänseleberpastete

Die gewürzten, marinierten Gänsestopflebern werden in eine Terrine gelegt und im Ofen pochiert. Als Schutzschicht wird ein dünner Spiegel aus Portweingelee in die Terrine gegossen. Er verhindert das Austrocknen und ist außerdem eine geschmackliche Bereicherung.

Zubereitungsarten

- Natur.
- Mit Trüffelstücken.

Anrichtearten

- Gänseleber im Block: Glasteller.
- Gänseleber in der Originalterrine: auf einem Eissockel oder in einer Suprême-Schale.

Beilagen und Getränke

- Weißbrottoast oder gebutterter Toast oder Brioche.
- Madeira- oder Portweingelee.
- Frisches filetiertes Obst.
- Trockener oder halbtrockener Sherry.
- Weißer trockener Port.
- Trockene Weiß- und Roséweine.
- Leichte Rotweine.
- Sekt oder Champagner.
- Gekühlte Beerenauslesen, Ausbruchweine, Eisweine oder Trockenbeerenauslesen.

Die Servierart ist **Einstellen** oder **Anrichten.**

Gänseleber in der Originalterrine

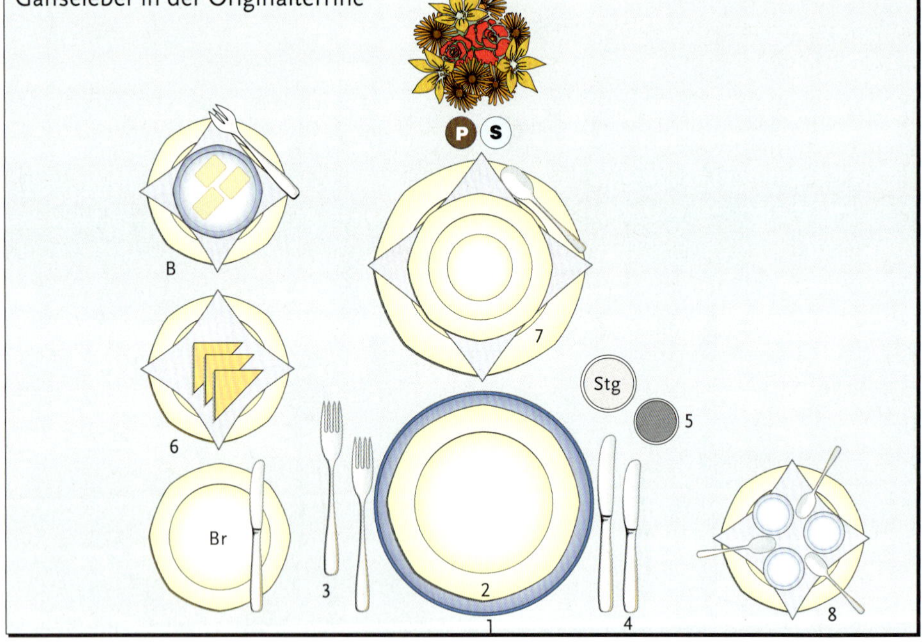

Br Brotteller mit Buttermesser
B Butter
Stg Standglas (Richtglas)
1 Standteller mit Underliner
2 Fleischteller
3 Dessertgabel
4 Dessertmesser
5 Dessertwein-, Weißwein- oder Rotweinglas
6 Dessertteller mit Brot
7 Platte oder Dessertteller mit Serviette, Suprêmeschale mit Eis und Kaffeelöffel
8 Dessertteller (oder Platte) mit Serviette, Kaffeelöffeln und kleinen Glasschüsseln für die Garnituren

10 Kaviar

Kaviar kommt heute fast ausschließlich aus dem Kaspischen und dem Schwarzen Meer. Nach der Störart unterscheidet man folgende Kaviarbezeichnungen:

- Beluga (Dosendeckel blau): Der hell- bis dunkelgraue Kaviar der größten Störart hat ein feines Aroma.
- Ossiotr oder Osietra (Dosendeckel ockergelb): Der bronzefarbene Kaviar hat ein nussiges Aroma.
- Sevruga (Dosendeckel rot): Der Kaviar der kleinsten Störart weist schattierte Grautöne auf und ist würzig.

Der teuerste Kaviar ist der iranische Schahkaviar. Er stammt von großen, ausgewählten Belugastören.

Kaviar ist der Rogen verschiedener Störarten. Er ist sehr teuer. Kaviar wird in Portionsgläsern zu zwei und vier Unzen (eine Unze = 28,25 Gramm) oder in Blechdosen zu 250, 500 oder 1.000 Gramm angeboten.

Die Bezeichnung „Malossol" bedeutet, dass der Kaviar mit weniger Salz konserviert wurde.

Anrichteart

- Im Originalbehälter auf gestoßenem Eis oder auf einem Eissockel.
- In einer Suprême-Schale mit Kaviareinsatz.

Beilagen und Getränke

- Fein gehackte Schalotten.
- Fein gehacktes Eiweiß, fein gehackter Dotter.
- Sauerrahm.
- Weißbrottoast oder Blinis (kleine warme Buchweizenpfannkuchen; in diesem Fall werden zusätzlich ein Dessertmesser und eine Dessertgabel eingedeckt).
- Zitronenhälften oder Zitronenspalten (von manchen Gästen abgelehnt).
- Trockene Weißweine.
- Trockener Sekt (vor allem Krimsekt) oder Champagner.
- Eisgekühlter Wodka.

Der leuchtend orangerote Ketakaviar stammt von dem im Pazifik vorkommenden Ketalachs.

Die Servierart ist **Einstellen** oder **Anrichten.**

Br Brotteller mit Buttermesser
B Butter
Stg Standglas (Richtglas)
1 Standteller mit Underliner
2 Fleischteller
3 Kaviarmesser
4 Weißwein-, Sekt- oder Wodkaglas
5 Dessertteller mit Weißbrottoast oder Blinis
6 Fleischteller mit Serviette, Suprêmeschale (oder Kaviar-Service) mit Eis und Kaviarlöffel
7 Dessertteller mit Serviette, Raviers (oder kleinen Glasschüsseln) und Kaffeelöffeln
8 Dessertteller mit Zitrone

Schweizerisches Gericht. Das bekannteste ist das Käsefondue. Daneben gibt es Fondues aus Fleisch, Fischen und Krustentieren sowie Schokoladenfondues.

11 Fondue

11.1 Käsefondue

Zubereitungsart

Eine Caquelon (feuerfeste Fondue-Schüssel) wird mit einer Knoblauchzehe ausgerieben. In Würfel geschnittenen Gruyère oder Emmentalter hineingeben und mit trockenem Weißwein, am besten Neuburger, und Kirschwasser schmelzen lassen. Mit einer Holzspatel oder einem Holzlöffel so lange rühren, bis das Ganze sämig ist, mit Salz, Pfeffer und Muskatnuss würzen.

Beilagen und Getränke

- Weißbrotwürfel (der Gast dreht sie mit einer Fonduegabel in der Käsemasse).
- Trockener Weißwein (vor allem jener, mit dem das Käsefondue zubereitet wurde).

Die Servierart ist **Einstellen.**

11.2 Fondue aus Fleisch, Fischen und Krustentieren

Für ein **Fleischfondue (Fondue bourguignonne)** sollte ausschließlich Rinderfilet verwendet werden, das in Würfel geschnitten wird. An **Fischen** eignen sich vor allem grätenarme Fische, zum Beispiel Zander (Fogosch). Von den **Krustentieren** werden gerne Süßwasserkrebse, Shrimps und Scampi verwendet. Auch **Muscheln** sind geeignet. Die Fische und Krustentiere werden in Bier- oder Backteig getaucht oder nur in Mehl gewälzt.

Zubereitungsart

Der Kessel eines Fondue-Sets wird halb mit Öl gefüllt und erhitzt. Um zu verhindern, dass das Öl zu spritzen beginnt, gibt man eine geschälte Kartoffel hinein.

Beilagen und Getränke

- Fleischfondues: Sauce tartare, Sauce rémoulade, Sauce Choron, Sambalsauce oder Tabascosauce. Weiß- und Schwarzbrot, Senfgemüse (Pickles in Senf) und Mixed Pickles. Bier und einfache Rotweine.
- Fondues aus Fischen und Krustentieren: Sauce vinaigrette, Sauce tartare oder warme Tomatensauce. Trockene Weißweine.

Die Servierart ist **Einstellen.**

11.3 Fondue chinoise (Bouilli)

Zubereitungsart

Beim Fondue chinoise wird anstelle von Öl Suppe verwendet, und zwar der Fond der verwendeten Fleisch-, Fisch- oder Krustentierart. Die Suppe darf jedoch nicht zu stark gewürzt sein, da sie sich bei der Zubereitung reduziert und so das Fleisch zu scharf wird. Das zweite Unterscheidungsmerkmal ist die Schneideart. Bei Bouilli wird das Fleisch in Scheiben geschnitten.

Beilagen und Getränke

- Warmes gedünstetes oder gebratenes Gemüse (kernig gehalten).
- Sojakeime, Karotten, Bambusmark, Sellerie, Erbsen, Wasserchampignons.
- Sojasauce, Sambalsauce.
- Zu Rindfleisch Rotwein.
- Zu Schweine-, Kalb- und Hühnerfleisch Weißwein.
- Zu Fischen und Krustentieren trockene Weißweine.

Die Servierart ist **Einstellen.**

Es ist darauf zu achten, dass bei einem Bouilli zusätzlich ein Suppenschöpflöffel sowie eine Consommétasse mit einem Consommélöffel eingestellt werden (zum Essen der Suppe).

11.4 Schokoladenfondue (Fondue Suchard)

Zubereitungsart

In der Fonduepfanne aus feuerfestem Ton oder in der speziellen Schokoladenfonduegarnitur wird Schokolade geschmolzen und unter ständigem Rühren mit Obers und Milch vermengt, bis eine cremige Konsistenz erreicht ist.
Nach Wunsch des Gastes wird das Ganze mit Jamaikarum oder Kirschwasser verfeinert.

Beilagen und Getränke

- Geschnittenes frisches oder pochiertes Obst, wie zum Beispiel Kiwi, Birnen, Pfirsiche, Bananen (in dicken Scheiben).
- Große Beerenfrüchte (zB Erdbeeren).
- In Würfel geschnittenes Biskuit.
- Vanilleeis, Schlagobers.
- Halbsüßer Sekt.
- Dessertweine.

Die Servierart ist **Einstellen.**

? Arbeitsaufgaben

1. Welche Beilagen und Getränke passen am besten zu Spargel?
2. Auf welche Weise können Schnecken angerichtet werden?
3. Was serviert man zu Austern?
4. Zu welchen Gerichten deckt man eine Fingerbowle ein?
5. Welche Gerichte serviert man „en coquille“?
6. Wie können Hummer, Languste und Krabbe angerichtet und serviert werden?
7. Welche Getränke passen am besten zu Kaviar?
8. Welche Fonduearten kennen Sie? Beschreiben Sie die Zubereitung einer Art.

Notizen zu den Arbeitsaufgaben und zur Zusammenfassung:

ZUSAMMENFASSUNG

Man benötigt sie für eine ganze Reihe von Gerichten, die mit den herkömmlichen Bestecken nicht oder nur schwer gegessen werden können.
Es sind dies:

- Artischocken
- Spargel: Spargelgriff
- Schnecken: Schneckenzange, Schneckengabel
- Muschelgerichte
- Austern: Austerngabel
- Kalte und warme Vorspeisengerichte „en coquille“
- Krebse: Krebsgabel, Krebsmesser
- Hummer, Languste und Krabbe: Hummerpike, Hummerzange
- Gänseleberpastete
- Kaviar: Kaviarmesser
- Fondue (Käsefondue, Fondue aus Fleisch, Fischen und Krustentieren, Fondue Chinoise – Bouilli, Schokoladenfondue – Fondue Suchard)

Arbeiten beim Tisch des Gastes

Das Arbeiten vor dem Gast ist eine Dienstleistung besonderer Art, die für einen Betrieb in materieller und personeller Hinsicht einen großen Aufwand darstellt. Deshalb wird sie auch nur in der gehobenen Gastronomie angeboten. Die Vorteile für den Gast liegen bei dieser Dienstleistung darin, dass er unmittelbar am Geschehen teilhaben kann, dass seine individuellen Wünsche berücksichtigt werden können und dass die Speisen ganz frisch zubereitet sind. Überdies bietet das Arbeiten beim Tisch des Gastes einen gewissen Showeffekt, der im Zeitalter der Erlebnisgastronomie nicht außer Acht zu lassen ist.
Der Servicemitarbeiter benötigt für alle diese Arbeiten ein besonderes Geschick, das er sich nur durch intensives Üben aneignen kann.

Grundsätzlich gibt es verschiedene Tätigkeiten, die vor dem Gast ausgeführt werden können. Es sind dies Tranchieren, Filetieren, Marinieren und Flambieren sowie das Anrichten und fachgerechte Schneiden von Käse. Speziell für das Arbeiten vor dem Gast gilt als oberstes Gebot, stets auf peinlichste Sauberkeit bedacht zu sein. Darüber hinaus bergen vor allem Filetieren und Flambieren eine Reihe von Unfallgefahren. Beim Eingießen der Spirituose in die Flambierpfanne muss diese von der Flamme weggerückt werden (Vorsicht, Stichflamme!).

Unsere Ziele

Nach Bearbeitung dieses Kapitels werden Sie

- Geflügel sowie Schlachtfleisch fachgerecht tranchieren können,
- das Filetieren von Fischen und das Marinieren von Salaten sowie Beef tartare übernehmen können,
- das Flambieren von Fleisch, Fischen und Krustentieren sowie von Süßspeisen und Obst durchführen können,
- das Käseservice mit allen benötigten Arbeitsgeräten erklären können.

1 Tranchieren

Beim Tranchieren ist es wichtig, den Körperbau der Tiere und die Beschaffenheit der zu tranchierenden Fleischteile genau zu kennen. Außerdem sind einwandfreie Fleischqualität und richtige Vor- und Zubereitung in der Küche Voraussetzungen für ein exaktes Arbeiten.

Mise en place

Die Mise en place ist für alle zu tranchierenden Gerichte gleich.

- **Tranchierbrett** mit Saftrinne und Saftmulde.
- **Tranchierbesteck,** bestehend aus Tranchiermesser, Filetmesser (Filetiermesser; sollte immer gut geschliffen sein) und Tranchiergabel. Es ist für jeden Kellner sehr vorteilhaft, wenn er sein eigenes Tranchierbesteck verwendet, weil ihm das Arbeiten mit den vertrauten Geräten leichter fällt.
- **Rechaud (Platemaster)** zum Warmhalten von Fleisch und Beilagen.
- **Vorlegebesteck,** bestehend aus Suppenlöffel und Fleischgabel.
- **Dessertteller (Ablageteller)** für den Vorleger.
- **Dessertteller (Abfallteller)** für die Knochen.
- **Vorgewärmte Fleischteller** zum Anrichten der tranchierten Fleischteile.

1.1 Geflügel

Beim Tranchieren von Geflügel ist zu beachten, dass man den Knochen ausweicht und die Teilung an Sehnen, Gelenken und Knorpeln durchführt. Unter keinen Umständen darf man eine Geflügelschere verwenden. Beim Tisch des Gastes werden vor allem Hühner, Enten, Gänse, Fasane und Perlhühner tranchiert.

1.1.1 Huhn, Fasan und Perlhuhn

Bei den Hühnern gibt es verschiedene Arten, die sich zum Tranchieren vor dem Gast eignen, und zwar

- Brathuhn (ca. 90 bis 110 dag Idealgewicht) und
- Poularde (ca. 140 dag Idealgewicht).

Arbeitsablauf

- Präsentieren des Huhnes (Fasanes, Perlhuhnes).
- Abheben des Tieres mit Tranchiermesser und -gabel von der Platte und Abtropfenlassen des Bratensaftes.
- Auflegen auf das Tranchierbrett.

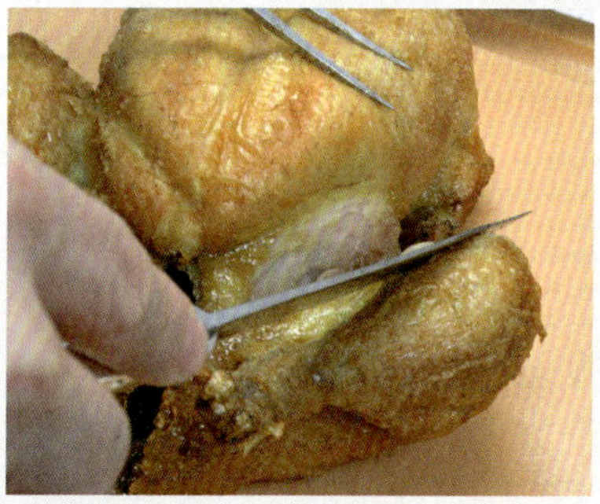

- Die Haut an der rechten Keule einschneiden.
- Die Keule nach rechts wegdrücken, bis sich der Gelenkknorpel löst.
- Neben dem Knorpel die Keule mit einem geraden Schnitt abtrennen. Die Keule soll mit der Haut nach oben zu liegen kommen, damit die Haut knusprig bleibt.

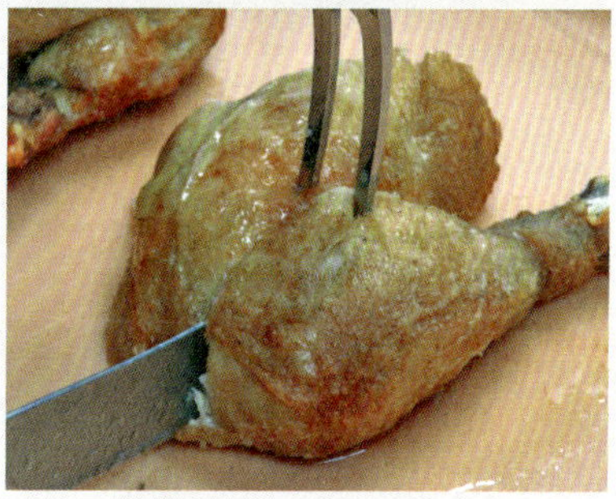

- Die linke Keule ebenso abtrennen.
- Zwischen Ober- und Unterkeule mit der Tranchiergabel einstechen und die Keulen beim Knorpel mit einem geraden Schnitt durchtrennen.
- Mit dem Vorleger Ober- und Unterkeulen auf die Platte zum Warmhalten zurückheben.
- Das Brathuhn umdrehen, sodass der Kragen zum Trancheur zeigt.
- Die Karkasse an der Stelle, wo die rechte Keule abgetrennt wurde, mit der Tranchiergabel fixieren.
- Den rechten Flügel mit etwas Brustfleisch mit einem geraden Schnitt im Knorpelgelenk abschneiden.
- Das Brathuhn umdrehen und den linken Flügel ebenfalls abtrennen.

- Die Flügel auf der Platte anrichten.
- Ablösen der rechten Brusthälfte: Mit der Tranchiergabel die Karkasse fixieren und das Fleisch entlang des Brustknorpels bis zu der Karkasse hinunter durchschneiden.
- Nun das Tranchiermesser leicht nach außen drehen und über die Rippen nach unten gleiten lassen.
- Das Brathuhn um 180 Grad drehen und die zweite Brusthälfte ebenso von der Karkasse lösen.
- Mit dem Vorleger die beiden Brusthälften auf der Platte anrichten.
- Auslösen des Gabelbeins (V-Knochens): Der Hals zeigt nach rechts. Neben dem Brustbein gerade nach unten schneiden und das Gabelbein mit dem Messer nach rechts wegdrücken.
- Mit dem Vorleger das Gabelbein auf die Platte legen.

- Die Karkasse mit dem Vorleger auf die Seite drehen, da im hinteren Teil die kleinen Filets (Austern, Nüsse) liegen.
- Mit dem Vorlegelöffel können die Austern leicht herausgeschält werden.
- Die kleinen Filets auf der Platte warm stellen.
- Die Karkasse auf den Ablageteller legen.

- Auf den heißen Fleischtellern ein Stück vom dunklen Fleisch (Keule, Austern) und ein Stück vom hellen Fleisch (Brust, Flügel, Gabelbein) mit den Beilagen anrichten. Den Bratensaft neben das Fleisch geben.

- Die restlichen Stücke auf der Anrichteplatte für das Nachservice warm halten.

Beilagen

- Zu Huhn: Reis, Kartoffeln, Kompotte, Salate und Bratensaft (immer à part reichen).
- Zu Fasan und Perlhuhn: Kartoffelkroketten, Rotkraut, pochierte Birnenhälften, mit Preiselbeeren oder Kastanienpüree gefüllt, glacierte Edelkastanien (Maroni), Bratensaft.

ist die französische Bezeichnung für separat. Man gießt den Bratensaft niemals über, sondern immer neben das Fleisch.

1.1.2 Enten und Gänse

Enten haben ein Idealgewicht von 2 bis 3 kg, Gänse 4 bis 5 kg. Zum Unterschied von den bisher beschriebenen Geflügelarten haben Enten und Gänse nur dunkles Fleisch.

Zum Tranchieren eignen sich besonders:

- Stopfenten (gemästete Enten aus Österreich und Ungarn),
- Barbarie-Enten (aus Frankreich) und
- Rouen-Enten (Blutenten aus Frankreich).

Arbeitsablauf

- Präsentieren der Ente oder Gans.
- Abheben und abtropfen lassen.
- Auf das Tranchierbrett legen.
- Ablösen der Biegel (wie beim Huhn).
- Abtrennen der Flügel (wie beim Huhn).
- Ablösen der Brust.

Vorsicht beim Tranchieren, die Gelenke liegen tiefer im Körper. Zurückschicken der Biegel in die Küche zum Fertiggaren.

Bei Enten und Gänsen wird die Brust nur in Längstranchen geschnitten. Es ist darauf zu achten, dass die Brust immer zum Trancheur zeigt. Die Längstranchen werden in der Fachsprache als **Aiguillettes** bezeichnet.

- Auslösen der Rückenfilets (wie beim Huhn).
- Entfernen des Tranchierbrettes.
- Warmstellen der fertig gebratenen Biegel aus der Küche auf einem Rechaud (Platemaster).
- Gefälliges Anrichten auf heißen Fleischtellern, und zwar richtet man ein Stück Biegel und ein Stück Brust an.

Beilagen und Saucen

- Kartoffelknödel, Kartoffelkroketten.
- Rotkraut, Weinkraut, warmer Krautsalat.
- Orangensauce.
- Bratensaft.

1.2 Schlachtfleisch

1.2.1 Entrecôte double, Chateaubriand und Porterhouse-Steak

- Präsentieren.
- Abheben von der Platte.
- Auf das Tranchierbrett legen.
- Fixieren des Fleisches mit dem Rücken der Gabel.
- Schneiden von schrägen, fingerdicken Tranchen (quer zur Faser).
- Zurücklegen auf die Platte.
- Den Fleischsaft, der sich in der Saftmulde gesammelt hat, auf die Anrichteplatte gießen.
- Entfernen von Tranchierbrett und Tranchierbesteck.
- Gefälliges Anrichten auf heißen Fleischtellern. Beim Porterhouse-Steak immer ein Stück der Beiried und ein Stück des Lungenbratens anrichten.
- Die Anschnitte immer als Nachservice reichen.

Mit der Gabel nicht hineinstechen, da sonst Fleischsaft austritt.

Beilagen

- Bratkartoffeln, Pommes frites, Ofenkartoffeln.
- Gemüseplatte.
- Aufgeschlagene Buttersauce, wie zB Sauce béarnaise.

1.2.2 Rehrücken

Der Rehrücken kommt englisch gebraten aus der Küche.

Beim Braten des Rehrückens muss durch den Rückenmarkskanal ein Stahlspieß gestochen werden, damit sich der Rücken nicht aufwölbt und eine gerade, gefällige Form beibehält.

Arbeitsablauf

- Präsentieren der Platte.
- Rehrücken auf das Tranchierbrett legen.
- Fixieren mit der Tranchiergabel am Rückgrat.
- Einschnitt entlang des Rückgrates (rechts und links) bis zu den Rippen, wobei man beim Lösen des Rückenfleisches mit dem Tranchiermesser am Knochen bleibt (1).
- Drehen des Messers nach außen und Herausschneiden des Fleisches (2).
- Warmstellen der Platte.

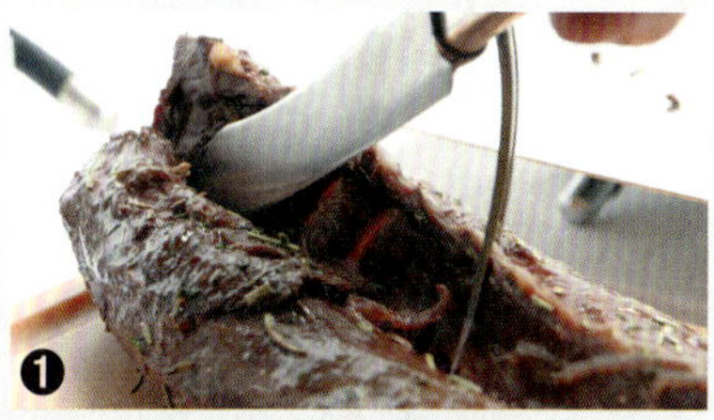

Oder

- Fixieren des Rehrückens mit der Fleischgabel des Vorlegers am Rückgrat.
- Wegdrücken des Fleisches vom Rückgrat mit dem Vorlegelöffel (Wölbung nach außen).
- Zum Warmhalten auf die Platte legen.
- Umdrehen des Rehrückens.
- Auslösen des Filets mit dem Vorlegebesteck.
- Karkasse auf die Platte legen.
- Rückenfleisch auf das Tranchierbrett zurücklegen und in zwei Finger dicke, schräge Tranchen schneiden.
- Filets in schräge Tranchen schneiden.
- Gefälliges Anrichten auf heißen Fleischtellern.
  Es wird immer je ein Stück Filet und Rückenfleisch angerichtet. Die Anschnitte der Fleischstücke werden als Nachservice gereicht.

Auf Verlangen des Gastes können die Tranchen nachgebraten werden.

Beilagen

- Gebratene Spätzle, Kräuterspätzle.
- Kartoffelkroketten, Spritzkartoffeln.
- Rot- oder Champagnerkraut.
- Preiselbeeren.
- Glacierte Maroni.
- Rahmsauce, Schwammerlsauce.

1.3 Tranchieren auf der Voiture

Fleischwagen, fahrbarer Wagen.

Die Voiture hat einen Einsatz mit Wasser, das elektrisch oder mit Brennlampen erhitzt wird. Der Einsatz ist mit einer Platte mit zwei Dampflöchern abgedeckt, auf die die Fleischstücke gelegt werden. Der ausströmende Wasserdampf verhindert das Austrocknen des Fleisches. In vielen Voituretypen sind versenkte Näpfe montiert, in denen die Beilagen und Saucen bereitgehalten werden können. Am Fleischwagen befinden sich Halterungen für das Tranchierbesteck sowie aufklappbare Halterungen für vorgewärmte Fleischteller.

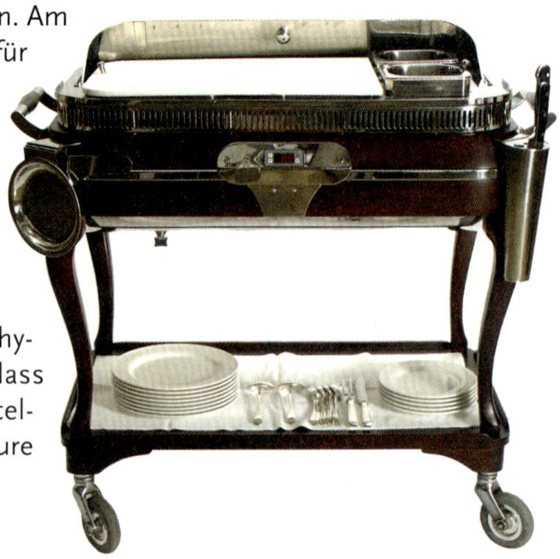

Es ist zu kontrollieren, ob auch genügend Wasser im Einsatz des Fleischwagens ist.

Man benötigt keine eigene Mise en place, da sich alle Arbeitsgeräte auf der Voiture befinden.

Vor Inbetriebnahme der Voiture ist aus hygienischen Gründen darauf zu achten, dass sie sauber ist. Es dürfen keine Putzmittelrückstände oder Speisenreste auf der Voiture bleiben.

Die Rückstände bzw. Speisenreste würden einbrennen. Sie beeinträchtigen den Geschmack des Fleisches.

1.3.1 Tafelspitz

Auf Wunsch des Gastes kann das Fleisch mit etwas Rindsuppe übergossen werden.

- Präsentieren des ganzen Tafelspitzes.
- Mit der Tranchiergabel in das Fleisch stechen und aus der Rindsuppe nehmen.
- Auf die Tranchierfläche der Voiture legen.
- Fixieren des Tafelspitzes mit dem Rücken der Tranchiergabel.
- Die Spitze des Fleischstückes mit dem Tranchiermesser durch einen schrägen Schnitt abschneiden.
- Schneiden von schrägen, fünf bis acht Millimeter dicken Tranchen.
- Gefälliges Anrichten auf heißen Fleischtellern.

Beilagen

- Röstkartoffeln, Cremespinat, Kürbiskraut und warmer Oberskren.
- Kalte Garnituren sind Schnittlauchsauce und Apfelkren.

2 Filetieren

Filetieren ist das Zerteilen und Entgräten von Fischen (Teilen in Filets und Stücke) sowie das Schälen und Schneiden von Obst.

Fische

Es können alle Portionsfische (ca. 25 bis 30 dag), aber auch große Fische, die im Ganzen pochiert, gekocht (gar gezogen), gebraten oder gegrillt sind, verwendet werden. In der Gastronomie werden hauptsächlich Forellen, Felchen, Saiblinge, Lachstranchen, Seezungen und Steinbutte filetiert.

Mise en place

- **Fischplatte oder Plat russe** für gebratene oder gegrillte Fische.
- **Dessertteller mit Fischfiletierbesteck** (bestehend aus Fischmesser und Fischgabel).
- **Vorlegebesteck** (bestehend aus Suppenlöffel und Fleischgabel zum Anrichten der Filetstücke).
- **Rechaud (Platemaster)** zum Warmhalten des Fisches und der Beilagen.
- **Timbale** zum Warmhalten der Kartoffeln.
- **Dessert- oder Fleischteller (Abfallteller)** für Haut, Gräten, Kopf, Schwanzflosse und zum Ablegen der verwendeten Vorleger.
- **Stoffserviette.**
- **Sauciere oder Butterwärmer** für diverse Saucen aus der Küche.
- **Vorgewärmte Fleischteller** zum Anrichten der filetierten Fische.

2.1 Forelle blau

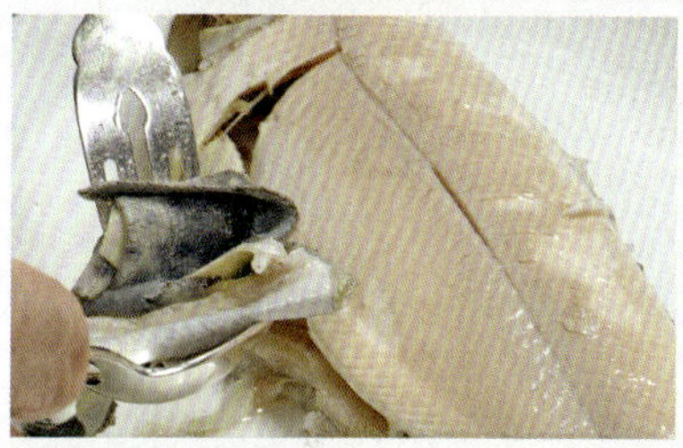

- Herausheben und Fixieren des Fischwanneneinsatzes mit zwei Gabeln.
- Zum Filetieren die Forelle auf einen heißen Fleischteller legen:
  - Entfernen der Flossen durch Wegdrücken mit einem Fischmesser.
  - Einschneiden der Haut vom Kopf bis zur Schwanzflosse mit der Spitze des Fischmessers.
  - Ablösen der Haut vom Rücken zum Bauch. Haut auf den Abfallteller legen.
  - Auslösen der Kiemenbacke.
  - Forelle wenden. Entfernen der Flossen, Ablösen der Haut und Auslösen der Kiemenbacke wie oben.
  - Zwischen Rücken- und Bauchfilet mit der Spitze des Fischmessers bis zur Hauptgräte durchdrücken, und zwar vom Kopf bis zur Schwanzflosse.
  - Abheben des Rückenfilets.
  - Abheben des Bauchfilets.
  - Hauptgräte bei der Schwanzflosse mit der Fischgabel oder mit der Vorlegegabel fixieren und Richtung Kopf wegheben. Hauptgräte auf den Abfallteller legen.
- Gefälliges Anrichten der filetierten Hälften des Fisches auf einem heißen Fleisch- oder speziellen Fischteller.

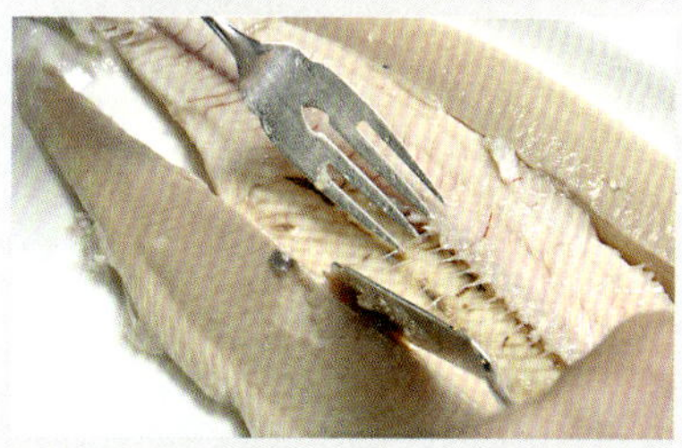

Wird die Forelle hingegen auf dem Fischwanneneinsatz filetiert, ist zuerst einmal derselbe Vorgang zu durchlaufen bis zu der Stelle, wo der Fisch gewendet wird. Nun werden die beiden Filets und die ausgelöste Backe mit den Beilagen angerichtet. Erst dann wird die zweite Hälfte filetiert, auf einem zweiten Teller angerichtet und im Tellertausch eingestellt.

Beilagen

- Fischkartoffeln (tournierte Salzkartoffeln), Salzkartoffeln.
- Zerlassene Butter.
- Entkernte Zitronenhälften oder -spalten.
- Blattsalate.

Vor dem Anrichten mit der Spitze des Fischmessers prüfen, ob sich noch Gräten in den Filets befinden (Grätenprobe).

2.2 Forelle nach Müllerinart

- Präsentieren der Forelle.
- Filetieren der Forelle mit Fischmesser und Fischgabel in einem Plat russe oder auf einem heißen Fleischteller:
  - Entfernen der Flossen durch Wegdrücken auf beiden Seiten.
  - Beidseitiges Auslösen der Kiemenbacken.
  - Eventuell Abtrennen von Kopf und Schwanzflosse.
  - Vorsichtiges Einschneiden mit dem Fischmesser entlang des Rückens vom Kopf zur Schwanzflosse und Wegheben der oberen Hälfte des Fisches.
  - Lösen der Gräten vom übrigen Fisch, indem man mit dem Rücken des Fischmessers von der Schwanzflosse zum Kopf über die Gräten streicht.
  - Entfernen von Rückgrat und Gräten.
- Obere auf verbleibende untere Fischhälfte legen. Beide zusammen auf einem heißen Fleischteller oder speziellen Fischteller anrichten.

Beilagen

- Butterkartoffeln, Petersilienkartoffeln.
- Entkernte Zitronenhälften oder -spalten.
- Buttersaucen.
- Blattsalate.

2.3 Räucherlachs und Graved lax

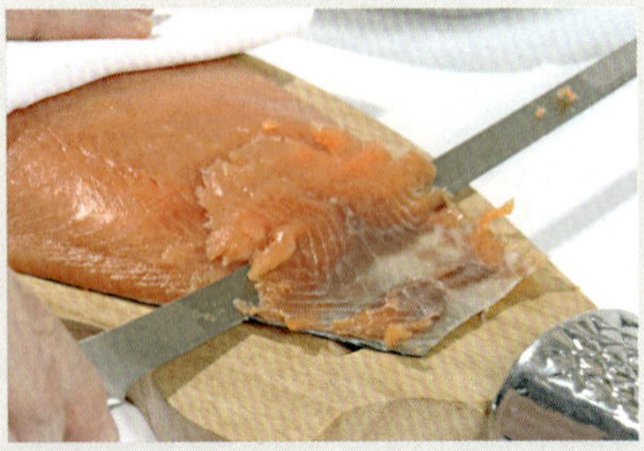

- Präsentieren des ganzen Stückes auf einem Holz- oder Steinbrett.
- Filetieren mit einem Tranchelard:
  - Beim Schwanzende beginnend.
  - In schräge, dünne Tranchen.
- Auflegen auf kalte Fleisch- oder Gourmetteller.

Beilagen

- Zu Räucherlachs: Fein gehackte Schalotten, evtl. Zwiebelringe, Kapern, Oberskren, entkernte Zitronenhälften, Weißbrottoast.
- Zu Graved lax: Senf-Dill-Sauce (kann beim Tisch des Gastes frisch zubereitet werden), Vollkornbrot oder Weißbrottoast, entkernte Zitronenhälften.

2.4 Seezunge nach Müllerinart und gebackene Seezunge

- Präsentieren der Seezunge.
- Filetieren der Seezunge mit Fischmesser und Fischgabel in einem Platrusse oder auf einem heißen Fleischteller:
  - Fixieren der Seezunge mit dem Rücken der Fischgabel.
  - Entfernen der Seitenflossen und Gräten durch Wegdrücken mit dem Fischmesser oder Suppenlöffel auf beiden Seiten. Gräten auf den Abfallteller geben.
  - Einschneiden mit dem Fischmesser entlang der Hauptgräte zwischen den beiden Filets.
  - Ablösen der beiden oberen Filets mit dem Fischmesser oder Suppenlöffel entlang des Rückgrates von der Schwanzflosse zum Kopf.
  - Mit der Fischgabel die Hauptgräte am Schwanzende fixieren und in Richtung Kopf abheben.
- Anrichten auf einem heißen Fleischteller oder speziellen Fischteller. Die Filets wieder zusammensetzen.

Beilagen

- Zu Seezunge nach Müllerinart: Butter- oder Petersilienkartoffeln, Buttersaucen, Zitronenhälften oder -spalten, Blattsalate.
- Zu gebackener Seezunge: Salzkartoffeln, Sauce rémoulade oder Sauce tartare, Blattsalate.

2.5 Gebratener Steinbutt

- Präsentieren des Steinbutts
- Filetieren des Steinbutts mit Fischmesser und Fischgabel auf einer Platte
  - Entfernen der Seitenflossen und Gräten
  - Längsschnitt entlang des Rückgrates und Ablösen der oberen Filets
  - Anrichten der ersten beiden Filets
  - Abheben des Rückgrates mit den großen Gräten
  - Nachservice der beiden anderen Filets
- Anrichten auf einem heißen Fleischteller oder speziellen Fischteller

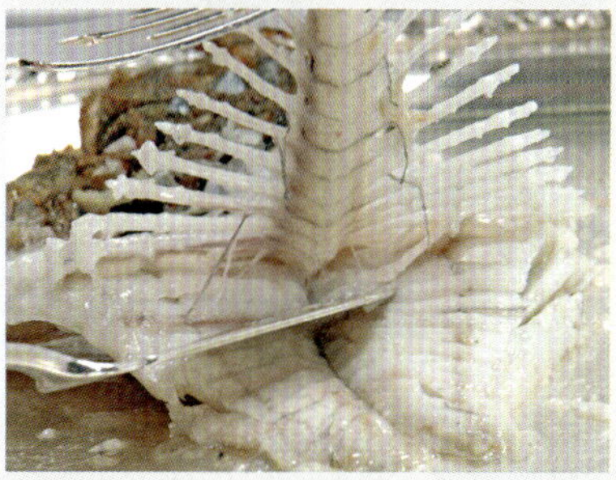

Beilagen

- Tournierte Salzkartoffeln (Fischkartoffeln) oder Salzkartoffeln
- Gemüse oder Salate
- Sauce hollandaise
- Zitronenhälften oder -spalten

Obst

Werden dem Gast Früchte von einer Obstschüssel oder einem Obstkorb angeboten, so ist es in guten Häusern üblich, sie dem Gast fachgerecht herzurichten. Zum Filetieren eignen sich Ananas, Bananen, Äpfel, Birnen, Orangen, Kiwis, Grapefruits und Zuckermelonen.

Mise en place

- **Obstkorb oder -ständer**
- **Schneidbrett,** möglichst mit Saftrinne
- **Scharfes Obstfiletiermesser,** für Grapefruits **Grapefruit-Filetiermesser**
- **Scharfzinkige Obstgabel**
- **Vorlegebesteck,** bestehend aus Suppenlöffel und Fleischgabel
- **Dessertteller (Ablageteller)** für gebrauchte Vorleger, Schalen etc.
- **Stoffserviette**
- **Dessertteller** zum Anrichten der filetierten Früchte
- **Obstbesteck (Dessertbesteck)** zum Eindecken
- **Kaffeelöffel** nur dann, wenn die Früchte mit Alkohol mariniert werden
- **Staubzuckerstreuer**

2.6 Ananas

- Präsentieren der Ananas
- Filetieren der Ananas mit dem Obstfiletiermesser und der Obstgabel auf einem Schneidbrett
  - Abschneiden der oberen Rundung mit den Blättern (beiseite stellen und aufheben)
  - Abschneiden von zwei Scheiben (ca. 1 1/2 cm), dem verbleibenden Rest der Frucht wird die beiseite gestellte Rundung mit den Blättern auf die Schnittfläche gesetzt. Das Fruchtfleisch trocknet nicht aus, die Schnittfläche verfärbt sich nicht.

- Zubereitung der beiden Ananasscheiben
  - Einstechen der Obstgabel in die Mitte der Scheibe
  - Durchstechen des spitzen, scharfen Obstfiletiermessers zwischen Fruchtfleisch und Schale
  - Trennen der Schale vom Fruchtfleisch im Uhrzeigersinn, die eingestochene Obstgabel dreht man langsam in die entgegengesetzte Richtung, die abgelöste Schale wird auf den Abfallteller gegeben
  - Ausschneiden des Strunkes (holziger Teil) in der gleichen Art wie das Abschneiden der Schale
- Anrichten auf einem Obstteller, eventuell Garnieren des Strunkloches mit Cocktailkirschen oder frischen Erdbeeren, die Ananasscheiben können auch mit Kirschwasser übergossen werden

Holziger, nicht essbarer Teil.

2.7 Bananen zum Flambieren

- Präsentieren der Banane
- Filetieren der Banane mit dem Obstfiletiermesser und der Obstgabel auf dem Schneidbrett oder auf einem Fleischteller
  - Fixieren der Banane mit dem Rücken der Gabel (in der linken Hand)
  - Kappen der beiden Enden
  - Einschneiden der Schale längsseits auf beiden Seiten der Frucht
  - Wechseln der Gabel in die rechte Hand, Messer in die linke Hand und mit der Breitseite der Klinge die Frucht niederhalten
  - Eine Zinke der Gabel am gekappten Ende der Frucht durch die Schale stechen (ohne das Fruchtfleisch zu verletzen), vorsichtig die Gabel nach links drehen, sodass sich die Schale auf der Gabel aufrollt
  - Wechseln der Gabel in die linke Hand, Messer in die rechte Hand, die verbleibende Schale mit der Gabel fixieren, mit dem Messer die Banane der Länge nach halbieren, mit der Rundung nach unten auf einen bereitgestellten Glasteller legen
  - Die zweite Hälfte der Banane umdrehen, die Schale wie oben beschrieben aufrollen und die Frucht auf einen Glasteller legen
- Flambieren (siehe Seite 180)
- Anrichten

2.8 Bananen für das Dessert

- Arbeitsablauf bis zum Aufrollen der oberen Schalenhälfte wie oben beschrieben
- Wechsel der Gabel in linke Hand, Messer in rechte Hand. Mit dem Messer die Banane in der verbleibenden Schale in schräge, ca. 1/2 cm dicke Scheiben schneiden, die Bananenscheiben in der unteren Schalenhälfte auf einem Obstteller (Dessertteller) anrichten

In Amerika werden zum Frühstück „sliced bananas" angeboten
Die Bananenscheiben in eine kleine Kompottschüssel aus Glas oder Porzellan geben, mit Obers übergießen und auf einen Dessertteller mit Papierserviette stellen.

2.9 Äpfel und Birnen

Große Früchte werden nochmals halbiert.

- Präsentieren der Frucht
- Filetieren der Frucht mit dem Obstfiletiermesser und der Obstgabel auf einem Schneidbrett
  - Kappen des oberen und unteren Endes der Frucht
  - Fixieren der Frucht durch Einstechen der Obstgabel in der Mitte (Strunk)
  - Schälen der Frucht mit dem Obstfiletiermesser von oben nach unten (dünn schälen), dabei die Frucht mit der Gabel weiterdrehen
  - Vierteln der Frucht von oben nach unten
  - Fixieren des Kerngehäuses mit der Gabel
  - Entfernen des Kerngehäuses durch einen Schnitt von oben nach unten
- Anrichten auf einem Obstteller (Dessertteller)

2.10 Orangen und Kiwis

- Präsentieren der Frucht
- Filetieren der Frucht mit dem Obstfiletiermesser und der Obstgabel auf einem Schneidbrett
  - Kappen des oberen und unteren Endes der Frucht
  - Fixieren der Frucht mit der Obstgabel
  - Wegschneiden der Schale mit der weißen Innenhaut mit dem Obstfiletiermesser
  - Die geschälte Frucht der Breite nach in dünne Scheiben schneiden (Orangen kann man auch in Segmente schneiden, dh das Fruchtfleisch wird zwischen der Fruchthaut v-förmig herausgeschnitten; diese Art, Orangen zu filetieren, eignet sich auch für die Herstellung eines Fruchtsalates)

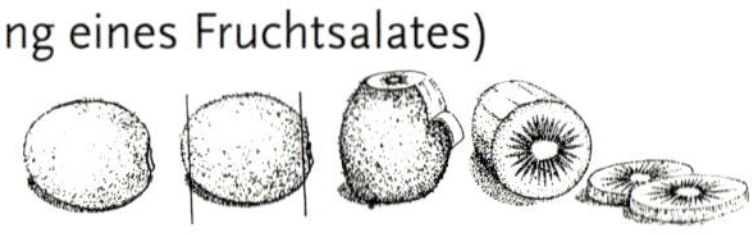

Orangen auf Obst- oder Desserttellern, mit Orangenlikör beträufeln. Kiwis entweder Natur oder auf Vanille- oder Zitroneneis anrichten.

2.11 Grapefruits

Sie werden vornehmlich in der Küche für das Frühstück hergerichtet. Sollte jedoch ein Gast eine halbe Grapefruit als Dessert wünschen, so ist sie wie folgt zu filetieren:

- Präsentieren der Grapefruit
- Filetieren der Grapefruit mit dem Grapefruit-Filetiermesser und der Obstgabel auf einem Schneidbrett
  - Halbieren und Entkernen der Frucht
  - Fixieren einer Hälfte mit dem Rücken der Obstgabel
  - Herausschneiden der Fruchtsegmente
- Anrichten auf einem Dessertteller, in einem Coupeglas oder in einer Sektschale (auf Dessertteller mit Papierserviette), mit Cocktailkirsche oder frischer Erdbeere garnieren

Die weiße Haut nicht mitschneiden. Sie schmeckt bitter.

2.12 Zuckermelonen

- Präsentieren der Zuckermelone
- Filetieren der Zuckermelone mit dem Obstfiletiermesser und der Obstgabel auf einem Schneidbrett
  - Halbieren der Frucht der Länge nach
  - Entfernen der Samenkerne und ihrer Verbindungsfäden mit einem Dessert- oder Suppenlöffel
  - Nochmaliges Teilen der Melonenhälften
  - Fixieren der Frucht durch Hineinstechen in die Schale mit der Obstgabel
  - Mit dem Obstmesser zwischen Fruchtfleisch und Schale schneiden, aber nur so weit zum Rand hin, dass eine kleine Verbindung zwischen Fruchtfleisch und Schale bestehen bleibt
  - Das Fruchtfleisch der Breite nach in ca. 1 cm dicke Stücke schneiden; sie verbleiben auf der Schale
- Anrichten auf einem Obstteller (Dessertteller) und servieren

3 Marinieren

Marinieren ist eine Tätigkeit, bei der man eine oder mehrere Grundmaterialien (zB Salate, Fleisch, Fisch, Gemüse) geschmacklich durch Zutaten (zB Essig, Öl, Salz, Pfeffer und andere Gewürze) verändert. Aus diesen Zutaten bereitet man so genannte Marinaden oder Dressings.

Die meisten Marinaden und Dressings kommen in Dressingbehältern oder Saucieren fertig aus der Küche. Selbstverständlich kann auch jede gewünschte Marinade beim Tisch des Gastes zubereitet werden.

3.1 Salate

Sie haben in der Gastronomie einen hohen Stellenwert. Nicht nur als Beilage, sondern auch als eigene Speise (Vorspeise bzw. Hauptgericht) wird Salat angeboten.

Mise en place

- **Glasschüssel oder Suppenteller mit Unterteller und Serviette** zum Anrühren der Marinade.
- **Vorlegebesteck,** bestehend aus Suppenlöffel und Fleischgabel.
- **Salatvorleger.**
- **Dessertteller (Abfallteller)** für die gebrauchten Vorleger.
- **Stoffserviette.**
- **Karaffen und Krüge** für die flüssigen Zutaten (Essig, Öl).
- **Glasschüsseln oder Raviers** für die festen Zutaten (Gewürze, Kräuter usw.)
- **Saucieren** für Mayonnaise, Sauerrahm, Joghurt usw.
- **Dessertteller (Salatteller) bzw. Fleischteller** zum Anrichten des fertigen Salates.

Gemüsesalate: Tomaten, Gurken, Karotten, Knollensellerie, Stangensellerie, Fenchel, Radieschen, Zucchini.

Blattsalate: Häuptelsalat, Bummerl-(Eisberg-)Salat, Eichblattsalat, Radicchio, Endiviensalat, Chicorée, Vogerlsalat (Feldsalat), Rucola, Chinakohl, Lollo Rosso, Friséesalat.

Zutaten

- Essig: Rotwein-, Weißwein-, Sherryessig, Aceto balsamico, Himbeeressig, Kräuteressig.
- Zitronensaft.
- Öl: Oliven-, Maiskeim-, Kern-, Nuss-, Distelöl.
- Milchprodukte: Sauerrahm, Crème fraîche, Joghurt.
- Frischeier.
- Salz: Koch-, Meersalz.
- Pfeffer: weißer Pfeffer, schwarzer Pfeffer, Cayennepfeffer.
- Würzkräuter: zB Knoblauch, fein gehackte Zwiebeln, Schnittlauch, Petersilie, Dill, Wasser- und Gartenkresse.
- Senf: Estragonsenf, französischer Senf.
- Mayonnaise.
- Würzsaucen: Tabasco-, Chilisauce.

Die Zutaten müssen immer in der Reihenfolge Säuerungsmittel – Würzmittel – Öl vermengt werden.

Rezepte

Die Faustregel für das Mengenverhältnis bei Marinaden lautet:
Säuerungsmittel (Essig oder Zitrone) zu Öl = 1/3 zu 2/3.

Der zu marinierende Salat muss trocken und frisch sein.

Nasse Salatblätter stoßen die Marinade ab und sind deshalb geschmacklos.

Essig-Öl-Marinade (vor allem für Blattsalate)

Essig-Öl-Knoblauch-Marinade (vor allem für Blattsalate)
1/3 Essig, Salz, Pfeffer, fein zerdrückter Knoblauch, 2/3 Öl

Italian Dressing (vor allem für Blattsalate)
1/3 Weinessig, Salz, Pfeffer, fein gehackte, frische Kräuter (zB. Petersilie, Kerbel, Estragon), 2/3 Olivenöl

Zitronenmarinade (vor allem für Blattsalate)
1/3 Zitronensaft, Salz, Pfeffer, evtl. Staubzucker, 2/3 Öl

French Dressing (für Blatt- und Gemüsesalate)
Französischer Senf, 1/3 Essig, Salz, Pfeffer, evtl. Knoblauch, 2/3 Öl

Cäsar-Dressing (vor allem für Blattsalate)
1/3 Essig, 1 Eßlöffel Mayonnaise, Salz, Pfeffer, fein zerdrückter Knoblauch, fein gehackte Sardellenfilets, Parmesan, 2/3 Öl

Rahm-(Joghurt-)Dressing (für Blatt- und Gemüsesalate)
1/3 Zitronensaft, Salz, Pfeffer, 2/3 Sauerrahm (oder Joghurt), gehackter Dill

Anstelle von Roquefort kann auch jeder andere Edelschimmelkäse, wie zB Danablue, Gorgonzola, verwendet werden.

Roquefortdressing (für Blatt- und Gemüsesalate)
1/3 Essig, Salz, Pfeffer, passierter Roquefort, 2/3 Sauerrahm; kann auch mit Öl zubereitet werden (1/2 Essig, 1/2 Öl); mit Roquefortdressing wird Salat meist nappiert.

Nappieren heißt die Salatblätter mit Dressing überziehen. Der Salat wird nicht durchgemischt.

Thousand-Islands-Dressing
Dünn gehaltene Mayonnaise mit Chilisauce würzen und mit in Würfel geschnittenen grünen und roten Paprikaschoten vollenden. Auch mit dieser Marinade wird Salat meist nappiert.

3.2 Beef tartare

Wird dem Beef tartare ein Kaffeelöffel schwarzer Kaviar beigegeben, dann heißt das Gericht Beef lucullus.

In guten Betrieben ist es üblich, ein Beef tartare beim Tisch des Gastes zu marinieren und anzurichten.

Die Vorteile für den Gast sind, dass er sieht, welche Ingredienzien bei der Erstellung der Speise verwendet werden, dass er den Geschmack weitgehend selbst bestimmen und das Gericht kosten kann.

Mise en place

Die Mise en place ist fast dieselbe wie für die Salatzubereitung. Man braucht allerdings keine Salatvorleger sowie keine Salatteller und Saucieren. Dafür wird die Mise en place ergänzt um einen **Dessertteller** und eine **Dessertgabel** für die Kostprobe sowie um einen **kalten Fleischteller** zum Anrichten des Beef tartare.

Zutaten

- Geschabtes oder gehacktes Rindfleisch.
- Dotter von Frischeiern.
- Salz, Pfeffer oder Cayennepfeffer, Paprika.
- Tabascosauce, evtl. Sambal, Worcestersauce.
- Senf, Ketschup.
- Öl.
- Fein gehackte Sardellenfilets, Kapern, Gewürz- oder Essiggurkerln, Zwiebeln, Petersilie.
- Eventuell fein gehackter Kümmel.
- Eventuell etwas Weinbrand oder Bierschaum zum Abrunden des Geschmacks.

Es werden Spitzen und Kopf eines Rinderfilets verwendet.

Aufgrund der Salmonellengefahr wird Trockeneigelb bzw. stabilisiertem Eigelb oder Industriemayonnaise der Vorzug gegeben.

Anstelle der gehackten Sardellenfilets kann eine Sardellenpasta verwendet werden.

Es ist zu beachten, dass Beef tartare immer eine feste, fleischige Konsistenz aufweisen muss.

Arbeitsablauf

Fragen Sie den Gast, welche Geschmacksrichtung er vorzieht (mild, pikant, scharf), welche Zutaten gewünscht werden oder weggelassen werden sollen.

- Vermischen des Eidotters bzw. der Ersatzmittel mit Öl, Salz, Pfeffer. Würzsaucen hinzufügen und verrühren.
- Beigabe der übrigen Zutaten (mit Ausnahme des Fleisches); gut abmengen.
- Beigabe des Fleisches.
- Abrühren der Masse mit zwei Gabeln oder Vorleger und etwas rasten lassen.
- Abrunden des Geschmackes durch Beigabe von Weinbrand (auf Wunsch).
- Herrichten einer Kostprobe für den Gast auf einem Dessertteller mit Dessertgabel.
- Formen der Masse zu einem gefälligen Laibchen oder zu Nockerln.
- Anrichten auf einem kalten Fleischteller.
- Garnieren mit Zwiebelringen, Salatblättern usw.

Beilagen und Getränke

- Weißbrot- oder Schwarzbrottoast.
- Butter.
- Bier, Rotwein, trockener Sekt.

4 Flambieren

Flambieren ist ein vollendendes Kochverfahren vor dem Gast, das vom Servicemitarbeiter besonderes Geschick und Routine verlangt.

Zu allen Flambeegerichten brauchen Sie Zeit, eine erstklassige Qualität der Grundmaterialien und gut funktionierende Arbeitsgeräte.

4.1 Fleisch, Innereien, Fische und Krustentiere

Mise en place

- **Flambierwagen**: Das ist ein fahrbares Gerät mit zwei Flammen.
- **Flambierpfannen:** sind spezielle Pfannen aus Edelstahl, umgeben mit einer Kupferlegierung.
- **Timbale:** Beilagenschüssel mit Deckel zum Warmstellen.
- **Vorlegebesteck:** bestehend aus Suppenlöffel und Fleischgabel.
- **Dessertteller (Ablageteller):** für gebrauchte Vorleger.
- **Stoffserviette.**
- **Saucieren:** für diverse Saucen aus der Küche.
- **Fleischteller:** vorgewärmt, zum Anrichten des Flambeegerichtes.

Beachten Sie die Sicherheitsbestimmungen!
Ein Rechaud dient als Ersatz, wenn kein Flambierwagen (zweite Flamme) zur Verfügung steht.

Zutaten

- **Grundmaterialien:** geschnittene Stücke.
- **Würzmittel:** Salz, Pfeffer, Paprika, Curry, Essig, Öl, Senf, Ketschup, Würzsaucen (Worcestersauce, Tabascosauce, Chutney usw.).
- **Würzkräuter:** zB Petersilie, Schnittlauch, Estragon, Kerbel, Rosmarin, Thymian, Basilikum.
- **Milchprodukte:** Obers, Sauerrahm, Crème fraîche, Butter.
- **Pickles:** Oliven, Perlzwiebeln, kleine Gewürzgurken usw.
- **Saucen aus der Küche:** zB Sauce demi-glace, Jus de Veau, Glace de Viande.
- **Spirituosen:** am häufigsten verwendet man Cognac oder Weinbrand.

Arbeitsablauf

Im Großen und Ganzen ist der Arbeitsablauf bei den Flambeegerichten immer derselbe:

- Würzen des Fleisches, Fisches oder der Krustentiere.
- Anbraten in Butter und Öl.
- Flambieren mit der oder den gewünschten Spirituosen.
- Warmstellen in der Timbale.
- Zubereitung der Sauce.
- Eventuell Beimengen des Fleisches in die Sauce (je nach Rezept unterschiedlich).
- Eventuell dem Gast eine kleine Kostprobe reichen.
- Gefälliges Anrichten auf Fleischtellern.
- Reichen der dazupassenden Beilagen und Garnituren.

Innereien werden nicht gesalzen, da sie sonst hart werden.

Rezepte

Alle Rezepte sind für eine Portion berechnet.

Bœuf Stroganoff

In Streifen geschnittene Lungenbraten-(Filet-)Spitzen salzen und pfeffern, in ca. 2 cl Öl oder 10 g Butter scharf anbraten (nicht durchbraten) und mit 2 cl Cognac oder Weinbrand flambieren. In der Timbale warm stellen.

Zubereitung der Sauce: In die Flambierpfanne ca. 35 g Butter geben, darin einen Esslöffel fein gehackte Schalotten oder Zwiebel glasig anrösten, blättrig geschnittene Champignons beigeben, mit Salz, Pfeffer und etwas edelsüßem Paprika würzen. Mit ca. 4 cl Rotwein ablöschen, zwei Esslöffel Sauce demi-glace beigeben und reduzieren lassen. In Julienne geschnittene Gewürzgurken und evtl. etwas Petersilie dazumengen und nach Wunsch mit Obers oder Sauerrahm vollenden. Das warm gestellte Fleisch kurz darunter ziehen und anrichten.

Für eine Portion zirka 140 bis 160 g Fleisch. Nicht zu dünn schneiden, da es sonst sofort durchgebraten ist und Flüssigkeit abgibt.

Als Garnitur gibt man etwas Sauerrahm mit Paprika und einigen Gewürzgurkenstreifen darauf.
Als Beilage wird Reis oder Strohkartoffeln gereicht.

Pfeffersteak parisienne (mit schwarzem Pfeffer)

Je nach Wunsch des Gastes wird das mit geschroteten schwarzen Pfefferkörnern bestreute Filet in einer Flambierpfanne in Öl oder Butter gebraten (den Gast fragen, wie er es zubereitet haben möchte), mit ca. 2 cl Cognac oder Weinbrand flambiert und angerichtet. Dazu kann man überbackene Kartoffeln oder Zwiebelkartoffeln reichen.

Für eine Portion rechnet man 160 bis 180 g Fleisch.

Wie bestellen Sie Ihr Steak?

Bleu = blutig = rare

Saignant = vollrosa, englisch = medium rare

À point = halb durch, am Punkt = medium

Cuit = durchgebraten = medium well

Bien cuit = gut durchgebraten = well done

Pfeffersteak Madagaskar (mit grünem Pfeffer)

Das Filetsteak in Öl oder Butter anbraten, salzen, mit ca. 2 cl Cognac oder Weinbrand flambieren und in einer Timbale warm stellen.

Zubereitung der Sauce: In der Flambierpfanne ein Stück Butter vorsichtig zergehen lassen, salzen, 1 Esslöffel grüne Pfefferkörner und einen Spritzer Worcestersauce beigeben. Die Pfanne vorsichtig schwenken. Einige Pfefferkörner zerdrücken, mit ca. 4 cl Rotwein ablöschen und reduzieren lassen. Die Sauce mit ca. 2 cl Obers vollenden. Das angerichtete Filet mit der Sauce nappieren.
Als Beilage Kartoffelkroketten oder Reis geben.

Garnelen Danieli

Vier bis fünf große Garnelen salzen und pfeffern, in Butter anbraten und mit 2 cl Grappa flambieren. Dann warm stellen.

Garnelen à 40 bis 50 g, geschält und ohne Darm verwenden.

Zubereitung der Sauce: Zum Bratensaft ein Stück Butter beifügen und vorsichtig zergehen lassen. Mit einem Spritzer Worcestersauce, einem Tropfen Zitronensaft, einer Zehe feinstzerdrücktem Knoblauch, einem Kaffeelöffel feinstgehacktem frischem Dill würzen. Die Garnelen wieder einlegen, kurz in der Sauce wenden und mit körnig gehaltenem Reis auf einem Teller anrichten.

Flambierte Scampi

Scampi mit Salz und Pfeffer aus der Mühle würzen und in 20 Gramm Butter kurz anbraten. Mit Cognac flambieren und warm stellen.

Zubereitung der Sauce: Einen Esslöffel fein gehackte Schalotten in 20 Gramm Butter glasig rösten und mit Fisch- oder Hummerfond ablöschen. Einen Esslöffel Mango-Chutney, einen Teelöffel frischen, geriebenen Ingwer und etwas Kurkuma dazugeben und einkochen lassen. Mit Salz, Pfeffer, etwas Zitronensaft und evtl. Chilipulver würzen. Danach zwei Esslöffel geschlagenes Schlagobers bei geringer Hitze vorsichtig einrühren.
Scampi auf heißen Tellern anrichten und zum Teil mit Sauce nappieren.
Als Beilage eignet sich Basmatireis.

Kaninchenleber mit Calvados

Die Leber in Öl anbraten (sie soll im Inneren noch rosa bleiben), nicht salzen (sie wird sonst hart) und mit 2 cl Calvados flambieren. In einer Timbale warm stellen.

Zubereitung der Sauce: In Spalten geschnittene Äpfel in 10 Gramm Butter anschwitzen und mehrmals wenden, bis sie goldbraun sind. Die Apfelspalten in einer Timbale warm stellen (entweder zusammen mit der Leber oder separat). Fein gehackte Schalotten in 10 Gramm Butter anrösten, mit rotem Portwein aufgießen und reduzieren lassen. Anschließend ca. 20 cl Sauce demi-glace unter die reduzierte Sauce mengen. Die Leber (mit dem ausgetretenen Bratensaft) in der Sauce ziehen lassen. Mit Salz und Pfeffer würzen und mit geschnittenem Oregano bestreuen.

4.2 Süßspeisen und Obst

Mise en place

Sie ist im Großen und Ganzen dieselbe wie für Fleischflambees. Man benötigt allerdings keine Timbale und keine Saucieren, dafür zusätzlich einen **kleinen Schöpfer.**

Zutaten

- **Grundmaterialien:** Früchte, Beeren, Crêpes.
- **Gewürze:** zB Zimt, Nelken.
- **Zucker:** Würfel-, Kristall- und Staubzucker.
- **Fruchtsäfte und sonstige Zutaten von Früchten:** frisch gepresste Säfte, zB Orangen- und Zitronensaft; halbe entkernte, ungespritzte Zitrone zum Verrühren der Sauce, Orangen- und Zitronenzesten, Erdbeermark usw.
- **Milchprodukte:** Obers, Schlagobers, Butter.
- **Spirituosen:** Cognac, Weinbrand, Rum, Grand Marnier usw.
- **Garnituren:** Mandelstifte, geriebene Haselnüsse, Eiscreme usw.

Arbeitsablauf

- Zubereitung der Grundsauce.
- Einlegen der Crêpes oder der Früchte in die Sauce.
- Aromatisieren und Erhitzen des Gerichtes.
- Flambieren.
- Anrichten. Garnieren.

Rezepte

Alle Rezepte sind für eine Portion berechnet.

Crêpes Suzette

Einen Esslöffel Kristallzucker in der Pfanne karamellisieren lassen (lichter Karamell), 10 g Butter beigeben und zergehen lassen. Mit 10 cl Orangensaft ablöschen. Den karamellisierten Zucker mit einer halben entkernten Zitrone (auf eine Fleischgabel gespießt) lösen. Mit 2 cl Grand Marnier parfümieren. Die Crêpes einzeln einlegen, mit der Sauce übergießen und in Dreiecke zusammenlegen. Mit 2 cl Weinbrand flambieren und auf heißen Fleischtellern anrichten. Vor dem Servieren mit der Sauce übergießen.
In Österreich ist es üblich, die Crêpes mit geriebenen Haselnüssen zu bestreuen.

Je nach Obstart die Zuckermenge variieren.

Grundsauce für Obstflambees

Zwei Esslöffel Zucker karamellisieren lassen, zirka 10 g Butter beifügen und zergehen lassen. 1 cl Zitronensaft und zirka 4 cl Orangensaft dazugeben und das Ganze mit einer halben entkernten, ungespritzten Zitrone (auf eine Gabel gespießt) glatt rühren.

Flambierte Pfeffererdbeeren

Eine Grundsauce (siehe oben) zubereiten und frische halbierte oder geviertelte Erdbeeren beifügen. Mit 2 cl Grand Marnier aromatisieren und mit Pfeffer aus der Mühle (grüner, schwarzer oder rosa) bestreuen. Mit 2 cl Cognac oder Weinbrand flambieren.
Die Erdbeeren mit der Sauce auf einem Teller oder in einem Coupeglas anrichten, Vanilleeis darauf geben und sofort servieren.

Bananenflambee

Eine Grundsauce (siehe oben) zubereiten und zwei Bananenhälften (mit der runden Seite nach unten) hinein legen. Mit 2 cl Cointreau aromatisieren. Bananen wenden und mit der Sauce beträufeln. Anschließend mit 2 cl Weinbrand flambieren.
Die Bananen auf vorgewärmten Fleischtellern anrichten, mit der Sauce überziehen und mit Schlagobers garnieren.

Die Bananen sollten nicht zu weich sein und auch nicht zu weich werden.

5 Käseservice

War Käse früher vor allem ein Produkt einer bestimmten Region oder eines bestimmten Landes, so wird heute überall eine Vielfalt an Käsesorten angeboten.

In der Gastronomie hat sich der Käse längst etabliert und die Gäste schätzen eine entsprechende Beratung. Für die Servicemitarbeiter ist es daher wichtig, sich auch mit dem Thema Käse auseinander zu setzen.

Der Käse muss optimal gelagert werden, sodass er weiterreifen kann. Die Servicemitarbeiter müssen darauf bedacht sein, den Käse in seinem optimalen Reifegrad mit möglichst wenig Verlust beim Schneiden so appetitlich wie möglich zu präsentieren.

Käsearten

- Frischkäse, zB Topfen, Ricotta, Mozzarella
- Frische Schimmelrasenkäse (Weißschimmelkäse), zB Boursin
- Gereifte Schimmelrasenkäse (Weißschimmelkäse), zB Brie, Camembert
- Grün- und Blauschimmelkäse (Edelschimmelkäse), zB Gorgonzola, Dolcelatte, Österkron, Roquefort
- Rotkulturkäse, zB Münster, Limburger
- Weiche Schnittkäse, zB Reblochon
- Halb feste Schnittkäse, zB Emmentaler, Tilsiter, Gouda
- Hartkäse, zB Parmesan
- Ziegenkäse

Bei der Reifung des Rotkulturkäses wird die sich bildende Käserotflora immer wieder verrieben (geschmiert) – daher auch der zweite Name für diese Käsegruppe, nämlich Rotschmierkäse.

Die Hartkäse haben eine mürbe, meist bröckelige Struktur. Sie eignen sich hervorragend zum Reiben.

Mise en place

- **Schneidbrett** mit transparenter Käseglocke oder **Marmor-, Stein- oder Spiegelplatte** oder kühlbarer **Käsewagen.**
- **Käsehobel, Käsebrecher** und **Käsespaten** für Hartkäse.
- **Eingriffmesser** mit Vertiefungen, besonders für die weicheren Sorten unter den halb festen Schnittkäsen.
- **Doppelgriffmesser,** besonders für halb feste Schnittkäse.
- **Weichkäsemesser** mit einem Griff, der höher als die Klinge ist, sodass sich der Käse ganz durchschneiden lässt.
- **Gefäß mit heißem Wasser** zum Eintauchen des Messers.
- **Girolle** zum Abschaben von Tête de Moine (Mönchskopfkäse).
- **Draht mit Holzenden** für eine saubere, glatte Schnittfläche durch einen ganzen Laib.
- **Drahtschneidgerät** für Schimmelkäse.
- **Käseharfe (Käselyra)** für Frischkäserollen und -laibchen.

Die heiße Klinge bewirkt, dass das Fett im Käse leichter schmilzt.

Girolle ist ein Holzteller mit einer Klinge, die in Kreisen über den Käse geführt wird.

Girolle

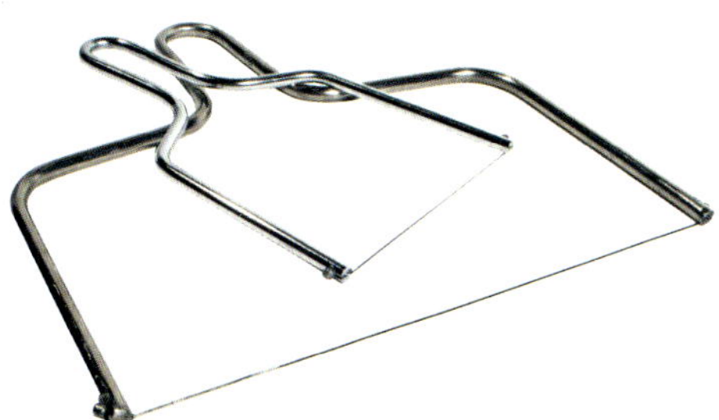

Käseharfe

Arbeitsablauf

- Präsentieren der Käseauswahl.
- Fachgerechtes Schneiden, entsprechend der Käseform.

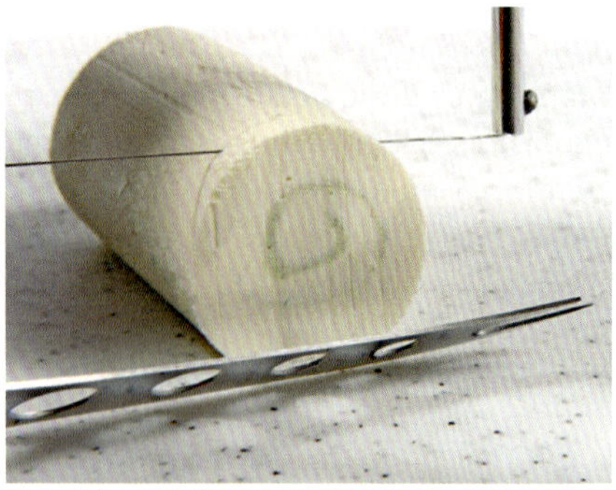

Frischkäserolle

Weichkäse in Ringform

Schnittkäsetorte mit essbarer Rinde

Brietorte

- Anrichten der Käsestücke auf Fleischtellern nach der so genannten Käseuhrmethode: Im Uhrzeigersinn auflegen, beginnend mit dem mildesten Käse um „6.00 Uhr".

1 Rollino
2 Camembert
3 Weinkäse
4 St. Severin
5 Bergkäse
6 Roquefort

Beilagen und Getränke

- Dunkles Brot, Vollkornbrot, Gebäck, Cracker.
- Weintrauben, Apfel- und Birnenspalten.
- Walnüsse, geröstete Kürbiskerne.
- Bier zu Rotkulturkäse.
- Trockener, säurereicher Weißwein oder Roséwein zu frischem, ungereiftem Käse.
- Leichter bis mittelschwerer Rotwein zu halb festem Käse.
- Mittelschwerer bis schwerer Rotwein zu Hartkäse und voll gereiftem Käse.
- Portwein oder Beerenauslese zu Grün- und Blauschimmelkäse.

Arbeitsaufgaben

1. Welches Geflügel wird beim Tisch des Gastes tranchiert? Beschreiben Sie den Arbeitsablauf bei einem Geflügel Ihrer Wahl.
2. Welche Beilagen und Saucen passen zu Ente und Gans?
3. Was versteht man unter Tranchieren auf der Voiture?
4. Welche Mise en place benötigt man zum Filetieren von Fischen?
5. Nennen Sie fünf Rezepte für Salatmarinaden.
6. Welche Zutaten benötigt man für ein Beef tartare?
7. Erklären Sie den Begriff flambieren. Was kann alles flambiert werden?
8. Beschreiben Sie die Zubereitung einer Obstflambee-Grundsauce.
9. Nennen Sie die verschiedenen Käsearten. Welche Getränke würden Sie einem Gast zu den einzelnen Sorten empfehlen?

Notizen zu den Arbeitsaufgaben und zur Zusammenfassung:

ZUSAMMENFASSUNG

Tranchieren
Den Körperbau der Tiere und die Beschaffenheit der Fleischteile muss man genau kennen. Gute Fleischqualität sowie richtige Vor- und Zubereitung in der Küche sind wichtig, um exakt arbeiten zu können.
Mise en place: Tranchierbrett, Tranchierbesteck, Rechaud, Vorlegebesteck, zwei Dessertteller (als Ablage- bzw. Abfallteller), vorgewärmte Fleischteller.

Geflügel
Den Knochen ausweichen; Trennung an Sehnen und Knorpeln durchführen. Tranchiert werden:
- Huhn, Fasan und Perlhuhn
- Enten und Gänse

Schlachtfleisch
- Entrecôte double, Chateaubriand und Porterhouse-Steak
- Rehrücken
- Auf der Voiture: Tafelspitz

Filetieren
Zerteilen und Entgräten von Fischen.
Mise en place: Fischplatte, Fischfiletierbesteck (auf Dessertteller), Vorlegebesteck, Rechaud, Timbale, Dessert- oder Fleischteller (als Abfallteller), Stoffserviette, Sauciere oder Butterwärmer, vorgewärmte Fleischteller.
Filetiert werden:
- Forelle blau
- Forelle nach Müllerinart
- Räucherlachs
- Seezunge nach Müllerinart und gebackene Seezunge

Marinieren
Dabei werden Salate, Fleisch, Fisch durch Marinaden geschmacklich verändert.

Salate
Mise en place: Glasschüssel, Vorlegebesteck, Salatvorleger, Dessertteller (als Abfallteller), Stoffserviette, Karaffen und Krüge, Glasschüsseln (für Zutaten), Saucieren, Dessertteller bzw. Fleischteller (zum Anrichten).
Zutaten: Essig, Zitronensaft, Öl, Milchprodukte, Frischeier, Salz, Pfeffer, Würzkräuter, Senf, Mayonnaise, Würzsaucen.

Notizen zur Zusammenfassung:

ZUSAMMENFASSUNG

Flambieren
Geschick und Routine sowie genügend Zeit sind notwendig. Erstklassige Qualität der Grundmaterialien und spezielle Arbeitsgeräte sind wichtig.

Fleisch, Innereien, Fische und Krustentiere
Mise en place: Flambierwagen, Platemaster, Flambierpfannen, Timbale, Vorlegebesteck, Dessertteller (als Ablageteller), Stoffserviette, Saucieren, Fleischteller (zum Anrichten).
Zutaten: geschnittene Fleisch-, Fischstücke; Würzmittel, Würzkräuter, Milchprodukte, Pickles, Saucen (zB Sauce demi-glace), Spirituosen.

Süßspeisen und Obst
Mise en place: Flambierwagen, Platemaster, Flambierpfannen, Vorlegebesteck, kleiner Schöpfer, Dessertteller (als Ablegeteller), Stoffserviette, Fleischteller (zum Anrichten).
Zutaten: Früchte und Beeren, Gewürze, Zucker, Fruchtsäfte, Zitronenhälften (zum Verrühren der Sauce), Milchprodukte, Spirituosen, Mandelstifte oder geriebene Haselnüsse (als Garnitur).

Käseservice
Käse muss so lagern, dass er weiterreifen kann. In seinem optimalen Reifegrad muss er mit möglichst wenig Verlust beim Schneiden den Gästen präsentiert werden.
Käsesorten:
- Frischkäse
- Frischer und gereifter Schimmelrasenkäse (Weißschimmelkäse)
- Grün- und Blauschimmelkäse (Edelschimmelkäse)
- Rotkulturkäse
- Weiche und halb feste Schnittkäse
- Hartkäse
- Ziegenkäse

Mise en place: Schneidbrett oder Platte oder kühlbarer Käsewagen, Käsehobel, Käsebrecher und Käsespaten (für Hartkäse), Handmühle, Eingriff- und Doppelgriffmesser, Weichkäsemesser, Gefäß mit heißem Wasser, Girolle (zum Abschaben von halb festem Käse), Draht mit Holzenden (für eine saubere, glatte Schnittfläche), Drahtschneidgerät (für Schimmelkäse).

Organisation von Veranstaltungen

Festliche Ereignisse werden meist durch ein Festessen gekrönt. Es ist eine besondere Aufgabe und Auszeichnung für einen Gastronomiebetrieb, solche Festessen veranstalten zu dürfen. Gleichzeitig ist damit viel Arbeit verbunden. Um Veranstaltungen jeder Art optimal organisieren und durchführen zu können, sind präzise und klare Informationen notwendig. Im Gespräch mit dem Besteller werden die Detailfragen, die dem Gelingen der Veranstaltung dienen, besprochen.

Im so genannten Functionsheet (Dienstanweisung, Laufzettel) wird alles Wesentliche festgehalten. In Großbetrieben ist dafür die Wirtschaftsabteilung (F&B = Food and Beverage Department) oder ein eigenes Bankettbüro zuständig. In Kleinbetrieben wird diese Arbeit vom Besitzer oder Oberkellner übernommen.

Unsere Ziele

Nach Bearbeitung dieses Kapitels werden Sie

- in der Lage sein, bei der Vorbereitung und Durchführung der verschiedenartigsten Veranstaltungen mitzuarbeiten,
- die Anforderungen an Sie als Servicemitarbeiter bei Banketten, Buffets, Cocktail- und Barbecuepartys sowie Konferenzen, Seminaren und Tagungen nennen können,
- die Arbeiten zur Durchführung einer Veranstaltung außer Haus (outside catering) beschreiben können.

1 Management im Veranstaltungsbereich

Das Management organisiert den Ablauf von Banketten, Buffets und Konferenzen, Seminaren etc. im Betrieb (Inside catering) sowie außer Haus (Outside catering). Gut organisierte Veranstaltungen tragen wesentlich zum finanziellen Erfolg und zum guten Ruf eines Betriebes bei. Erfolgreich durchgeführte Veranstaltungen können das Betriebsergebnis folgendermaßen verbessern:

- Höhere Auslastung der Zimmer
- Höherer Pro-Kopf-Umsatz als bei ausschließlicher Restaurantkonsumation
- Effizienterer Wareneinsatz durch gezielten Einkauf
- Bessere Auslastung der Mitarbeiter
- Planung und Durchführung werden bei festgesetzter Personenanzahl erleichtert
- Möglichkeit von Wiederholungsgeschäften in den Bereichen Bankett, Outside catering, Restaurant, Zimmerbuchungen etc.

Arten von Veranstaltungen

Veranstaltungen können ua. aus folgenden Anlässen durchgeführt werden:

Gesellschaftliche Anlässe

- Vereinszusammenkünfte (zB Rotary Club, Lions Club, Sparverein)
- Empfänge
- Bälle
- Konzerte
- Modeschauen

Private Anlässe

- Taufen, Firmungen
- Promotionen, Sponsionen
- Hochzeiten
- Geburtstagsfeiern
- Jubiläen

Geschäftliche Anlässe

- Konferenzen (national, international)
- Symposien
- Seminare, Schulungen, Vorträge
- Produktpräsentationen
- Incentives

Geplante Motivationsveranstaltungen für Mitarbeiter oder Kunden. Sie haben Freizeit- und Erlebnischarakter (zB Ballonfahrt) und finden häufig in Verbindung mit einer Tagung statt.

2 Organisation

Die für die Planung und Organisation verantwortlichen Mitarbeiter müssen Organisationstalent und Führungseigenschaften haben. Sie müssen in der Lage sein, einen reibungslosen Ablauf einer Veranstaltung zu gewährleisten.
Engste Zusammenarbeit zwischen Gastgeber, Küche und Bankettleitung ist absolut notwendig.

Mitarbeiter einer Bankettabteilung

Großbetriebe verfügen über eigene Mitarbeiter in der so genannten Catering-Abteilung zur Ausrichtung von Veranstaltungen. Klein- und Mittelbetriebe haben es hier schwerer. Sie müssen mit den vorhandenen Mitarbeitern auskommen bzw. Aushilfskräfte von außen besorgen.

Organigramm einer Bankett- und Cateringabteilung im Großhotel

F&B-Manager • Wirtschaftsdirektor		
Bankett-Küchenchef	Bankett-Manager	Marketing- und Verkaufsdirektor
Bankett-Sous-chef	Assistent-Bankett-Manager	Bankett-Sekretärin
Bankett-Köche	Bankett-Oberkellner	
	Bankett-Kellner	

Dieses Aufgebot an Mitarbeitern ist eher selten anzutreffen. Meist setzt sich eine Bankettabteilung im Servicebereich aus folgenden Personen zusammen:

- Bankett-Leiter
- Bankett-Sekretärin
- einem Bankett-Oberkellner
- mehreren Bankett-Kellner
- Set-up-Brigade

Überlegen Sie Positionen, die Sie ausfüllen könnten.

Verkauf von Veranstaltungen

Die Basis für den Verkauf einer Veranstaltung liegt bereits im Verkaufsgespräch. Die Mitarbeiter im Verkauf müssen über **geeignete Verkaufsunterlagen (Bankettinformationsmappen)** verfügen. Oft haben sich die Gäste schon auf der Homepage über den Betrieb vorinformiert.

Die Verkaufsunterlagen enthalten:

- Eine Übersicht über die Veranstaltungsräumlichkeiten mit Plänen, Verwendungsmöglichkeiten und allen technischen Details. Um eine optimale Raumausnützung zu erzielen, ist es besonders wichtig, das Fassungsvermögen der Räume zu kennen. Es ist weder sinnvoll, Räume überzubesetzen noch wertvollen Platz an zu wenig Personen zu vergeben.
- Möglichkeiten der Tischordnung und Sesselstellung.
- Standardisierte und frei wählbare Menüvorschläge. Vorschläge für Getränke.

Weiters sollte man

- die Tageszeit,
- den Anlass,
- die Gästeanzahl,
- das Alter der Gäste,
- den Betrag pro Person, den der Auftraggeber auszugeben bereit ist, sowie
- die zur Verfügung stehende Zeit berücksichtigen.

Checklisten für die technische Ausstattung sowie ein vorläufiges Reservierungsformular gehören zu den professionellen Verkaufsunterlagen.

Verkauf von Veranstaltungen via Internet

Eines der wichtigsten Verkaufsinstrumente im heutigen Veranstaltungswesen ist die Website des Betriebes. Sie muss selbstverständlich immer gewartet werden. Auf der Website finden Interessenten alle Raumpläne inklusive Bestuhlungsvarianten in skizzierter Form, Fotos der fertig ausgestatteten, evtl. dekorierten Räume, die Bankettmappe in digitaler Form mit den aktuellen saisonalen Speisen- und Getränkekarten, Seminarpauschalen und Preisen. Ein Link führt zu einem Anfrageformular für Online-Bankettraumbuchungen.

Für Hotels und Cateringanbieter sind diese digitalen Hilfen sowohl eine finanzielle als auch zeitliche Entlastung, da sich der Gast bereits vor der ersten Kontaktaufnahme informieren und anschließend gezielte Fragen stellen kann. Auch das Verschicken der Bankettmappen per Post entfällt somit (außer der Kunde wünscht eine Bankettmappe).

Aufgaben der Bankettabteilung

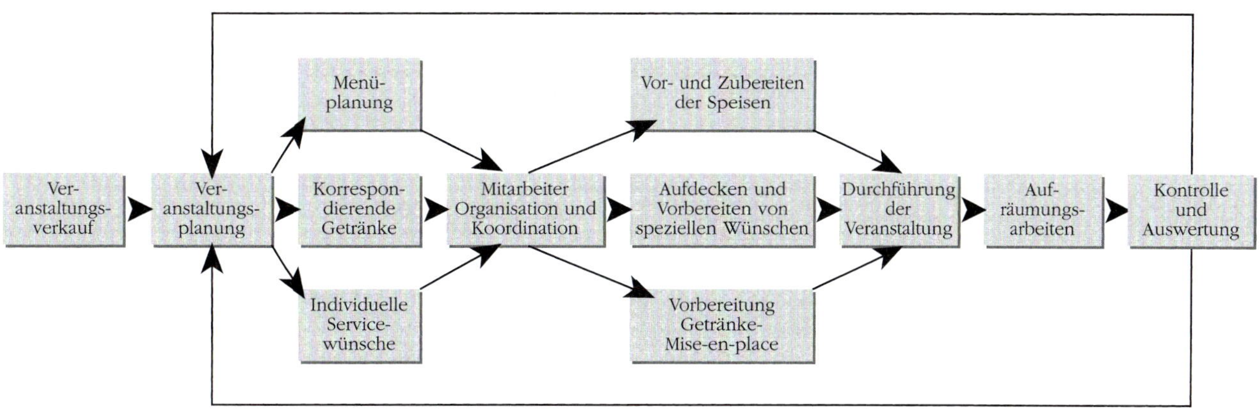

Schlüpfen Sie in die Rolle eines Mitarbeiters der Bankettabteilung und füllen Sie den Functionsheet aus. Nehmen Sie das Foto zur Unterstützung.

Bankett für 92 Personen

Functionsheet

1. Art der Veranstaltung/Raum:

2. Datum: **3. Zeit:**

4. Personenanzahl (Pax):

5. Name des Bestellers, Firma, Rechnung ergeht an:

Adresse:

Telefon/Fax:

E-Mail:

6. Bestellung:

Menü: Getränke:

Servierart:

Sonstiges:

7. Preis pro Person: €

8. Raummiete: €

9. Sonderwünsche

a) Dekor:

b) Tisch-/Tafelform:

c) Sitzplan/Tischkarten:

d) Musik:

e) Aperitifs:

Digestifs:

f) Rauchwaren:

g) Technische Einrichtungen (Lautsprecher, CD-Player, Beamer, Video, DVD-Player, TV etc.):

10. Veranstaltungsablauf (Begrüßung, Reden):

Unterschrift des Bestellers: Für den Betrieb:

Ergeht an: Unterschrift:

a) Küche:

b) Lager/Einkauf:

c) Restaurant

d) Wäscherei/Wäschebeschließung:

e) Garderobe:

f) Portier:

g) Personaldirektion:

h) Sales Management:

i) Direktion:

Ein Probeessen kann auf Wunsch des Gastgebers oder auf Einladung des Betriebes erfolgen. Dabei werden die Gerichte sowie die passenden Getränke besprochen und ausgewählt bzw. Alternativen zu standardisierten Menüvorschlägen ausgehandelt.

Sämtliche Reservierungen einer Veranstaltung müssen zentral von einer Person durchgeführt werden. Alle Details sind in einer **Checkliste (Functionsheet)** festgehalten, sodass nichts übersehen werden kann. Eine Kopie dieses Functionsheet ergeht an alle betroffenen Abteilungen (Veranstaltungsort, zB Restaurant; Küche, Lager/Einkauf, Wäscherei, Garderobe, Portier, Direktion, Buchhaltung, Stewarding, Haustechnik, Housekeeping) und ist mit einer Unterschrift gegenzuzeichnen.

Reservierungsformular

Bestellung: ______________ Datum: ______________

Telefonisch ☐ Brief/Fax/Mail ☐ Persönlich ☐

Name des Veranstalters: ______________

Kontaktperson: ______________

E-Mail-Adresse: ______________

Art der Veranstaltung: ______________

Anzahl der Personen: ______________ Raum: ______________

Datum der Veranstaltung: ______________ Zeit: von ______________ bis ______________

Garantie: ______________ Buchung: ______________

Definitiv ☐ Tentativ (vorgemerkt, jedoch nicht fix) ☐

Definitive Meldung bis: ______________ Preis pro Person: ______________

Raummiete: ______________ Rechnung an: ______________

Telefon: ______________

Gebucht von: ______________

Wiedervorlage am: ______________

Sie sollen für Ihre Großmutter ein Geburtstagsessen organisieren. Zu diesem Jubiläum werden 30 Personen eingeladen. Füllen Sie das Reservierungsformular aus.

Versuchs- oder probeweise.

3 Tafelformen und Sitzordnung

Banketttische lassen sich zu verschiedensten Formen zusammenstellen. Der Platzbedarf für Servierwege, Ein-, Aus- und Notausgänge sowie für ein Rahmenprogramm ist zu berücksichtigen.
Die Form der Tafel richtet sich nach der Personenanzahl, dem Anlass und den Raumverhältnissen sowie den Wünschen der Gäste.

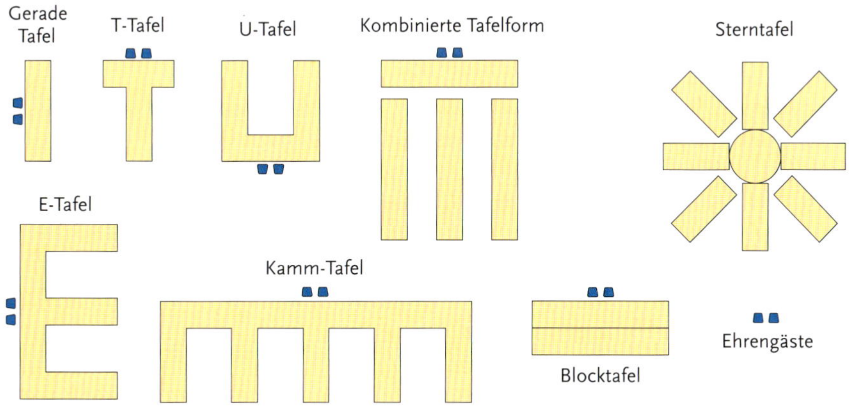

Gerade Tafel oder **I-Form:** Auf die Proportion (Länge zu Breite) ist zu achten. Für das Service ist dies die vorteilhafteste Form.

Kammtafel: eine Tafel mit mehr als drei Schenkeln. Die Tafel sollte nach Möglichkeit eine ungerade Anzahl an Schenkeln aufweisen.

Blocktafel: Bei der Blocktafel können ein oder zwei Personen an der Stirnseite sitzen.

Offene Tafelform: Alle Tischformen (quadratische, runde und rechteckige Tische) finden Verwendung.

Die Veranstaltung darf nicht den normalen Betriebsablauf durch Abzug von Inventar stören. So müssen vor allem zusätzliche Tische, Tisch- und Tafeltücher, Gläser, Teller sowie Bestecke und Tischdekorationen vorhanden sein. Daneben benötigt man Nebenküchen, eigene Garderoben, Toiletten, Umkleideräume für Musiker usw.

Der Platzbedarf an einer Festtafel beträgt ca. 80 bis 90 cm pro Gast.

Meist wird ein Mustergedeck vom Bankettleiter aufgedeckt.

Beispiel eines Sitzplanes

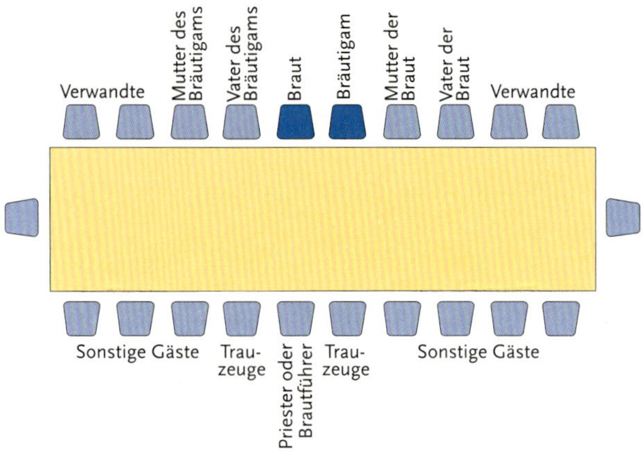

4 Bankett

Ein Bankett ist die aufwändigste Form einer Veranstaltung. Neben den geeigneten Räumen und dem zusätzlichen Personal benötigt der Betrieb eigenes Inventar.

Vorbereitungsarbeiten

- Bereitstellen des Inventars unter Einbeziehung der Stewarding-Abteilung (Besteck, Gläser, Porzellan, Silber usw.) und der Housekeeping-Abteilung (Tafeltücher, Servietten, Buffettücher usw.).
- Installation technischer Einrichtungen.
- Stellen der Tische.
- Auflegen der Moltons, Tisch- oder Tafeltücher.
- Ausrichten der Sessel.
- Platz für Reservegedecke frei halten.
- Wenn Kopfgedecke aufgedeckt werden, müssen aus Platzgründen die links und rechts platzierten Gedecke in Richtung Tafelmitte eingerückt werden, um ein korrektes Eindecken der Gläser zu ermöglichen.
- Einstellen der Platzteller (oder Auflegen der Mundservietten).
- Zurückstellen der Sessel, um das Aufdecken zu erleichtern.
- Auflegen der Besteckteile (von innen nach außen).
- Aufstellen der Brotteller und Auflegen der Buttermesser.
- Aufstellen der Gläser.
- Aufstellen der Tafeldekoration; evtl. auch Salzstreuer.
- Stellen oder Legen der Menükarten; evtl. Tischkärtchen.
- Endkontrolle der gedeckten Tafel bzw. Tische.
- Sessel ausrichten.
- Überprüfung des Raumes (Lichtquellen, Vorhänge usw.) sowie der technischen Anlagen.
- Aufstellen des Sitzplanes im Eingangsbereich bzw. Foyer.

Beispiel eines Festgedecks

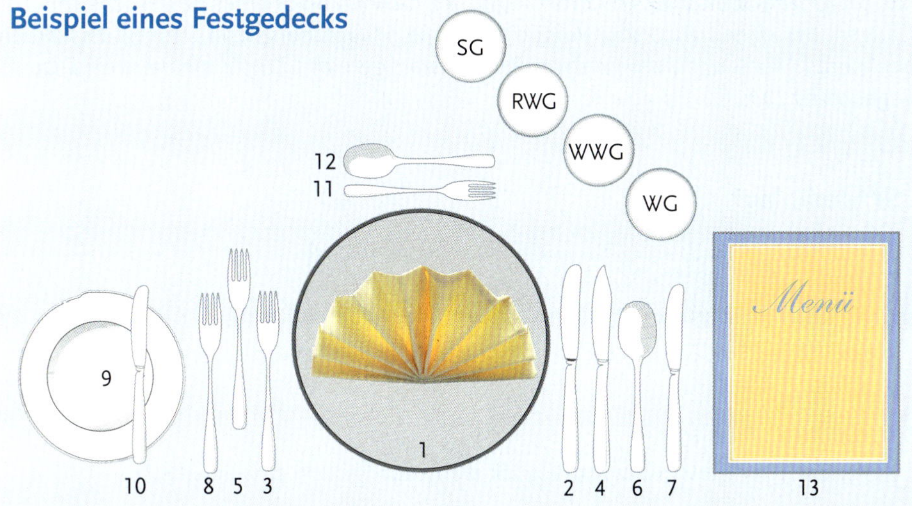

1 Standteller mit Fächerserviette
2 Fleischmesser
3 Fleischgabel
4 Fischmesser
5 Fischgabel
6 Consomméløffel
7 Dessertmesser
8 Dessertgabel
9 Brotteller
10 Buttermesser
11 Dessertgabel
12 Dessertlöffel
13 Menükarte
WG = Wasserglas
WWG = Weißweinglas
RWG = Rotweinglas
SGL = Sektglas

Vorbereitungsarbeiten im Office

- Kopie eines Functionsheet bei der Ausgabestelle anbringen.
- Teller, Tassen, Platten, Timbalen sowie Saucieren nach Bedarf im Rechaud vorwärmen.
- Diverse Unterteller für das Suppen- und Butterservice sowie für Timbalen und Saucieren vorbereiten.
- Brotkörbe mit Stoffservietten bereitstellen.
- Vorleger und Saucenlöffel vorbereiten.
- Getränke einkühlen.
- Die Kaffee-Mise-en-place herrichten.
- Aperitifs und Digestifs vorbereiten.
- Serviertassen bzw. Tabletts vorbereiten.

Mitarbeitereinsatzplanung

Bereits bei der Planung ist vom Bankett-Manager die Anzahl der benötigten Servicemitarbeiter zu berücksichtigen. Eine flexible Diensteinteilung der hausinternen Mitarbeiter hilft die Kosten für zusätzliche Aushilfskräfte zu reduzieren. Auch die Servierart ist in die Überlegungen mit einzubeziehen. Sie entscheidet über die Größe der Servierbrigade.

Wie viele Gäste kann ein Servicemitarbeiter betreuen? Was meinen Sie?

Servicebesprechung

Vor dem Eintreffen der Gäste versammelt der Bankett-Leiter die Servicemitarbeiter und bespricht mit ihnen die Details der Veranstaltung sowie den Veranstaltungsablauf.
Es werden die Stationen eingeteilt, die Gehrichtung festgelegt, Sonderwünsche des Veranstalters sowie das Rahmenprogramm (zB künstlerische Darbietungen) besprochen.
Weiters erfolgt eine detaillierte Erklärung der Speisen- und Getränkefolge.
Eventuell kann der Einmarsch geprobt werden.

Service und Servierablauf

Das Bankettservice kann auf verschiedene Arten (Serviermethoden) durchgeführt werden. Serviermethoden, die bei Banketten vorwiegend angewendet werden, sind

- Tellerservice,
- Vorlegen,
- Einreichen (meist nur bei Staatsbanketten).
- Auch eine Kombination aus Tellerservice und Einreichen ist möglich.

Beim Bankettservice kommt es in besonderem Maße auf Exaktheit, Disziplin und Aufmerksamkeit beim Servieren an.

Abhängig von der Art der Veranstaltung und von der Servierart gibt es folgende Richtwerte:
30–40 Gäste bei einem Buffet bzw. bei einer Cocktailparty, bei der angeboten wird
bis 20 Gäste bei einem Essen mit Tellerservice
bis 10 Gäste bei einem Essen mit Plattenservice (Vorlegen)
20–30 Gäste bei einem Essen für das Getränkeservice

Besondere Merkmale sind:

- Gemeinsamer Einmarsch aller Servicemitarbeiter
- Gemeinsamer Servicebeginn auf ein Zeichen (Kopfnicken) des Bankettleiters hin, wenn die Mitarbeiter ihre Stationen erreicht haben
- Gemeinsames Servieren und gemeinsames Verlassen des Raumes

Nachfolgend finden Sie den **chronologischen Servierablauf** eines Festessens mit vier Gängen, bestehend aus kalter Vorspeise, Suppe, Hauptspeise und Dessert. Es werden ein Aperitif, Weiß- und Rotwein sowie Schaumwein gereicht. Zum Kaffee wird ein Digestif angeboten.

Servierablauf

- Empfang und Begrüßung der Gäste
- Ablegen der Garderobe
- Service des Aperitifs (in einem Vorraum oder anderen Raum)
- Bereitlegen des Sitzplanes, der Gästeliste oder des Tafelorientierungsplanes
- Anzünden der Kerzen
- Platzieren der Gäste
- Vorlegen von Butter und Jourgebäck (kann auch schon eingestellt sein)
- Mineralwasserservice
- Weißweinservice
- Aperitifgläser (die zum Tisch mitgenommen wurden) abservieren
- Service der kalten Vorspeise
- Nachservice von Butter und Jourgebäck
- Weißwein und Mineralwasser nachschenken
- Abservieren der Vorspeisenteller
- Service der Suppe
- Abservieren der Suppenteller oder -tassen
- Rotweinservice
- Abservieren der Weißweingläser
- Unbenützte Gedecke entfernen
- Einstellen (Tellerservice) oder Vorlegen der Hauptspeise (vgl. Seite 61)
- Nachschenken des Rotweins
- Nachservice des Hauptgerichts (nur beim Vorlegen; vor allem Beilagen und Saucen)
- Abservieren der Fleisch- und Brotteller
- Reinigen der Tische
- Entfernen der Menagen
- Sektservice
- Abservieren der Rotweingläser
- Service des Desserts
- Abservieren der Dessertteller
- Kaffee- und Digestifservice
- Abservieren von Kaffeetassen, Kännchen, Zucker und Digestifgläsern
- Entfernen der Mundservietten
- Nachschenken von Sekt und evtl. Mineralwasser
- Bis zum Verabschieden der Gäste ständige Betreuung

Diese Gedeckteile können auch schon beim Abservieren der einzelnen Gänge entfernt werden.

5 Buffets

Buffets erfreuen sich nach wie vor in allen Betriebsformen und Ländern großer Beliebtheit. Die Gäste schätzen mehr denn je die große Auswahl an Gerichten. Mit einem Buffet kann der Betrieb seine Vielseitigkeit und Leistungsfähigkeit unter Beweis stellen. Nebenbei kann in kurzer Zeit eine relativ große Anzahl von Gästen bewirtet werden.
Man unterscheide offene und geschlossene Buffets.

Je nach Anlass und Speisenangebot unterscheidet man folgende Buffetarten:

- Frühstücksbuffet
- Brunchbuffet
- Lunchbuffet
- Salatbuffet
- Themenbuffet
- Stehbuffet
- Display (Schaubuffet)
- Galabuffet

Offene Buffets

Lädt der Betrieb selbst, z. B. zum Brunch, Mittagessen, Heringsschmaus oder zu einer Ballveranstaltung, ein, ist ein offenes Buffet ideal. Bei offenen Buffets bedienen sich die Gäste selbst oder die Servicemitarbeiter sind dabei behilflich. Sehr oft werden auch Köche zum Anrichten der Speisen, aber auch zum Zubereiten von À-la-carte-Gerichten am Buffet eingesetzt. Beim offenen Buffet sind die Speisen portioniert.
Der Gast bezahlt entweder einen Pauschalpreis zuzüglich seiner Getränkekonsumation und kann sich am Buffet beliebig oft Speisen nachholen oder er zahlt pro Portion (Konsumationsbuffet, bei dem die Gerichte portionsweise angerichtet sind und mit Preisschildern versehen werden müssen). Die letztgenannte Version findet man oft bei Bällen.

Geschlossene Buffets

Bei einer geschlossenen Veranstaltung wird das Buffet nach den Wünschen des Gastgebers und der Anzahl der Gäste organisiert und dem Besteller in Rechnung gestellt.

Weiters unterscheidet man kalte, warme und kombinierte Buffets, bei denen es sowohl kalte als auch warme Gerichte gibt.

Vorbereitungen für ein Buffet

Sie richten sich nach der Ausstattung der Räume. Oft wurden Buffettische bzw. buffetartige Einrichtungen (Stufen, Kühlvitrinen) bei der Planung der Räume durch Architekten berücksichtigt (meist in Ferienhotels). Ist dies nicht der Fall, ist Folgendes zu beachten:

- Gute Zugänglichkeit für die Gäste.
- Freie Wege für die Servicemitarbeiter zur Küche und zum Office.
- Auf die Temperatur im Raum achten (ist es zu warm, leiden manche Speisen).
- Vorsicht bei großen Fensterflächen (Sonneneinstrahlung).
- Bei einer größeren Personenanzahl (ab zirka 100 Personen) sind mehrere Buffets vorteilhaft.
- Gut im Blickfeld eintretender Gäste platzieren.
- Notausgänge freihalten.
- Eine optimale Beleuchtung erhöht die Attraktivität des Buffets.

Je nach den Gegebenheiten werden die Buffettafeln in Block-, L- oder U-Form bzw. in halb ovaler oder runder Form gestellt.

Anschließend werden die Gästetische platziert. Als die vorteilhaftesten haben sich kleinere runde Tische für acht bis zehn Personen erwiesen. Dann werden die Moltons, die Tafel- und Buffettücher sowie die Buffetschürzen (Skirtings) aufgelegt.

Buffetschürzen verleihen jedem Buffet oder Schautisch eine vornehme Eleganz. Die Faltenwürfe lassen sich zu jeder Tischwäsche kombinieren und sind mit speziellen Halterungen (Klettverschlüssen, Druckknöpfen, Klammern) leicht anzubringen.

Decken der Gästetische

Im Allgemeinen besteht das Gedeck auf den Gästetischen bei einem Buffet aus:

- der Mundserviette,
- einem Fleischmesser und einer Fleischgabel (für das Hauptgericht),
- einem Dessertmesser und einer Dessertgabel (für die kalte Vorspeise),
- evtl. auch einem Bouillonlöffel,
- einem Dessertlöffel und einer Dessertgabel (das Besteck für Käse befindet sich meist auf dem Buffet),
- einem Rotwein- und einem Weißweinglas,
- evtl. einem Wasserglas,
- einem Brotteller mit Buttermesser,
- evtl. einer Buffetkarte,
- dem Tischinventar und
- der Tischdekoration.

Gelegentlich werden auch Brot und Butter sowie Mineralwasser- und Weinflaschen kurz vor Servicebeginn eingestellt.

Spezielle Vorbereitungsarbeiten für ein Buffet

Beim Bereitstellen der Teller ist darauf zu achten, dass die Anzahl der Teller mindestens doppelt so groß wie die Anzahl der zu erwartenden Gäste sein sollte.
Zusätzlich ist es empfehlenswert, eine Reserve bereitzustellen. Die Teller werden auf der Buffettafel oder auf einem separaten Tisch beim Buffet bereitgestellt. Teller für warme Gerichte werden auf Tellerrechauds oder in Tellerspendern vorgewärmt. Falls große Fleischstücke tranchiert werden, müssen entsprechende Vorrichtungen (Tranchierbrett, Tranchierbesteck und Wärmelampe) vorhanden sein. Weiters muss genügend Platz zum Arbeiten eingeplant werden.

Erst nach dem Aufstellen der Platten werden Vorleger, Saucenlöffel, Schöpfer und Teller von den Servicemitarbeitern auf dem Buffet zurechtgelegt.

Anordnung der Speisen auf dem Buffet

Das Aufstellen der Platten, Schüsseln, Saucieren usw. soll möglichst kurz (max. 30 Minuten) vor dem Eintreffen der Gäste erfolgen und wird von den Köchen mit Unterstützung der Servierbrigade durchgeführt. Schaustücke und Dekorationselemente, wie Butter- oder Eisskulpturen sowie Blumen und Kerzen, werden immer zuerst als Mittelpunkt platziert. Gerne wird das Buffet auf verschiedenen Ebenen aufgebaut, um die Attraktivität des Gebotenen zu unterstreichen.

Bei Stehbuffets bzw. anderen Veranstaltungen (wie zB Bällen), bei denen keine Gästetische gedeckt sind, werden die Bestecke und Servietten auf den Buffettischen neben den Tellern platziert.

Servicebesprechung

Wie beim Bankett, siehe Seite 209.

Servierablauf

Die gesamte Betreuung eines Buffets erfolgt im Teamwork von Küche und Service. Chronologischer Servierablauf:

- Empfang und Begrüßung der Gäste
- Ablegen der Garderobe
- Anzünden der Kerzen
- Service des Aperitifs
- Platzieren der Gäste
- Getränkeservice

Eventuelle Begrüßung und Eröffnung des Buffets durch den Gastgeber. Anschließend begeben sich die Gäste zum Buffet.

- Aperitifgläser abservieren
- Abservieren der leeren Teller
- Eventuell Ergänzung von Besteckteilen
- Nachschenken der gewünschten Getränke
- Ergänzen von Platten am Buffet
- Arrangieren der Speisen auf den Platten (zwischendurch)
- Hilfestellung für die Gäste am Buffet leisten
- Ständiges Sauberhalten der Tische
- Entfernen der Menagen
- Kaffee- und Digestifservice
- Abräumen der Buffettafel

6 Cocktailparty, Stehempfang

Bei der klassischen Cocktailparty werden die bestellten Speisen und Getränke auf Platten bzw. Serviertassen angeboten, wobei das Angebot immer limitiert ist. Vom Gastgeber ist eine Bestellung aufgegeben worden und er bezahlt einen fixen Preis.

Die Speisen sind mundgerecht vorbereitet **(Fingerfood)**. Neben den üblichen Canapés und kleinen Häppchen – mit Spießchen bzw. Zahnstochern versehen – werden auch Speisen gereicht, die auf Löffeln oder in speziellen Gläsern und Schüsselchen angerichtet wurden. Daneben können auch warme Speisen (ebenfalls mundgerecht) serviert werden. Diese Form wird auch als Flying Buffet bezeichnet.

Die Gäste bedienen sich, nehmen dazu eine Serviette und essen im Stehen.

Bei einer Cocktailparty rechnet man ca. 6 Servicemitarbeiter auf 100 Gäste. Sie müssen sehr geschickt sein, da die Tabletts durch die relativ eng stehenden Gäste zu jonglieren sind.

7 Barbecue (Grillparty)

Das aus Amerika stammende Barbecue ähnelt unseren Grillpartys. Die Angebotspalette unterscheidet sich kaum, bei einem echten Barbecue wird jedoch ausschließlich über offenem Feuer gegrillt.

Im Mittelpunkt eines Grillfestes steht der Grill, auf dem vor den Augen der Gäste meist ganze Fleischstücke (vom Rind, Kalb oder Schwein) gebraten werden. Aber auch Steaks, Fleischspieße, faschierte Laibchen sowie Fisch werden zubereitet. Gerne werden Kartoffeln in Alufolie in der Glut mitgegart. Man isst sie dann aus der Schale mit Sauerrahm oder Butter. Weiters werden kalte Saucen (zB Sauce tartare, Sauce tyrolienne), französisches Stangenbrot (Baguette) und vor allem eine ganze Reihe von Salaten angeboten.

Die Gerichte sowie Fleischteller, Besteck und Papierservietten werden auf einem Buffettisch neben dem Grill aufgebaut. An Getränken werden vorwiegend Wein und Bier vom Fass ausgeschenkt.
Bei dieser Art von Veranstaltung bedienen sich die Gäste in der Regel selbst.

8 Konferenzen – Seminare – Tagungen

Die Veranstaltung von Tagungen, Seminaren und dergleichen hat in den letzten Jahren einen immer höheren Stellenwert in der Gastronomie eingenommen. Viele Betriebe haben erkannt, dass Veranstaltungen dieser Art von herkömmlichen Saisonzeiten, vom Wetter etc. nicht abhängig sind und sich daher auch in schwächeren Wochen des Jahres umsatzstabilisierend oder -steigernd auswirken können.

Veranstaltung	Definition
Konferenz	Versammlung, um über ein bestimmtes Thema zu beraten; die Bezeichnung findet jedoch auch bei Sitzungen, Besprechungen sowie Tagungen ihre Anwendung.
Seminar/Schulung	Weiterbildungs- oder Lehrveranstaltung mit kleinem, begrenztem Teilnehmerkreis.
Symposium	Wissenschaftliche Tagung, auf der bestimmte Themen in Vorträgen und Diskussionen erörtert werden.
Präsentation	Vorstellen eines Produktes, einer Institution, eines Programmes – oft in Verbindung mit einer Tagung.
Vortrag (Referat)	Mündliche Abhandlung über ein bestimmtes Thema.
Podiumsdiskussion	Ein Moderator lenkt die Diskussion.

Veranstaltung	Definition
Motivationsveranstaltung/Incentive	Geplanter und bewusst eingesetzter Anreiz für Mitarbeiter oder Kunden, um bestimmte Unternehmensziele besser zu erreichen. Incentives finden häufig in Verbindung mit einer Tagung statt und haben Freizeit- und Erlebnischarakter (z. B. Wochenende in einem Fitnesshotel, Ballonfahrt). Achtung: Im Rahmen von Incentives wird der Hotelier, der Zusatzangebote wie z. B. Ballonfahrten etc. verkauft, auch gleichzeitig Veranstalter und haftet somit im Schadensfall, sofern dieser Punkt nicht vorher von den Geschäftsbedingungen ausgeschlossen wurde.
Rahmenveranstaltung	Veranstaltung mit Unterhaltungswert, die während (z. B. für Begleiter) oder nach einer Tagung stattfindet. Der Schwerpunkt kann z. B. im kulturellen oder kulinarischen Bereich liegen.

Zu klären ist, welche technischen Geräte benötigt werden.

Video-Beamer

Vorbereitungsarbeiten

Viele Probleme bei der Abwicklung entstehen durch schlechte Absprache. Es muss geklärt sein, wer Ansprechpartner ist. Nicht immer handelt es sich dabei um den Veranstalter bzw. einen Mitarbeiter des Veranstalters, sondern um einen engagierten Trainer. Er kann darüber Auskunft geben, mit welchen Medien gearbeitet wird, welche Ausstattung und wie viel Platz benötigt werden. Jede Konferenz bzw. Tagung sowie jedes Seminar erfordert eine individuelle Tischstellung und/oder Bestuhlung.
Folgende Richtwerte sollen Hilfestellung bei der Disposition der Räume geben:

Veranstaltung	qm pro Person
Vortrag mit Reihenbestuhlung	ca. 1 – 1,2
Vortrag mit Tischen und Stühlen/Konferenz	ca. 1,5 – 1,8
Seminar/U-Form	2,5 – 3
Interaktion/Moderation	ca. 4 – 5

Sesselstellungen und Tischstellungsmöglichkeiten

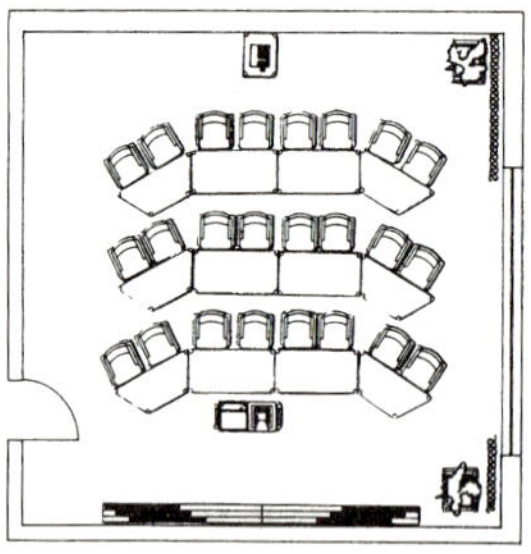
Für Vorträge

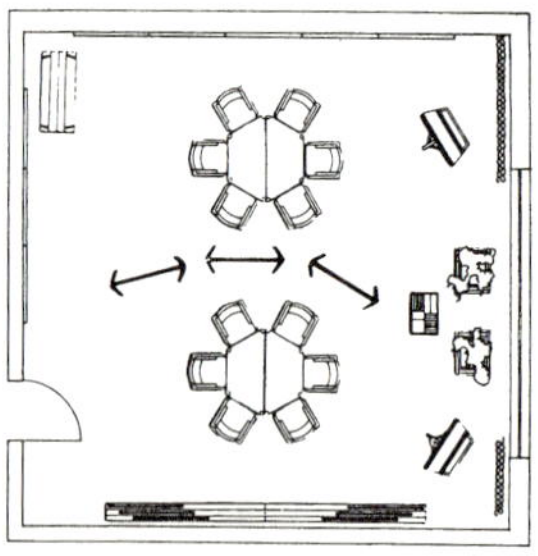
Für Seminare (wenn Gruppenarbeiten im Vordergrund stehen)

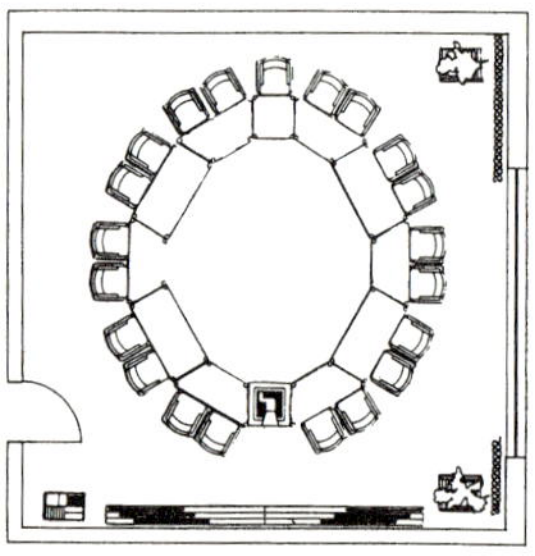
Für Konferenzen

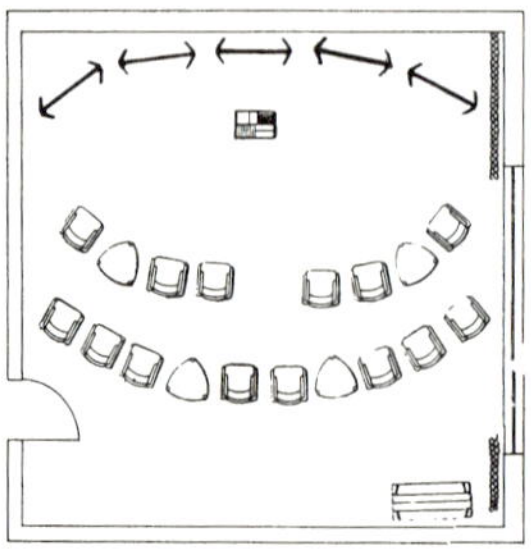
Für Seminare (freie Sesselanordnung; wenn zB Rollenspiele oder Brainstorming-Sitzungen abgehalten werden)

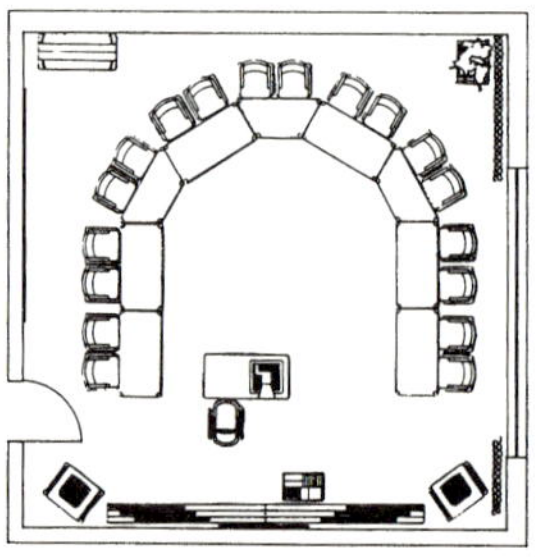
Für Seminare (besonders bei Dialog-Kommunikation; jeder sieht jeden)

Kleine Pause
Kaffee, Tee, Mineralwasser, Orangensaft, Multivitaminsaft
Plundergebäck
€ ... pro Person

Vitaminpause
Kaffee, Tee,
frisch gepresste Obst- und Gemüsesäfte,
Mineralwasser
Kräutergervaisweckerl mit frischem Schnittlauch
Karotten und Paprikastreifen mit Dippsauce
€ ... pro Person

Beispiel eines Abspracheformulars

Veranstaltungscode: ______________________

Ihr Gesprächspartner: ______________________ Unser Ansprechpartner: ______________________

Art der Veranstaltung: ☐ Seminar ☐ Tagung ☐ Besprechung

Das müssen wir wissen

Jede Veranstaltung läuft nur so gut, wie sie geplant ist. Je vollständiger Sie diesen Veranstaltungsbogen ausfüllen, um so besser können wir Ihre Veranstaltung vorbereiten. Bitte geben Sie uns die Einzelheiten **nicht später als 14 Tage** vor Veranstaltungsbeginn bekannt.

1. Wie viele **Zimmer** benötigen Sie? vom ________ bis ________ EZ ______ DZ ______
   vom ________ bis ________ EZ ______ DZ ______

2. Beginn der **Pension** mit dem ☐ Mittagessen ☐ Abendessen

3. Anzahl der **Tagungsteilnehmer** Name des Seminarleiters: ______________________
   Anschrift: ______________________ Telefon: ______________________

   Wichtig:
   Bitte schicken Sie uns bis 10 Tage vor Veranstaltungsbeginn eine Namensliste zu. Spätere Zimmerabmeldungen sind kostenpflichtig!

4. Stellung der Tische und Sessel: ☐ Blockform ☐ U-Form außen ☐ Karreeform
   ☐ Parlamentarisch ☐ Theaterbestuhlung ☐ T-Form
   ☐ Stühle im Halbkreis

5. Folgende Standardausrüstung wird ohne Berechnung zur Verfügung gestellt:
   ☐ Beamer in der Decke ☐ Leinwand ☐ Flipchart mit Papier und Stiften ☐ Pinnwände

6. Weiteres Equipment kann zu folgenden Preisen gemietet werden:
   ☐ Medienwagen mit CD-Player, DVD-Player und Mikrofonschnittstelle € .../Tag
   ☐ Klippmikrofon zum Anstecken € .../Tag ☐ Pinnwandpapier € .../Tag ☐ Handmikrofon € .../Tag
   ☐ VHS-Player € .../Tag ☐ Laptop € .../Tag ☐ Rednerpult mit Mikrofon € .../Tag
   ☐ CD-Player € .../Tag ☐ Headset € .../Tag ☐ Mobiler Beamer € .../Tag
   ☐ Konferenztelefon € .../Tag ☐ Jedes weitere Flipchart € .../Tag
   ☐ Jede weitere Pinnwand € .../Tag ☐ Moderatorenkoffer € .../Tag

   Weiteres Equipment auf Anfrage.
   Bei Bedarf stellen wir einen Gruppenraum zur Verfügung, für jeden weiteren Gruppenraum berechnen wir € .../Tag.

7. Gewünschte Beschilderung: ______________________

8. Konferenzgetränke im Tagungsraum: ☐ ja ☐ nein

9. Kaffeepausen: ☐ ja ☐ nein

10. Abrechnungsmodus: Welche Kosten übernimmt wer?

	Veranstalter	Teilnehmer		Veranstalter	Teilnehmer
Übernachtung/Frühstück	☐	☐	Konsumierung nach dem Essen	☐	☐
Vollpension/Halbpension	☐	☐	Konferenzpauschale	☐	☐
Getränke zum Mittagessen	☐	☐	Getränke zum Abendessen	☐	☐
Tagungsgetränke	☐	☐	Kaffeepausen	☐	☐
Extras	☐	☐			

11. Exakte Rechnungsanschrift:

12. Zeitplan für den Veranstaltungsablauf – bitte Uhrzeit eintragen (von 0.00 bis 0.00 Uhr):

	Sonntag	Montag	Dienstag	Mittwoch	Donnerstag	Freitag	Samstag
Veranstaltungsbeginn							
Kaffeepause							
Mittagessen							
Kaffeepause							
Abendessen							
Veranstaltungsende							

13. Sonstiges: ______________________

Bei der Verrechnung von Veranstaltungsräumlichkeiten gibt es in der Praxis drei Arten:

- Benötigt der Gast nur den Raum und sonst keinerlei Dienstleistungen, wird eine kalkulierte Raummiete verrechnet.
- Benötigt der Veranstalter außerdem Getränke oder Mahlzeiten sowie Zimmer, wird je nach Ausmaß der Sonderwünsche die Raummiete billiger verrechnet oder erlassen.
- Meistens bietet der Veranstaltungsbetrieb jedoch einen Pauschalpreis pro Person an, in dem alles enthalten ist.

Der Ablauf

Von der Begrüßung bis zur Verabschiedung müssen der Veranstalter sowie die Teilnehmer individuell betreut werden. Ein **speziell geschulter Servicemitarbeiter,** der in jeder Phase der Veranstaltung als Ansprechpartner fungiert, hat sich in der Praxis bewährt. Er wird als verantwortlicher Betreuer vorgestellt, der vor und während der Veranstaltung für Ordnung im Raum sorgt, die Technik betreut, Zeitpunkt und Ort für Kaffeepausen und das Mittagessen bespricht, Hilfestellungen bei Problemen und Sonderwünschen anbietet und bei passender Gelegenheit auch auf diverse Dienstleistungen und Angebote des Betriebes hinweist.

Das erforderliche technische Equipment sowie Unterlagen werden in einer Checkliste notiert.

In vielen Betrieben, die sich auf Tagungen und dergleichen spezialisiert haben, gibt es in der Nähe der Tagungsräume ein **Büro (Business-Center),** in welchem neben einem PC mit Internetzugang, einem Drucker und einem Kopierer auch ein Faxgerät sowie Unterlagen (Tagungsmappen, Pressemappen, Namensschilder etc.) und vieles mehr bereitstehen.

Die Verpflegung während der Veranstaltung bzw. in den Pausen („coffee breaks", „refreshment breaks") zwischen verschiedenen Vorträgen stellt für den Betrieb einen Zusatzverkauf dar. Oft wird ein Pauschalpreis **(Conference package)** verrechnet. Gut organisierte Betriebe verwenden dafür wiederum bis ins Detail ausgearbeitete Checklisten.

9 Outside catering

Wenn die Gäste nicht ins Haus kommen, muss der Gastwirt eben zum Gast gehen. Von Fingerfood und Prosecco über ein kalt-warmes Buffet bis zum sechsgängigen Menü, grundsätzlich kann alles geliefert werden. Ob eine Party zu Hause, eine Bewirtung in einer Fabrikshalle oder in einem alten Schloss, das Außer-Haus-Geschäft bringt eine Reihe von zusätzlichen Verdienstmöglichkeiten. Stärker noch als im gewöhnlichen Bankettgeschäft hängt der erfolgreiche Ablauf der Veranstaltung von einer sorgfältigen Planung ab. Ist man vor Ort, fehlt der schnelle Rückgriff auf Material oder Mitarbeiternachschub aus der Küche oder dem Restaurant. Wer im Outside catering erfolgreich sein möchte, muss professionell arbeiten und ein komplettes Service bieten.

Was wird alles benötigt?

- Ein geeignetes Transportmittel
- Mehr Inventar, Wäsche, Tische, Geschirr und Gläser
- Wärmeschränke
- Zusätzliche geschulte Mitarbeiter, da die eigenen Kräfte im Betrieb fehlen würden

Es gibt verschiedene Arten der Durchführung:

- Es werden nur Speisen und/oder Getränke geliefert (Partyservice, Pizzaservice etc.).
- Es wird ein Komplettangebot gemacht. Neben Speisen und Getränken werden das gesamte Inventar (Tische, Sessel, Teller, Gläser etc.) sowie die Servicemitarbeiter bereitgestellt. Zusätzlich zum Stammpersonal des Betriebes müssen meist Aushilfen engagiert werden.

Vorbereitung

- Besichtigen der Räume. Von den räumlichen Gegebenheiten hängen Art und Anzahl der Utensilien, die mitgenommen werden müssen, ab.
- Erstellen einer detaillierten Check- bzw. Inventarliste, wobei ein bisschen mehr, als verlangt wird, von Vorteil sein kann.
- Die Inventarliste ist auch wichtig, um nach Beendigung der Veranstaltung alle Utensilien wieder zum Betrieb zurückzubringen. Vorteilhaft sind Zählboxen.

Vergessenes Inventar bedeutet Verlust.

- Geeignete Transportfahrzeuge mit Stapelschränken, Kühlmöglichkeiten, Wärmeschränken etc. sind von Vorteil.
- Verfügt ein Betrieb nicht über genügend Inventar, gibt es die Möglichkeit, sich einer Bereitstellungsfirma zu bedienen. Sie liefert gegen eine Pauschale die benötigten Serviergegenstände und übernimmt auch die Reinigung.

Anforderungen an die Servicemitarbeiter

- Allerhöchste Flexibilität, sowohl zeitlich als auch räumlich – viele Caterer arbeiten nicht nur national, sondern auch international, zB DO&CO.
- Bereitschaft, jeden Tag eine andere Rolle zu spielen (an einem Tag in Jeans und Cowboyhut für das Countrybarbecue, am nächsten Tag als livrierter Diener mit Mozartperücke usw.).
- Einstellen auf täglich wechselnde Kollegen.
- Improvisationstalent – oft sind kurzfristig installierte Arbeitsräume unzulänglich ausgestattet.

Beispiel einer Catering-Inventarliste

Um im Außer-Haus-Geschäft erfolgreich zu sein, ist **allerhöchste Präzision bei der Planung und Durchführung** erforderlich. Eine genaue Absprache mit dem Gastgeber und eine anschließende Niederschrift sind unbedingt notwendig.

Abschließend sei gesagt, dass sich mit einem umfangreichen Outside catering nur leistungsfähige, gut organisierte Betriebe befassen sollen. Improvisierte Veranstaltungsdurchführung bringt Reklamationen und schadet dem Image des Betriebes. Falls die Bestellung zu umfangreich sein sollte, ist es besser, den Kunden an die Konkurrenz weiterzuempfehlen.

Arbeitsaufgaben

1. Was ist ein Functionsheet? Welche Punkte beinhaltet es?
2. Welche Tafelformen gibt es? Erklären Sie die Kammtafel näher.
3. Beschreiben Sie ein Festgedeck für ein Bankett. Welche Besteckteile und Gläser muss es enthalten?
4. Wie viele Gäste kann ein Servicemitarbeiter betreuen:
   - bei einem Essen mit Tellerservice
   - bei einem Essen mit Plattenservice (Vorlegen)
   - beim Getränkeservice
5. Beschreiben Sie den Einsatz von Buffetschürzen.
6. Was ist bei der Anordnung der Speisen auf einem Buffet zu beachten?
7. Erklären Sie die Veranstaltungen Cocktail- und Barbecue-Party.
8. Welche Vorbereitungsarbeiten sind bei einem Seminar zu treffen?
9. Was bedeutet Outside catering? Welche Vorbereitungen sind zu treffen? Welche Anforderungen werden an die Servicemitarbeiter gestellt?

Notizen zu den Arbeitsaufgaben:

Notizen zur Zusammenfassung:

ZUSAMMENFASSUNG

Arten von Veranstaltungen
Veranstaltungen können aus gesellschaftlichen Anlässen (Vereinszusammenkünfte, Bälle, Konzerte), privaten Anlässen (Taufe, Hochzeit) und geschäftlichen Anlässen (Seminare) durchgeführt werden.

Organisation
Die verantwortlichen Mitarbeiter müssen Organisationstalent und Führungseigenschaften haben. Für ihr Verkaufsgespräch benötigen sie geeignete Informationsmappen (mit Plänen der Veranstaltungsräumlichkeiten, Getränke- und Menüvorschlägen, Reservierungsformularen).
Alle Details der Veranstaltung müssen in einem Functionsheet festgehalten werden.
Eine Bankettabteilung im Servicebereich setzt sich meist aus folgenden Personen zusammen:
- Bankett-Leiter
- Bankett-Sekretärin
- Einem Bankett-Oberkellner
- Mehreren Bankett-Kellner
- Haustechniker

Tafelformen und Sitzordnung
Bankettische lassen sich zu den verschiedensten Formen zusammenstellen:
- Gerade Tafel oder I-Form
- T-Tafel
- U-Tafel
- E-Tafel
- Kamm-Tafel
- Sterntafel
- Blocktafel
- Offene und kombinierte Tafelformen

Bankett
Aufwändigste Veranstaltungsform; neben den geeigneten Räumen braucht der Betrieb zusätzliche Mitarbeiter und eigenes Inventar.
Die Vorbereitungsarbeiten sind umfangreich:
- Bereitstellen des Inventars.
- Installation technischer Einrichtungen.
- Stellen der Tische.
- Auflegen der Moltons.
- Ausrichten der Sessel.
- Einstellen der Platzteller (oder Auflegen der Mundservietten).
- Zurückstellen der Sessel, um das Aufdecken zu erleichtern.
- Auflegen der Besteckteile (von innen nach außen) sowie Brotteller und Buttermesser.
- Aufstellen der Gläser.
- Tafeldekoration und Menükarten
- Stellen oder Legen der Menükarten.
- Endkontrolle und Sessel ausrichten.

Im Office muss das Geschirr (Teller, Tassen, Platten etc.) bereitgestellt sowie vorgewärmt werden. Brotkörbe, Vorleger vorbereiten, Getränke einkühlen, Mise en place für Kaffee vorbereiten.
Bereits bei der Planung ist vom Bankett-Manager der Bedarf an Mitarbeitern zu ermitteln.
In einer Servicebesprechung wird vor dem Eintreffen der Gäste der Ablauf der Veranstaltung besprochen. Beim Bankettservice kommt es auf Exaktheit, Disziplin und Aufmerksamkeit an. Ein besonderes Merkmal ist der gemeinsame Servicebeginn auf ein Zeichen (Kopfnicken) des Bankettleiters hin.

Buffets
Buffets sind in allen Betriebsformen und Ländern zu finden. Mit einem Buffet kann der Betrieb seine Vielseitigkeit und Leistungsfähigkeit unter Beweis stellen. Nebenbei kann in kurzer Zeit eine relativ große Anzahl von Gästen bewirtet werden.
Offene Buffets: Bei offenen Buffets bedienen sich die Gäste selbst oder die Servicemitarbeiter sind dabei behilflich. Sehr oft werden auch Köche zum Anrichten der Speisen, aber auch zum Zubereiten von À-la-carte-Gerichten am Buffet eingesetzt. Beim offenen Buffet sind die Speisen portioniert. Der Gast bezahlt entweder einen Pauschalpreis zuzüglich seiner Getränkekonsumation oder er zahlt pro Portion (Konsumationsbuffet, bei dem die Gerichte portionsweise angerichtet sind und mit Preisschildern versehen werden müssen). Die letztgenannte Version findet man oft bei Bällen.
Geschlossene Buffets: Bei einer geschlossenen Veranstaltung wird das Buffet nach den Wünschen des Gastgebers und der Anzahl der Gäste organisiert und dem Besteller in Rechnung gestellt.

Cocktailparty, Stehempfang
Die bestellten Speisen und Getränke werden auf Platten bzw. Serviertassen angeboten, wobei das Angebot immer limitiert ist. Vom Gastgeber ist eine Bestellung aufgegeben worden und er bezahlt einen fixen Preis.
Die Speisen sind mundgerecht vorbereitet **(Fingerfood)**. Die Gäste bedienen sich, nehmen dazu eine Serviette und essen im Stehen.

Barbecue (Grillparty)
Im Mittelpunkt steht der Grill. Es werden ganze Fleischstücke, Steaks, Fische gebraten. Dazu gibt es Folienkartoffeln, Saucen, Weißbrot und Salate. Die Gäste bedienen sich in der Regel selbst.

Konferenzen – Seminare – Tagungen
Sie sind von den herkömmlichen Saisonzeiten unabhängig und können daher in den schwächeren Wochen des Jahres den Umsatz steigern. Wichtig zu wissen ist, wer der Ansprechpartner (zB ein Trainer) ist. Mit ihm bespricht man die Tischstellung und/oder Bestuhlung. Ebenso die technische Ausstattung mit zB Beamer, Overheadprojektor, Flipchart, Videokamera, Fernseher sowie die Verpflegung in den Pausen.

Outside catering
Außer Haus durchgeführte Veranstaltung. Mehr noch als im gewöhnlichen Bankettgeschäft ist eine sorgfältige Planung nötig (durch die räumliche Trennung kein Rückgriff auf betriebliche Ressourcen).
Zwei Arten der Durchführung:
- Nur Speisen und/oder Getränke geliefert.
- Komplettangebot; zusätzlich Inventar und Servicemitarbeiter

Für ein professionelles Catering benötigt man vor allem:
- Ein geeignetes Transportmittel mit Stapelschränken, Kühlmöglichkeiten.
- Mehr Inventar, Wäsche, Tische, Geschirr und Gläser (evtl. auch von Bereitstellungsfirmen geborgt).
- Wärmeschränke.
- Zusätzliche geschulte Mitarbeiter, da die eigenen Kräfte im Betrieb fehlen würden.

Allerhöchste Flexibilität sowie Improvisationstalent sind unumgängliche Anforderungen an die Servicemitarbeiter beim Außer-Haus-Geschäft.

Notizen zur Zusammenfassung:

Die Bar

Der Begriff Bar leitet sich vom französischen Wort „barrière“ ab. Während der Kolonialisierung Amerikas entstanden die so genannten Saloons, in denen Alkohol vor allem in Form von einfachem Branntwein ausgeschenkt wurde. Zum Schutz des Mannes, der die Getränke verkaufte (also des späteren Bartenders), sowie seiner Ware wurde eine Barriere errichtet (eine Theke). Das Wort wurde im Laufe der Zeit von der meist englischsprachigen Bevölkerung auf die Kurzform Bar reduziert.

Mit der Entwicklung des Fremdenverkehrs kam die Bar auch nach Europa und somit nach Österreich. Um die Jahrhundertwende wurden in den Großhotels die ersten Bars eröffnet. Sie stellen ein Kommunikationszentrum dar, in dem häufig auch geschäftliche Besprechungen stattfinden. Heute erfreuen sich Cocktailbars, auch bei jüngeren Gästen, einer großen Beliebtheit.

Unsere Ziele

Nach Bearbeitung dieses Kapitels werden Sie

- die unterschiedlichen Bararten benennen können,
- die Arbeiten der Barmitarbeiter sowie die Bargeräte und -gläser beschreiben können,
- erklären können, woraus sich der Barstock und die tägliche Bar-Mise-en-place zusammensetzen,
- die Zubereitung einiger Bargetränke sowie das Service übernehmen können,
- die Grundzüge des Zigarrenservice beschreiben können.

1 Bararten

- **American Bar – Cocktailbar:** Sie ist die Urform und zugleich die heute am meisten verbreitete Barform. Mittelpunkt der American Bar ist die Bartheke, an der der Großteil der Konsumation stattfindet. Zur Einrichtung gehören jedoch auch gemütliche Sessel und Tische. Das Hauptaugenmerk liegt auf der Zubereitung von Cocktails. Es werden aber auch kleine Speisen, Snacks und Sundries offeriert.
- **Hotelbar:** Sie ist sehr oft wie eine American Bar ausgestattet und dient vor allem den Hausgästen als Kommunikationszentrum. In der Hotelbar ist oft die Möglichkeit zum Tanzen gegeben, zumindest aber gibt es Musikuntermalung.
- **Restaurantbar:** Die Gäste haben hier die Möglichkeit, einen Aperitif bzw. Digestif zu konsumieren. Eventuelle Wartezeiten auf einen Tisch können überbrückt werden. Die Gäste nehmen vorab Einsicht in Speisen- und Getränkekarten. Die Restaurantbar hat jedoch auch den Zweck, Treffpunkt für Tischgesellschaften vor dem Essen zu sein bzw. zum gemütlichen Zusammensitzen nach dem Essen zu animieren.
- **Tagesbar:** Sie ist in England und Amerika besonders häufig anzutreffen und wird vor allem von Geschäftsleuten als Kommunikationszentrum genutzt. Tagesbars haben keine Musik.
- **Tanzbar:** Tanzbars sind bei uns nicht sehr verbreitet, außer in den Wintersportorten, wo ihre Funktion großteils von der Hotelbar übernommen wird. Der Schwerpunkt liegt auf der Unterhaltung (Tanz, Musik – oft Livemusik) und erst in zweiter Linie auf den Getränken.
- **Diskothek:** Die Musik kommt über Verstärker und wird von einem Diskjockey präsentiert. Im Getränkeangebot sind neben einfachen Bargetränken auch alkoholfreie Drinks sowie Trendgetränke wie Energydrinks, Alkopops, Shooters.
- **Nachtklub:** Der Schwerpunkt liegt bei diesen Bars auf dem Unterhaltungssektor, wie zB Show-, Varietee-, Kabarettdarbietungen. Eine Reihe von alkoholischen Getränken wird angeboten.

Hotelbar (Lobbybar, Loungebar)

Möchten Sie gerne in einer Diskothek arbeiten? Diskutieren Sie die Vor- und Nachteile.

Weitere Bars sind zB die Espresso-, Eis-, Pool- oder Strandbar. Was können Sie zu diesen Barformen sagen?

2 Mitarbeiter in der Bar (Bar-Staff)

Die Anforderungen, die an die Barmitarbeiter gestellt werden, sind sehr hoch. Große Selbstbeherrschung, gute Fremdsprachenkenntnisse, verständliche Ausdrucksweise und beste Umgangsformen sind dabei unerlässlich.

Je nach Größe und Ausstattung einer Bar gibt es folgende Mitarbeiter:

- **Barsupervisor (Barmanager):** nur in Großbetrieben mit mehreren Bars. Er hat die gleichen Aufgaben wie der Oberkellner im Restaurant, nämlich Diensteinteilung, Urlaubsplanung, Kontrolle (Wareneinkauf und -verkauf, Abrechnung), Kalkulation, Erstellung von Barkarten, Organisation sowie innerbetriebliche Ausbildung.
- **Barman (Bartender, Barkeeper) und Barmaid:** ausgebildete Restaurantfachkräfte, die sich die Kenntnisse, die für die Zubereitung von Mixgetränken in der Bar notwendig sind, zusätzlich angeeignet haben.
- **Barcommis:** Er ist der Gehilfe des Barman und hauptsächlich für die Bar-Mise-en-place verantwortlich. Er fasst die Getränke, dh., er ergänzt den Barstock. Gibt es keinen Barwaiter, ist er für das Service an den Tischen zuständig. Auch das Abservieren und Reinigen der Tische fällt in seinen Aufgabenbereich.
- **Barwaiter (Barkellner):** Er ist ausschließlich für das Service vor der Theke, also an den Tischen zuständig. Die Bestellungen ordert er ausschließlich beim Barman oder beim Barcommis, mit denen er auch verrechnet.

Die Begriffe Bartender bzw. Barkeeper haben zweierlei Bedeutung. Im angloamerikanischen Raum versteht man darunter den Besitzer oder Pächter einer Bar. In Europa stehen diese Bezeichnungen hingegen gleichbedeutend für Barman, Mixer und Chef de bar.

3 Vorbereitungsarbeiten in der Bar

Um einen reibungslosen Ablauf in der Bar zu gewährleisten, müssen verschiedenste Bedingungen erfüllt sein:

- Vollständiger Barstock
- Gewissenhafte Vorbereitungen: Alle Bargeräte, Flaschen, Eiswannen usw. sowie die Bartheke und die Barhocker müssen gereinigt werden.
- Einwandfrei funktionierende Arbeitsgeräte und Maschinen
- Einwandfreie Gläser: Angeschlagene Gläser müssen aussortiert und durch neue ersetzt werden. Die Gläser sind zu polieren.
- Bar- und Getränkekarten: Auf der Theke und auf allen Tischen werden nur einwandfreie Bar- und Getränkekarten aufgestellt oder aufgelegt.
- Atmosphäre: Sie entsteht nicht nur aus Komponenten wie Einrichtung, Beleuchtung oder musikalischer Untermalung, sondern auch durch Sauberkeit sowie Freundlichkeit und Herzlichkeit des Personals.
- Präsentation des Produktes: Das servierte Bargetränk sollte nicht nur fachlich richtig zubereitet sein, sondern auch für das Auge des Betrachters erfreulich präsentiert werden.

3.1 Barstock

Sämtliche in der Bar benötigten Getränke sowie frische Früchte, Obers, Sundries usw. müssen kontrolliert, ergänzt und abgerechnet werden, sodass der benötigte Barstock immer vorhanden ist.

Der Barstock ist abhängig vom Getränkeangebot der Barkarte. Eine internationale Bar hat einen größeren Barstock als eine Bar, die nur regionale Bedeutung hat. Aber auch mit einem kleinen, gut sortierten Angebot an Getränken kann ein Fachmann eine Fülle von gängigen Mixgetränken erstellen.

Gliederung eines Barstocks

Basisgetränke

In jeder Bar müssen folgende Basisgetränke vorhanden sein.

- Cognac bzw. Weinbrand: zB Martell, Camus, Asbach Uralt
- Whiskeys
  Malt Scotch Whisky: zB Glenlivet; Blended Scotch Whisky: zB Black & White
  Canadian Whiskey: zB Canadian Club
  Irish Whiskey: zB John Jameson
  American Whiskey (Bourbon): zB Four Roses
- Wodka: zB Moskovskaya
- Rum (dunkler oder weißer): zB Bacardi, Myers's Planters Punch
- Gin: zB Gordon's Dry Gin
- Tequila: zB Olmeca
- Cachaça

Wermut

Trockener, süßer und roter: zB Martini, Cinzano

Dessertweine

Sherry, Portwein: zB Sandeman

Bitters

zB Fernet, Campari, Rossbacher

Würzbitters

Angostura-, Orange- und Peach-Bitter

Anisées

zB Pernod, Ricard, Ouzo, Raki

Branntweine

Aus Stein-, Kern- und Beerenobst

Liköre

zB Grand Marnier, Kahlúa, Curaçao, Crème de Cacao, Crème de Menthe, Crème de Mocca, Apricot Brandy, Advocaat, D. O. M. Bénédictine

Schaumweine
Champagner, Sekt, Asti spumante, Prosecco

Weine
Offene Weiß- und Rotweine, Flaschenweine

Biere
Flaschenbiere, auch alkoholarme bzw. alkoholfreie

Alkoholfreie Getränke und Sirupe
Frische Fruchtsäfte aus Orangen, Zitronen, Limetten, Mango etc., aber auch Fillers wie Tonic Water, Bitter Lemon, Ginger Ale, Coca-Cola, Energydrinks usw. Weiters Zuckersirup, Grenadine-Sirup (Granatapfelsirup), Orgeat-Syrup (Mandelmilchsirup), Papaya- und Maracujasirup u. a.

Trinkhalme, Sticks und Stirrer (im Vordergrund), Garniturbox mit Einsätzen (Raviers), Sticks, Stirrer, Stick-Stirrer, Garniturspieße, Underliner.

Garnituren
Frische Früchte wie Orangen, Zitronen, Limetten, Früchte und Beeren der Saison, Cocktailkirschen, Perlzwiebeln, Oliven, frische Pfefferminzblätter

Zucker
Würfel-, Feinkristall-, Staub-, Rohzucker

Milch und Obers

3.2 Bargeräte

Aufsatzmixer

Aufsatzmixer mit stufenloser Geschwindigkeitsschaltung, zum Pürieren frischer Früchte und zur Zubereitung von Frozen Drinks, Frappees, Milkshakes

Barlöffel („bar-spoon“), zum Verrühren von leicht vermengbaren Ingredienzien im Rührglas oder Gästeglas oder zum Messen von kleinen Quanten sowie zum Herausnehmen von Kirschen, Zwiebeln usw. (Bild Nr. 2, 3)

Barsieb („strainer“), zum Abseihen des Getränks und zum Zurückhalten von Eis aus dem Rührglas oder Shaker (Bild Nr. 5, 12)

Barwasserkrug („water-pitcher“), für Drinks, die mit Wasser getrunken werden; man gibt das frische Wasser in einem Wasserkrug extra dazu

Brenner für Irish coffee

Brenner für Irish coffee, zur Zubereitung von Irish coffee

Eislöffel, Eiszange, Eispickel, Eiszange, Barsieb, Eislöffel (vorne)
Eiskübel, Sekt- und Champagnerkühler, Eiskübel (hinten)

Eiskübel („ice bucket"), zum Aufbewahren von Mundeisstückchen für den Tisch des Gastes sowie für den Barman (Bild Nr. 33)

Eislöffel („ice-spoon"), ausgestattet mit Perforation (sodass das Schmelzwasser abrinnen kann) und Zacken zum leichteren Herausnehmen der Mundeisstücke aus dem Eiskübel (Bild Nr. 4)

Eisschaufel („ice-shovel"), Gast und Barman verwenden sie, um die Mundeisstücke sicher aus der Eiswanne bzw. dem Eiskübel zu bekommen (Bild Nr. 13)

Eiszange („ice-tongs"), Gast und Barman verwenden sie, um die Mundeisstü-cke sicher aus der Eiswanne bzw. dem Eiskübel zu bekommen (Bild Nr. 6, 7)

Eisstecher, für zusammengefrorene Eisstücke

Frucht-, Gemüsesaftkaraffen, für alle frisch gepressten oder konservierten Obst- und Gemüsesäfte sowie Sirupe (Bild Nr. 22, 25)

Garniturgabel, zum Aufsetzen von Garniturteilen

Garniturmesser, zum Schneiden von Garniturfrüchten und zum Aufsetzen von Garnituren auf das Glas (Bild Nr. 18)

Garniturspieß, zum Aufspießen von Garniturteilen

Garniturzange, zum Festhalten von Früchten, die als Garnitur dienen sowie zum Aufbau von Garnituren auf Gläsern

Hebekorkenzieher, zum Öffnen von Weinflaschen beim Tisch des Gastes und zum Öffnen von Flaschen mit Kronenkorken (Bild Nr. 10, 11)

Korkenzange, für fest sitzende Korken bei Sekt- und Champagnerflaschen (Bild Nr. 1)

Messbecher („measure"), geeichter Messbecher zum genauen Messen der Zutaten (Bild Nr. 9)

Messglas („jigger"), geeichtes Messglas mit derselben Verwendung wie der Messbecher

Messzylinder, zum Abmessen und Kontrollieren des Getränkestandes; unersetzlich für die Inventur und die Verrechnung des Barstandes; Nachteil: Beim Messen geht Alkohol verloren (Bild Nr. 32)

Muskatnussreibe („grater"), zum Abreiben der Muskatnuss (Bild Nr. 17)

Obers-, Milchkaraffen, ausschließlich für die Aufbewahrung von Obers und Milch (Bild Nr. 22, 25)

Patent-Sektflaschenverschluss, zum Verschließen von Sekt- und Champagnerflaschen (Bild Nr. 8)

Quirl („swizzle-stick"), Sprudler zum Herausquirlen der Kohlensäure aus kohlensäurehältigen Getränken, wie zB Sekt oder Champagner

Rühr- oder Mixglas („mixing glass"), das Getränk wird entweder durch Rühren oder Stoßen mit einem Barlöffel zubereitet (Bild Nr. 24)

Schüttelbecher, zweiteilig („Boston shaker"), wird vom professionellen Barman bevorzugt; da dieser Shaker kein integriertes Sieb hat, ist beim Ausgießen unbedingt ein Strainer zu verwenden (Bild Nr. 27)

Schüttelbecher, dreiteilig („standard shaker"), aus drei Teilen bestehender Schüttelbecher mit integriertem Sieb (Bild Nr. 26, 29, 30, 31)

Das Rührglas wird zur Herstellung von Bargetränken mit leicht vermengbaren Ingredienzien verwendet.
Der Shaker wird zur Herstellung von Bargetränken mit schwer vermischbaren Ingredienzien verwendet.
Der Boston shaker besteht entweder aus einem Glas- und einem Metallteil oder aus zwei Metallteilen. Der Glasunterteil kann auch als Rührglas verwendet werden.

Sektkühler, zum Kühlen von Weinen und Schaumweinen

Spritzflasche („dash-bottle"), kleine Glasflasche mit einem so genannten Spritzkorken, der beim Eingießen nur einige Tropfen oder Spritzer einer Flüssigkeit abgibt; für die diversen Würzbitters (Bild Nr. 23)

Stabmixer, Hamilton Beach („blender"), elektrisches Mixgerät zur Zubereitung schwer vermengbarer Getränke. Hauptsächlich für Getränke auf Milch-, Obers- oder Fruchtbasis und für Getränke, die mit Eiern oder Eiklar zuberei-tet werden, zB Frozen Daiquiris, Milkshakes, Frappees, Egg-nogs, Flips (Bild Nr. 28)

Zestenreißer, zum Herstellen von Spiralen aus den Schalen von Zitrusfrüchten (Bild Nr. 19)

Zitruspresse („squeezer"), zum Auspressen von frischen Zitrusfrüchten (Bild Nr. 21)

Herstellung einer Zitronenspirale mit einem Zestenreißer.

3.3 Bargläser

Cobblerkelch, für Cobblers und Daisys
Cobblerschale, für Cobblers und Daisys

Cocktailglas, für klare, leicht vermengbare Cocktails
Cocktailschale (Creamer), für alle anderen Cocktails und Pick me ups

Cognacschwenker, haben eine große Verdunstungsoberfläche

Cognacglas, für Cognac, Armagnac und Edelliköre

Crustaglas, für Crustas und Bowlen

Flipglas, für Flips

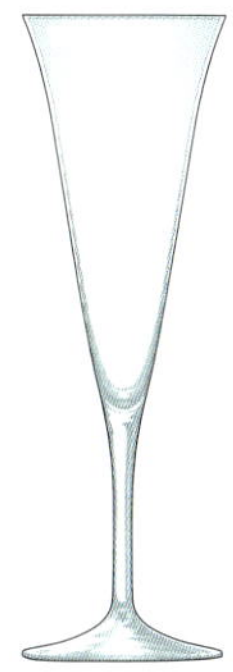

Grog- oder Punschglas, für warme bzw. heiße Getränke

Irish-coffee-Glas

Knickebeinglas

Kullerpfirsichglas, für Fancy drinks und Kullerpfirsich

Hurricaneglas, für Fancy drinks

Likörglas, für alle Likörarten
Likörschale, für alle Likörarten und Branntweine

Pousse-café-Glas

Tumbler, Stutzenbecher mit verstärktem Boden. Er ist einerseits für die Standfestigkeit, andererseits für die längere Kühlhaltung des Getränkes wichtig. Tumblers gibt es in verschiedenen Größen:

- Kleiner Tumbler, für Frucht- und Gemüsesäfte, Sours, kalte Toddys usw.; Inhalt ca. 16 cl

- Mittlerer Tumbler, für Fizzes, Egg-nogs, kalte Punsche usw.; Inhalt ca. 20 cl

- Großer Tumbler (Highballglas), für Highballs, Milchfrappees, Milkshakes, Non-alcoholic-drinks, für die meisten Long- und Fancy drinks; Inhalt ca. 28 cl

- Collinsglas, für Collinses, Coolers und Limonaden; Inhalt ca. 32 cl

- Sling- oder Zombieglas, für Slings, aber auch Coolers und Limonaden; Inhalt ca. 40 cl

- Old-fashioned-Glas, ist breiter als der kleine Tumbler. Für alle Barmixgetränke oder pur ausgeschenkte Spirituosen, die auf Eis („on the rocks") oder als Frappees serviert werden; Inhalt ca. 32 cl

Libby's Gläser, eigentlich die ältesten Bargläser, die mehr denn je Verwendung finden (zB für den Caipirinha). Das Besondere ist, dass die Gläser gleichzeitig als Unterteil für den Boston Shaker und als Gästeglas verwendet werden können.

3.4 Eisarten in der Bar

Crushed ice ist fein gestoßenes Eis, d. h. kleine Stücke mit feiner Körnung. Crushed ice wird heute in eigenen Eisbereitungsmaschinen hergestellt. Diese Art von gestoßenem Eis wird auch als **Cobbler ice** bezeichnet.

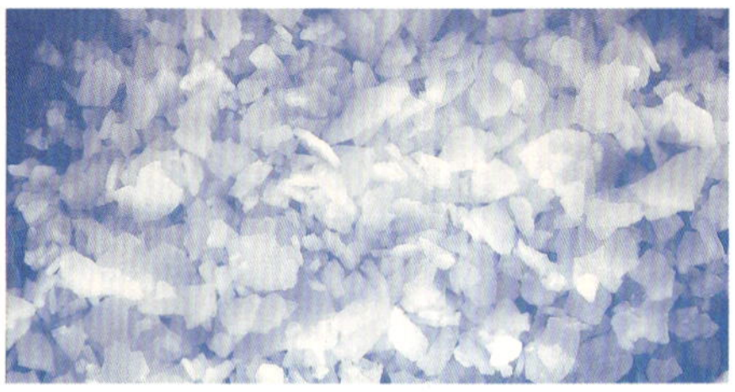

Shaved ice ist geschabtes Eis, auch Schnee-Eis genannt. Es wird frisch in der Eismühle hergestellt.

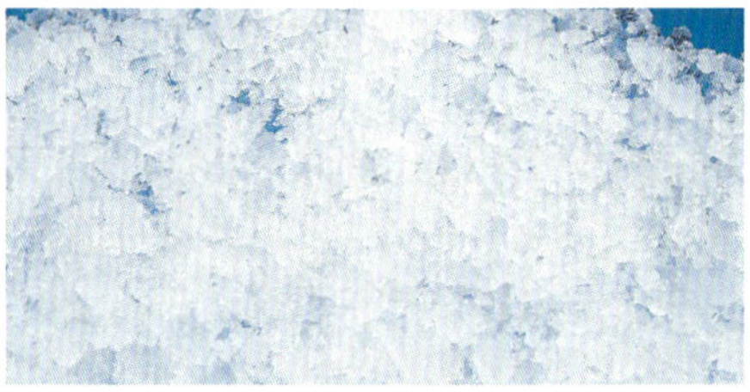

Ice cubes sind Eiswürfel.

Fancy ice cubes sind besondere Eiswürfel, in die kleine Fruchtstücke in verschiedenen Farben mit verschiedenem Geschmack eingefroren sind. Es gibt auch Fancy ice cubes, die aus starkem Tee oder Kaffee gemacht werden.

Bei der Verwendung von Eis ist auf absolute Hygiene zu achten (Eisschaufeln oder -zangen verwenden) – das Eis nicht mit bloßen Händen angreifen.

Bei den Frappés werden die Gläser mit Crushed ice gefüllt.

4 Methoden der Zubereitung von Bargetränken

Die Zubereitung von Bargetränken kann auf verschiedene Arten geschehen:

- **Im Rühr- oder Mixglas (stir):** klare Cocktails, die sich leicht vermengen lassen.
- **Im Gästeglas (build):** Viele Bargetränke, wie Highballs, Collinses, Slings oder Champagnercocktails, werden im Gästeglas mit dem Barlöffel vermengt.
- **Im Shaker (shake):** Getränke mit schwer vermengbaren Ingredienzien (Sirupen, Likören, Milch, Obers, Eiern). Durch das Schütteln entsteht eine Emulsion.
- **Mit dem Stabmixer (blend):** Auch Hamilton Beach oder Blender genannt.
- **In dem Aufsatzmixer (mix):** bei Verwendung von ganzen Früchten (zB. Erdbeershake).

Arbeitsablauf beim Zubereiten von Bargetränken (lt. ÖBU-Norm)

- Im Shaker und im Rührglas muss immer Eis sein, um die Geräte vorzukühlen bzw. das Rührglas bei den großen Temperaturunterschieden vor Haarrissen und Sprüngen zu schützen.
- Bereitstellen des Glases.
- Kühlen des Glases (Frappieren – 1).
- Herrichten der Garnitur.
- Eventuell Schmelzwasser aus dem Shaker oder Rührglas abseihen oder das Eis erneuern.
- Mit einem Messglas oder Messbecher die Ingredienzien in den Shaker oder in das Rührglas bzw. das Gästeglas messen (2).

Grundsatz bei der Erstellung von Bargetränken ist das exakte Abmessen aller für das Getränk notwendigen Ingredienzien mit einem Messglas oder Messbecher. Nur so ist es möglich, den gleich bleibenden Geschmack eines Getränkes zu gewährleisten. Das Eingießen aus der Flasche ohne vorheriges Messen sieht zwar gut aus, hat aber den Nachteil, dass man keine Kontrolle hat. Auch kann kein gleich bleibender Geschmack erzielt werden. Das genaue Messen hat darüber hinaus den Vorteil, dass sich der Gast nicht übervorteilt fühlt und die Barkalkulation auch für den Betrieb stimmt.

- Herstellen des Drinks durch eine der beschriebenen Zubereitungsmethoden (shake, stir, build, mix, blend). Bilder 3 und 4 Standardshaker, Bilder 5 und 6 Boston-Shaker.
- Das Getränk in das Gästeglas eingießen (7).
- Mit der Garnitur versehen und servieren.
- Reinigen aller gebrauchten Utensilien sowie des Arbeitsplatzes. Die gebrauchten Flaschen sofort wieder verschließen und auf ihren Platz zurückstellen.

5 Barservice

Das Service in der Bar kann direkt an der Theke oder an den davorstehenden Tischen erfolgen.

5.1 Servieren an der Theke

Der Drink wird dem Gast vom Barmixer (der ihn zubereitet hat) auch gleich serviert.

- Aufnehmen und Bonieren der Bestellung.
- Zubereitung des Drinks.
- Platzieren eines Underlines (Cocktailserviette) vor dem Gast, darauf das bestellte Getränk stellen.
- Servieren von Sundries.
- Auf Verlangen des Gastes Rechnung legen und kassieren.
- Verabschieden des Gastes.
- Reinigen der Theke und Auffüllen der Sundries.

Die Garnitur kann auch vom Barkellner auf den Drink gegeben werden.

5.2 Servieren am Tisch

Für das Service an den Tischen ist der Barkellner verantwortlich.
Der Arbeitsablauf unterscheidet sich daher etwas vom erstgenannten Fall:

- Aufnehmen und Bonieren der Bestellung durch den Barkellner.
- Aufgeben der Bestellung beim Barman (oder bei der Barmaid).
- Ab jetzt ist der Barkellner für alles verantwortlich. Er stellt den oder die fertigen Drinks auf ein Serviertablett.
- Platzieren eines Underliners vor dem Gast, darauf das Glas stellen.
- Einstellen von Sundries, falls diese nicht schon auf dem Tisch stehen.
- Auf Verlangen des Gastes Rechnung legen und kassieren.
- Abservieren der Gläser, des Underliners, der Schüsseln und Schalen. Liegen gelassene Rechnungen aufheben.
- Tische reinigen und für die nächsten Gäste herrichten.

Sie haben die Aufgabe den Inklusivverkaufspreis des Martini Dry Cocktails zu berechnen. Welche Informationen benötigen Sie?

Vgl. Fachliches Rechnen Seite 142f.

6 Kalkulation in der Bar

Um den Verkaufspreis zu berechnen, muss man zuerst den Wareneinsatz kennen. Dazu zählt man den Rohaufschlag, den Bedienungszuschlag und die Mehrwertsteuer.

- Rohaufschlag: 150–400 %
- Bedienungszuschlag: meist 15 %, sonst 10,5 bzw. 12,5 %
- Mehrwertsteuer: 20 % in Österreich

7 Standardrezepte

Folgende **Barmaße** werden hauptsächlich verwendet:

- Centiliter (Zentiliter) = cl; ein Messbecher hat 2 bzw. 4 cl
- manchmal Milliliter (ml); 2 cl = 20 ml
- Dash (Spritzer); ein Dash entspricht 0,08 cl bzw. 1/3 Barlöffel
- Bar-spoon (Barlöffel); ein Barlöffel hat meist einen Inhalt von 0,5 cl
- Fluid ounce (Unze); international übliches Barmaß; 1 Fluid ounce entspricht 2,8 cl

In Österreich ist das **Ausschankmaß** für Cocktails 6 cl, international sind jedoch 6–9 cl üblich.

7.1 Herstellen von Garnituren

Spiralen

Dicke Spiralen werden mit dem Barmesser, dünne Spiralen mit dem Zestenreißer geschnitten.

Julienne (links oben), Twist (links außen), dünne Spirale (Mitte), Zeste (rechts oben), dicke Spirale (unten).

Violinschlüssel

Der Violinschlüssel kann aus einer Zitrone, einer Limette oder einer Orange gemacht werden.

Feuerrad

1 Orangenscheibe, Cocktailkirsche, Barmesser, Stick.

2 Die Schale von der Orangenscheibe trennen und von jeder Seite drei mal zwei Zentimeter schräg einschneiden.

3 Das Rad schließen und mit der Cocktailkirsche mit dem Stick fixieren.

Limetten- oder Zitronenflag

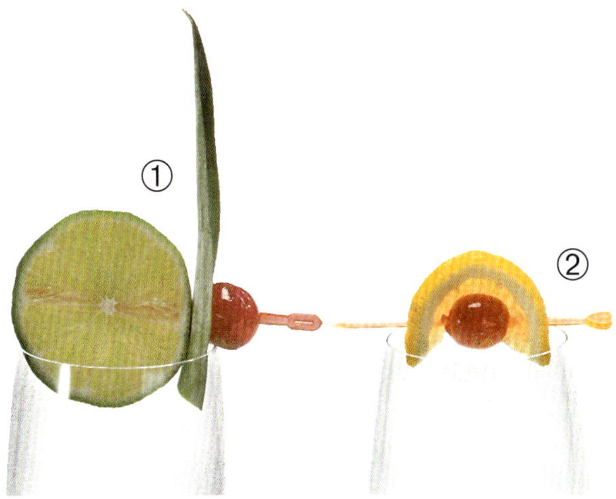

Variante 1

Zitronenscheibe, Ananasblatt, Kirsche auf einen Stick spießen

Variante 2

Halbe Zitronenscheibe biegen; in die Mitte eine Cocktailkirsche geben und mit dem Stick durchspießen

Sour-Garnitur

Cocktailkirschenvariationen

Zuckerränder

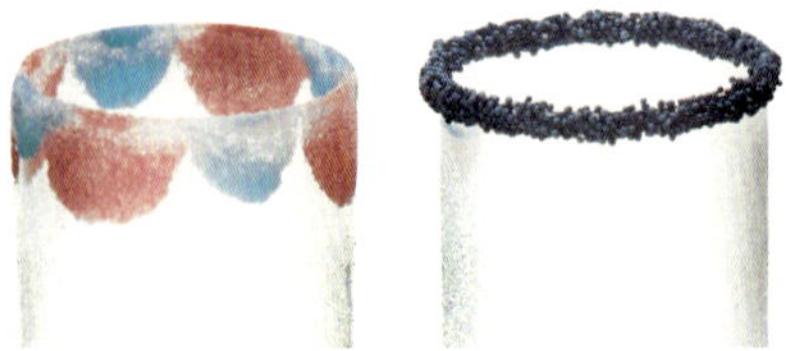

Das Glas bzw. den Glasrand mit dem Saft einer Zitronenspalte benetzen und anschließend in Zucker tauchen (vgl. auch Herstellung einer Salzlippe, Seite 233).

7.2 Pre-Dinner-Cocktails (Before-Dinner-Cocktails)

Pre-Dinner-Cocktails sind trocken gehaltene Cocktails, die vor dem Essen gereicht werden und appetitanregend wirken sollen.

Martini-Cocktail Trend			
Gin	5/6	5 cl	■ **Glas:** Cocktailglas ■ **Zubereitung:** im Rühr- oder Mixglas ■ **Garnitur:** grüne Olive mit Kern auf Stick Werden als Garnitur Perlzwiebeln verwendet, heißt dieser Cocktail **Gibson.**
Wermut, weiß, trocken	1/6	1 cl	

Martini-Perfect-Cocktail			
Gin	5/7	5 cl	■ **Glas:** Cocktailglas ■ **Zubereitung:** im Rühr- oder Mixglas ■ **Garnitur:** Cocktailkirsche oder Zitronentwist
Wermut, weiß, trocken	1/7	1 cl	
Wermut, rot	1/7	1 cl	

Margarita			
Tequila, weiß	2/4	4 cl	■ **Glas:** Cocktailglas ■ **Zubereitung:** im Shaker, Cocktailglas mit Salzrand versehen und mit Eiswürfel kühlen. Eiswürfel herausnehmen und fertiges Getränk in das Glas seihen. ■ **Garnitur:** Salzrand
Curaçao, Triple Sec	1/4	2 cl	
Limettensaft	1/4	2 cl	

Margarita

Manhattan (IBA-Standardrezept)			
Canadian Whisky	2/3	4 cl	■ **Glas:** Cocktailglas ■ **Zubereitung:** im Rühr- oder Mixglas ■ **Garnitur:** Cocktailkirsche auf Stick Wird dieser Cocktail mit Scotch Whisky zubereitet, heißt er **Rob Roy.**
Wermut, rot	1/3	2 cl	
Angostura-Bitter	1 Spritzer		

Spritzer = in der Fachsprache als Dash bezeichnet.

Manhattan Perfect			
Canadian Whisky	4/6	4 cl	■ **Glas:** Cocktailglas ■ **Zubereitung:** im Rühr- oder Mixglas ■ **Garnitur:** Cocktailkirsche und Zitronenzeste auf Stick
Wermut, rot	1/6	1 cl	
Wermut, weiß, trocken	1/6	1 cl	

Zeste = augengroßes Stück einer Zitrusfruchtschale. Die Zeste wird in das Gästeglas gegeben.

Old Fashioned (IBA-Standardrezept)		
Würfelzucker	1 Stück	■ **Glas:** Old-Fashioned-Glas ■ **Zubereitung:** im Gästeglas; Würfelzucker im Angostura-Bitter und Sodawasser auflösen, dann Whiskey darauf gießen, zum Schluss Glas mit Eiswürfeln füllen ■ **Garnitur:** Cocktailkirsche, 1/2 Zitronenscheibe, 1/2 Orangenscheibe
Angostura-Bitter	1 Spritzer	
Sodawasser oder Wasser	1 Schuss	
Bourbon Whiskey	4 cl	

Cosmopolitan			
Wodka Citron	4/8	4 cl	■ **Glas:** Cocktailglas ■ **Zubereitung:** im Shaker ■ **Garnitur:** Limettentwist
Curaçao, Triple Sec	1/8	1 cl	
Limettensaft oder Rose's Cordial Lime Juice	1/8	1 cl	
Preiselbeersaft oder Rose's Cranberry Juice	2/8	2 cl	

Americano (IBA-Standardrezept)			
Campari	1/2	3 cl	■ **Glas:** Tumbler, zu drei Vierteln mit Eiswürfeln füllen ■ **Zubereitung:** im Gästeglas ■ **Garnitur:** Zitronen- oder Orangenscheibe
Wermut, rot	1/2	3 cl	
Soda auf Wunsch			

Negroni (IBA-Standardrezept)			
Gin	1/3	2 cl	■ **Glas:** Old-Fashioned-Glas, zu drei Vierteln mit Eiswürfeln füllen ■ **Zubereitung:** im Gästeglas ■ **Garnitur:** halbe Orangenscheibe ins Glas
Campari	1/3	2 cl	
Wermut, rot	1/3	2 cl	

White Lady (IBA-Standardrezept)			
Gin	2/4	4 cl	■ **Glas:** Cocktailglas ■ **Zubereitung:** im Shaker Wird anstelle des Gins die gleiche Menge Weinbrand verwendet, heißt der Cocktail **Side Car.**
Curaçao, Triple Sec	1/4	2 cl	
Zitronensaft	1/4	2 cl	

7.3 After-Dinner-Cocktails

Alexander (IBA-Standardrezept)			
Weinbrand oder Cognac	1/3	2 cl	■ **Glas:** Cocktailschale ■ **Zubereitung:** im Shaker ■ **Garnitur:** geriebene Muskatnuss Wird anstelle des Weinbrands die gleiche Menge Gin verwendet, heißt der Cocktail **Alexandra.**
Crème de Cacao	1/3	2 cl	
Obers	1/3	2 cl	

Blue Lady			
Gin	3/7	3 cl	■ **Glas:** Cocktailschale ■ **Zubereitung:** im Shaker ■ **Garnitur:** keine
Curaçao, blau	2/7	2 cl	
Zitronensaft	2/7	2 cl	

Old Fashioned

Cosmopolitan

Americano

IBA = International Barkeeper Association.

After-Dinner-Cocktails werden nach dem Essen gereicht. Sie sind in der Regel süßer, dh. mit mehr Likör zubereitet als die Pre-Dinner-Cocktails.

International wird der Alexander auch als Brandy Alexander bezeichnet.

White Russian

Golden Cadillac (IBA-Standardrezept)			
Galliano	1/3	2 cl	■ **Glas:** Cocktailglas ■ **Zubereitung:** im Gästeglas ■ **Garnitur:** keine
Crème de Cacao, weiß	1/3	2 cl	
Obers	1/3	2 cl	

White Russian (IBA-Standardrezept)			
Wodka	5/10	5 cl	■ **Glas:** Old-Fashioned-Glas ■ **Zubereitung:** im Gästeglas; Wodka und Likör verrühren und mit dem halb geschlagenen Obers toppen. Ohne Obers zubereitet, spricht man von einem **Black Russian.**
Kaffeelikör	2/10	2 cl	
Obers	3/10	3 cl	

Champagner- oder Sektcocktails sind Spirituosen oder Fruchtsäfte, die mit Champagner oder Sekt aufgegossen werden.

7.4 Champagner- oder Sektcocktails

Champagnercocktail

Champagnercocktail (IBA-Standardrezept)		
Würfelzucker	1 Stück	■ **Glas:** Sektschale ■ **Zubereitung:** Würfelzucker im Glas mit Angostura-Bitter tränken, dann mit Cognac und Champagner auffüllen ■ **Garnitur:** Orangenscheibe
Angostura-Bitter	2 Spritzer	
Cognac oder Weinbrand	1 cl	
Champagner oder Sekt	9 cl	

Kir Royal (IBA-Standardrezept)		
Crème de Cassis	1 bis 2 cl	■ **Glas:** Sektkelch ■ **Zubereitung:** im Gästeglas ■ **Garnitur:** keine
Trockener Champagner oder Sekt	9 bis 10 cl	

7.5 Bowlen

Pfirsichbowle		
Pfirsiche	1 kg	Für 4 bis 6 Personen ■ **Glas:** Bowlenglas mit Unterteller, Kaffeelöffel ■ **Zubereitung:** Die geschälten und klein geschnittenen Pfirsiche mit Zucker, Zitronensaft und Weinbrand übergießen und zugedeckt zirka zwei Stunden im Kühlschrank ziehen lassen; Weißwein hinzufügen und kühl stellen; vor dem Servieren mit Sekt auffüllen.
Kristallzucker	20 dag	
Cognac oder Weinbrand	10 cl	
Zitronensaft	4 cl	
Weißwein	2 Flaschen	
Sekt, trocken	1 Flasche	

7.6 Fizzes

Alle Zutaten werden bis auf das Sodawasser mit Eiswürfeln so lange geschüttelt, bis sich am Shaker eine dünne Eisschicht gebildet hat. Anschließend wird alles (auch die Eiswürfeln) in das Glas gegeben und mit Sodawasser aufgespritzt.

Fizzes sind sogenannte Longdrinks.

Gin Fizz

Gin-Fizz (IBA-Standardrezept)

Gin	4/7	4 cl
Zitronensaft	2/7	2 cl
Läuterzucker	1/7	1 cl
Mit Sodawasser auffüllen		

- **Glas:** großer Tumbler
- **Zubereitung:** im Shaker
- **Garnitur:** Zitronenscheibe; mit Trinkhalm

Brandy-Fizz

Weinbrand	4/7	4 cl
Zitronensaft	2/7	2 cl
Läuterzucker	1/7	1 cl
Mit Sodawasser auffüllen		

- **Glas:** großer Tumbler
- **Zubereitung:** im Shaker
- **Garnitur:** Zitronenscheibe; mit Trinkhalm

7.7 Pick-me-ups

Die wörtliche Übersetzung von „pick me up", nämlich „heb mich auf", beschreibt genau die Charakteristik dieser Getränkegruppe. Die scharf gewürzten „Katergetränke" sollen das flaue Gefühl beenden und die Stimmung „am Tag danach" wieder heben.

Herstellung einer Salzlippe

Bloody Mary (IBA-Standardrezept)

Wodka	4/5	4 cl
Zitronensaft	1/5	1 cl
Tabascosauce	1 Spritzer	
Worcester-sauce	1 Spritzer	
Salz (evtl. Selleriesalz), Pfeffer		
Tomatensaft	1/8 l	

- **Glas:** großer Tumbler
- **Zubereitung:** im Gästeglas; drei Eiswürfel ins Glas geben, alle Zutaten darauf gießen und umrühren
- **Garnitur:** Glas mit Salzlippe versehen, Zitronenspalte darauf stecken; gerne werden Bloody Marys mit Stangensellerie serviert.

Wird das Rezept ohne Wodka zubereitet, heißt das Getränk **Virgin Mary.**

7.8 Sours

Sours werden immer im Shaker zubereitet. Der Name leitet sich von einer der Hauptzutaten, dem Zitronensaft, ab. Das Originalrezept schreibt weiters die Verwendung von Läuterzucker vor.

Whiskey Sour

Bourbon Whis-key	4/7	4 cl
Zitronensaft	2/7	2 cl
Läuterzucker	1/7	1 cl

- **Glas:** kleiner Tumbler
- **Zubereitung:** im Shaker
- **Garnitur:** Zitronen- oder Orangenscheibe mit Cocktailkirsche auf Stick

Beim Caipirinha wird die Limette mit einem Muddler zerdrückt.

7.9 Fancy-Drinks

Fancy-Drinks sind exotische Mixturen, die sich in den Bars großer Beliebtheit erfreuen.

Piña Colada (IBA-Standardrezept)		
Rum, weiß	3 cl	■ **Glas:** großer Tumbler ■ **Zubereitung:** im Aufsatzmixer mit etwas Crushed ice ■ **Garnitur:** 1/4 Ananasscheibe am Glasrand mit Cocktailkirsche
Coconut Cream	3 cl	
Ananassaft	9 cl	

Caipirinha		
Limette	1 Stück	■ **Glas:** Libby's Glas (30 cl) ■ **Zubereitung:** im Gästeglas; eine geviertelte Limette mit Rohrzucker (oder braunem Zucker) im Glas mit einem Muddler zerdrükken; das Glas mit Crushed ice auffüllen und den Cachaça darüber gießen; gut verrühren; Crushed ice nachfüllen ■ **Garnitur:** dicke Trinkhalme, evtl. Limettenspalte
Cachaça (zB Pitú)	5 cl	
Rohrzucker	2–3 Barlöffel	

7.10 Non-alcoholic-Drinks

Florida (IBA-Standardrezept)		
Orangensaft	6 cl	■ **Glas:** übergroßer Tumbler (Collinsglas) ■ **Zubereitung:** im Gästeglas ■ **Garnitur:** Orangenscheibe, Cocktailkirsche und Ananasblatt auf Stick
Ananassaft	6 cl	
Grapefruitsaft	2 cl	
Zitronensaft	2 cl	
Grenadinesirup	2 cl	

Caipirinha alkoholfrei		
Limette	1 Stück	■ **Glas:** großer Tumbler ■ **Zubereitung:** im Gästeglas, wie die alkoholische Variante ■ **Garnitur:** Limettenspalte, Stirrer
Limettensaft	3 cl	
Zucker, braun	4 Barlöffel	
Soda- oder Mineralwasser	10 cl	

Südseezauber		
Multivitaminsaft	6 cl	■ **Glas:** großer Tumbler ■ **Zubereitung:** im Shaker ■ **Garnitur:** Ananasstick
Ananassaft	6 cl	
Grenadinesirup	1 Barlöffel	

None Cobbler		
Crushed ice		■ **Glas:** Cobblerschale ■ **Zubereitung:** im Gästeglas; Crushed ice in der Mitte der Cobblerschale anhäufen, in Spalten geschnittenen Pfirsich und Erdbeerhälften rundherum legen. Curaçao-Sirup und Pfirsichnektar darauf gießen, mit Ginger Ale auffüllen ■ **Garnitur:** Pfefferminzzweig; Trinkhalm
Pfirsich, Erdbeeren		
Curaçao-Sirup, blau (alkoholfrei)	2 cl	
Pfirsichnektar	3 cl	
Ginger Ale	1/8	

8 Fachausdrücke

Blend: vermengen, vermischen, aber auch Mischung, zB Whisky-Blend = Whiskyverschnitt aus Malt- und Grain-Whisky

Build in glass: Die Zubereitung eines Cocktails oder Mixgetränkes erfolgt im Gästeglas.

Chasers: jene Getränke, mit denen Longdrinks auf die gewünschte Menge aufgefüllt werden, zB Tonic Water, Bitter Lemon, Bitter Orange, Ginger Ale, 7Up, verschiedene Limonaden, Coca-Cola, Fruchtsäfte, Sekt, Bier, Milch.

Chilled: gekühlt, vorgekühlt; zB chilled glass = gekühltes Glas.

Club-service: Das Servieren von halben Flaschen oder ganzen Flaschen, die auf dem Tisch des Gastes eingestellt werden. Eiskübel mit Eis und Eiszange werden ebenfalls eingestellt und alle Fillers (zB Soda) in der Flasche mit Flaschenöffner, Gläsern und Servietten sowie Sundries.

Dash: Spritzer, Tropfen. Der Dash wird als Maß bei starken Aromaten, Sirupen und Bitter, zB Angostura-Bitter, verwendet.

Fill: auffüllen, einen Drink mit Fruchtsaft, Limonade, Sodawasser, Sekt o. Ä. komplettieren.

Filler: andere Bezeichnung für Chaser.

Float: Fertigungsart. Aromatisierung, die zum Schluss auf das Bargetränk kommt, oben schwimmt und nicht verrührt werden darf.

Frosted: gefroren. Ein Glas oder eine Flasche ist mit einem dünnen Eisfilm überzogen.

Garnituren für Cocktails: Sie müssen mit den Zutaten der Getränke harmonieren und sollten essbar sein.

Gill: original Whiskyausschankmaß von 1 1/2 oz. (Unzen), das entspricht 4,2 cl.

Gom, Ghomme: andere Bezeichnung für Läuterzucker.

Grind: reiben, mahlen.

Iced: geeist, wie frosted.

Jigger: einfaches oder doppeltes Messglas (2 oder 4 cl).

Läuterzucker (Zuckersirup): 1 kg Zucker und 1 l Wasser bis zum Siedepunkt erhitzen, dann erkalten lassen.

Longdrink: Bezeichnung für jedes Bargetränk, das mehr als 8 cl Inhalt aufweist.

Marge: Schwund.

Mixer: andere Bezeichnung für Chaser oder Filler.

Muddler: Stößel am Barlöffelende, der zum Zerdrücken oder Zerstoßen von Würfelzucker, Kräutern oder Früchten etc. dient.

Nip: kleiner Schluck, kleine Menge.

Nutmeg: Muskatnuss.

On the rocks: Bestellform für Getränke auf Eis (zB Whisky on the rocks = Whisky mit Eiswürfeln).

Peel: Schale, schälen. In der Barsprache versteht man darunter ein Stück Zitronen-, Orangen- oder Limettenschale, das in einen Drink zur Aromatisierung gegeben wird.

Pitcher: Krug (zB Water-pitcher = Wasserkrug, Winepitcher = Weinkrug).

Plain: unverdünnt, unvermischt. Bestellform für Getränke pur (ohne Eis).

Poures: Flaschenportionierer, Portioniervorrichtung auf Flaschen (mit 2 cl, meist aber mit 4 cl).

Pouring drink: ein Basisgetränk, wie zB Cognac, Wodka, Rum, Gin, Whisky, das pur serviert wird. In vielen Betrieben üblich, wenn der Gast nur Cognac, Whisky usw. verlangt, ohne eine Marke oder Zubereitungsart zu nennen.

Sediment: auch Depot genannt. Ablagerungen bei alten Weinen und Süßweinen (zB Sherry, Vintage-Port).

Shake: schütteln; damit ist die Zubereitung im Schüttelbecher (Shaker) gemeint.

Shortdrink: Bezeichnung für jedes Bargetränk, das bis zu 8 cl Inhalt aufweist.

Soothe: in Spraydosen biologisch haltbar gemachtes Eiweiß, das zur Herstellung von cremigen Bargetränken verwendet wird. Stammt aus den USA.

Sparkling: schäumend; zB Sparkling wine = Schaumwein, Sekt.

Squeeze: pressen, auspressen.

Stir: rühren. Damit ist eine Zubereitungsart für Mixgetränke gemeint, bei der die Ingredienzien im Rühr- oder Gästeglas mit dem Barlöffel gerührt werden.

Straight up: Andere Bezeichnung für plain oder up.

Strain: abseihen. Zurückhalten des Eises oder der Eisstücke im Shaker oder Rührglas, wenn der Drink in das Gästeglas gegossen wird.

Straw: Stroh. Damit ist der früher übliche Strohhalm gemeint, der heute weitgehend durch Plastiktrinkhalme verdrängt wurde.

Sugar edge: Zuckerrand auf dem Glas; als Garnitur für Crustas und Fancy drinks. Alle Getränke mit Zuckerrand sind ohne Trinkhalme zu servieren, da das Getränk über den Zucker getrunken werden soll.

Sugar lip: „Zuckerlippe", wie Sugar edge ein Garniturbestandteil.

Sugar rim: Andere Bezeichnung für Sugar edge.

Sundries: Knabbergebäck, zB Mandeln, Nüsse.

Swizzle-stick: größerer Quirl für Swizzles.

Topped: Abschließen des Drinks mit flüssiger Creme oder Schlagobers.

Twirling-stick: kleiner Quirl.

Twist: drehen. Drehen der Zitronen-, Orangen- oder Limettenschalen über dem Gästeglas, damit die ätherischen Öle auf den Drink spritzen (zB bei den Twists).

Underliner: Untersetzer für das Glas.

Up: andere Bezeichnung für plain oder straight up.

9 Zigarrenservice

Im letzten Viertel des vergangenen Jahrhunderts konnte sich die Zigarre aus dem jahrzehntelangen Schattendasein befreien und ein großartiges Comeback feiern. Kenner der Materie wissen um die gelungene Symbiose von einem Glas Wein, Cognac oder Schnaps mit einer Zigarre.

Das Bild des Zigarrenrauchers hat sich allerdings grundlegend geändert. Verband man früher mit Zigarrenrauchern die Vorstellung von wichtigen Staatsmännern oder Bankiers, hat sich der Kreis der Zigarrenliebhaber heute auf Personen aller Altersstufen und jeder Herkunft verändert. Die Domäne des Zigarrenrauchens, die über Jahrhunderte reine Männersache war, wird zusehends auch von der Frauenwelt erobert.

Immer mehr Gäste wünschen nach einem guten Essen oder zu besonderen Anlässen ein entsprechendes Angebot an Tabakwaren. Ein ausgewähltes Sortiment verschiedenster Zigarren darf also in keinem guten Restaurant fehlen.

Das strikte Rauchverbot in vielen öffentlichen Einrichtungen hat in den USA zu der Entstehung der so genannten **Cigar-Bar** geführt.

Die Idee zu diesem Bartypus stammt von den englischen Clubs, Raucherzimmern oder Salons des vorigen Jahrhunderts. Die Cigar-Bars verfügen jedoch heute über die modernste Lüftungstechnik, die für eine hervorragende Luftqualität bürgt.

Das Herzstück einer Cigar-Bar ist der **Humidor,** der die optimalen Lagerbedingungen für Zigarren gewährleistet und gleichzeitig eine vorzügliche Verkaufsförderung darstellt. Für die Servicemitarbeiter sind neben den gastronomischen Fähigkeiten auch umfassende Kenntnisse über Lagerung und Behandlung sowie das Präparieren von Zigarren erforderlich.

Mise en place für das Zigarrenservice

- Zigarrenstreichhölzer oder Gasfeuerzeug
- Zigarrenaschenbecher
- Zigarrenschneider
- Zedernholzspan oder Kerze

Fachgerechtes Präparieren einer Zigarre

Einige Zigarren müssen vor dem Anzünden vorbereitet werden. Diese Arbeit wird vom Servicemitarbeiter übernommen:

- Manche Zigarren sind in Zellophan verpackt und müssen daher zuerst aus der Hülle herausgenommen werden.
- Zigarren werden an der Banderole (Zigarrenschleife) in der linken Hand gehalten. Das Abnehmen der Banderole ist Sache des Gastes.
- Zigarren, die an ihrem Ende geschlossen sind, müssen geöffnet werden. Wichtig ist dabei, dass der Schnitt sauber und gleichmäßig ist. Es muss ein guter Zug gewährleistet sein. Der Sinn des Einschneidens liegt darin, die Einlageblätter frei zu legen. Abschneider, die einen Keil in den Kopf schneiden, sind nicht empfehlenswert, da durch das Zusammendrücken der Einlage der Durchgang des Rauches gestört werden kann. Die Zigarre wird folglich zu heiß, was wiederum den Geschmack negativ beeinflusst.
- Die präparierte Zigarre überreichen. In der Regel zündet sich der Gast die Zigarre selbst an. Andernfalls bietet man ihm mit einem Gasfeuerzeug oder einem langen Streichholz (das vom Gast weg angezündet wird) Feuer an. Verwenden Sie nichts, von dem Geruch ausströmt, wie zB Benzinfeuerzeuge oder Duftholzstäbchen.

Humidor

Arbeitsaufgaben

1. Welche Bararten kennen Sie? Beschreiben Sie zwei Bararten in kurzen Worten.
2. Welche Aufgaben hat ein Barcommis?
3. Was ist ein Barstock? Welche Basisgetränke muss er enthalten?
4. Erklären Sie die Begriffe Strainer, Blender, Measure, Shaker, Dash-bottle und Tumbler.
5. Erklären Sie die Zubereitungsarten stir, build und shake.
6. Geben Sie das Rezept an für: Manhattan, Whisky Sour, Gin Fizz und Alexander.
7. Erklären Sie die Merkmale folgender Bargetränkegruppen: Before-Dinner-Cocktails, After-Dinner-Cocktails, Sours, Pick-me-ups.
8. Wie funktioniert das fachgerechte Präparieren einer Zigarre?

Notizen zu den Arbeitsaufgaben und zur Zusammenfassung:

ZUSAMMENFASSUNG

Bararten

- American Bar (Cocktailbar): Urform und zugleich heute am meisten verbreitete Barform; Mittelpunkt ist die Bartheke; das Hauptaugenmerk liegt auf der Zubereitung von Cocktails.
- Hotelbar: für Hausgäste als Kommunikationszentrum.
- Restaurantbar: Wartezeiten auf einen Tisch können überbrückt werden.
- Tagesbar: für Geschäftsleute; keine Musik.
- Tanzbar: Tanz, Musik – oft Livemusik.
- Diskothek: Musik über Verstärker, Diskjockeys.
- Nachtclub: Show-, Varietee-, Kabarettdarbietungen.

Barpersonal

- Barsupervisor (Barmanager): ist für mehrere Bars verantwortlich.
- Barman (Bartender, Barkeeper) und Barmaid: Restaurantfachkräfte, die sich die Kenntnisse für die Bar zusätzlich angeeignet haben.
- Barcommis: Gehilfe des Barman; für die Bar-Mise-en-place verantwortlich.
- Barwaiter (Barkellner): macht das Service an den Tischen; die Bestellungen ordert er beim Barman oder Barcommis.

Notizen zur Zusammenfassung:

Vorbereitungsarbeiten in der Bar
Um einen reibungslosen Ablauf zu gewährleisten, müssen verschiedenste Bedingungen erfüllt sein:

- Vollständiger Barstock: alle benötigten alkoholfreien und alkoholischen Getränke sowie frische Früchte, Obers etc.
- Gewissenhafte Vorbereitungen: Alle Bargeräte, Flaschen, Eiswannen usw. sowie die Bartheke und die Barhocker müssen gereinigt werden.
- Einwandfrei funktionierende Arbeitsgeräte.
- Einwandfreie Gläser: Cocktailgläser, Likörgläser, Sektgläser, Tumbler usw.
- Bar- und Getränkekarten auf der Theke und auf allen Tischen.
- Atmosphäre: entsteht nicht nur durch Einrichtung, Beleuchtung oder musikalische Untermalung, sondern auch durch Sauberkeit sowie Freundlichkeit des Personals.
- Präsentation des Produktes: fachlich richtig zubereitet und präsentiert.
- Ausreichend Eis: Crushed ice (fein gestoßenes Eis), Shaved ice (geschabtes Eis) und Eiswürfel (normale und Fancy ice cubes).

Methoden der Zubereitung von Bargetränken

- Rühr- oder Mixglas (stir): für klare Cocktails, die sich leicht vermengen lassen.
- Gästeglas (build): Viele Bargetränke, wie Highballs, Collinses, Slings oder Champagnercocktails, werden im Gästeglas mit dem Barlöffel vermengt.
- Shaker (shake): für Getränke mit schwer vermengbaren Ingredienzien (Sirupen, Likören, Milch, Obers, Eiern).
- Stabmixer (Hamilton Beach, Blender).
- Aufsatzmixer.

Barservice
Entweder direkt an der Theke oder an den davorstehenden Tischen. An der Theke wird der Gast vom Barkeeper betreut, der nicht nur das Bargetränk zubereitet, sondern auch boniert, kassiert und den Gast verabschiedet. Für die Tische ist der Barkellner zuständig, der die Bestellung aufnimmt, boniert und schließlich beim Barkeeper ordert.

Kalkulation in der Bar
Um den Verkaufspreis zu berechnen, muss man zuerst den Wareneinsatz kennen. Dazu zählt man den Rohaufschlag, den Bedienungszuschlag und die Mehrwertsteuer.

- Rohaufschlag: 150–400 %
- Bedienungszuschlag: meist 15 %, sonst 10,5 bzw. 12,5 %
- Mehrwertsteuer: 20 % in Österreich

Zigarrenservice
Immer mehr Gäste wünschen nach einem guten Essen ein ausgewähltes Angebot an Tabakwaren, wobei die Zigarre eine echte Renaissance erfahren hat.
In Amerika gibt es die so genannten Cigar-Bars, deren Herzstück der Humidor ist. Er gewährleistet die optimalen Lagerbedingungen für Zigarren. Der Servicemitarbeiter muss umfassende Kenntnisse über das fachgerechte Präparieren der Zigarren haben:

- Zigarren an der Banderole (Zigarrenschleife) in der linken Hand halten.
- Zigarren, die an ihrem Ende geschlossen sind, müssen geöffnet werden. Wichtig ist dabei, dass der Schnitt sauber und gleichmäßig ist. Es muss ein guter Zug gewährleistet sein.
- Die präparierte Zigarre überreichen. In der Regel zündet sich der Gast die Zigarre selbst an.

An Mise en place werden Zigarrenstreichhölzer oder ein Gasfeuerzeug sowie ein Zigarrenaschenbecher und ein Zigarrenschneider benötigt.

Stichwortverzeichnis

A

B

C

D

Literaturverzeichnis

Schaetzing Edgar E., **Handbuch Food & Beverage Management,** Deutscher Fachverlag, Frankfurt am Main, 1987

Stevancsecz ua., **Barlexikon – Mixgetränke, Barkunde, Spirituosen,** Trauner Verlag, Linz, 4. Auflage 2008

Siegel ua., **Service – Die Grundlagen,** Trauner Verlag, Linz, 1999 und 2009

Gutmayer ua., **Service – Die Meiserklasse,** Trauner Verlag, Linz, 2006

Lenger ua., **Servieren und Gästeberatung,** Trauner Verlag, Linz, aktuelle Auflage

Bildnachweis

Seite 7:	Salesianer Miettex
Seite 8:	Firma Schiefer Berufsmode GmbH, Linz, Hotelwäsche Erwin Müller, Enns
Seite 9:	Berufschule für Lehrlinge aus dem Tourismus, Altmünster; Trauner Verlag
Seite 11:	Nokia
Seite 16 und 17:	Trauner Verlag
Seite 18:	WKÖ; Fa. Hagleitner (www.hagleitner.at)
Seite 20:	Trauner Verlag
Seite 21:	Kempinski
Seite 22, 24, 26, 27 und 28:	Trauner Verlag
Seite 23:	Rechteinhaber unbekannt
Seite 29:	Lilien Porzellan
Seite 30–34:	Trauner Verlag
Seite 36–39:	WMF, Vega-Direct und Trauner Verlag
Seite 42 und 43:	Trauner Verlag
Seite 44:	Fotolia
Seite 45:	MEV
Seite 46:	WKÖ
Seite 52, 55, 56, 59–61:	Trauner Verlag
Seite 62:	MEV
Seite 64:	Fa. Micros-Fidelio
Seite 67:	Trauner Verlag
Seite 68:	Rechteinhaber unbekannt; Fa. Orderman
Seite 70:	PayLife Bank GmbH
Seite 73–96:	Trauner Verlag
Seite 99:	Fotolia
Seite 100:	MEV
Seite 104:	Fotolia
Seite 105:	Fotografie Strauss, Bad Leonfelden für Romantik Resort Bergergut, Haslach a. d. Mühl
Seite 106 und 107:	Trauner Verlag
Seite 108:	Kempinski
Seite 111:	Corbis Bildagentur
Seite 112 und 113:	Trauner Verlag
Seite 114:	bildarchiv.brauunion.com
Seite 115–123 und 125:	Trauner Verlag
Seite 123 unten:	www.askthemeatman.com
Seite 127:	Fotolia; Trauner Verlag
Seite 128:	Günter Walder, TBS Oberwollanig
Seite 129 und 130:	Fotolia
Seite 131 und 132:	Trauner Verlag
Seite 133–135:	Fotolia
Seite 136–138, 139:	Trauner Verlag
Seite 138 unten und 141:	Fotolia
Seite 141 (Irish Stew):	Matthias Haupt, Essen und Trinken.de
Seite 142:	Steak (Fotolia), Fleischbällchen (Wikimedia), Piroggen (TLC Fotostudio, Ich koche.at), Glasnudeln (www.propatient.info)
Seite 144:	MEV; Teubner: Gut kochen
Seite 145:	MEV

Seite 148:	Scampolo Design, Speisekartenherstellung, Edt
Seite 149–152:	Trauner Verlag
Seite 157:	Micros Fidelio
Seite 166:	Hotel Sacher, Wien
Seite 168:	Trauner Verlag
Seite 169:	Trauner Verlag; Julius Meinl GmbH
Seite 171–179:	Trauner Verlag
Seite 180:	Hink, Wien
Seite 181:	Caviar House
Seite 182:	Trauner Verlag
Seite 183:	Fotolia
Seite 184:	Kempinski Hotels S.A.
Seite 185–200:	Trauner Verlag
Seite 203:	Design Center, Linz
Seite 204:	Rechteinhaber unbekannt
Seite 206–212:	Trauner Verlag
Seite 213:	Fotolia; Symposion Hotels, Wien
Seite 214:	Sony United Kingdom Limited
Seite 217:	VW Nutzfahrzeuge, Salzburg
Seite 220:	MEV
Seite 221–235, 237:	Trauner Verlag
Seite 226:	Eisarten in der Bar (Fa. Hoshizaki)
Seite 236:	Fotolia